保险专业实践教学系列教材

人身保险实务

主　编　齐瑞宗
副主编　张俊岩　殷　德　赵　军

知识产权出版社
全国百佳图书出版单位

图书在版编目(CIP)数据

人身保险实务 / 齐瑞宗主编. —北京：知识产权出版社，2015.5
ISBN 978-7-5130-3483-8

Ⅰ.①人… Ⅱ.①齐… Ⅲ.①人身保险 Ⅳ.①F840.62

中国版本图书馆 CIP 数据核字(2015)第 097899 号

内容提要：

本书主要介绍了人身保险的相关基础知识，人身保险产品的开发，人身保险业务的拓展，人身保险承保与核保，人身保险的保全，人身保险的理赔，人身保险精算与寿险公司费用分析，以及人寿险资金运用。

责任编辑：唐学贵　　　　　　　执行编辑：牛　闯

人身保险实务

齐瑞宗　主编

出版发行：知识产权出版社有限责任公司	网　　址：http://www.ipph.cn
电　　话：010-82004826	http://www.laichushu.com
社　　址：北京市海淀区马甸南村1号	邮　　编：100088
责编电话：010-82000860-8571	责编邮箱：21183407@qq.com
发行电话：010-82000860 转 8101/8029	发行传真：010-82000893/82003279
印　　刷：北京中献拓方科技发展有限公司	经　　销：各大网上书店、新华书店及相关专业书店
开　　本：720 mm×1000 mm　1/16	印　　张：22
版　　次：2015 年 5 月第 1 版	印　　次：2015 年 5 月第 1 次印刷
字　　数：320 千字	定　　价：56.00 元
ISBN 978-7-5130-3483-8	

出版权专有　侵权必究

如有印装质量问题，本社负责调换。

前 言

自全面恢复保险业务三十多年来,我国保险业得到了突飞猛进的发展,保险费规模持续快速增长,保险监管能力不断加强,保险企业经营管理水平明显提高,国民保险意识大大提升,但在取得这些成绩的同时,在理论和实践中我们也面临过很多问题,有些至今也没有得到较好解决,如什么是适合我国国情的保险发展模式?怎样有效改善保险行业形象?政府在保险市场中如何准确定位?如何建设最优的保险营销制度?要较好地解决这些问题,不仅需要相关各方的继续努力,也需要更多优秀人才加入到我们的队伍中来,因此保险教育至关重要。

实践教学是教学工作的关键环节之一,对学生综合能力的培养起着重要的作用。针对保险专业实践教学环节事务性教材良莠不齐的状况,我们组织部分高校保险专业教师和保险业界精英,经过酝酿策划、撰写、讨论并反复修改,编写了"保险专业实践教学系列教材"。

系列教材目前共有四本:《保险理论与实践》《人身保险实务》《财产保险实务》和《保险中介实务》。

本系列教材的特点是:

1. 系列教材的作者大部分来自业务一线,既有理论水平又从事业务实践多年,文中多处体现作者对业务环节的深刻理解和宝贵经验。

2. 系列教材紧密结合实际,使读者了解理论和实务的各个侧面,并附有案例、单证、报告和附表的样本,为高校保险专业学生实训课程,也为实务工作者的业务进修,在可操作性的方面,在解决业务疑难问题的思路和方法方面,提供了十分有价值的指导。

3. 系列教材的理论部分,从保险业者、消费者、政府和理论工作者等多个角度,引导读者思考并总结与保险业有关的新理论和新问题,包括政府保险、银保融合、经济理论与实践以及其他社会问题。

4. 系列教材中的《保险中介实务》,在我国保险中介尚未被人们充分理解和认识的情况上下,对保险中介的代理、经纪和公估等项业务的许多总结和提炼,具有难得的参考价值。

5. 教材每章的开头有提示和关键词,结尾作小结,通过拓展阅读引导读者做深层次思考,便于读者掌握。

参加《人身保险实务》编写的业界精英是:邓烁、史沫、冯丽、刘权林、许晓纪、徐强、张霞、周丹、周则人、孟昊、赵彧、霍红玲、袁晨、梁洁、彭琰、曾若曦等。

编者

目 录

第一章　人身保险及产品概述 … 1
第一节　人身保险概述 … 1
一、人身保险的定义 … 1
二、人身保险的特征 … 2
三、人身保险的分类 … 4
第二节　人身保险合同 … 7
一、人身保险合同常见专业术语解析 … 7
二、人寿保险合同中的常用条款 … 8
第三节　人身保险产品类型 … 14
一、人寿保险 … 15
二、健康保险 … 23
三、人身意外伤害保险 … 28

第二章　人身保险产品的开发 … 30
第一节　产品开发概述 … 30
一、产品开发内涵 … 30
二、产品开发需要考虑的因素 … 30
第二节　产品开发策略 … 31
一、目标市场 … 33
二、核心竞争力 … 34
三、风险控制 … 35
第三节　产品开发组织 … 35
一、产品开发团队 … 35

二、高级管理层的投入 ·· 36
三、产品开发成员 ·· 36
第四节 产品定价策略 ·· 37
一、一般保险产品的定价策略 ·· 38
二、产品的生命周期 ·· 39
第五节 产品开发流程 ·· 40
一、市场调研 ·· 40
二、产品设计 ·· 42
三、产品定价 ·· 43
四、最终产品设计与产品报备 ·· 47
五、产品上市 ·· 48

第三章 人身保险业务的拓展 ·· 51
第一节 人身保险展业概述 ·· 51
一、人身保险展业的必要性 ·· 51
二、人身保险的展业渠道 ··· 53
第二节 个人保险代理 ·· 54
一、个人保险代理的定义 ··· 54
二、个人保险代理业务环节 ·· 55
第三节 银行保险 ·· 70
一、银行保险内涵 ··· 70
二、银行保险的起源和发展 ·· 71
三、银行保险的展业流程 ··· 74
第四节 团体保险展业 ·· 78
一、团体保险的定义和特征 ·· 78
二、团体保险的展业流程 ··· 79
第五节 人身保险的直销 ··· 91
一、电话销售 ·· 91
二、网络营销 ·· 95

第四章 人身保险的承保与核保 ···································· 99
第一节 人身保险的承保 ··· 99

一、人身保险承保的内容 …………………………………………… 100
　　二、人身保险承保的程序 …………………………………………… 101
　　三、人身保险续保 …………………………………………………… 103
　第二节　人身保险的核保 ……………………………………………… 103
　　一、人身保险风险选择 ……………………………………………… 103
　　二、人身保险核保环节和过程 ……………………………………… 108
　　三、风险因素分析 …………………………………………………… 119
　　四、个人保险核保 …………………………………………………… 133
　　五、团体保险核保 …………………………………………………… 143
　　六、健康核保 ………………………………………………………… 152
　　七、再保险的核保 …………………………………………………… 155
　　八、核保和其他相关职能的关系 …………………………………… 156

第五章　人身保险的保全 …………………………………………… 162
　第一节　保全服务 ……………………………………………………… 164
　　一、保全服务常见项目 ……………………………………………… 164
　　二、保全服务的办理过程 …………………………………………… 189
　第二节　续期服务 ……………………………………………………… 192
　　一、保险公司提供的续期服务 ……………………………………… 192
　　二、提供续期服务的人员 …………………………………………… 195
　第三节　投诉 …………………………………………………………… 195
　　一、销售阶段产生的投诉 …………………………………………… 196
　　二、保险保全阶段产生的投诉 ……………………………………… 198

第六章　人身保险的理赔 …………………………………………… 201
　第一节　人身保险理赔概论 …………………………………………… 201
　　一、人身保险理赔概念 ……………………………………………… 201
　　二、人身保险理赔原则 ……………………………………………… 203
　　三、人身保险理赔机构 ……………………………………………… 205
　　四、人身保险理赔与保险相关法律的关系 ………………………… 206
　第二节　人身保险理赔的流程 ………………………………………… 209
　　一、报案受理 ………………………………………………………… 211

二、立案 ··· 212
　　三、理赔审核 ····································· 216
　　四、理赔调查 ····································· 223
　　五、理赔计算 ····································· 230
　　六、复核、审批 ··································· 231
　　七、结案、归档 ··································· 231
第三节　证据审查及举证责任 ························· 233
　　一、证据审查 ····································· 233
　　二、举证责任 ····································· 237
第四节　人身保险欺诈及其防范 ······················· 239
　　一、保险欺诈的定义 ······························· 239
　　二、人身保险欺诈常见类型及其法律后果 ············· 239
　　三、保险欺诈的成因分析 ··························· 240
　　四、保险欺诈的危害 ······························· 241
　　五、保险欺诈风险防范对策和建议 ··················· 242

第七章　人身保险精算与寿险公司费用分析 ············ 245
第一节　人身保险精算概述 ··························· 245
　　一、人身保险精算的概念 ··························· 245
　　二、人身保险精算的起源 ··························· 246
　　三、人身保险精算的意义 ··························· 247
　　四、人身保险精算的基础 ··························· 248
　　五、人身保险精算在我国的发展 ····················· 252
第二节　人身保险精算的应用 ························· 253
　　一、人身保险精算的应用范畴 ······················· 253
　　二、人寿保险定价的基本概念 ······················· 254
　　三、人寿保险的定价方法 ··························· 257
第三节　寿险公司的费用构成 ························· 258
　　一、寿险公司的费用概述 ··························· 258
　　二、寿险公司的费用分类 ··························· 258
第四节　寿险公司的费用分析 ························· 260
　　一、寿险公司费用分析方法概述 ····················· 260

二、寿险公司费用分析方法之会计科目法 ································ 260
　　三、寿险公司费用分析方法之费用中心法 ································ 262

第八章　寿险资金运用 ································ 265

第一节　寿险资金运用的意义 ································ 265
　　一、保障寿险公司偿付能力 ································ 266
　　二、维护投保人利益 ································ 267
　　三、增强寿险公司承保能力 ································ 267
　　四、推动本国资本市场发展，促进经济发展 ································ 268

第二节　寿险资金运用的可能性与来源 ································ 269
　　一、寿险资金运用的可能性 ································ 269
　　二、寿险可运用资金的来源 ································ 270

第三节　寿险资金运用的基本原则 ································ 271
　　一、安全性原则 ································ 272
　　二、收益性 ································ 273
　　三、流动性 ································ 274

第四节　寿险资金运用的渠道 ································ 274
　　一、货币市场工具 ································ 274
　　二、有价证券 ································ 276
　　三、贷款 ································ 277
　　四、不动产投资 ································ 278
　　五、海外投资 ································ 278
　　六、项目运作及公共投资 ································ 278

第五节　寿险资金运用组织模式 ································ 279
　　一、内设投资部门模式 ································ 280
　　二、专业化控股公司模式 ································ 280
　　三、集中统一模式 ································ 281
　　四、委托外部投资机构模式 ································ 282

第六节　国外寿险公司资金运用的经验 ································ 283
　　一、美国寿险资金运用 ································ 284
　　二、英国寿险资金运用 ································ 285
　　三、日本寿险资金运用 ································ 287

第七节　我国寿险资金运用 …………………………………… 290
　　一、我国寿险资金运用的演进 ……………………………… 290
　　二、我国寿险资金运用的重点领域 ………………………… 291
　　三、我国寿险资金运用存在的挑战 ………………………… 293
　　四、我国寿险资金运用未来发展方向 ……………………… 296
第八节　寿险公司资金运用的监管 …………………………… 297
　　一、寿险资金运用监管的目标 ……………………………… 297
　　二、寿险资金运用监管的影响因素 ………………………… 298
　　三、寿险资金运用监管的法律法规 ………………………… 300
　　四、寿险资金运用监管的组织机构 ………………………… 300
　　五、寿险资金运用监管的方式 ……………………………… 301
　　六、寿险资金运用监管的内容 ……………………………… 302
　　七、寿险资金运用监管的方法 ……………………………… 302

附件：疾病核保 ………………………………………………… 305

参考文献 ………………………………………………………… 339

第一章 人身保险及产品概述

引言

本章主要介绍了人身保险的相关基础知识,包括人身保险的定义、特征、基本分类和人身保险合同的主要条款,以及产品类型,为后续章节的学习奠定了初步的理论基础。

重要术语

人身保险 人身保险合同 人寿保险 健康保险 人身意外伤害保险

第一节 人身保险概述

一、人身保险的定义

人身保险是指以人的寿命和身体为保险标的,当被保险人在保险期限内发生死亡、伤残、疾病或者达到合同约定的年龄、期限等条件时,保险人向被保险人或受益人给付保险金的保险业务。

(一)人身保险的保险标的

从人身保险的定义可以看出,人身保险的保险标的是人的生命和身体。当以人的生命作为保险标的时,它以生存和死亡两种状态存在;当以人的身体作为保险标的时,它以人的健康、生理机能、劳动能力(人赖以谋生的手段)等状态存在。

(二)人身保险的风险事故

从人身保险的定义可以看出,人身保险的风险事故包括生、老、病、死、伤、残等多个方面,即当被保险人在日常生活中可能遭受意外伤害、疾病、衰老或死亡等各种不幸事故时,以及年老退休时,由保险人依据保险合同的规定,给付被保险人或其受益人保险金。

二、人身保险的特征

(一) 人身风险的特殊性

生、老、病、死、伤、残等人身保险的风险事故,相对于财产保险中各种自然灾害和意外事故而言,其发生的概率是比较稳定的。

以人寿保险为例,以生命风险作为保险事故的人寿保险的主要风险因素是死亡率。死亡率受很多因素的影响,如年龄、性别、职业等。死亡率的规律直接影响人寿保险的经营成本,对于死亡保险而言,死亡率越高则费率越高。

但是研究表明,死亡率因素较其他非寿险风险发生概率的波动而言是相对稳定的,在寿险经营中的巨灾风险较少,寿险经营在这方面的稳定性较好。因此,寿险经营中对于再保险手段的运用比较少,寿险公司一般只对大额的或次标准体保险进行再保险安排。

(二) 保险标的的特殊性

人身保险的保险标的是人的生命和身体,而人的生命和身体是很难用货币来衡量其价值的。

(1) 人身保险的保险标的没有客观的价值标准,因为无论是人的生命还是身体,都是很难用货币衡量其价值的,人的生命是无价的。

(2) 根据保险事故发生概率的高低,人身保险的被保险人可以分为标准体和非标准体。

标准体也称"健体",是指死亡危险程度属于正常范围的被保险人群体的总称,其实际死亡率和预定死亡率基本相符。对于标准体,保险人按照标准保险费率承保。

非标准体也称"次健体"或"弱体",是指死亡危险程度较高,即死亡率高于标准死亡率的被保险人群体的总称。对于非标准体,保险人不能按照标准保险费率承保,而是使用特别附加条件承保,如增收特别保费、降低保险金额或限制保险金给付等。

(三) 保险利益的特殊性

1. 保险利益的产生

保险利益是指投保人或者被保险人对保险标的具有的法律上承认的利益。人身保险的保险利益产生于人与人,即投保人与被保险人之间的关系;而财产保险的保险利益则产生于被保险人与保险标的之间的关系。

2. 保险利益的规定

在财产保险中,保险利益有量的规定,其不仅要考虑被保险人有没有保险利益,还要考虑保险利益的金额。被保险人对保险标的的保险利益决定了保险标的的实际价值,其保险利益不应超出财产的实际价值,如果超出财产的实际价值,则超出部分无效。

在人身保险中,因为人的生命和身体是无价的,不能用货币来衡量,因此从理论上来说,以人的生命和身体为保险标的的人身保险没有金额上的限制,其保险利益没有量的规定,只是考虑投保人有无保险利益,而不考虑保险利益的金额是多少,即人身保险的保险利益一般是无限的。

当然,在实践中,人身保险的保险金额要受投保人的交费能力的限制。另外在某些特殊情况下,人身保险的保险利益也有量的规定性。如债权人经债务人同意以债务人为被保险人投保死亡保险,保险利益以债权金额为限。

3. 保险利益的时效

财产保险的被保险人在保险事故发生时,对保险标的应当具有保险利益。也就是说,在财产保险中,保险利益是保险人支付赔款的条件,一旦被保险人对保险标的丧失保险利益,即使发生保险事故,保险人也不负赔款责任。

在人身保险中,保险利益只是订立保险合同的前提条件,并不是维持保险合同效力、保险人给付保险金的条件。只要投保人在投保时对被保险人具有保险利益,此后即使投保人与被保险人的关系发生了变化,投保人对被保险人已丧失保险利益,也不影响保险合同的效力,一旦发生了保险事故,保险人仍给付保险金。

拓展阅读 1-1

人身保险中保险利益的时效

例如,丈夫为妻子投保人身保险后,夫妻离婚;企业为雇员投保人身保险后,雇员与企业解除劳动合同并调离原企业。在这两种情况下,虽然投保人对被保险人已丧失了保险利益,但人身保险合同并不因此而失效,发生保险事故后,保险人仍要给付保险金。

(四)保险金额确定的特殊性

人身保险中保险金额确定的特殊性,是由于人的生命和身体无法用货币来衡量这一特殊性决定的。在保险实务中,人身保险的保险金额是由投保人和保险人双方约定后确定的,此约定金额既不能过高,也不宜过低,一般从两方面来考虑:一方面是被保险人对人身保险需要的程度,另一方面是投保人交纳保费的能力,投保人交费能力主要根据投保人所从事的职业和经济收入来判断。

(五)保险合同性质的特殊性

人身保险是定额给付性保险(不包括健康保险中的补偿性医疗费用保险)。人身保险标的的特殊性使得当被保险人发生保险责任范围内的保险事故时,不能像财产保险那样根据事故发生时财产损失的实际程度支付保险赔款,并以保险金额为最高限额。人身保险只能按照保险合同规定的保险金额及其给付方法支付保险金,不能有所增减。因此,人身保险通常不适用补偿原则,也不存在比例分摊和代位追偿的问题。同时,在人身保险中一般没有重复投保、超额投保和不足额投保问题。

人身保险中的医疗费用保险可以采用定额给付方式,也可以采用补偿方式。当采取补偿方式时,适用补偿原则,保险人对被保险人给付的医疗保险金不超过被保险人实际支出的医疗费用,可以进行比例分摊和代位追偿。

(六)保险合同的储蓄性

人身保险在为被保险人面临的风险提供保障的同时,兼有储蓄性的特点。这是由于人身保险费率采用的是均衡费率,即每年收取等额的保费,不是自然费率,即反映被保险人当年死亡率的费率。这样,投保人早期交纳的保费高于其当年的死亡成本,对于多交的部分,保险公司则按预定利率进行积累。人身保险中某些险种的储蓄性极强,如终身寿险和两全寿险。

(七)保险期限的特殊性

人身保险合同,特别是人寿保险合同往往是长期合同,保险期限短则数年,长则数十年,甚至人的一生。保险期限的长期性使得人身保险的经营极易受到外界因素如利率、通货膨胀及保险公司对未来预测的偏差等因素的影响。

三、人身保险的分类

(一)按保险标的分类

人身保险是以人的生命和身体为保险标的的保险。当人们遭受不幸事故或因疾病、年老以致丧失工作能力、伤残、死亡或年老退休时,根据保险合同的约定,保险人对被保险人或受益人给付保险金或年金,以解决其因病、残、老、死所造成的经济困难。其业务种类包括人寿保险、健康保险、人身意外伤害保险等。

1. 人寿保险

人寿保险是以被保险人的生命作为保险标的,以被保险人的生存或死亡为给付保险金条件的一种人身保险。其主要业务种类有定期寿险、终身寿险、两全寿险、年金保险、投资连接寿险、分红寿险和万能寿险等。

2. 健康保险

健康保险是指以被保险人的身体为保险标的,使被保险人在因疾病、残疾或意外事故所致伤害时发生的医疗费用或收入损失获得补偿的一种人身保险。健康保险一般包括医疗保险、疾病保险、失能收入损失保险和护理保险等。

3. 人身意外伤害保险

人身意外伤害保险简称意外伤害保险,是指以意外伤害而致身故或残疾为给付保险金条件的人身保险。人身意外伤害保险主要业务种类包括普通意外伤害保险和特定意外伤害保险。在全部人身保险业务中,意外伤害保险占的比重虽然不大,但由于保费低廉,只需付少量保费便可获得保障,投保简便,无须体检,因此是一个比较受欢迎的险种。

(二) 按保险期间分类

按照保险期间分类,人身保险可分为保险期间在1年以上的长期业务和保险期间在1年以下(含1年)的短期业务。其中,人寿保险中大多数业务为长期业务,如终身寿险、两全寿险、年金保险等,其保险期间长达十几年、几十年,甚至终身,同时这类保险的储蓄性也较强;而人身保险中的意外伤害保险和健康保险大多为短期业务,其保险期间为1年或几个月,同时这类业务的储蓄性较低,保单的现金价值较小。

(三) 按保险的实施方式分类

按保险的实施方式分类,保险可分为自愿保险和强制保险。

自愿保险是投保人和保险人在平等互利、等价有偿的原则基础上,通过协商,采取自愿方式签订保险合同而建立的一种保险关系。具体地讲,自愿原则体现在:投保人可以自行决定是否参加保险、保什么险种、投保金额多少和起保的时间;保险人可以决定是否承保、承保的条件以及保费多少。保险合同成立后,保险双方应认真履行合同规定的责任和义务。一般情况下,投保人可以中途退保,但另有规定的除外。比如《中华人民共和国保险法》(以下简称《保险法》)第五十条明确规定:"货物运输保险合同和运输工具航程保险合同,保险责任开始后,合同当事人不得解除合同。"当前世界各国的绝大部分保险业务都采用自愿保险方式办理,我国也不例外。

强制保险又称法定保险,是指根据国家颁布的相关法律和法规,凡是在规定范围内的单位或个人,不管愿意与否都必须参加的保险。如我国《机动车交通事故责任强制保险条例》第二条规定:"在中华人民共和国境内道路上行驶的机动车的所有人或者管理人,应当依照《中华人民共和国道路交通安全法》的规定投保机动车交通事故责任强制保险。"

(四)按承保方式分类

按照承保方式分类,人身保险可分为团体保险和个人保险。团体保险是指一张保单为某一单位的所有员工或其中的大多数员工(至少75%以上符合参保条件的员工)提供保险保障的保险。团体保险又可分为团体人寿保险、团体年金保险、团体健康保险和团体意外伤害保险等。个人保险是指一张保单只为一个人或为一个家庭提供保障的保险。

(五)按是否分红分类

按是否分红分类,人身保险可以分为分红保险和不分红保险。分红保险是指保险公司将其实际经营成果优于定价假设的盈余,按一定比例向保单持有人分配的人身保险。一般来说,在分红保险保费计算中,保单预定利率、预定死亡率及预定费用率的假设较为保守,均附加了较大的安全系数,因而保费相对较高,公司理应将其实际经营成果优于保守假设的盈余以红利的方式返还一部分给保单持有人。而在不分红保单中,所附安全系数较小,这种保单的成本结余不能事后退还保单持有人,同时为业务竞争的需要,保费的计收必须反映提供保险的实际成本。因此,不分红保险的正常利润,仅用于股东分配或提存准备金。

除上述分类外,人身保险按设计类型还包括万能保险和投资连结保险等。

(六)按风险程度分类

按被保险人的风险程度分类,人身保险可以分为标准体保险和次标准体保险。其中,标准体保险又称为健体保险,是指身体、职业、道德等方面没有明显缺陷的被保险人按照所制定的标准或正常的费率来承保的保险。大部分人身保险险种都是健体保险。

次标准体保险又称弱体保险、次健体保险,即与一般的人相比较,被保险人是身体有缺陷的人,或者从事危险职业的人。由于这部分人群死亡率较高,为保证公平性,不能按照标准的人身保险费率来承保,必须采取特定方法或特殊技术来承保的人身保险。

第二节 人身保险合同

一、人身保险合同常见专业术语解析

（一）现金价值和现金价值表

保单的现金价值，也叫退保金、解约金，是保单在指定时刻所具有的价值，换句话说，就是客户如果在这一时刻选择退保，他所能取回的钱。

现金价值表上的数字表明，当投保人不想继续这份合同时，公司应支付的退保金。一般来说，在保额一定的情况下，年轻时风险小，需要的保费少，年老时风险大，需要的保费高，但实际上，在期交业务中保险公司会采用一个均衡固定的保费。这样，在年轻时交的保费比应该支付的保费要高，表面上看，保险公司多收了保费，但实际上，保险公司是将年轻时多交的保费单独提存起来，并按照一定的利率进行积存生息，用于弥补年老时保费的不足。现金价值表就是按照这种方法积存生息的结果。

（二）保单贷款

以寿险保单的现金价值作担保，从保险公司获得的贷款。这类贷款的一次可贷款金额取决于保单的有效年份、保单签发时被保险人的年龄、死亡给付金额。如果被保险人到期不偿还贷款，贷款本金及利息将从寿险保单的死亡给付中扣除。一般情况下，具有现金价值的保单才可以进行保单贷款。具有储蓄性质的长期人寿保险，如两全寿险、终身寿险、养老保险、万能寿险以及分红寿险等，投保一年后，保单就开始具有现金价值，交费时间越长，累积的现金价值也越高。这些保单通常都可以进行保单贷款。

（三）单利和复利

单利是指按照固定的本金计算的利息。

复利的计算是对本金及其产生的利息一并计算，也就是利上有利。即上期的利息在本期也生息，如按年计息，第一年按本金算出利息，第二年计算利息时，要把第一年利息加在本金之上，然后再计算。如此类推，直到合同期满。

复利计算的特点是：把上期末的本利和作为下一期的本金，在计算时每一期本金的数额是不同的。和单利相比，复利是更符合利息定义的计算利息方法，现代经济生活中，复利的运用十分广泛。

（四）保单失效和复效

保单失效是指保单生效后，投保人未按规定及时交纳分期保费且超过了宽限期，导致保单效力暂停。在停效期间发生保险事故，保险公司不负责任。

保单复效是指停效保单自停效之日起两年内，投保人根据保险合同约定，办理有关手续后，使保单恢复效力。

（五）退保

退保是指在保险合同没有完全履行完毕时，经投保人向保险人申请并办理相关手续，解除双方由合同确定的法律关系，保险人按照《保险法》及合同的约定退还保险单的现金价值。

（六）宽限期

宽限期是指自首次交付保险费以后，每次保险费应交日起60日内为宽限期。在此期间交付逾期保险费，并不计收利息。如果被保险人在宽限期内死亡，保险合同仍有效，保险人承担保险责任并支付保险金，但在支付的保险金中扣除应交的当期保险费。宽限期一般为60日，但如果保险人催交保费则自催告之日起为30日。

（七）减额交清

减额交清是指在保险合同具有现金价值的情况下，投保人可以按合同当时的现金价值在扣除欠交的保险费及利息、借款及利息后的余额，作为一次交清的全部保险费，以相同的合同条件减少保险金额，合同继续有效。此项功能仅限于标准体，它是投保人在失去交费能力时可以采取的措施。

（八）犹豫期

犹豫期也称冷静期，是指投保人收到保险合同并书面签收后的一段时间，在此期间投保人可以提出解除保险合同的申请，保险人扣除工本费后退还其所交保险费。犹豫期一般为10日。

（九）自动垫交保费

自动垫交保费是投保人与保险公司约定的一项保险条款。当投保人没有按时交纳续期保险费，而保单当时已经具有足够的现金价值时，保险公司以现金价值自动垫交保险费，从而使保单继续有效。相当于投保人向保险公司贷款交纳保费。

二、人寿保险合同中的常用条款

人寿保险是人身保险中的重要险种，其合同的常用条款是人寿保险合同中对某些事项的规定，这些规定由于经常被使用，逐步规范化和固定化。这些条款有些在保险合同中明示，有些则在保险法规中有明确的规定。

（一）不可抗辩条款

不可抗辩条款又称不可争条款,是指自人寿保险合同订立时起,超过法定时限（一般为2年）后,保险人不能再以投保人在投保时违反如实告知义务（如误告、漏告、隐瞒某些事实）为理由,主张解除保险合同并拒绝给付保险金。

最大诚信原则要求投保人在投保时如实申报有关保险标的危险的情况,如果投保人隐瞒真实情况,保险人一旦查实,可以据此主张解除保险合同,不承担保险责任。但是,人寿保险合同的期限一般长达几十年,如果允许保险人在保险合同生效多年之后,以投保人在投保时违反最大诚信原则为理由解除保险合同,那么保险人就有可能明知投保人在投保时隐瞒了一些真实情况,但仍予以承保,如果不发生保险事故,则按期收交保险费,如果发生了保险事故,则主张解除保险合同,拒不履行给付义务。在保险合同中列入不可争条款之后,保险合同成立满2年后即成为无可争议的文件,即使保险人再查出投保人在投保时隐瞒了真实情况,也不能据此主张解除保险合同,从而保护了被保险人和受益人的利益。不可争条款也适用于因效力中止而复效的保单。

在我国,不可争条款的效力是有条件的,例如,保险人在有权解除合同的情况下,自其知道有解除事由之日起,超过30日不行使而消灭。

拓展阅读1-2

不可争条款的产生

从历史上看,不可争条款是为了度过"诚信危机",重塑保险公司的诚信形象而出现的。18世纪末到19世纪上叶,英国的寿险市场还普遍实行严格的保证制度,即保险合同的效力取决于投保人的告知与保证义务的履行。这意味着在被保险人或者受益人索赔时,只要保险公司发现投保人有违反保证或者不如实告知的行为,即使这个行为对保险风险没有实质性的影响,保险公司都可以以此为由解除合同,拒绝赔付。因此,在当时的英国,保险事故发生后,一旦发现投保人有不如实告知的事项,即使是已经生效数十年的长期保单,保险人也会认定保险合同无效,拒绝向被保险人或受益人履行给付义务。这使得购买了保险的善意被保险人无法得到预期的经济保障,由此而出现的合同纠纷案层出不穷,与日俱增,保险公司也因此被称为"伟大的拒付者"。这种现象直接导致了保险公司的信任危机,威胁到了保险公司的生存和发展。

为了重塑保险公司的诚信形象,1848年英国伦敦寿险公司出售的产品中首次应用了不可争条款。即合同生效一定时期之后,保险公司就不得以投保人误告、漏告等为理由拒绝赔付。这一条款一经推出,就受到了投保人的普遍欢迎,极大地改善了该公司与消费者的关系,为公司赢得了信任。其后该条款被其他公司纷纷效仿,在寿险业得到了极大的推广。1930年,不可争条款首次成为法定条款,由美国纽约州保险监督管理部门在该州保险法例中加以规定,要求所有寿险保单必须包含此条款,以约束保险人的行为,保护保单持有人的利益,防止保险公司不当得利,最终保护整个保险业的健康发展。其后不可争条款通过立法的形式,成为了绝大多数发达国家寿险合同中的一条固定条款。

(二)年龄误告条款

年龄误告条款主要是针对投保人申报的被保险人年龄不真实而作出规范的条款。它包含两方面的内容:

1. 真实年龄不符合合同约定的年龄限制的年龄误告规范

我国《保险法》第三十二条第一款规定:"投保人申报的被保险人年龄不真实,并且其真实年龄不符合合同约定的年龄限制的,保险人可以解除合同,并按照合同约定退还保险单的现金价值。"由此看出,保险人在投保人误告被保险人的年龄时有解除合同的权利,而该解除权同样被限制在合同成立之日起的两年内。

2. 真实年龄符合合同约定的年龄限制的年龄误告规范

如果投保人在投保时错误地申报了被保险人的年龄,保险合同并不因此而无效,但在保险有效期间或保险事故发生时,若发现年龄误告,保险人可以按照投保人实际交纳的保险费和被保险人的真实年龄调整保费或调整给付保险金数额。

投保人在投保时误告被保险人的年龄,可能会造成两种后果,一种是造成多付保险费(也称溢交保险费),另一种是造成少付保险费。在保险期限、保险金额相同的条件下,投保死亡保险、两全保险,被保险人的年龄越大,应交纳的保险费就越多,如果被保险人的实际年龄大于申报年龄,就会少交保险费,如果被保险人的实际年龄小于申报年龄,就会多交保险费。

我国《保险法》第三十二条第二款、第三款规定:"投保人申报被保险人年龄不真实,致使投保人支付的保险费少于应付保险费的,保险人有权更正并要求投保人补交保险费,或者在给付保险金时按照实付保险费与应付保险费的比例支付。""投保人申报的被保险人年龄不真实,致使投保人实付保险费多于应付保险费的,保险人应当将多收的保险费退还投保人。"

(三)宽限期条款

宽限期一般为2个月或60日,自应交纳续期保费之日起计算。宽限期条款是分期交费的人寿保险合同中关于宽限期内保险合同不因投保人延迟交费而失效的规定。宽限期条款的基本内容是:当投保人未按时交纳第2期及以后各期的保险费时,在宽限期内,保险合同仍然有效,如发生保险事故,保险人仍予负责,但要从保险金中扣回所欠的保险费。人寿保险合同中列入宽限期条款后,如果投保人停交保险费,保险合同不是自应交而未交之日起失效,而是自宽限期结束的次日起失效。

我国《保险法》第三十六条规定:"合同约定分期支付保险费,投保人支付首期保险费后,除合同另有约定外,投保人自保险人催告之日起超过三十日未支付当期保险费,或者超过规定期限六十日未支付当期保险费的,合同效力中止,或者由保险人按照合同约定的条款减少保险金额。被保险人在前款规定期限内发生保险事故的,保险人应当按照合同约定给付保险金,但可以扣减欠交的保险费。"

(四)自动垫交保险费条款

保险合同生效满一定期限之后(一般是1年或2年之后),如果投保人不按期交纳保险费,保险人则自动以保险单项下积存的现金价值垫交保险费。对于此项垫交保险费,投保人要偿还并支付利息。在垫交保险费期间,如果发生保险事故,保险人要从应给付的保险金中扣还垫交的保险费及利息;当垫交的保险费及利息达到现金价值的数额时,保险合同即行终止。自动垫交保险费条款适用于分期交费的寿险合同。只有当保险合同中列有自动垫交保险费条款,投保人又未对此提出异议的条件下,保险人才能以现金价值垫交保险费。否则,只有经投保人签章委托,保险人才能以现金价值垫交保险费。

(五)中止、复效条款

人寿保险合同在履行过程中,在一定期间内,由于失去某些合同要求的必要条件(如欠交保费等),致使合同失去效力,称为合同中止;一旦在法定或约定的时间内所需条件得到满足,合同就恢复原来的效力,称为合同复效。

保险合同复效后,保险人对于失效期间发生的保险事故仍不负责。显然,只有分期交费的人寿保险合同才有可能列入复效条款。复效申请必须在自保险合同失效之日起2年内提出,投保人在提出复效时应提供复效申请和可保性证明,并补交保费及利息。

我国《保险法》第三十七条规定:"合同效力中止的,经保险人与投保人协商并达成协议,在投保人补交保险费后,合同效力恢复。但是,自合同效力中止之日起满两年双方未达成协议的,保险人有权解除合同。保险人依照前款规定解除合同的,应当按照合同约定退还保险单的现金价值。"

(六)不丧失价值条款

不丧失价值条款,又称不丧失价值任选条款,是指保险人在合理的范围内,允许投保人自由处理其保险单现金价值的一种合同约定。

当投保人没有能力或不愿意继续交纳保险费时,保险单项下已经积存的现金价值可以作为退保金以现金形式返还给投保人,也可以作为趸交保险费将原保险单改为减额交清保险单或展期保险单,而究竟如何处理,由投保人任意选择。不丧失价值条款有三种处理方式供投保人选择:

1. 申请退保

申请退保即把保险单下积存的现金价值扣除退保手续费以后,作为退保金,以现金的形式返还给投保人。

2. 把原保险单改为减额交清保险单

把原保险单改为减额交清保险单即原保险单的保险责任、保险期限均不变,只要依据现金价值数额,相应降低保险金额,此后投保人不必再交纳保险费。这种处理方法实际上是以现金价值作为趸交保险费,投保与原保险单责任相同的人寿保险,保险期限自停交保险费起至原保单满期时止,保险金额由趸交保险费的数额而定。

3. 将原保险单改为展期保险单

将原保险单改为展期保险单即将原保险单改为与原保险金额相同的保单,保险期限相应缩短,此后投保人不必再交纳保险费。这种处理方法实际上也是以现金价值作为趸交保险费,投保人寿保险,保险金额与原保险单相同,保险期限则由趸交保险费的数额而定。

(七)保单贷款条款

人寿保险合同生效满一定时期(一般是1年或2年)后,投保人可以以保险单为担保(把保险单抵存于保险人处)向保险人申请贷款,贷款金额以低于该保险单项下积累的现金价值的一定比例(通常为80%)为限。投保人应按期归还贷款并支付利息。如果在归还贷款本息之前发生了保险事故或退保现象,保险人则从保险金或退保金中扣还贷款本息。当贷款本息达到现金价值的数额时,保险合同即行终止。保单贷款条款一般在保险合同中有明确规定。

(八)保单转让条款

人寿保险单持有人在不侵犯受益人既得权利的情况下,可以将其转让。保单转让分为绝对转让和条件转让两种。绝对转让是指把保单所有权完全转让给另一个所有人，条件转让是指把保单作为保单持有人的信用担保或贷款的质押品。

人寿保险单的转让仅仅是一种民事权利义务关系的转让，并不改变保险人。但保单转让时，必须书面通知保险人，否则不产生法律效力。有的保险条款还规定，保单持有人须将转让文件的复制本存放于保险公司，且订明保险公司对转让保单的有效性不负任何责任。通常，受让人取得保单所有权后，一方面取得了权利，另一方面也要承担原合同规定的一些尚未履行的义务。我国《保险法》中没有关于人寿保险单转让条款的规定，各寿险公司的条款中目前也暂未出现此项条款。但实践中多家商业银行接受投保人持具有现金价值的寿险保单向银行申请质押贷款。

(九) 自杀条款

自杀条款一般规定，在保险合同成立后的一定时期内(一般为 1 年或 2 年)被保险人因自杀死亡属于除外责任，保险人不给付保险金，仅退还保单的现金价值，而保险合同生效满一定时期之后被保险人因自杀死亡，保险人要承担保险责任，按照约定的保险金额给付保险金。

法律上讲的自杀，是指故意用某种手段终结自己生命的行为。从法律的角度看，构成自杀的必要条件有两个：第一，主观上有终结自己生命的故意；第二，客观上实施了足以使自己死亡的行为。

如果把自杀死亡一概列为除外责任，不给付保险金，就会使受益人失去保障，有违保险的宗旨。但是，如果保险人对于被保险人自杀死亡一律给付保险金，则有可能使人寿保险成为以自杀图谋钱财的手段，这不仅违背保险的宗旨，也违背社会公共道德。可行的办法就是按照上述假设，规定被保险人在合同成立 1 年或 2 年内自杀死亡属于除外责任，在合同成立 1 年或 2 年后自杀死亡，属于保险责任。

根据心理学的调查，一个人在一两年以前即开始计划自杀，这一自杀意图能够持续两年期限并最终实施的可能性很小。因此，自杀条款的规定既可避免道德风险的发生，也可最大限度地保障被保险人和受益人的利益。

我国《保险法》第四十四条规定："以被保险人死亡为给付保险金条件的合同，自合同成立或者合同效力恢复之日起二年内，被保险人自杀的，保险人不承担给付保险金的责任，但被保险人自杀时为无民事行为能力人的除外。保险人依照前款规定不承担给付保险金责任的，应当按照合同约定退还保险单的现金价值。"

(十) 除外责任条款

除外责任条款是指保险公司不负责给付保险金或不承担赔偿责任的项目，也就是保险条款中记载保险公司不承担保险责任范围的条款。例如，在寿险合同中，被保险人因酗酒、斗殴、故意自伤、参加高度危险性活动或者战争、核爆炸等导致的死亡,保险公司通常不承担保险责任。

(十一)受益人条款

受益人是由被保险人或者投保人指定,享有保险金请求权的人。投保人指定受益人须经被保险人同意。受益人可以是一人或数人,受益人为数人的,可以指定受益的顺序和受益的份额,未确定受益份额的,受益人按照相等份额享有受益权。如果没有指定受益人,或者受益人先于被保险人死亡没有其他受益人的,或受益人依法丧失受益权或放弃受益权没有其他受益人的,被保险人死亡后的保险金视为被保险人的遗产,由其继承人依照继承法的规定领取。

(十二)共同灾难条款

共同灾难条款是人寿保险的常用条款之一。身故保险金受益人受领寿险死亡保险金的权利,通常以被保险人死亡时受益人仍然存活为条件。如果受益人先于被保险人死亡,在没有其他受益人的情况下,保险金则作为被保险人的遗产处理。但是如果受益人与被保险人在同一意外事件中死亡,并且没有死亡顺序的明确证明,就会产生由谁来受领保险金的问题。对于这种情况,按照我国《保险法》规定,应推定受益人先于被保险人死亡。如果推定被保险人先于受益人死亡,则使得保险金可能被受益人的继承人所得,这违背了投保人为自己的利益或者为被保险人的利益投保的初衷。

(十三)红利任选条款

分红保险的红利有多种处置方式可以选择。有领取现金、累积生息、抵交续期保费、自动增加保额等。其中,累积生息是指将红利留存在保险公司,按保险公司每年确定的约定利率储存生息,并于投保人申请领取或保险合同终止时给付。抵交续期保费是指红利用于抵交下一期的应交保险费,如果抵交后仍有余额,则用于抵交以后各期的应交保险费,但不计利息。自动增加保额是指将现金红利作为保费交给保险公司,在合同原保额的基础上增加相应的保险金额。

第三节 人身保险产品类型

人身保险产品通常分为人寿保险、健康保险和人身意外伤害保险三类。

一、人寿保险

(一)传统型人寿保险

按照保险责任来分,传统型人寿保险可以分为死亡寿险、两全寿险和年金保险。

1. 死亡寿险

死亡寿险是指以被保险人的死亡为给付保险金条件的人寿保险。死亡寿险又分为定期寿险(定期死亡保险)和终身寿险(终身死亡保险)。

1)定期寿险

定期寿险也称定期死亡保险,它是指以被保险人死亡为给付保险金条件,且保险期限为固定年限的人寿保险。具体来说,定期寿险在合同中规定一定时期为保险有效期,若被保险人在约定期限内死亡,保险人即给付受益人约定的保险金;如果被保险人在保险期限届满时仍然生存,保险合同即行终止,保险人没有给付义务,也不退还已收的保险费。

拓展阅读 1-3

定期寿险

定期寿险是人寿保险业务中最早产生,也最简单的一个险种。对于被保险人而言,定期寿险最大的优点在于,可以用非常低廉的保险费获得一定期限内比较大的保险保障,因为定期寿险不是每份保单都必然发生给付,所以保险责任相对较小,费率相对较低。其不足之处在于,若被保险人在保险期限届满时仍然生存,则得不到保险金的给付,并且已交纳的保险费不再退还,因此是纯保障型的人寿保险。

2)终身寿险

终身寿险也称终身死亡保险,是指以死亡为给付保险金条件,且保险期限为终身的人寿保险。终身寿险是一种不定期的死亡保险,即保险合同中并不规定期限,自合同有效之日起,至被保险人死亡为止,保险人对被保险人要终身承担保险责任,即无论被保险人何时死亡,保险人都有给付保险金的义务。

拓展阅读 1-4

终身寿险

终身寿险最大的优点是可以得到永久性保障,而且有退费的权利,若投保人中途退保,可以得到一定数额的现金,即退保金。但终身寿险的费率较高,这是因为终身寿险的保险期限一般都较长,保险人对被保险人终身负有责任,不论被保险人的寿命长短,保险人都将支付一笔保险金。

2. 两全寿险

两全寿险,亦称为生死合险,是指将定期死亡保险和生存保险结合起来的保险形式,即被保险人无论是在保险期限内死亡还是生存到保险期限届满,保险人都给付保险金的人寿保险。

在两全保险中,一般规定有一个保险期限,被保险人在规定的保险期限内不是生存就是死亡,二者必居其一。因此,投保了两全保险后总会得到一笔保险金,所以,两全保险是人寿保险业务中承保责任最全面的险种之一,其费率也比较高。

拓展阅读 1-5

两全保险

两全保险也是储蓄性极强的一种保险,两全保险的纯保费由危险保险费和储蓄保险费组成,危险保险费用于当年死亡给付,储蓄保险费则逐年积累形成现金价值,既可用于中途退保时支付退保金,也可用于期满生存时的生存给付。由于两全保险既保障保险期内死亡又保障到期生存,因此,两全保险不仅使身故保险金受益人得到保障,同时也使被保险人本身享受其利益。

3. 年金保险

年金保险是生存保险的特殊形态,是指以被保险人生存为给付保险金条件,按约定分期给付生存保险金,且分期给付生存保险金的间隔不超过 1 年(含 1 年)的人寿保险。死亡保险的目的在于保障被保险人自身死亡后家庭经济生活的安全,年金保险的目的则是防备自身年老时经济生活费用来源的不安定。按照不同的标准,年金保险可划分为不同的种类。

1）按交费方式划分

按交费方式划分，年金保险可以分为趸交年金保险和期交年金保险。

趸交年金保险是指一次交清保费的年金保险，即年金保险费由投保人一次全部交清后，于约定时间开始，按期由年金受领人领取年金。

期交年金保险是指在给付日开始之前，分期交付保费的年金保险，即指保险费由投保人采用分期交付的方式，然后于约定年金给付开始日起按期由年金受领人领取年金。

2）按被保险人数（存活人数）划分

按被保险人数（存活人数）划分，年金保险可以分为个人年金保险、联合年金保险、最后生存者年金保险和联合及生存者年金保险。

个人年金保险是指以一个被保险人生存作为年金给付条件的年金保险。

联合年金保险是指以两个或两个以上被保险人的生存作为年金给付条件的年金保险，这种年金的给付，是在数个被保险人中第一个被保险人死亡时即停止给付。

最后生存者年金保险是指以两个或两个以上的被保险人中至少尚有一个生存作为年金给付条件，且给付金额不发生变化的年金保险，这种年金的给付持续到最后一个被保险人死亡为止。

联合及生存者年金保险是指以两个或两个以上的被保险人中至少尚有一个生存作为年金给付条件，但给付金额随着被保险人人数的减少而进行调整的年金保险。这种年金的给付持续到其中最后一个被保险人死亡为止，但给付金额根据仍存活的被保险人人数进行相应的调整。

3）按给付额是否变动划分

按给付额是否变动划分，年金保险可以分为定额年金保险和变额年金保险。

定额年金保险是指每次按固定数额给付的年金保险。这种年金的每期给付额是固定的，不随投资收益率的变动而变动。

变额年金保险是指年金给付额按资金账户的投资收益水平进行调整的年金保险。这种年金的设计是用来克服定额年金在通货膨胀下保障水平降低的缺点。

4）按给付开始日期划分

按给付开始日期划分，年金保险可以分为即期年金保险和延期年金保险。

保险合同成立后，保险人即按期给付年金，这种年金保险称为即期年金保险。

保险合同成立后，经过一定时期或达到一定年龄后保险人才开始给付的年金保险称为延期年金保险。

5）按给付方式（或给付期间）划分

按给付方式（或给付期间）划分，年金保险可以分为终身年金保险、最低保证年金保险和定期生存年金保险。

年金受领人在有生之年一直可以领取约定的年金，直到死亡为止，这种年金保险称为终身年金保险。只要年金受领人死亡，不论实际领取年金的时间如何，都不再给付，也不予退款。

为了防止年金受领人早期死亡而过早丧失领取年金的权利，于是在普通终身年金的基础上产生了最低保证年金。最低保证年金又分为两种：一种是确定给付年金，即规定了一个领取年金的最低保证确定年数，在规定期间内无论被保险人生存与否均可得到年金给付，如果被保险人在规定期间内死亡则由受益人领取剩余期间的年金。另一种是退还年金，即当年金受领人死亡而其年金领取总额低于年金购买价格时，保险人以现金方式一次或分期退还其差额的年金保险。

定期生存年金保险是指年金的给付以一定的年数为限，若被保险人一直生存，则年金给付到期满；若被保险人在规定的期限内死亡，则年金给付立即停止。

（二）创新型人寿保险

1. 分红寿险

分红寿险，指保险公司在每个会计年度结束后，将上一会计年度该类分红保险的可分配盈余，按一定的比例，以现金红利或增额红利的方式，分配给客户的一种人寿保险。简单来说就是带有分红功能的寿险，最早出现在1776年的英国。中国保监会目前的统计口径中，分红寿险、分红养老险、分红两全险及其他有分红功能的险种都被列入分红险范围。

分红险依据功能，可以分为投资和保障两类。投资型分红险以银保分红产品为代表，主要为一次性交费的保险，通常为5年或10年期。它的保障功能相对较弱，多数只提供人身死亡或者全残保障，不能附加各种健康险或重大疾病保障。在给付额度上，意外死亡给付一般为所交保费的两倍到三倍，自然死亡或疾病死亡给付只略高于所交保费。保障型分红险主要是带分红功能的普通寿险产品，如两全分红保险等。这类保险侧重于人身保障功能，分红只是作为附加利益。以两全分红保险为例，在固定返还生存金的同时，还有固定保额的身故或全残保障，红利将按照公司每年的经营投资状况分配，没有确定额度。保障型的分红保险通常都可作为主险附加健康险、意外险和重大疾病保险，能形成完善的保障计划。

分红寿险的红利来源于死差益、利差益和费差益所产生的可分配盈余。

死差益是指保险公司实际的风险发生率低于预计的风险发生率，即实际死亡人数比预定死亡人数少时所产生的盈余；

利差益是指保险公司实际的投资收益高于预计的投资收益时所产生的盈余；

费差益是指保险公司实际的营运管理费用低于预计的营运管理费用时所产生的盈余。

保险公司在厘定费率时要考虑三个因素：预定死亡率、预定投资回报率和预定营运管理费用，而费率一经厘定，不能随意改动。但寿险保单的保障期限往往长达几十年，在这样漫长的时间内，实际发生的情况可能同预期的情况有所差别。一旦实际情况好于预期情况，就会出现以上差益，保险公司将这部分差益产生的利润按一定的比例分配给客户，这就是红利的来源。

拓展阅读 1-6

分红险的红利能保证吗？

分红险每年的分红，是一个不确定因素，保险公司不会承诺收益。投保人对红利期望值过高，是因为部分保险代理人在宣传时造成误导，宣传时的收益是基于一种假想状况下的收益水平演示，并不能代表红利派发的实际水平。

投保人所交保费是全部用于投资吗？

投保人所交保费并非全部用于投资。在扣除风险金、责任准备金、管理费等费用后，剩下的由保险公司进行资金运作，这部分投资，要受中国保监会的严格监管，目前仍主要集中在与银行的协议存款、投资国债企业债、基金等方面。

2. 万能寿险

万能寿险的概念最早由国外传入，指的是可以任意支付保险费以及任意调整死亡保险金给付金额的人寿保险。也就是说，除了支付某一个最低金额的第一期保险费以后，投保人可以在任何时间支付任何金额的保险费，并且任意提高或降低死亡给付金额，只要保单积存的现金价值足够支付以后各期的成本和费用就可以了。而且，万能寿险现金价值的计算有一个最低的保证利率，保证了最低的收益率。

万能寿险之"万能"，在于在投保以后可根据人生不同阶段的保障需求和财力状况，调整保额、保费及交费期，确定保障与投资的最佳比例，让有限的资金发挥最大的作用。万能寿险是风险与保障并存，介于分红险与投连险之间的一种投资型寿险。所缴保费分成两部分,一部分用于保险保障,另一部分用于投资。保障和投资额度的设置主动权在投保人,可根据不同的需求进行调节;账户资金由保险公司代为投资理财,投资利益上不封顶、下设最低利率。

拓展阅读1-7

分红险与万能寿险有什么区别

收益不同。分红险的红利来源于保险公司的盈余分配,红利并不固定,保险公司如果没有年度盈余,那么投保人也就没有红利可分。万能寿险的收益是来源于个人账户的投资收益。

资金投放渠道不同。分红险收取的保费由保险公司统一运用,投资比较稳健。相比之下,万能寿险更重投资,大多数的资金都是放在万能账户中的,可以投资于股票、基金等,保障方面的比重相对较少,但是投保人可以根据自身实际情况进行资金的调整。

保费支付的方式不同。分红险的保费支付金额每年相同,如投保人总保费是10万元,一共分10年付清,每年支付1万元。万能寿险的保费支付金额每年可以不一样,它的保费包括投资和保障两个部分,具体的资金分配方式可以由投保人自己决定,同时每年还可以按投保人自己的意愿调整这两部分的比例。另外万能账户并非一定要每年都进行支付,投保人可以根据自己的实际情况进行支付。

万能寿险的保障

在保障方面,万能寿险所提供的保障与传统寿险类似,当被保险人身故或者全残时,就能得到规定基本保额或者保单价值的给付,从这个角度来讲,万能寿险的保障功能还是有限的。一般情况下,万能寿险不能发挥意外、医疗等方面的保障作用,如果真正要投资与保障兼顾,就需要附加相关意外险、健康险等。

初始费用

初始费用是保险公司在用于投资之前必须从保单账户扣除的费用,用来支付代理人佣金和保险公司运营成本等。根据多家保险公司的万能寿险产品说明,通常在保单生效10年内,投保人都要向保险公司支付相当金额的初始费用。第一年交得最多,初始费往往占当年所交保费的65%~70%,前三年的比例相对较大,第五年及以后相对较小。不仅有风险保险费和初始费用,万能寿险投保人还需要向保险公司支付保单管理费、贷款账户管理费、附加险保险费,有的公司还要收取部分领取手续费和退保手续费。

掌握好首年度保费额度的支付

从账户资产价值和保费合理安排来看,重点之一在于掌握好首年度保费额度的支付。首先,万能寿险条款通常规定收取保单管理费等费用,收取的额度在第一年最高,同时有的万能寿险产品也规定如果投保人能正常交纳续期保费,会享受一定额度的奖金,所以首年基础保费额度适度值得考虑;其次,对于首年趸缴,以后可以再追加保费的万能产品,掌握好第一年度保费额度显得更为重要(建议考虑条款中规定的最低保费额度),因为追加保费,保险公司收取的费用相对比首年要低得多,如果客户把更多的钱放在第二年进行保费追加,享受通过保险公司进行投资带来的高收益的可能性,对客户而言无疑是有利的。

万能寿险在投资上的风险

既然是投资,就会有风险。虽然保险公司许诺了保底利率,还有不定额浮动利率,但这并不意味着收益可以无忧了,万能寿险一般是长期交费,银行利率上调,保底利率显得就不那么诱人了;而浮动利率主要看投资收益,不确定的因素很多,特别是在证券市场上运用的资金。理论上,浮动利率可以为零。

万能寿险的交费期一般都是长期的,少则 10 年,多则终身交费,一旦确定了保底利率,就面临利率将来上调的风险。当然,有的万能寿险产品的保底利率也随银行利率的变化而变化。

在最终给付上,万能寿险采取满期给付或者年金的形式。中途退保,只能得到现金价值,特别是前期退保,可能连已交保费的总额也拿不回来,毕竟万能寿险的理财功能体现在长期性上。

老年人适合买万能寿险吗?

从费率计算的方法上看,老年人买万能寿险产品不合适。将基本保险费交足之后,保险公司要先扣除几项费用,再将剩余的钱拿来投资产生收益。需要扣除的费用中,有一项叫作风险保险费,即保险公司用于支付保险保障的费用。与传统保单的费率计算方式不同,万能寿险中风险保险费的费率计算依据的是"自然费率",而不是传统的"均衡费率"。顾名思义,均衡费率是将投保人应该在若干年内交纳的保费总额平均分摊到每一年收取,使得投保人年交保费的负担比较均衡。

而自然费率则根据风险发生的概率而定,人的年纪越大,当然越有可能出现死亡风险,因此要交纳的风险保险费也就越多。

3. 投资连结寿险

1) 投资连结险的概念

投资连结寿险是除了具有保险保障功能外,保单的现金价值直接与保险公司的投资收益挂钩的寿险产品;其交付的保费一部分用来购买由保险公司设立的投资账户中的投资单位,一部分用来购买寿险保障;投资账户内的资金由保险公司的投资专家负责投资运作,客户享有全部投资收益,同时承担相应的投资风险。

2) 投资连结险的特点

投资连结寿险的特点是更强调客户资金的投资功能。投连险产品当中可包含多个不同类型(根据投资对象分类)的投资账户供客户选择,客户购买后资金将直接进入其选择的投资账户。投连险产品同时可以向客户提供人身风险保障功能,保障责任可多可少,客户购买保障发生的费用及其他按投连险产品规定向客户收取的管理费用均定期从客户的投资账户中扣除。同股票、基金类似,投连险的投资账户中的资产由若干个标价清晰的投资单位组成,资金收益体现为单位价格的增加。客户享有投资账户中的全部资金收益,保险公司不参与任何收益分配而只收取相应的管理费用,同时客户要承担全部投资风险(见表1-1)。

表1-1 投资连结寿险与传统分红保险和传统非分红保险的区别

项目种类	投资连结寿险	传统分红保险	传统非分红保险
投资风险	客户自己承担	客户与保险公司承担	保险公司承担
收益性	不固定	分红不固定	固定
资金运作	专门账户(单独运作)	专门账户	统筹账户(统一运作)
现金价值	随账户价值变化而变化	不固定但保底	固定
保险费	固定交费或灵活交费	固定交费	固定交费
死亡、全残给付金额	取账户价值与保额两者较高者	保额(如无特约则红利由投保人领取)	保额
手续费	透明化	不透明	不透明
利益来源	投资运作	固定部分加利差、死差、费差盈余(分红)	固定

续表

项目种类	投资连结寿险	传统分红保险	传统非分红保险
资产管理运用	透明化	不透明	不透明
展业资格	严格限制	限制较严	一般限制
收益状况	详细公布（每月）	分红报告（会计年末）	无

二、健康保险

（一）健康保险及其特征

健康保险是以被保险人的身体为保险标的，使被保险人在保险期限内因疾病或意外事故所致伤害时发生的费用支出或收入损失获得补偿的一种保险。包括医疗保险、疾病保险、失能收入损失保险和护理保险等具体险种。健康保险的主要特征有：

1. 健康保险经营风险的特殊性

健康保险的保险责任是伤病风险，其影响因素远较人寿保险复杂，逆选择风险和道德风险都更严重。为降低逆选择风险，健康保险的核保要比人寿保险和意外伤害保险严格得多；道德风险导致的索赔欺诈也给健康保险的理赔工作提出了更高的要求；精算人员在进行风险评估及计算保费时，除了要依据统一资料，还要获得医学知识方面的支持。此外，健康保险的风险还来源于医疗服务提供者，医疗服务的数量和价格在很大程度上由医疗机构决定，作为保险金支付方的保险公司很难加以控制。

2. 健康保险的精算技术

健康保险产品的定价主要考虑疾病率、伤残率和疾病（伤残）持续时间。健康保险费率的计算以保险金额损失率为基础，年末未到期责任准备金一般按当年保费收入的一定比例提存。此外，健康保险合同中规定的等待期、免责期、免赔额、共保比例和给付方式、给付限额等也会影响最终的费率。

3. 健康保险的保险期限

除重大疾病保险等以外，目前市场上绝大多数健康保险尤其是医疗费用保险常为一年期的短期合同。

4. 健康保险的保险金给付

关于"健康保险是否适用补偿原则"问题，不能一概而论，费用补偿型健康保险适用该原则,是补偿性的给付;而定额给付型健康保险则不适用,保险金的给付与实际损失无关。另外由于健康保险有风险大、不易控制和难以预测的特性,因此,在健康保险中,保险人对所承担的疾病医疗保险金的给付责任往往带有很多限制性或制约性条款。

因为健康保险的特殊性,一些国家把健康保险和意外伤害保险列为第三领域,允许财产保险公司承保。我国也遵从国际惯例,放开短期健康保险和意外伤害保险的经营限制,财产保险公司也可提供短期健康保险和意外伤害保险产品。

5. 健康保险合同条款的特殊性

健康保险通常无须指定受益人,其被保险人和受益人常为同一个人。健康保险合同中,除适用一般寿险的不可抗辩条款、宽限期条款、不丧失价值条款等外,还采用一些特有的条款,如既存病症条款、转换条款、协调给付条款、体检条款、免赔额条款、等待期条款等。此外,健康保险合同中有较多的名词定义,有关保险责任部分的条款也显得比较复杂。

6. 健康保险的除外责任

健康保险的除外责任一般包括战争或军事行动,故意自杀或企图自杀造成的疾病、死亡和残疾,堕胎导致的疾病、残疾、流产、死亡等。健康保险中将战争或军事行动作为除外责任,是因为战争所造成的损失程度一般来讲是较高的,而且难以预测。在制定正常的健康保险费率时,不可能将战争或军事行动的伤害因素计算在内。除寿险中常见的除外责任外,健康保险通常将遗传性疾病、先天性畸形、变形或染色体异常列为除外责任。

(二) 医疗保险

医疗保险是指为被保险人在治疗疾病时发生的医疗费用提供保险保障的保险。这里所说的医疗费用不仅包括医生的医疗费和手术费用,还包括住院、护理、使用医院设备的费用以及各种检查费用和医院杂费。医疗保险是健康保险的主要险种之一。

在医疗保险中,由于疾病的发生导致被保险人遭受实际的医疗费用损失,这种损失可以用货币来衡量。所以,医疗保险可以具有补偿性,即保险人在保险金额的限度内补偿被保险人实际支出的医疗费用。医疗保险也可以采用定额给付方式,但只在某些特定保障项目中适用,如住院床位费用、日额津贴等。

医疗保险的费率厘定不仅取决于被保险人的年龄,还取决于被保险人的性别、健康状况、职业与生活习惯等因素。例如,性别与某些疾病的发病率相关,而某些职业的工作环境及特点与某些疾病的高发率相关。因此,医疗保险的纯保费是依据损失率来计算的。

医疗保险的承保条件一般比较严格,对疾病产生的原因需要有严格的审查。为防止已患病的被保险人投保,长期医疗保单中常规定有观察期(多为半年),被保险人在观察期内因疾病支出的医疗费,保险人不负保险责任。

医疗费用分摊条款是医疗保险的又一主要特征。该条款通常要求被保险人承担部分医疗费用,用以鼓励被保险人将医疗费用控制至最低,从而有助于保险人将医疗保险的成本控制在较低的水平上。医疗费用分摊条款通常采取免赔额和比例分担两种形式。免赔额通常是一个固定额度,如100元或200元。只有当被保险人支付的医疗费用超过该固定额度,保险人才开始支付该保险单下发生的超过免赔额部分的医疗费用支出。医疗费用分摊的另一种形式为比例分担,即对超过免赔额以上的医疗费用,采用保险人与被保险人按比例共同分摊的给付方法。如许多医疗保险中包含有20%的比例分担条款。按该条款约定,被保险人在支付了免赔额之后仍需支付其余部分医疗费用的20%。这样既保障了被保险人的经济利益,又促进了被保险人对医疗费用的节约。大多数医疗保险还规定了停止损失条款。止损条款规定当被保险人支付的医疗费用超过一定限额后,保险人将全额支付超过部分的医疗费用。

大多数医疗保险都明确载明了保险人的除外责任。由于下列原因引起的医疗费用,保险人不负责赔偿:战争、军事行动或武装叛乱中发生的医疗费用;被保险人因意外伤害或其他医疗原因,进行整容手术而发生的费用;被保险人故意自伤;因不法行为或严重违反安全规则所致疾病等。

医疗保险通常包括普通医疗保险、住院医疗保险、手术保险、住院津贴保险和综合医疗保险等。

普通医疗保险为被保险人提供治疗疾病时相关的一般性治疗费用,包括门诊费用、医药费用和检查费用。这种保险的成本较低,比较适合一般公众。由于医药费用和检查费用的支出控制难度较大,这种保单一般规定有免赔额和费用比例分担。

由于住院所发生的费用相当可观,住院医疗保险通常作为一项单独的保险承担。其中,住院津贴保险一般采用按住院天数定额给付的方式,在保险合同中约定每天给付金额、免赔天数和最多给付天数。保险人只对超过免赔天数、未超过最多给付天数的住院期间给付住院津贴。

手术保险负担被保险人因必要手术发生的费用,一般负担部分手术费用。这种保险既可作为主险单独承保,也可列为附加险。

综合医疗保险为被保险人提供了全面的医疗费用保险,其保障范围包括医疗、住院、手术等一切费用。其保险费较高,一般都确定一个较低的免赔额和适当的费用分担比例。

(三)疾病保险

疾病保险是指以保险合同约定的疾病发生为给付保险金条件的保险。疾病保险的给付方式一般是在确诊为特种疾病后,立即一次性支付保险金额。疾病保险一般都规定有观察期(多为180日),被保险人在观察期内被确诊患病,保险人概不负责,观察期结束后,保险人才正式承担保险责任。

疾病保险主要包括特种疾病保险和重大疾病保险。特种疾病保险在市场上较常见的如眼睛护理保险、母婴安康特种疾病保险等产品。重大疾病保险于1983年在南非问世,继而在英国、加拿大等国家和地区得到迅速发展,1995年引入我国内地市场,现已发展成为人身保险市场重要的保障型保险产品。

针对重大疾病保险在国内发展过程中存在的问题,中国保险行业协会与中国医师协会于2007年4月合作推出《重大疾病保险的疾病定义使用规范》,对我国重大疾病保险产品中常见的25种疾病的表述进行了统一和规范,并根据国际经验规定了6种重大疾病保险的必保疾病:恶性肿瘤、急性心肌梗死、脑中风后遗症、重大器官移植术或造血干细胞移植术、冠状动脉搭桥术和终末期肾病。

重大疾病保险按保险期间可分为定期重大疾病保险和终身重大疾病保险。按保险金的给付形态,可分为提前给付型、附加给付型、独立主险型、按比例给付型、回购式选择型五种。其中只有长期的重大疾病保险产品可以包含死亡保险责任,但死亡给付金额不得高于疾病最高给付金额。

提前给付型重大疾病保险的保险责任包含重大疾病、死亡和(或)高度残疾;保险总金额为死亡保额,但包括重大疾病和死亡保额两部分。在提前给付型重大疾病保险中,如果被保险人患保单所列重大疾病之一,被保险人可以将死亡保额中一定比例的重大疾病保险金提前领取,用于医疗或手术费用等开支,身故时由身故保险金受益人领取剩余部分的死亡保险金。如果被保险人没有发生重大疾病,则全部保险金作为死亡保障,由受益人领取。

按比例给付型重大疾病保险是指被保险人患某一种重大疾病时按照重大疾病保险金总额的一定比例给付,其死亡保障不变。

回购式选择型重大疾病保险是指保险人给付重大疾病保险金后,如果被保险人在某一特定时间后仍存活,可以按照某固定费率买回原保险总额的一定比例(如25%),使死亡保障有所增加;如被保险人再经过一定的时间仍存活,可再次买回原保险总额的一定比例,最终使死亡保障可以达到购买之初的保额。

(四)失能收入损失保险

失能收入损失保险是指以被保险人因保险合同约定的疾病或者意外伤害导致工作能力丧失为给付保险金条件,为被保险人在一定时期内收入减少或者中断提供保障的保险。

失能收入损失保险一般按月或按周进行补偿,主要根据被保险人的选择而定。该险种的给付额一般都有一个最高限额,该限额低于被保险人在伤残以前的正常收入水平。这一限制的目的是促使残疾的被保险人尽早重返工作岗位。该险种通常还规定有免责期,是指在残疾失能开始后无保险金可领取的一段时间,即残疾后到保险金给付前的一段时间,免责期越长保费越便宜。

失能保险单中将被保险人的残疾程度分为全残和部分伤残。其中全残定义为绝对全残,即该残疾使得被保险人不能从事任何职业(原来的工作或任何新工作)。现在大多数公司已经不再采用此种苛刻的定义。在某些情况下,被保险人患病或遭受意外伤害,最终是否残疾在短期内难以判定,为此保险公司往往在保险条款中规定一个定残期限,如180日。如果被保险人发生的伤残在定残期限届满时尚无明显的好转征兆,将自动被认定为全残。此种全残认定方式称为推定全残。全残给付金额一般比残疾前的收入少一些,通常是原收入的75%~80%。

部分残疾是指部分丧失劳动能力,保险人给付的将是全残给付金额的一部分,其计算公式是:

部分残疾给付 = 全部残疾给付 × (残疾前的收入 − 残疾后的收入)/残疾前的收入

(五)护理保险

护理保险是指以因保险合同约定的日常生活能力障碍引发护理需要为给付保险金条件,为被保险人的护理支出提供保障的保险,其中最具代表性的当属长期护理保险。

长期护理保险是为因年老、疾病或伤残而需要长期照顾的被保险人提供护理服务费用的健康保险。其保险范围分为医护人员看护、中级看护、照顾式看护和家中看护四个等级,但早期的长期护理产品不包括家中看护。

长期护理保险的免责期越长,保费越低。长期护理保险一般都有豁免保费保障,即保险人开始履行保险金给付责任的60日、90日或180日起免交保费。

长期护理保险保单通常是保证续保的,可保证对被保险人续保到一个特定年龄(如79岁),有的甚至可以对被保险人终身续保。

三、人身意外伤害保险

(一) 人身意外伤害保险的含义

人身意外伤害保险是以被保险人因遭受意外伤害造成身故或残疾为给付保险金条件的人身保险。投保人向保险人交纳了一定量的保险费,如果被保险人在保险期限内遭受意外伤害并以此为直接原因,在自遭受意外伤害之日起的一定时期内造成死亡、残疾结果,则保险人给付被保险人或其受益人一定金额的保险金。

拓展阅读1-8

意外伤害保险的三层含义

(1)必须有客观的意外事故发生,且事故原因是非本意的、外来的、突然发生的、不可预见的。

(2)被保险人必须有因客观事故造成人身死亡或残疾的结果。

(3)意外事故的发生和被保险人遭受人身伤亡的结果,两者之间有着内在的、必然的联系,即意外事故的发生是被保险人遭受伤害的近因,而被保险人遭受伤害是意外事故的后果。

(二) 人身意外伤害保险的特征

1. 人身意外伤害保险的保险责任

人身意外伤害保险的基本保险责任是意外死亡给付和意外伤残给付,因疾病导致被保险人的死亡和残疾不属于人身意外伤害保险的保险责任。

2. 人身意外伤害保险的保险费率厘定

人寿保险的纯保险费是依据生命表和利息率计算的,这种方法认为被保险人的死亡概率取决于其年龄。意外伤害保险的纯保险费是根据保险金额损失率计算的,这种方法认为被保险人遭受意外伤害的概率取决于其职业、工种或从事的活动。在其他条件相同时,被保险人的职业、工种、所从事活动的危险程度越高,应交的保险费就越多。

3. 人身意外伤害保险的承保条件

人身意外伤害保险的承保条件较宽,高龄者也可以投保,而且对被保险人不是必须进行体格检查。

4. 人身意外伤害保险的保险期限

人寿保险的保险期限较长,至少一年,一般长达十几年、几十年,甚至是终身。人身意外伤害保险的保险期限较短,一般不超过一年,长期意外险也多是三年或五年。

但是,有些意外伤害造成的后果却需要一定时期以后才能确定,因此,人身意外伤害保险有一个关于责任期限的规定,即只要被保险人遭受意外伤害的事件发生在保险期限内,自遭受意外伤害之日起的一定时期内即责任期限内(通常为90日、180日或360日)造成死亡或残疾的后果,保险人就要承担给付保险金的责任。即使在被保险人死亡或者被确定为残疾时保险期限已经结束,只要未超过责任期限,保险人就要承担给付保险金的责任。

5. 人身意外伤害保险金的给付

在人寿保险中,保险事故发生时,不论被保险人有无损失以及损失金额是多少,保险人都按照合同约定的保险金额给付保险金。在意外伤害保险中,保险事故发生时,死亡保险金按约定的保险金额给付,残疾保险金按保险金额的一定百分比给付,一般由保险金额和残疾程度两个因素确定。

6. 人身意外伤害责任准备金的计算

人寿保险的寿险责任准备金是依据生命表、利息率、被保险人年龄、已保年限、保险金额等因素计算的。人身意外伤害保险在责任准备金的提取和核算方面与寿险业务有着很大的不同,往往采取非寿险责任准备金的计提原理,即按当年保费收入的一定百分比(如50%)计算。

小结

本章主要介绍了人身保险的基础知识,相关概念的介绍及一些拓展阅读,可以帮助读者对人身保险有一个框架性的了解,这同时也为后续各章节内容的展开做好铺垫。本章主要分为人身保险概述、人身保险合同、人身保险产品类型三个部分,涉及人寿保险、人身意外伤害保险、健康保险多种人身保险产品的类型,随着人们保险意识的增强和社会经济的快速发展,相信将会有更多的人身保险产品面世,真正服务于广大客户。

第二章　人身保险产品的开发

引言

本章探讨了人身保险产品的开发原理。其中第一节是对人身保险产品开发的一般介绍，第二节到第五节对人身保险产品的开发策略、开发组织、定价策略和产品设计主要环节进行了系统的探讨。

重要术语

产品策略　目标市场　产品设计　定价假设　利润测试　可行性评估

第一节　产品开发概述

一、产品开发内涵

保险行业是知识密集型、资金密集型、技术密集型和负债经营风险的金融服务业。产品开发在很大程度上是由公司所提供的服务或产品来决定的。产品开发过程包含了设计和实现两个部分。产品设计中涉及目标市场分析、团队组成、产品形态、可行性评估等；产品实现中涉及费率的确定、利润测试、条款内容、提请保险监督管理机构审批备案、营销资料、系统支持以及对该产品的培训等内容。

二、产品开发需要考虑的因素

通常来说，保险公司在产品开发时应了解公司内外的制约因素，包括：①经济和社会环境。经济发展水平、社会环境、人口因素及技术发展等都会对人身保险产品的需求和经营产生影响；②监管环境。监管因素是产品设计的重要外部因素；③公司战略。产品设计要服从和服务于公司的发展战略和策略；④目标市场和销售渠道。产品必须与目标市场、销售渠道达成匹配;⑤公司系统的支持。产品的销售与管理离不开后台系统的支撑。

一般来说,运作成功的公司都能准确地锁定目标市场并开发出相应产品让其在这些市场中提供最好的服务。而那些不成功的公司,尽管不成功的原因各不相同,但往往都是由于未能准确定位其目标客户,或者在产品开发时采取了不当的市场策略。

第二节　产品开发策略

保险产品的开发策略是指在符合公司整体发展战略的前提下,充分利用企业经营环境中存在的机会,不断创造新的商机,结合公司自身的优势和资源,分析预测保险市场的发展趋势,制定切合实际的保险产品开发思路。

一家公司在明确一项产品策略前,需要充分了解开发目的并拥有预测该公司未来发展趋势的能力。而这种预测能力通常由该公司所拥有的使命感和对未来的愿景所决定。如果公司专注于为确定的目标市场需求提供服务,这将促进该公司思考应提供哪些产品,从而促使该公司为目标市场提供最好的服务。

与此同时还需要在该公司的使命、愿景、策略、文化、核心竞争力、目标市场以及产品之间找到一个统一的方向和基准。而这个方向的高度将决定该公司取得成功的高度。一个错误的基准或者方向可能导致该公司走向失败。举例对比两家公司来说明:

拓展阅读 2-1

不同寿险公司的产品开发策略比较

A 公司

运作方向:个人人寿保险

关注重点:高收入客户群体

愿景:在目标市场中居于领先地位

策略:专注于个人代理人销售的人寿保险业务,同时持续为客户提供最优的长期服务从而获得社会声誉。

战术:增加招聘并留存个人代理人;提供小部分的高价值产品;通过自动化和规模经营降低单位成本;追求一定保费数量同时要不断提升持续性、忠诚度以及投资的结果。

B公司

运作方向:个人和团体人寿保险,团体健康保险,年金保险

关注重点:主要是高收入客户,但也考虑更宽广的市场机会

愿景:成为一家大型的、全方面的保险公司

策略:针对不同的目标市场,通过多种销售渠道和运作管理提供众多的保险产品。

战术:通过富有竞争力、创新性的产品和出色的、专业化的后援支持服务,来赢得保险业务。

分析

A公司看起来更有可能取得成功;因为为能更好地专注在一定市场内,A公司可能会:①保持员工和代理人较高的忠诚度;②通过组织活动提升对客户价值的承诺;③在长期客户价值等领域,例如忠诚度、持续性上保持更具竞争力的优势。

B公司的愿景描述不像A公司定位清晰,而是想通过多种销售渠道提供大量的保险产品,不同的市场、大量的产品和成本的增加意味着公司资源将被分散和稀释,市场、行政以及对代理人销售系统的支持都将进一步复杂化,在这种情况下想达到一定的经营规模是比较困难的。所以B公司在取得成功前可能需要度过一段艰难的日子。

拓展阅读2-2

西北互助人寿保险公司的产品策略

20世纪末,美国有一家极负盛誉的人寿保险公司,美国西北互助人寿保险公司,当时它的CEO和董事会主席是James D. Ericson。据James D. Ericson介绍,西北互助人寿保险公司所取得的成功源自它有的放矢的策略。"一个多世纪以来,西北互助保险公司的使命是为投保人提供最大可能的价值,为所有投保人的利益而运作。至今这依然是该公司的使命,在运营上它确实做到了一家真正的互助公司"。

该公司的使命一直专注在最擅长的领域,在业界拥有的声望建立在长期强调人寿保险基本原理和各项指标的重要性上,如低死亡率、严格的费用控制、客户的高忠诚度以及持续较好的投资回报,结果在1999年相比其他公司支付了更多的保险分红。为了持续地专注于质量,公司通过代理机构来销售产品,这些代理机构已经超过了7500个。

公司在持续重视质量的情况下,近年来依然取得了相当大的成长。现在与美国的其他公司相比,该公司拥有了更多的个人人寿保险,规模超过了5000亿美元。

一、目标市场

界定目标市场对于一家保险公司而言是一项重要举措。在界定目标市场时,保险公司可以根据客户的需求和偏好的差异,运用市场细分的方法,将客户分成不同的群体,形成不同的保源目标,从而来制定具体的保险产品的设计开发策略。例如,一个目标市场需要具备以下特质:

(1) 有关目标市场准确的定义和具体特征描述;
(2) 明确的开拓目标市场的方法;
(3) 目标市场群体具备的一些消费习惯、保险需求或另外一些共同特点;
(4) 市场足够大到值得去被选为目标群体;
(5) 中等收入,孩子年龄在18岁以下的父母;
(6) 高等收入,有人寿保险需要又具储蓄和投资性质的人群;
(7) 已婚,年龄介于30~35岁的专业人士;
(8) 中高等收入,年龄在40~50岁的夫妻,且其中一位仍在工作。

一旦明确了目标市场,就需要尽可能多地了解信息,包括目标群体的消费习惯、偏好、保险需求和看待保险的态度。这将有助于开发恰当的满足目标市场需求的产品。

拓展阅读2-3

保险精算师与目标市场界定

通过多种途径界定目标市场的方法在某些公司可能由保险精算师独立完成。比如针对一个极其小众的目标市场,仅通过保险精算师自己去估计市场需求和思考如何服务目标市场。这种以自我单方利益为中心设计出来的保险产品,未建立长远的可持续发展的双赢经营思想,往往不被市场接受。

二、核心竞争力

保险公司为了满足目标市场需求,需要采取资源配置、产品组合、最佳质量管理等方法获得竞争优势。公司必须形成以及运用核心竞争力来争取目标市场。一个产品不仅要满足目标市场的需求,它还应建立在公司优势和核心竞争力之上。公司优势和核心竞争力通常包括以下几点:

(1)低成本(借由债务或再保险杠杆效应影响结果);
(2)金融实力(高评级、高资本率、高收益);
(3)运营效率(低购置成本和维护成本);
(4)核保鉴定(实际死亡率结果低);
(5)高忠诚度(绩优客户价值、优秀的销售人员和优质的服务);
(6)投资管理(优秀的投资回报和低投入费用);
(7)敏锐、灵活和适应性(抓住市场机会的能力);
(8)销售质量(高质量的销售人员和服务);
(9)销售控制(有能力去转换重点,产品类型和价格);
(10)经验丰富的销售(有能力销售复杂多元的产品);
(11)经验丰富的内勤团队(能够开发和支持复杂的产品)。

拓展阅读 2-4

寿险公司的核心竞争力

几乎很少有一家公司能做到在每一个领域都保有优势,它会努力做它最擅长和最具优势的一块业务。为了竞争更有效率及获得更多利润回报,公司会利用外部环境来增强已有优势。如在国外:

(1)公司可能会通过外包行政部门和投资部门以降低成本或提高服务和业绩表现。一家公司通过利用外部资源,可以立即获取专业知识,而不用自己摸索和发展。

(2)公司可能会对业务进行分保,以便利用再保险人的专业知识和资本。

(3)公司可能会请顾问来帮助其设计产品和定价,获取所需的专业知识和资源。

三、风险控制

一个产品的风险,即产品本身蕴含的风险大小和种类,应符合一家公司保持其业绩持续稳定的目标。给一家公司带来巨大影响的关键决策是决定服务于哪一类市场,提供哪些产品。增加新市场需要公司保持长期投入,因此新市场或新产品要始终如一地与公司的使命、愿景和策略相一致,而不会使运营方向发生较大改变。

当产品会带来大量集中风险时,在特定产品上就需要小心谨慎。

例如,如果一项产品的保证利率远远高于现行利率,而销售没有被控制在一个少量的水平,就可能给公司带来经营风险。当一家公司卖出过多的这类产品后,利率一旦下跌,公司会变得资不抵债。其他保证资本回报的保险产品也存在相似的风险。

第三节 产品开发组织

产品开发需要一家人寿保险公司几乎所有的部门去支持。比如说,承保方面可能会涉及产品存在新的风险或承保标准;投资方面可能会涉及产品的利率或新的投资策略;而保单所有人的服务方面可能涉及产品所提供的新特性或新服务。

开发产品需要三方面能力:市场、保险精算和上市。当这三种能力完整地融合到一个具有凝聚力的团队时,整个团队会开发出令人满意的产品,它能很好地服务于市场需要,又能为公司业绩目标做贡献,同时也让产品的上市变得尽可能简单。

一、产品开发团队

在开发团队中,市场、精算和上市三方面人员要紧密合作,沟通协调。否则,市场人员可能会极力推销最有竞争力的那款产品而不顾公司利润;保险精算师可能会追求最大限度的盈利能力或高客户价值而不顾产品的竞争力、代理人的佣金率和相应的赔偿金额;市场和精算人员可能都没意识到他们的决定对新产品的上市后的影响。

上述问题都很常见,而一个通力合作的团队有助于克服其中许多问题。一个团队应该包括具有强大竞争力以及丰富知识经验的成员,整个团队应具备一切所需技能和知识。团队成员应该建立良好的工作关系,互相学习,并且能够做出反映团队集体智慧的决定。

团队负责人应该能迅速调动团队,克服公司其他领域的困难,而且不会支配决策过程。团队应该有权利、有责任做出与产品相关的决策并拥有解释权。一个团队应该包含销售人员、保险精算师、市场推广人员以及法律合规部门人员。这四个领域任一方面能力的匮乏都可能影响绩效。另外,每一位团队成员都应该具备若干针对该任务的基本知识并且知晓其他成员的擅长技能。例如:

(1)保险精算师应该了解系统规定参数和进程;

(2)市场人员应该了解不同的价格设定对结果的影响;

(3)销售人员应该了解市场方面的需求;

(4)法律部门人员应该了解在价格、营销和产品上市等方面的监管要求。

二、高级管理层的投入

高级管理层的主要职责就是明确产品开发过程中公司的任务、前景、策略和目标,并对其进行引导。理想状态是高级管理层只在团队偏离了指导原则时才介入,而且不应该干涉团队的决策。

高级管理层放手让团队主导很关键。产品开发过程在前期就应该征求管理层的意见,管理层的意见可看作重要的背景信息,而不是一个强制的指令,这会使团队自由开发出最好的产品。

三、产品开发成员

产品开发具有很强的周期性。一些公司一年中开发很多新产品,也有许多公司每一两年才开发一个新产品。许多公司即使一年只开发一个新产品也会配置负责产品开发的全职人员,还有些公司是根据产品需要临时建立团队,也有些公司引进外来专家开发产品。

国外保险公司一般在不同商业领域采用不同的模式。有选用全职员工、临时组队或者引进外来专家三种基本模式,有时甚至在一家公司内可能存在多种复合模式。而在国内大多采用全职员工的模式。下面具体了解不同模式的利弊。

(一)产品开发全职人员

产品开发全职人员模式可能存在两大问题:一是由于拥有致力于产品开发的全职员工,公司的开发业务量可能过度膨胀以至于很难掌控,许多产品没有一个好的开发原因和规划,所以公司可能开发出过多产品。二是工作可用时间延长。如果没有新产品在开发,产品研发需要的规划时间将延长至半年、一年甚至更长,而产品研发成员在此期间的工作没有太大价值。

(二)产品开发临时小组

如上所述,有些公司没有配备产品研发的全职人员,而是根据产品需求组建临时团队。这种模式解决了全职人员方式存在的问题,但也可能存在不足之处。

(1)研发人员不断流动,使产品研发过程不具备连续性。

(2)公司不具备关键领域有洞察力的专家,如市场、保险精算以及上市能力的专业人士,使公司的市场核心竞争力减弱。

(3)每次新产品的研发过程多次重复且进展缓慢,甚至可能会重复相同的错误。

(三)外请专家

当公司研发新产品采用新形式时,引进具有相关经验的外来人才往往很有价值。例如保险精算师可以提供定价的方法和技术;再如,定期寿险是为大额死亡危险率投保,产品设计时可请再保险人介入,由再保险人分担风险,允许公司锁定其中大部分利润。实际上再保险人会因持有大额死亡危险率的数据而向公司提出建议,这时再保险人的经验显得尤为重要。

(四)范例结构

合理的产品开发团队由来自不同业务领域的四名至六名小规模全职员工团队组建而成。首先该团队需寻求高级管理层的支持,为减少因多层管理的介入和不同部门间的摩擦而浪费的时间,团队要与其他部门密切合作以争取他们的投入、理解和支持,之后研发团队在产品相关问题上应该全部自拟决策。

在进展较慢阶段,团队可以将注意力转移至市场调查、进度提升以及对现有产品的服务和升级上。在忙碌阶段,团队可以调入其他领域人员或根据需要引进外来人才。为了让全体成员对市场、保险精算以及上市各领域有一个深刻的理解,团队成员的连续性和交叉培训很有必要。为了实现这个目的,需要多部门的合作并掌握该领域的全方面知识,这种方式有助于发掘其他部门优秀的人才。

第四节 产品定价策略

保险产品定价取向有利润取向、销售取向和竞争取向等。对于商业性保险公司来说,利润是最主要的目标;如果以销售取向来定价,低费率可以提高市场占有率,险种成本也会降低;如果以竞争取向来定价则要考虑三种情况,即适应竞争、领先竞争、遏制竞争。不论是保险市场还是其他消费市场,无论国内保险还是国外保险市场,价廉物美的商品都能迅速占领市场,价格在其中永远起主导作用。

许多应用于非金融产品的定价策略也适用于人身保险。但人身保险和大多数非金融产品之间存在两个重要的差别。

(1)大多数消费者并不充分理解人身保险。以人寿保险为例,除了定期人寿保险,其他大多数保险产品很难比较。终身的人寿保险策略含有许多不同元素(比如保险费、现金价值、红利和死亡利益等),从而很难对比。

(2)人身保险通常是推销成功的,而不是客户自买的。也就是说,许多消费者是被保险代理人说服后买了人身保险。如果保险代理人不推荐这些产品,客户就不会购买。在这种情况下,购买者往往不向代理人询问产品条款和特点等信息,要么买要么不买。

由于这两点不同,大多数人身保险的购买建立在信任的基础上,购买者相信代理人选择了最好的产品满足他们的需求,但事实往往并非如此。

一、一般保险产品的定价策略

(一)市场份额策略

保险产品如同其他商品一样,其价格的变动也受市场供求关系的影响。不同的保险公司在不同的发展阶段会有不同的市场销售策略。对处于初创时期的保险公司来讲,通常希望快速占有一定的市场份额,形成一定的规模,扩大公司的知名度,为将来的发展打下基础。在这样的目的驱使下,公司在考虑市场定价时,往往不考虑利润或要求很低的利润,从价格上取得市场竞争优势,争取和推动业务发展。这种现象在目前我国的保险市场上表现得尤其明显。我国保险市场仍处于快速发展的扩张时期,许多新公司进入保险市场,为了占有一定的市场份额,采取的就是价格竞争策略。目前我国较多的保险产品通过核保政策和定价杠杆,一会儿加快发展,一会儿调整业务结构,这是保险业处于初级阶段的典型特点。一个健康的保险公司应该沿着自己既有的轨道稳步前进。中国保监会推行的新的偿付能力监管规定向采用低价格竞争、争取市场份额策略的公司提出了忠告。

(二)盈利性策略

保险产品是一种商品,有它的生产成本和经营成本。保险责任的承担,需要对保险事故进行赔付。同时,为了完成和维护保险公司的经营活动,也会产生一定的费用,这些费用最终也反映到保险产品的价格中来。因此,保险公司要持续健康发展,并保持一定的偿付能力和盈利能力,在制定产品价格时就必须反映赔付成本、经营成本和利润。对于成熟的保险公司和已过初创时期的保险公司来说,股东一般还会要求一定的资本回报,公司在制定产品价格时,既要考虑市场销售和公司发展,也要考虑盈利性,确保产品销售后能为公司产生一定的利润。

(三)竞争策略

为了在保险市场上独占鳌头、击垮竞争对手,这一策略时常被采用。采用恶性竞争策略的公司,一般自身具有强大的资本实力。但公司一旦采用恶性竞争策略,其财务状况一般会随之变差,对自身经营和财务安全也构成很大威胁;同时,保险公司是经营风险的企业,自身积累着大量风险,如果因为恶性竞争影响公司偿付能力,最终遭受损失的仍是被保险人。因此,从维护社会稳定、保护被保险人利益及国家金融安全的角度出发,保险监管部门一般不允许保险公司采取恶性竞争策略。

(四)优惠策略

产品定价后,在实际的销售过程中,往往根据不同的情形,确定不同的产品市场价格,在不同的季节和节假日推出不同的价格优惠策略,如一揽子保险的优惠策略、趸交优惠策略、产品组合优惠策略、关系和优质客户优惠策略等。

(五)渠道策略

保险产品的销售是通过一定渠道的培养和建立来实现的。销售渠道大致是代理人型、银行保险合作型、团体业务型、电话渠道等。产品设计开发时就会考虑相应的销售渠道,不同销售渠道的销售费用相差较大,会直接影响到产品的定价。

二、产品的生命周期

大部分的产品都有生命周期,如同人一样从出生到死亡。当制定定价策略时,应该仔细考虑产品的生命周期,因为每个阶段对市场竞争有巨大的影响。一个典型产品的生命周期中的四个阶段如下:

(一)开发阶段

一项产品在研发阶段就开始有生命,这个阶段对于客户和代理人是陌生的。大部分客户了解新产品是通过其代理人,一款新产品要被广泛接受需要几年的时间。所以最重要的就是使市场了解这款产品的优势、特点和相关利益。

一开始,销售人员面临的最大障碍也是对产品的不熟悉即第一个影响因素。第二个影响因素是价格。因此,在这个阶段用比公司最终定价高的价格来推广该产品有一定的道理,因为销售额不会太高,公司需要赚到较多利润来平衡。同时需要注意的是价格定的过高或者佣金过低会阻碍产品的成长,并且太高的价格可能会鼓励竞争者很快引入这项新产品。

(二)成长阶段

在成长阶段的产品发展最为快速,是竞争者树立自身行业口碑最关键的时期。随着产品的发展,这一阶段也是获取大市场份额、打造优质形象、低成本高绩效的时期。一旦这些有竞争性的优势被确立,公司就很难被对手超越了。

(三)成熟阶段

成熟期是销售额基本稳定的时期。当具有产品优势的公司收获可观利润时,缺乏产品优势的公司才赚着很少的利润,而公司要想明显增长只能通过从竞争对手那里获得市场份额。因此在成熟期,公司会最大程度地利用好他们所具备的竞争性优势。一家拥有知名品牌产品的公司可能在提高销售额的同时坚持价格不变。

(四)衰退阶段

产品和行业终有衰退或者转变到与最初模式不同的阶段。当一个产品进入衰退期,大部分公司将经历销售额的减少,当人寿保险公司的销售额下降时,这家公司的固定成本或系统开销成本将变得更重要。例如,如果销售额下降百分之五十,这家公司可能将其成本降低百分之五十。当市场开始萎缩时,一些公司将会迫于他们的固定成本而停止一些业务。

第五节 产品开发流程

人身保险产品开发的主要目的是设计适当的产品,满足细分市场的需求,实现公司的经营策略和财务目标。其中需要经过市场调研、产品形态设计、定价、报备及上市销售等环节。

一、市场调研

寿险公司要想在激烈的市场竞争中立于不败之地,关键是要了解投保人的需求。谁能抓住顾客的需求,谁就能赢得市场。而对寿险产品需求的挖掘,要做的基础工作是进行市场调研。通过市场调研,寿险公司才能掌握客户到底需要什么样的保险产品,公司根据现有市场环境又能开发什么样的产品,或者确认一个已有产品的竞争力是否已经下降等。从而真正开发出适合人们需要的险种,使供给与需求一致。

(一)市场调研原因

市场调研是开发新产品或调整已有产品的第一步。公司进行市场调研原因如下:

一是为了更好地理解该公司目标市场的需求,同时希望明确一些尚未被满足的需求,并体现在新产品开发或对已有产品的调整中。

二是为了监测竞争对手在同一目标市场内的运作情况,以保证该公司可以在产品的变动、运行、价格和服务上做出迅速反应。

三是为了发现其他潜在目标市场,同时希望明确目前尚未提供充分服务的市场,以保证公司的使命、愿景、策略和文化的延续。

及时的市场调研至少可以帮助一家公司明确如下内容:一是对于价格的调整,比如保险费率、佣金率、分红水平等;二是引入新的或改进的销售工具,提高其自身的销售效率而不改动原产品。

(二)市场调研方法

1. 了解客户

了解一家公司目标市场最好的方法就是和它现有的客户、潜在客户以及流失的客户交流。通过与现有客户的交谈,可以明确他们对这家公司及其产品的喜好程度;通过与潜在客户交谈,可以发现他们更多的偏好和未被满足的需求;而和流失的客户沟通,可以发现他们为什么会终止与这家公司的保险合同以及该公司如何做才可以留住这些客户。

通过和客户的交流,公司可以了解到保险销售环节中出现的问题。另外,如果客户最终选择从竞争对手那里购买保险,公司要知道竞争对手是谁并了解竞争对手提供了哪些服务让客户感觉不同。

保险公司也可以从人口统计学上研究这三类群体,以获得对他们更充分的理解。了解这些客户群体在收入水平、年龄组成、风险等级和性格特征上的差异,从中吸取经验来让公司及其产品更好的定位。

2. 了解竞争对手

为了锁定市场调研的宽度,一家公司还要了解目标市场内主要的几家竞争对手。了解主要竞争对手可通过以下方法:一是通过跟踪目标市场,找出销售方面最成功的竞争对手。二是通过和其他公司的代理人及员工面谈。

对手的信息可以通过很多方式收集到,公司的员工可以与其他对手公司的员工建立起信息交换的关系。许多公司乐于给出信息,只要他们也能获得同样多的信息作为回报。还可以通过行业团体、行业协会、行业数据库以及行业内出版物等,作为信息的来源。

二、产品设计

一旦市场调研明确了对于开发新产品或者是调整一种现有产品的需求,下一步就是产品形态设计。针对产品开发需求,要从以下几个步骤确定产品形态:①各部门在产品开发上达成一致意见;②制定初步产品形态;③初步利润测试和资源评估;④确定产品形态。

(一)产品开发共识

形成共识要建立在掌握充分的信息基础上。除相关部门已经提供的新产品信息,还需要收集竞争对手及其他市场经营主体类似产品的相关信息。产品信息包括但不限于:条款、费率、产品说明书、其他销售材料、销售方式等,并将如下市场调研的信息整理制作市场分析报告。

(1)客户需求:这款产品打算针对什么类型的客户?这款产品将满足客户的哪些需求?

(2)销售需求:这款产品能满足销售的需求吗?产品的优势和卖点是什么?代理人的利益是否满足?在什么条件下,佣金应当作为鼓励产品销售的一种手段?

(3)市场和销售策略:该产品如何做市场化运作?目标市场如何被开拓?客户们为什么要去买它?其他的特性有助于这个产品的销售吗?哪些优势会成为左右客户购买的最关键因素?

(4)产品特性:哪些标准的特性应当被涵盖?这些特性如何做到区别于公司之前提供的相类似产品或是竞争对手公司所提供的产品?哪些重要,哪些相对不太重要?什么样的计算公式将用于计算保险费率、死亡率、现金价值、保单分红或其他重要的参数?这些如何与现有产品蕴含的价值相比较?对于投资型产品,例如投资连结险、万能保险等,有必要制定出一个投资策略。设计一个投资策略将使该产品获得更优的竞争力,同时可以更好地管理公司的投资风险。

(5)风险分级:保费费率上男女费率差别;吸烟者和非吸烟者之间的差别;年龄变化差别等。

(二)制定初步产品形态

基于市场分析报告,结合自身的资源和内部需求,制定新产品的初步形态。初步形态包括但不限于:保险责任、投保年龄、交费期限、佣金结构(代理人产品适用,须符合监管要求）、产品最大费用率等。

（三）初步利润测试和判断可行性

基于初步产品形态，对产品进行重大风险测试和利润测试，并准备测试报告。对于需要再保险支持的产品，确定初步的再保方案，与再保险公司沟通，并制订再保方案跟进时间安排。

针对新产品，需要从以下三个方面进行资源评估。

(1) 评估当前销售方式及流程是否能满足新产品销售的需要，比如被监管部门审批通过情况，对准备金评估标准情况，公司和代理人销售资格，以及特别的合规要求等。

(2) 评估当前业务管理运作方式及流程是否能满足新产品的需要，如果需要调整（比如单证、核保标准、保全业务调整），制定相应的项目安排。

(3) 评估当前业务系统是否能满足新产品的需要，如果需要调整（比如产品包含新的功能），制定相应的项目安排。针对以上资源的评估，准备资源评估报告。

（四）确定产品形态

若新产品通过初步利润测试和资源评估，则新产品的最终形态确定。若新产品无法通过初步利润测试或者资源存在严重的限制，则需要重新回到第二步，对产品的形态做相应的调整，直至产品形态确定。

三、产品定价

人身保险产品定价具有特殊性。与一般产品先生产后销售不同，保险产品从某种角度来看可以说是"先销售后生产"。这是因为保险产品的核心功能，包括赔偿、给付以及为维持保单有效所进行的管理和服务都是发生于保单售出之后。因此与一般产品先支出成本，然后根据成本和预期利润制定价格的思路不同，保险产品的价格制定是建立在一系列对于未来的假设基础之上的，包括死亡率、发生率、利率、费用率、失效率、件均保额等假设。

人身保险产品的定价是在假设的基础上依据如下原理完成的：在保单售出之时，未来可能收取的所有保费收入现值之和等于未来可能发生的赔付、费用支出以及预期的利润现值之和。需要注意的是，这一原理是针对一组保单而言的，对于单个保单来说，所交纳的保费现值与赔付、费用和利润现值之间不存在确定的关系，也正是由于这一不确定性才体现了保险分散风险的功能。

（一）定价原则

人身保险产品定价要遵循一系列的原则，如充足性、公平性、合理性、可行性、稳定性及弹性等。

1. 充足性原则

充足性原则是法律要求的首要原则。它是指人身保险费率不能太低,费率必须足以补偿给付以及经营活动的开支和保险公司的应得利润,否则将导致保险公司缺乏偿付能力,损害被保险人的利益。

2. 合理性原则

合理性原则是指费率不能过高。若赔付过低,则意味着保险费率偏高,在这种情况下,保险人获得过多的利润,而投保人的利益受到损害。

3. 公平性原则

公平性原则是指保险人对被保险人所承担的责任与投保人所交纳的保费对等。它要求保险公司根据被保险人风险的不同制定相应的费率。

4. 可行性原则

可行性原则是指费率制定不仅要考虑给付的需要以及公平、合理,还要考虑投保人交纳保费的能力,以及行销的可行性。

5. 稳定性原则

稳定性原则也称为相对稳定原则,是指保险费率在短期内应该是相对稳定的。

6. 弹性原则

弹性原则是指费率要随实际情况的变化而有所变化。从长期看,人身保险产品费率应该随着人口、经济等因素的变化而及时调整,以达到保费充足、合理及公平等要求。

(二)定价过程

一般的定价过程包括:①确定定价计划;②建立精算假设;③初定产品价格;④利润测试;⑤最终决定产品价格。

保费的计算过程是一个连续、反复的过程,上一轮产品开发中的经验可以为下一轮的产品开发打基础。价格基础要求对产品预期结果与实际结果进行系统的比较,对明显的偏离进行分析和纠正。这样,当某项业务的赔付率上升时,就可适时调整分红或修正所使用的死亡率、发病率假设等。当发生明显偏差时,要寻找产生偏差的原因,并且据此作出相应调整。

(三)定价假设

作为现实生活中保险产品的一种模型抽象,现金流模型的使用需要大量参数,如死亡率、费用率、利息率等,被称为定价假设。在使用和解释模型产生的数字时,一定要认识到这一模型结果是基于某一组特定的假设,当未来实际经营结果与定价假设发生偏差时,这一结果很可能发生变化。因此,需要测试假设不准确时对利润指标的影响。同时所有采用的定价假设必须严格满足相应的监管要求。

1. 发生率

产品所采用的发生率需与产品本身风险特质一致(如寿险产品采用寿险死亡发生率,年金产品采用年金保险死亡发生率)。

除死亡发生率外,厘定费率、制定现金价值和法定责任准备金采用相同的发生率。厘定费率和制定现金价值采用相同的死亡发生率,但制定法定责任准备金必须采用中国保监会颁布的《中国人寿保险业经验生命表(2000—2003)》。

若采用再保险公司提供的发生率,需要先确定是否对其进行调整及调整的幅度。

2. 利息率

保单利息率的假设必须满足监管的要求。一般情况下,厘定费率和制定法定责任准备金的利息相同;制定现金价值的利息根据厘定费率时采用的利息率做相应调整。

3. 费用率

须确保产品每一保单年度的费用率和平均费用率均满足监管要求。对于投资连结保险和万能保险产品,须确保各种费用(如初始费用、保单管理费、风险保费等)的收取情况满足监管要求。

(四)利润测试

利润测试需要知道年龄、性别、交费期等对公司现金流和利润有什么影响。标准死亡率、退保率、费用率的调整都会影响利润,当我们的死亡率变化时,比如死亡率提高或降低一个百分比时对利润的影响;当退保率提高或降低一个百分比时对利润的影响;当费用率提高或降低一个百分比时对利润的影响。在利润测试中,会对假设进行敏感性测试,以确定各个假设对各项利润指标的影响方向和大小。

开发一款产品最难的部分就是去预测未来的销售额以及产品的利润率。关注定价技巧,将有助于预测未来的利润率。然而,预测未来销售额也同样重要,因为销售额乘以利润率才等于利润。

1. 预期利润率

预期利润率不包括开发该产品的开支或公司的固定成本,而是反映所有由一个单位的销售所带来的未来利润。利润率计算是根据定价的假定在很小数量的定价单位内实行的,这些定价单位可能由少量代表性的定价单位构成(包括性别、年龄、风险级别、预期销售额等)。通过关注定价单位,可以快速地测试出保险费率、佣金、现金价值、承保标准、投资策略、产品特性以及其他设计因素上的变化带来的影响。通过每次只改变一个变量,就可以衡量出其在利润率上的影响。通常,每次改变一个因素会为公司提供足够的信息来独立地决定每一个设计因素。必要时两个或者更多的因素也会一次被考虑到,此时可以根据需要一次改变两个因素。一旦认同了大部分的设计因素,公司应该会在价格范围中预测出利润率。

对某些设计因素而言,多次重复测试是必要的。比如,为了获得足够有竞争力的保险费率和一个被接受的结合点,保险公司可能去调整承保标准、佣金率以及现金价值等。公司需要考虑是维持自由的承保标准和第一年高佣金的结构,还是改成更严格的承保标准和一个平均的佣金结构。很清楚的是,代理人可能会更偏向于前一种状态,因为这会让他们获得更高的总佣金。

2. 价格敏感性

大部分的人寿保险产品会存在价格敏感性。也就是说价格越低,销售额会越高。然而,不同产品的价格敏感性又因为产品的类型、目标市场和价格水平而差别很大。比如,短期寿险产品的价格相比终身寿险产品的价格更敏感。

通过研究公司和竞争对手的销售结果,可以找出销售额和价格之间存在的关系。关于价格敏感性的信息极其重要,在给一款产品定价时,它是最不容易得到但最有用的信息。可以通过不同价格水平上的测试来实现该公司最大利润。

3. 预期销售额

新产品的销售额主要来自三个方面:从产品方面来看,公司的销售系统里卖出了新产品代替其老产品;从竞争者方面来看,公司的销售系统里卖出了新产品,而竞争对手却没有;从销售方面来看,新产品通过吸引将要购买或已经购买人身保险的客户来增加销售额。

从竞争对手方面取得销售额是大多数公司努力增加销售额的方向。个别情况下,新产品的特性、销售手册、产品说明书和辅助工具能增加销售额。如果销售手续简单快捷的话,银行职员也可能会更倾向于卖人身保险。

4. 成本和收益分析

最初设计工作完成后还需要用客观的眼光去审视一下开发这一产品所带来的成本和收益。

(1)成本。产品开发成本主要包括购买或开发系统、系统维护、新的行政流程和标准、为市场介绍新产品的销售支持等方面的支出。

另外,还有其他开发的成本,包括产品的终身管理成本以及因开发这款产品而没有将资源用在其他产品上所造成的机会成本。

(2)收益。新产品的收益可能包括增加的利润和增加的销售额。但是利润或销售额上的增长可能只是短暂性的,一旦竞争对手做出反应并引入了他们提升后的产品,收益难以持续。

新产品可能是公司宏大战略的一部分或是未来蓝图上关键的一步。同时也可能提升了公司的形象,使之成为一家富有创新性的公司,这会更容易吸引到代理人、员工以及客户。

(3)分析。有些成本和收益可以被量化和比较,有些成本和收益则是无形的,需要通过人的评判才可以衡量。不同背景、不同观念、经验丰富的人的洞察力能帮助公司权衡无形的成本和收益。

四、最终产品设计与产品报备

最终产品设计会延续最初产品设计的定价决定,只是再做一些详细的补充。最终产品设计阶段通常会包括以下步骤:

(一)确定定价计划

针对最初设计阶段的报告,发现并修正不连续、错误和忽略的地方,尽可能对有异议的问题和设计因素中的差异达成共识,确定后期实验的次数。

(二)精算的定价假设

精算的定价假设包括不限于投保年龄、性别、风险级别、条款变化等,通常前期设计阶段会有一部分定价假设,最终的精算定价假设会更详细和完整。

(三)利润率的计算

针对选定后的定价,通过多次利润测试发现修正后的假设利润率的影响;如果发现利润率在某些方面特别敏感,要微调产品设计以使得其在未来改变的影响最小化。

(四)决定产品及价格

在每五个或十个投保年龄中进行利润测试,有关性别、风险、条款和产品变化的组合都将有不同的保险费率、死亡率、现金价值或者其他因素,最终确定产品形态和价格。

(五)产品报备

在国内大部分新的人身保险产品在销售前必须向保险监管机构报备,有些则需要得到监管机构的批准才能销售。需要向监管机构报备的材料包括条款、费率、现金价值和精算报告等。

拓展阅读 2-5

产品报备

在美国这是一个很长、很慢、很难的过程。因为各个州的规定都不同,不仅每个州要提交不同的材料,在一些州保险合同也要进行修改。在一些州,某些产品甚至要等上一年才能获得批准。

在一些国家,特定种类的产品需要获得金融监管机构而不是保险监管机构的批准。比如在美国,很多产品例如投资连结险必须申请并获得负责监管美国证券市场的证券交易委员会的批准。

五、产品上市

事实上产品上市早在产品设计的过程中就开始了,和可行性的决定有关系。在产品开发的过程中,一家公司内部不同部门的代表会在一起讨论。这些讨论和支持文档都是让公司不同部门的代表了解关于产品设计的最新情况。这样的讨论和沟通帮助该公司明确并解决在新产品开发过程中遇到的各种问题。

(一)后线部门的上市准备

相关部门需要确定业务规则和基础数据,同时审视各自相关系统及现有规则、制度是否需要变更。在上市准备阶段不同领域要各司其职:

1. 核保核赔部

核保核赔部根据新产品,负责制定核保、契约、理赔规则,同时提供保单打印测试案例数据,并确认新产品的保单测试样本后,向总公司提交相关文件。

2. 客服部

客服部制定保全规则,同时确保新契约回访问卷的制定与需要相匹配。

3. 产品开发部

产品开发部将条款、产品代码、账户代码、产品分类、费率表、加费表及其他各类基表数据定稿,并将IT程序算法和金领算法(新产品新算法)、佣金、特别佣金需求等信息反馈给相关部门。

4. 财务部

财务部制定财务管理办法,与精算部评估分析后共同确认产品性质及保费是否需要拆分等。

5. 信息技术部门统筹程序开发；市场部协助系统开发需求的各项细节；产品部将费率表等导入系统的基表数据，最后进行测试和下发。

相关后线部门负责制作操作手册和新产品规则宣导材料，下发机构学习，并视情况由核保核赔部组织相关后援部门统一学习新产品知识，比如对电话中心坐席人员进行培训等。

（二）前线部门的上市准备

前线部门的上市准备是在新产品上市启动会后，需要做好充分的营销工作。产品营销和销售是产品设计过程的一个重要组成部分。在产品开发的早期，营销计划就应该确定下来。作为实行计划的一部分，公司会创造一些工具来帮助销售人员寻找潜在的客户。比如通过投放广告，公司能够让潜在客户更倾向于接受和购买产品。有时，广告能促使消费者主动联络公司或公司代理人。销售资料和工具用于向代理人和客户解释产品。销售资料通常包括产品手册、宣传彩页、产品特点、不同投保年龄以及风险等级的费率和保险条款。

销售资料和工具的支持影响着新产品销售的状况。比如，如果代理人通过枯燥的资料来学习新产品的话，恐怕很难激起他的销售热情。公司可以通过仔细设计包装来让代理人产生兴趣从而达到提高销售成果的目的。一些公司通过新产品启动会来介绍新产品，另一些则通过视频和演示来向代理人介绍新产品。同样在上市准备阶段不同部门也要各司其职：

1. 个险部

个险部进行新产品宣导、推动工作的落实，并将宣导资料对各机构进行介绍。

2. 市场品宣部

市场品宣部负责制订广告宣传方案，制作新闻通稿，软文和平面广告等；市场策划部负责新产品行销辅助品的开发和设计工作，包括产品说明书、产品彩页、海报、产品 flash 等辅助工具。

3. 培训部

培训部根据产品开发背景、险种特色、条款解析、业务规则、目标市场、销售话术及 Q&A 等编写业务手册，供销售人员学习和熟悉新险种；同时编写课程投影片供学员使用。

产品上市后还需要将产品开发文档进行管理和归档（如新产品的最终形态、利润测试结果、精算假设、销售方式、可行性资源评估、系统设置评估、运作资源评估等），同时对新产品进行跟踪检测。

小结

本章主要介绍了产品开发的过程和关键因素。在产品开发初期,首先需要根据公司愿景、使命、目标等因素来制定产品策略,通过确定目标市场,分析公司核心竞争力,辨识产品的风险,来决定开发哪一类产品。其次要建立一个有凝聚力的产品研发团队,他们在高级管理层的支持下,与其他部门密切合作,在产品相关问题上自拟决策。研发团队要组织成员制定合理的产品定价策略。在产品具体设计环节,首先需要做相应的市场调查了解市场需求,然后根据多种因素设计产品形态,进行产品定价,以及产品的最终设计和报备,最终达到产品形态的呈现。产品开发是一个连续性的过程,形成产品并不是开发过程的终结,还要考虑营销、系统支持、市场推广、培训、监管要求等各环节的配套。

第三章　人身保险业务的拓展

引言

随着我国人身保险市场的迅速发展,人身保险市场日趋成熟,产业的转变导致客户形态发生变化,客户需求趋向多元化,购买行为相对理智;人身保险产品与服务随之发生转变。因为保险产品的无形性等特点,就有了保险营销存在的必要性,本章将从人身保险营销的必要性和展业途径等方面加以说明。人身保险的业务拓展根据保险公司不同的展业渠道分为个人保险代理、专业保险代理、银行保险代理、团体保险代理、电话销售、网络销售等。通过对不同展业渠道的不同展业方法的介绍,了解不同拓展渠道对保险公司业务经营的影响。

重要术语

销售理念　展业渠道　个人代理　银行保险　团体保险　电话销售　网络营销

第一节　人身保险展业概述

一、人身保险展业的必要性

我国的人身保险业从1949年中国人民保险公司成立到目前已经有60多年的历史了,人身保险市场日趋成熟,保险业已经成为国民经济和金融领域中一项重要的经济支柱。寿险从业人员的数量也在急速增长,从2002年的120余万人到2011年第一季度已经接近300万人(见图3-1)。

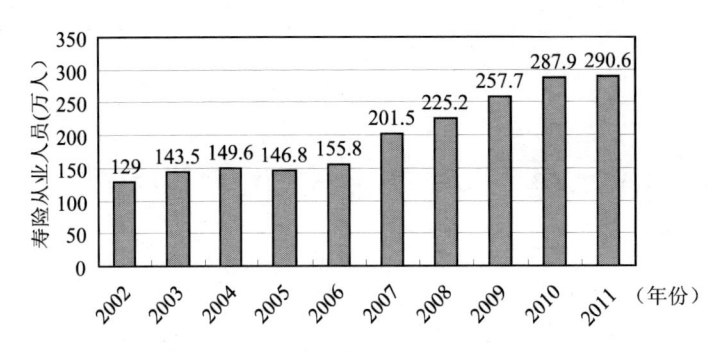

图 3-1 2002—2011 年第一季度寿险从业人员数量

数据来源：中国保监会网站

作为一名保险销售人员，了解销售理念的发展历程，有助于建立正确的销售观念。所有的市场销售活动都是在特定的经营理念的指导下进行的，在不同的历史时期，不同的销售观念决定着企业和销售人员的营销活动的结果。企业销售理念的发展按先后顺序存在着四种经营理念，即生产理念、产品理念、推销理念和市场营销理念，其中前三种被称为传统销售理念。

（一）传统的销售理念

1. 生产理念

生产理念的基本前提是社会产品总体上供不应求，商品处于"卖方市场"。只要企业的产品价格被消费者所接受，就不存在销售问题，所以企业必然以生产为导向，致力于提高生产率，扩大生产规模，降低成本，以拓展市场。例如，我国自 20 世纪 50 年代至 80 年代初总需求大于总供给，各行各业都奉行生产理念，人们买任何东西都需要用票，比如粮票、布票、油票等。因此只要厂家生产出产品就能销售出去。这种理念显然已经不再适应现代市场经济的企业经营需要。

2. 产品理念

这是盛行于生产理念后期的另一种传统经营观念。产品理念认为，消费者喜欢高质量、多功能、具有多种特色的产品，所以，企业应致力于生产高质量产品，并不断地加以改进。产品理念的典型表述是"产品即是顾客"。但在科学飞速发展的今天，如果生产者不去研究消费者的需求变化并设法给予满足，那它必定是经营的失败者。

3. 推销理念

推销理念认为，消费者普遍存在着购买惰性和对卖主的抗衡心理。购买惰性使消费者不愿寻求不熟悉的产品，不愿对市场上的好产品加以额外的注意；抗衡心理使消费者认为卖主会隐瞒商品的真实情况,所以对卖主缺乏信任。因此,消费者在无外力影响的情况下,不会购买足够的某一企业的产品,这就需要企业向消费者施加影响,多做说服工作,向顾客推销本企业产品。

(二)市场营销理念

经济发展是购买保险的基础,经济学一般规律表明:当人均 GDP 超过 800 美元时,保险业将获得大发展。GDP 每增加 1%,寿险保费收入增长将超过 4%以上。2010 年我国国内生产总值 397983 亿元,比上年增长 10.1%。国民经济的良好发展促进个人收入的提升,增强了居民的购买力。

虽然我国社会保障制度逐步完善,但其作用是低保障、广覆盖,只能满足个人生活的基本需要。为了满足各层级人士的不同需求,提高保障水平,还需要商业保险的有力补充。随着社会发展的进程加快,人们的保险意识也在不断增强。但是因为保险产品的特殊性,就有了人身保险营销存在的必要。

市场营销理念认为,实现目标和利益,关键在于正确确定客户的需求与欲望,并且比竞争者更有效地传送客户所期望的产品和服务,以客户需求为中心,营销要建立在满足客户需求的基础上。对于人身保险行业来说,采用营销制度更为必要,因为与其他有形商品相比,保险产品具有无形性,同时条款约定、产品定价也比较复杂,必须通过营销来激发客户潜在的保险需求。保险产品的成功销售是以情感沟通为前提的,通过向客户正确地介绍产品,取得客户信任。

二、人身保险的展业渠道

人身保险的销售主要通过三类渠道,即保险公司直接销售、保险代理人销售以及通过保险经纪人开展业务,这里主要介绍前两种销售渠道。其中保险代理人渠道包括个人代理人、兼业代理人(主要是银行保险)和专业的保险代理公司三种模式。保险公司直接销售则表现为保险公司营业部柜台、专门的销售代表(保险公司的正式员工)、网络销售、电话销售、邮件销售等形式。

(一)个人保险代理

个人保险代理人也被称为个人营销员,他们接受保险公司的委托,服从于保险公司的业务管理与指导,根据客户的实际情况,了解并挖掘客户的需求,再选择合适的保险产品满足客户的需求。

(二)银行保险代理

狭义的银行保险是指保险公司通过银行网点销售保险产品的一种销售渠道。广义的银行保险还包括银行与保险公司之间在战略、市场开发与经营服务等方面的融合。

（三）保险专业代理人

保险专业代理人是符合中国保监会规定的资格条件,经中国保监会批准取得经营保险代理业务许可证,根据保险公司的委托,向保险公司收取保险代理手续费,在保险公司授权的范围内专门代为办理保险业务的单位。保险代理公司的组织形式可以为有限责任公司、股份有限公司。其业务范围包括代理销售保险产品;代理收取保险费;代理相关保险业务的损失勘查和理赔,以及中国保监会批准的其他业务。

（四）其他销售渠道

在保险公司的各种直接销售形式中,电话营销和网络营销是国内两种新兴的销售手段,既有利于节约成本,又能有效利用保险公司的专业知识为客户提供良好的服务。

1. 电话营销

电话营销,是指保险公司通过自建或使用合作机构的电话呼叫中心,以保险公司名义或合作机构名义致电客户,经客户同意后通过电话方式介绍和销售保险产品的业务。

2. 网络营销

保险网络营销是指保险公司通过互联网为客户提供有关保险产品和服务的信息,并实现网上投保、承保等业务流程,借助网络直接完成保险产品的销售和服务,并通过银行将保费划入保险公司的经营过程。

第二节 个人保险代理

一、个人保险代理的定义

个人保险代理是根据保险人的委托,向保险人收取佣金,并在保险人授权的范围内代为办理保险业务的自然人,是目前国内主要的保险销售力量。截至2011年第一季度末,全国共有保险营销员333万余人。其中寿险营销员290万余人,实现人身险保费收入1475.44亿元,占同期全国人身险保费收入的42.35%。

二、个人保险代理业务环节

目前个人保险代理人比较实用的销售形式是需求导向式销售,需求导向式销售是以市场营销理念为指导,根据客户在购买人身险过程中不同阶段的心理变化,结合人身险产品的特点及多年来人身险从业人员的成功销售经验总结而成的一种满足客户需求的销售方式。多年来国内外寿险销售人员的实践证明,需求导向式销售对缓解业务人员的销售压力,提高工作效率,提升独立销售技巧起着积极的作用。需求导向式的销售方式更适合于一对一的销售,即目前市场上流行的个险销售渠道和银保理财经理的展业。

需求导向式销售流程由9个环节构成,9个环节环环相扣,无限循环,形成了一个以客户需求为导向的销售循环(见图3-2)。

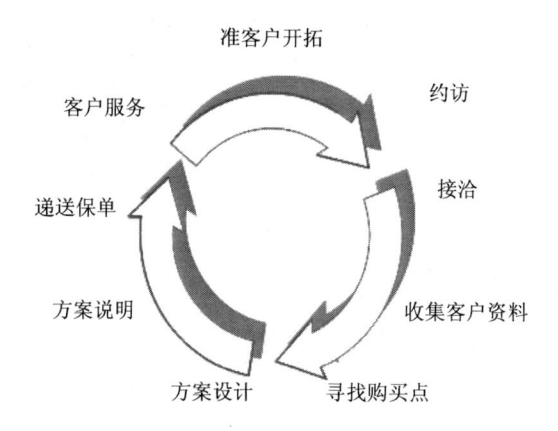

图3-2 需求导向式销售流程的9个环节

(一)准客户开拓

准客户开拓,是指销售人员通过缘故销售、转介绍、陌生拜访、打电话、写信函等方法,获得准客户名单即获得开拓业务的重要资源的过程。此环节的目标是使销售人员拥有准客户。

1. 准客户开拓的原因

任何企业的成功,永远离不开客户,客户对企业就像血液对人体一样重要。美国寿险行销协会(LIMRA)的调查显示:业务员离开这个行业最主要的因素中,90%以上的是因为没有客户,缺乏新的客户来源。

2. 准客户的条件

(1)有寿险需要的人。销售人员的任务是使准客户认识到他们对保险产品有购买的需要。销售人员接触推销的对象,首先看他有没有需求,即有对公司的产品进行购买的愿望。

(2)有保险意识。有些人很有钱,但他们没有买保险的观念,也不能成为准客户。

(3)必须是身体健康,能通过公司核保的人。作为寿险的准客户,必须是一个健康的人,这样才能通过公司的核保。

(4)有保费支付能力的人。一个实际的潜在客户必须有经济来源,有支付能力。尽管客户很想买保险,但他没有购买能力,也不能成为准客户。

(5)易于接近且便于拜访的人。对于一个客户即使具备了上面的条件,但不容易接触,也不能成为准客户。

3.准客户的开拓方法

人身险事业要想长久发展,就要有源源不断的准客户,因此需要持续不断地开拓新的准客户。那么,开拓准客户的方法有哪些呢?

1)缘故法

缘故法也就是利用个人的人际关系,向亲朋好友介绍人身险。缘故法主要包括下列关系。

工作关系:过去的同事、公司内勤人员等;

亲戚关系:包括夫妻双方的亲戚;

学校关系:同学、校友、师生等;

邻里关系:邻居、朋友等;

其他关系:宗教、社团还有其他的一些认识的人等。

缘故法运用时的注意事项包括:在缘故法中要建立正确的销售观念,卖保险给亲朋好友,绝不是人情销售,而是因为好东西要与好朋友分享,也就是把最好的东西介绍给最亲近的人,所以在实际销售的过程中,应秉持专业专精的态度,不必过于计较成败得失。

拓展阅读 3-1

缘故法沟通案例

①今天要请你帮一个忙,我刚进 A 保险公司不久,明天要去拜访一个客户,我想先在你这里做一个练习,请你认真地听,我讲完后,请你无论如何为我指出我讲得好的地方和讲得不好的地方,便于我做得更好,现在我开始讲:……

②某同学,听说你刚刚结婚,你老公在事业上那么成功,对你又那么关心,作为老同学真为你高兴。我学会了一套家庭理财计划,你的意识又那么超前,好东西要与好朋友分享。这么好的东西我连陌生人都告诉了,何况我们非同一般的同学关系,假如我不把这个消息告诉你,就是我没尽到责任。

2)介绍法

通过现有的客户或朋友介绍新的客户而增加新的准客户。

(1)介绍法的途径及好处。介绍法的途径是找到影响力中心,也就是合适的介绍人,能使寿险销售更顺利地取得业绩。介绍法的好处在于,由于是朋友或熟人介绍,可以减少客户直接拒绝的概率,争取到面谈的机会,从而达到签下保单的目的。

(2)转介绍的要领。第一,说明两个目标。

"你是我很好的客户之一,所以我非常重视你的意见。过去我们合作得这么愉快,是因为我们彼此能够坦诚相待,因此第一个目的,是希望你对我的事业有所回馈;第二个目的,基于相同的道理,我希望业绩能够持续稳定地增长,需要你推荐一些跟你差不多的人与我认识。"

第二,激励客户。

"你可能知道,其实我所有的客户都是通过客户推荐而来的,我发现这是扩展业务的最好方法,这些人之所以能够成为我的客户,都是通过关心他们的朋友介绍的。我想麻烦你介绍几个人给我认识,比如:你最好的两个朋友,或者在你的朋友中有没有特别恩爱的夫妻?

第三,递交保单时再次解释保险的意义和功用。

"其实,很多人排斥保险是因为不知道、不了解,甚至没有意识到他们存在的养老问题和财务问题。如果没有你的介绍,他们是不会来找我的,就像当初你也不会主动找我一样。在你的朋友当中……"

第四,回馈。

"你记得我们何时开始合作的吗?你当时为什么同意和我见面?你有什么期望?"

"还有别的吗?"

"如果满分是10分的话,你觉得我的表现可以得几分?"

第五,概述客户提供的资料并不断地致谢。

第六,继续要求客户推荐。

拓展阅读 3-2

转介绍法沟通方式

第一,看您的朋友当中,有没有像您一样特别孝顺的?特别喜欢小孩的?夫妻特别恩爱的?刚买房子的?特别有责任感的?特别注重健康的?

第二,我需要您的帮忙,我的事业需要客户口耳相传,可以介绍一些您尊敬喜爱的人或尊敬喜爱您的人吗?(凝视客户,递上纸条)如果客户犹豫,或者不愿意,这时不要放弃,再次强调:请您放心我绝不会勉强您的朋友买保险,就像不会勉强您一样,麻烦您给我写两个名单……

第三,您觉得我们公司怎么样?您认为我这个人服务怎么样?既然您对我和我们的公司都满意,何不让你的朋友也享受一下我的服务?请给我介绍2个至3个您的朋友好吗?

第四,您好,您的保单已经下来了,让我把您的保障再详细地讲解一下,能否让您周围的同事一起过来听一下,让他们也了解一下保险方面的知识。如果您的同事和朋友也想了解保险的话,请随时与我联系。

3)陌拜法

通过不认识的人开拓客户。很多保险销售人员初期都是通过陌生拜访开拓准客户的。

(1)直接拜访法。即直接拜访素不相识的准主顾。陌生拜访要有足够的心理准备,采取有计划、系统的做法,以减少阻力,形成有效的推销。

拜访地点、场合包括:等车、排队、公园、餐馆等。

(2)调查问卷法。调查问卷法是指制作经过特别创意设计的、易于为大众所接受的调查问卷,作为"接触准客户""收集准客户名单""打开沟通话题或为今后正式拜访打下基础"的方法。

拓展阅读 3-3

陌生拜访法示范

第一,您好,我是××保险公司的业务员,正在做保单服务品质的调查,请问您现在拥有的保单服务好不好?

第二,您好,可不可以占用您五分钟时间,请填一份问卷(拿起问卷表,立即做填写动作)请问:您买过保险吗?(买过)您买的是哪家公司的产品,一年保费是多少?

第三,您好,很高兴认识您。我是××保险公司的业务员,我们公司正在做一个市场调查,想了解一下广大市民对保险的认识程度,请您协助我的工作,把这个调查表填写一下,谢谢您对我工作的支持。

第四,您好,我是××保险公司的业务员,我想问您一下,您对我们公司的险种了解吗?您过去买过什么保险?

(买过)恭喜您这么有超前意识,幸运总是降临在像您这样有眼光的人身上。我们公司又推出一些投资型新险种,您想了解吗?

(未接触过)现在公司的险种非常好。国家医疗、养老政策的改革,也迫使我们每个人都需要一份保障。我们不能老是等待观望,要早些使自己拥有一份保障。这样吧,我给您设计几套方案,供您参考,过几天给您送过来。

4)其他方法

(1)咨询法。即通过摆咨询台开拓出客户。咨询这种方法比较适合于新人用,既锻炼了胆量,又增长了见识。

(2)网络开拓法。通过网络沟通方式开拓客户,成功的销售人员会尝试很多开拓方法,比如QQ聊天,通过QQ好友的方式结交朋友开拓准客户;通过开通微博结交好友开拓准客户;通过建立自己的网页,打出自己的品牌从而吸引有保险需求的准客户。

(3)公司分配法。利用公司分配的客户资源,通过服务赢得客户信任,从而达成客户的二次开发。

4.准客户开拓的原则

1)持续不断的准客户开拓

人身险销售最大的挑战就是要有足够的准客户。而要做到这一点,唯一的选择就是不断进行准客户开拓工作,甚至于每天都要开拓准客户。如果销售人员能够持续地开拓准客户并不断改进开拓技能,那么即使在其他方面有待提升,也一样能获得成功;但是如果开拓准客户的力度不够,准客户数量不多,那么即使在其他方面技巧不错,终会有资源穷尽的一天,也很难取得成功。

2)不同类型的准客户开拓

销售人员最大的挑战就是要有合适的准客户,而要做到这一点,销售人员不是一次、两次拜访客户,而是不间断地拜访客户,从中选择出合适的客户进行开拓。

准客户的类型可以根据行业、年龄、职业、地域、收入等来划分,作为一个准备长期从事人身险事业的销售人员,应多去尝试不同类型的准客户开拓,通过记录和分析,从而找到适合自己的高品质的客户群,不断提高工作效率。

(二)约访

1. 约访的含义

约访是销售人员对准备拜访的准客户通过电话、信函等方式进行预约见面的过程,目的是能够与客户见面。随着销售流程的推进,有了准客户名单,大部分销售人员都不能直接去见客户,一般我们会提前预约客户见面,即存在约访环节。

在与客户见面之前,先进行约访,进行事先沟通是非常必要的,其必要性主要体现在以下四个方面:如果客户不在,可以避免浪费时间;如果与客户工作发生冲突,反而会引起反感;直接拜访,会让客户觉得销售人员没有涵养和礼貌;给客户一个准备时间、兴趣点或心理准备。越是大客户越需要预约,也是对他的一种尊重。

随着准客户的数量日益增多,想要提高工作效率,进行准客户的初步筛选,约访在销售行为中就越来越重要了。但是,对于保险销售人员来讲,要具体情况具体对待,如果一律按部就班地这样做,恐怕对于有的客户也不适合,因为有一部分客户会拒绝保险销售人员的约访。在这样的情况下,如果你一定要进行约访,那么你将失去很多和客户见面的机会。但针对筛选出需要约访的客户,就要按照约访的步骤,掌握约访的要领,做好约访工作。当得到客户名单后,安排约访并和客户见面尤为重要,一方面可以满足客户的心理需求,另一方面可以减轻销售人员的拜访压力,时间、地点约好后,客户在等着我们去拜访,也可以增强销售人员的拜访动力。怎样才能有效安排约访呢?

2. 约访的方法

销售人员在约访中通常会用到电话约访和信函约访。

1)电话约访

电话是保险营销工作中不可或缺的重要工具。很多销售人员给客户打电话的情形往往是这样的:拿起电话,"嘟嘟嘟……"没有人接电话,客户不在,他反而会很高兴。为什么我们生怕客户接这个电话?因为有人接听以后,接踵而来的可能就是没完没了地拒绝,没完没了地打击,所以很多销售人员不愿意打电话,认为给客户打电话约访是没有必要的,他们往往说:"我一打电话客户就拒绝我了,反而会失去见面的机会,这么多年我一般不给客户打电话,可是我的业绩做得也不错。"其实这样的销售人员如果掌握了电话约访的技巧,他们的销售业绩也许会翻一倍。

销售人员在打电话时,应该避免犯以下原则性的错误:在电话里面无休无止地与客户谈自己的公司、自己的产品、自己的品质、自己的技术和服务,最后还把价格报给客户,说明天再去拜访客户,简短地与客户沟通后,很多细节都没讲清楚,含混不清,从而给客户留下不好的印象,这些都是有问题的。客户怎么能同意见面呢?作为一个销售人员要知道电话约访和电话销售会达到不同的目的。

①电话约访前的准备。熟读电话约访用语;要有充足的客户名单;准备物资及收拾桌面;选择合适的时间、安静及舒适的地方;注意态度。

②电话约访的步骤。

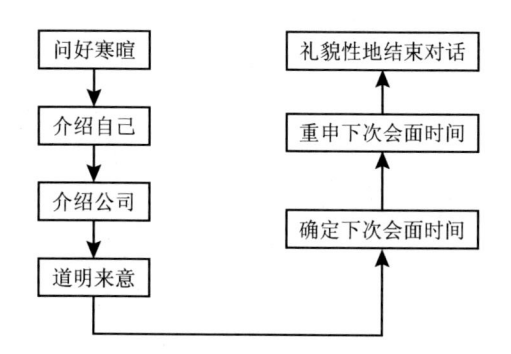

```
问好寒暄  →  礼貌性地结束对话
   ↓              ↑
介绍自己     重申下次会面时间
   ↓              ↑
介绍公司     确定下次会面时间
   ↓              ↑
道明来意  ───────┘
```

步骤一:向准客户问好及寒暄致意

关　键:有礼貌

目　的:建立个人专业形象

步骤二:介绍自己

目　的:让准客户对自己有初步认识

步骤三:介绍公司服务

目　的:向客户说明来电的目的

步骤四:道明来意

目　的:说明接洽过程的时间及对客户的好处

步骤五:通过"二择其一"的方法确定会面的时间

目　的:使准客户觉得有选择权

步骤六:重申下次会面时间与地点

目　的:明确与准客户约好的时间

步骤七:礼貌性结束对话

关　键:有礼貌

目　的:建立个人专业形象

拓展阅读 3-4

电话约访的异议处理

问题一:"请直接在电话里讲就可以了。"

回答:因为有东西要展示给您看,电话里也很难让您了解清楚,怕会浪费您的时间。反正我正好服务这个地区,您一般在家里还是单位比较方便?

问题二:"你把这些资料寄给我好了。"

回答:资料里有一些专业术语,我觉得当面讲比较好,不知您是星期四上午9点还是下午3点比较方便?

问题三:"这些时间我都不方便。"

回答:抱歉,我不知道您这么忙,可见您很成功。推荐人说不要打扰您太长时间,只能花您10分钟时间把一些有关的资讯告诉您,您看是上午还是下午比较方便,只要10分钟即可!

问题四:"我有朋友在卖保险。"

回答:您说有朋友在卖保险,那很好。多参考一份意见,应该没坏处,推荐人说不要给您压力。

问题五:"我没有能力买保险。"

回答:介绍人说您不太可能买保险,但向您宣传一些理念是我的责任,也许我能帮您什么忙呢?您一般是家里还是单位比较方便?

问题六:"你只会浪费自己的时间。"

回答:您买没买保险没有关系,我想说不定我们还能成为朋友呢?!……

问题七:"我真的没兴趣。"

回答:如果您感兴趣的话,那才奇怪呢。世上只有两种人对保险很感兴趣,一种躺在病床上的,一种是没有养老金的。开玩笑,请问您是周一有时间还是周二有时间呢?

问题八:"我很忙。"

回答:难怪您事业这么成功,不过我只需打扰您5分钟的时间,不知您是星期四上午9点还是下午3点比较方便?

2) 信函约访

在信函约访时,需要注意将每一封信与销售流程紧密地结合起来,这样运用过程会更加顺畅,同时会减少销售所遇到的拒绝,把客户关心和担心的每个问题提前化解掉,并及时化解交流中的不快,把销售人员和客户拉到同一立场上来,真正做到以客户的需求为导向。

由于每封信都力求把客户需求作为出发点,所以销售人员要充分了解客户需求导向的销售流程,提高约访成功率,这样会使销售人员充分掌握并顺利完成销售。

(三)接洽和收集客户资料

1. 接洽的内涵

接洽是销售人员与准客户见面时的寒暄、赞美及面谈的过程,目的是建立良好的印象,营造良好的面谈氛围,以获取和准客户进一步面谈而达到收集客户资料的目标。

2. 接洽应有的态度

1)建立良好的第一印象

生活中我们第一次见到某人的时候,心中总会有一个对他(她)的印象。通常所说的这个印象实际上就是指第一印象或最初印象。在社会心理学中,由于第一印象的形成所导致的、在总体印象形成上最初获得的信息比后来获得的信息影响更大的现象,称为首因效应,也叫最初效应。

心理学家阿希1946年以大学生为研究对象做过一个实验。他让两组大学生评定对一个人的总的印象。对第一组大学生,他介绍说这个人的特点是"聪慧、勤奋、冲动、爱批评人、固执、妒忌"。很显然,这六个特征的排列顺序是从肯定到否定。对第二组大学生,阿希所用的仍然是这六个特征,但排列顺序正好相反,是从否定到肯定。研究结果发现,大学生对被评价者所形成的印象高度受到特征呈现顺序的影响。先接受了肯定信息的第一组大学生,对被评价者的印象远远优于先接受了否定信息的第二组大学生。这意味着,最初印象有着高度的稳定性,后继信息甚至不能使其发生根本性的改变。

有关首因效应的研究告诉我们,在人际交往中,我们要注意给初次见面的人留下一个好的第一印象。但在与别人的交往中,注意不要仅仅凭借对其第一印象给他(她)定性。

建立良好的第一印象对业务员来讲是至关重要的,有效的接洽可以直接提高销售的成功概率,顺利地收集到客户的资料,有利于进行下一个销售。

2)要有约在先

所谓有约在先,就是提倡人们在进行人际交往时,必须事先约定具体时间。有约在先不仅适用于正式交往而且也适用于非正式交往。在人际交往中,不论是未邀而至,充当不速之客,还是任意顺访,率性而为,都是不尊重交往对象的表现。要做成有约在先,关键是要提前约定交往的具体时间。这主要包括双方交往的具体起始时间与延续时间两个方面,而且约定要尽可能具体、详尽。在约定具体时间时,要考虑客户的习惯和方便与否。应尽量不要占用对方的休息时间或工作过于繁忙的时间。一般而言,凌晨、深夜、午休时间、就餐时间以及节假日,客户都不希望被外人打扰。

3) 要如约而行

遵守时间,既要求其在具体的交往时间上有约在先,更要求其根据既定的时间如约而行。如约而行往往比有约在先更加重要。与客户约定见面后一定要养成正点抵达现场的良好工作习惯。在与客户见面时,姗姗来迟会显得不礼貌。迟到可能会让客户感觉对他不重视,从而降低销售的成功概率。

其他不论是有关工作还是有关生活的具体时间约定,比如,承诺给予对方答复的时间,约好双方一同出行的时间,许愿给对方写信、打电话、发邮件的时间等,同样需要言出必行。对于双方有约在先的交往时间,轻易不要改动。万一因特殊原因,需要变更时间或取消约定,应尽快向对方进行通报,切忌让对方对此一无所知,空候良久。

4) 要适可而止

在与客户打交道时还须谨记"适可而止"四个字。也就是说在双方交往之时,不要拖延时间,而应当适时结束。对于一些事先约定了会面时间长短的活动,一定要心中有数,绝不能超过规定的时间,除非客户允许销售人员延长面谈时间。对于一些并未事先约定交往时间长短的活动,则要根据客户的反应来决定时间长短。不应当无节制地拖延时间给客户造成厌烦的感觉。

3. 收集客户资料

收集客户资料是指销售人员在与客户面谈时,通过对客户的询问,收集到客户的事实资料和感性资料,即了解到客户对一些重要问题的看法,以达到寻求和确定客户的寿险需求的目的。

收集客户资料是很多销售人员在展业过程中感到较为棘手的一个环节,一方面对收集资料的方向不是很明确,另一方面无法探求客户的真实想法,因此不能达到满足客户需求的效果。在需求导向式销售的收集客户资料环节中,销售人员在和客户沟通时,不但要利用巧妙的问话收集到客户的事实资料,而且还要了解到客户对保险、对责任等问题的潜意识看法,从而达到更深层地了解客户需求、寻找到寿险需求点的目的。

收集资料的5种方法：

（1）加入社会团体。直接成为特定社团的成员，例如美容美发协会等，取得社团的名单资料，再自然地表明自己销售的产品，让该社团成员了解你销售的产品，但应该注意尺度的掌握，以免导致相反效果。

（2）成为俱乐部会员。付费成为一些俱乐部的会员，不论是何种俱乐部，都有联谊性质，这是业务人员接触客户的良机。不要只想到运动俱乐部，像棋艺、计算机信息，甚至是未婚联谊俱乐部等都很合适，不过要注意遵守俱乐部的相关规定，以免招致诚信上的质疑。

（3）填资料换赠品。用赠品来换取准客户资料是由来已久的方法，而它有效的程度常令人吃惊。但注意提供的赠品要与销售的产品有高度关联性，而准客户的资料可能会对日后的销售有帮助。当然，赠品未必要昂贵的，而以客户合用最重要。

（4）上网去找。网上有很多庞大的数据库，免费或小额付费即可进去浏览，其信息因其功能而有相当高的正确性。再者，这些资料通常已进行分类，筛选后即可得到有效的资料。

（5）从分类广告上找。如果你的客户对象会在分类广告刊登招聘启事或是发布信息，去找一找最近数个月的报纸分类广告，上面有明确的名称、地址、联络电话，幸运的话还可找到联络人，这种方法有效、快速又便宜。

（四）寻找购买点

寻找购买点，是销售人员通过对客户资料进行分析和与客户沟通确认，找到客户的保险需求及购买理由，并在购买点上与客户达成共识，确认保费预算，并力争获得转介绍的过程。

长期以来，销售人员总是在销售自己熟悉的产品，而不是客户需求的，这非但没有很好地解决客户的需求，而且在一定程度上影响了寿险销售人员在客户心目中的形象及整个行业在社会的影响，同时也给销售人员的展业带来困扰。需求导向式销售的终极目标就是销售给客户符合他需求的产品。在需求导向式销售的寻找购买点环节中，销售人员根据收集到的客户资料，通过和客户不断地沟通，了解到客户担心的问题，并最后确认客户的人身险需求及其所能承担的保险费，为设计符合客户需求的方案奠定基础。寻找购买点是需求导向式销售技能的核心内容之一。

(五) 方案设计

方案设计是销售人员根据客户需求推荐相应的满足客户需求的风险保障计划。人身保险方案设计是销售人员专业性的高度浓缩,也是销售人员综合素质和责任心的高度体现。在需求导向式销售的方案设计环节中,销售人员认真分析收集到的客户资料和客户需求,有针对性地选择满足客户需求的险种并进行合理组合后设计保险方案,方案集中体现了客户的需求、保险责任、保险利益、交费额度及交费方式。特别需要注意的是,销售人员在方案设计的态度上,应始终以客户需求为导向,而不是以个人佣金的获取为导向,从而为方案说明及促成奠定了基础。

(1) 一份完整的计划书需要细心了解客户财务状况和风险保障要求后,应用专业知识周密地分析与计算。

首先,必须建立全险的观念,也就是一份完整的建议书搭配应该具有满期、身故、残疾、疾病医疗、意外伤害医疗及重大疾病给付等多种保障,不仅考虑现在,也设想未来,不仅考虑客户本人,也要为客户全家着想。其次,设计保险计划书要遵循三个原则:第一,保额最大;第二,保障最全;第三,保费最低。

完整建议书的拟订可分为如下两大步骤:

第一步,信息的收集和整理。制作建议书之前,一定要先收集客户的基本资料,内容包括职业与办公场所、年龄、住所、婚姻状况、兴趣与嗜好、所得收入、抚养人口等。

第二步,判断客户的需求。客户需求因人而异,举例说明如下:

第一种:人生旅程。在人生的旅程中,不同的年龄有不同的需求。例如,步入35岁的人,最关心的可能是子女教育和自己的晚年生活,因而可依客户所处的不同人生阶段做不同的人身险搭配。

第二种:生活目标。每个人有钱以后的打算并不相同,购房、旅游、储蓄或者投资,不同的生活目标是考虑险种的重要因素。

第三种:收支曲线。寿险营销人员必须以通过最小的成本谋取客户最大的利益为原则,通常遵循以客户年收入的3~5倍为保额,年收入的10%~20%为保费的计算标准。

(2) 依据这些资料,以专业的保险知识为客户进行合理的险种选择与搭配:

保障型保险:高保障、低保费,如果被保险人出现风险事故,可以给家人留下一笔应急用的生活资金;

子女教育金:帮助家长安全有效地储备教育金,并拥有保费豁免功能,保证投保人(家长)即使发生重大疾病或意外,孩子也一定有读书的钱;

健康保证金：目前中国居民最为担心的三件大事中，担心生病的比例高居榜首，占到65.1%，重大疾病的发病率高达72.48%，对长期健康保险的需求也成为人们对保险需求的首选；

储蓄及养老型保险：以储蓄养老为目的，为晚年准备一笔宽裕的生活资金。

总之，通过合理的保险计划，以达到子有所教，病有所医，老有所养，险有所保，投有所报。通过信息的收集与整理，判断出客户的需求，然后选择搭配险种，制作恰当的建议书。

（六）方案说明

方案说明是销售人员向客户就所设计的风险保障计划中，客户的利益、客户的交费、为客户解决哪些问题等进行说明，并进行促成。

在以往的展业过程中，销售人员常常把方案说明环节单纯地理解为促成，由于一些行为的缺失，没有能完全解决客户的问题、满足客户的需求，往往会给最后的促成带来阻力，不能顺利签单或不能签单。在需求导向式销售的方案说明环节中，销售人员先与客户一起重温需求分析，再一次确认客户需求，并与准客户在购买点上达成共识，在说明具体方案内容时，销售人员向准客户清晰地说明方案是如何满足准客户的需求的，以此来确定方案是根据客户的需求设定的，为促成签单埋下伏笔。当销售人员在解说方案并一一回答准客户的疑问后，请客户填写投保单就是一个水到渠成的过程。在整个方案说明中，销售人员始终在强调客户的需求，以客户需求贯穿方案说明的始终，并把最终决定权交给客户，由于销售人员将各个环节的细节都做到位，让客户无法拒绝，这时有压力的是客户而不是销售人员，这也是需求导向式销售的魅力所在。方案说明的环节会促使客户自己做出购买决定，而非销售人员强势推动的结果。

（七）递送保单

递送保单指销售人员在销售过程将投保单及时递交到公司和将保险单准确送到客户手中。递送保单的目标不但要巩固客户的购买信心和客户选择行为的正确性，而且还要为下一次销售做好铺垫。

在一个人身险方案执行的过程中，销售人员也常常把递送保单看作一次售后服务，但与售后服务的区别在于此环节的执行往往决定了销售人员是否有机会持续为客户提供服务。把递送保单作为一个单独的环节来分析，足以说明递送保单这个环节的重要性。销售人员在递送保单时，常常只是就保单内容进行说明和讲解，而忽略了客户的需求。在需求导向式销售的递送保单环节中，销售人员做好了一切递送保单的准备并如约与客户见面时，对保单内容要进行专业的讲解。销售人员会在保险单的讲解中再一次重温客户需求,与客户一起检视保单,并再次陈述保单中的险种是如何满足客户需求的,这不但巩固了客户的购买信心,而且体现了销售人员的专业性,这一切正是由于销售人员提供的服务是遵照客户的需求进行的。

(八)客户服务

作为金融服务机构,服务对于保险公司而言,就是一种营销的模式。一家保险公司全部跟客户有接触的经营活动,包括产品的销售、续期保费的收取、保全、理赔等,全都以服务为载体,并以服务为最终呈现形式。从更高层面看,服务并不仅仅局限于售后服务,它应贯穿于营销活动始终。

1. 客户服务的误区

目前寿险销售中客户服务的误区主要在于重视销售而轻视服务。营销员如果不懂得服务的价值,对服务的重要性认识不够,光卖保单不做服务,其结果必然是越做越累!一些入行多年的营销员,每天依然花大量时间去开发新客户是不可理解的。这种精神值得赞扬,但这种做法并不值得提倡。营销员在经营一段时间,有了一定客户基础之后,应该将工作中心从开发新客户转到深耕已有客户关系上来,用自己的专业知识和服务,赢得客户进一步的信任,从而争取客户不断加保及转介绍,这样营销事业才会越做越轻松!

拓展阅读 3-5

人生的保单需要量

理论上讲,一个人一生至少需要6张保单,方能满足意外、医疗、养老、子女教育、资产配置等人生基本需求;另外根据一项调查,一个人至少可以影响身边9个人,包括亲戚、同学、朋友、同事等。如此说来,从一位客户身上所能衍生出来的保单至少是 6×9=54 张。

然而现在大部分营销员往往只看到其中第一张保单,而看不到后面还有53张保单的巨大空间。这些营销员总是花费极高的成本去开发新客户,不断促成新客户购买,成交之后却对客户置之不理,转而继续寻找下一个新客户,事业发展陷入一种恶性循环。这样做就像手头明明拥有一座座金山,却还要四处不停地寻找金矿。正确的经营方式应该是深耕细作,靠持续不断的服务提升与客户之间的关系,从而赢得客户不断加保与转介绍的机会,这样保险事业才会经营得稳健且长久。一位保险营销员需要开发多少位新客户,方能保证事业持续经营30年?理论上讲营销员积累了200位新客户名单,便不用继续开发新客户了。

2.服务的种类

(1)基本服务。需求分析,为客户提供适合的产品;协助核保体检;保单生效通知和提醒重要事项等。

(2)标准服务。提供可随时找到自己的联络方式;节假日祝福,定期问候联络;续交保费提醒等。

(3)满足服务。每年固定做保单检视;关注客户的利益;以最快最省心的方式协助客户。

(4)超值服务。固定时间举办客户联谊会、讲座,定期寄送公司、产品资讯以及各种跟保险有关的信息;搭建客户之间交流的平台,与客户共享人脉关系。

(5)难忘服务。凡是客户需要的都不遗余力地去做;帮助客户解决各种生活上的难题,成为客户生活中不可缺少的顾问。

3.递进式客户服务

(1)可能顾客。指对营销员所提供的产品及服务可能有兴趣的消费者。营销员必须通过各种渠道尽可能多地收集客户名单,然后清楚地界定目标市场,找出并锁定其中的潜在客户。

(2)潜在顾客。指有能力、有意愿购买产品和服务的消费者。营销员如果辨别出潜在客户的所在,就要设法去接触潜在客户,开始进行销售,让潜在客户愿意采取购买行动。

(3)首次购买顾客。客户首次购买是营销员与其建立关系的开始与关键,因为这些客户的感受及对营销员的印象如何,决定他们是否会再次购买。

(4)持续购买顾客。持续购买的客户已经拥有购买的经验,和营销员有比较多的接触,并且对营销员有一定的满意度。对于这些长期捧场的客户,营销员必须提供更进一层的服务,让彼此的关系更进一步。

(5)客户。顾客变成客户,意味着营销员与其之间的关系更深一层。营销员必须与客户持续互动,定期拜访或联络客户,对客户更多关心,并且致力于提供客户期望的服务,付出更多时间在满足客户的需求上,从而培养出某种熟悉与贴心的感觉。

(6)拥护者。这一阶段的客户,会积极主动参与营销员的行销活动,并且信任营销员的立场和做法。营销员可以不定期举办客户联谊会、客户答谢会等活动,还可以定期寄送一些资讯或礼物,以此建立客户的认同感和口碑,把客户变成营销员的拥护者。

(7)会员。要让客户从拥护者进一步成为会员,营销员需要提供更多个性化的服务,让客户享受到特殊的利益,让他感觉到营销员对他的服务是与众不同的,以加强客户的忠诚度,让客户对营销员也不想变心。

(8)伙伴。客户关系的最高层次是"伙伴"关系,到了这一阶段,客户会认为自己与营销员是一体的,营销员的成长、进步也是他的成长、进步,他会主动跟营销员提出建议、分享资源,他会竭尽个人所能帮助营销员取得成功。

在需求导向式销售流程中,我们不难发现,有两个在以往销售过程中必有的动作在这个流程中没有作为独立的业务环节存在,一是拒绝处理,二是索取转介绍。

销售过程中,销售人员可能会在任何一个环节遇到拒绝,如果销售人员当时就做了拒绝处理而能够顺利走到下一个环节,那么到销售的后期,促成将会水到渠成,否则拒绝会像雪球一样越滚越大,以致到最后无法进行保单的销售。另外,这种处理方式非常符合业务人员的销售心理。在销售过程中,越是接近促成,销售人员的心理压力越大,由于在前期对所遇到的所有拒绝都已经做了处理,这就使得销售人员在销售的后期对促成的压力减小、信心倍增而促使客户签单,这正是需求导向式销售的魅力所在。

由于很多销售人员会认为只有对已签单的客户才有可能索取到转介绍名单,因而丧失了准客户开拓的机会,丢掉了许多非常好的市场。其实在正常的人际关系中,如果客户对营销员产生信任感,即可能为营销员做转介绍,因此,转介绍可以在销售流程中的任何一个环节进行,只要营销员与客户建立了较好的信任关系。

第三节 银行保险

一、银行保险内涵

对银行保险而言,站在不同的角度有不同的理解。从销售方式来看,银行保险是保险公司的一种销售渠道;从组织形式上看,银行保险还可以是银行和保险公司合资成立新的金融机构,如银行与保险公司交叉持股,也可以是银行、保险公司分别销售其下属子公司的金融产品;从经营战略来看,银行保险是银行和保险公司为了销售产品、扩大服务而采取的战略安排;从产品的角度来看,银行保险也可以理解为一种保险产品。本节所介绍的银行保险主要侧重于第一种内涵。

二、银行保险的起源和发展

银行保险起源于法国,在西方国家大概经历了三个阶段,1980 年以前是银行保险的起源阶段;20 世纪 80 年代是第二阶段,得益于税收优惠,与寿险产品相关的储蓄型保险产品风靡市场;第三阶段大约从 1990 年开始,银行保险的产品更加多样化了。时至今日,银行渠道已经可以提供保险公司的各类保险商品,包括寿险、医疗险、长期护理险、重大疾病险及失能险等。前提是银行必须从保险公司处得到保险商品去销售。在中国,银行保险的发展速度也很快,保费从 2001 年的 45 亿元到 2010 年达到了 4399.8 亿元的规模(见图 3-3)。

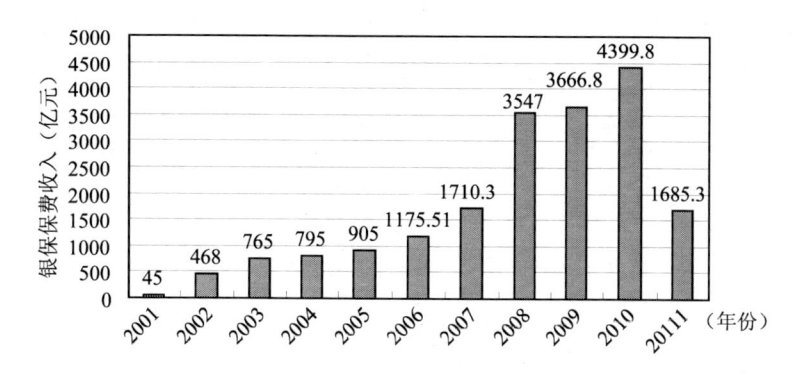

图 3-3 2001—2011 年第一季度银行保险保费收入

数据来源:中国保监会网站

拓展阅读 3-6

银行保险的起源和发展

1973 年,法国农业信贷银行和农业保险互助会合资成立的保险公司 Soravie 以及百利投资银行 Paribas 下属的一家银行保险公司在保险营销方式上进行了重大的改革,开始运用自己银行的网点分销保险产品并获得了成功,之后这种方式在欧洲迅速发展起来。

在银行保险发展的第一阶段(1980 年以前),银行保险的主要模式还停留在银行充当保险公司代理人的情况,银行通过向保险公司收取手续费进入保险领域。

这一阶段,银行尽管也直接出售保险单(银行信贷保险),但只是作为银行信贷业务的补充而进行的或者说是银行业务的一种延伸,其目的是减少银行承担的风险。例如,大多数的银行要求客户在申请按揭的时候购买住宅保险;在英国,建筑业协会和银行已经是保险的传统中介。

第二阶段,20世纪80年代,得益于税收优惠,与寿险产品相关的储蓄产品风靡市场;激烈的竞争使银行开始开发与其传统业务相距甚远的金融产品如养老险,由此该阶段被视为银行保险真正出现的阶段。由于税收的优惠,银行推出的资本化产品大受欢迎,法国的银行保险在这一阶段开始普及。1989年银行保险保费收入的比重已达到52%。但是,这一阶段银行推出的产品尽管有保险的因素存在,但它也只是为了满足产品储蓄目的的一个辅助因素,而且这些产品其实更直接地对银行产品而不是保险产品造成了竞争。

第三阶段,大约从1990年开始,这段时间是对银行保险的发展具有决定意义的阶段。银行保险的产品更加多样化了,不仅局限于寿险产品,还包括非寿险产品。无论从银行保险的产品种类、组织形式还是实现的保费比重来看,银行保险的发展都较上一阶段取得了长足进步。以其在欧洲的表现为例:银行保险开展得最为成功的法国,从1990年到2000年银行和邮局实现的保费比重从40%左右上升至60%左右,同期法国的寿险保费也增长至原来的3倍。而在比利时、意大利、挪威、荷兰、德国、英国、瑞士、芬兰和爱尔兰等国家,这一比例也在20%~35%。

今日,银行已经可以提供保险公司的各类保险商品,包括寿险,医疗险,长期护理险,汽车险及失能险。然而,银行必须从保险公司处得到保险商品去销售。

除了部分欧洲国家,东欧国家著名的保险公司几乎都参与了当地的银行保险业务。中欧国家(如波兰、匈牙利、土耳其)一些重要的保险公司已与一些重要的银行签订了合资协议;美国与日本也于近年消除了银行销售保险产品的法律障碍;中国台湾地区几乎所有的银行都与保险公司建立了合作伙伴关系,通过与保险公司共享销售渠道,获得佣金收入;20世纪90年代后期,银行保险甚至在南美洲、澳洲、南非等地也得到了迅猛发展。从全球范围看,银行保险在欧洲的发展最快,而在其他国家和地区的发展相对较慢。

中国银行保险走过了一条曲折的创新发展之路。在发展的初期阶段,银行保险的发展并没有政策面的推动,表现为基层机构之间自发的银保合作。早在20世纪80年代初,中国人民保险公司恢复国内业务时,一些地方的人民银行就代为办理过保险业务。比如,1981年四川省江油县恢复保险业务,由江油县银行信贷科代办,不过,这种代办保险是为保险机构复业做准备。另外,在中国人民保险公司的某些分支机构,部分员工也通过银行内部的熟人介绍开展保险业务。

1986年7月,国务院批准重新组建我国第一家股份制银行——交通银行,它于开业后不久将其总管理处从北京迁至上海,并在1987年由上海分行率先组建了保险业务部,开展保险业务。当时,交通银行是金融改革的实验田,是综合性银行的试点。根据中国人民银行的有关文件规定,交通银行的业务范围较广,可以办理人民币各项业务、外币业务、证券业务、房地产业务、信托咨询业务、保险业务等。其后交通银行陆续在各分行设立保险业务部,开展业务。1991年4月,交通银行保险业务部按分业管理的要求分离出来,组建了太平洋保险公司,并将总部设在上海。

1988年,中国工商银行在当时的金融政策环境下,为支持、参与国内保险业务,在此后的10年间通过其分支机构持有平安保险股份有限公司的股份,并一度成为平安最大的股东,股本比例达到22.45%。这一阶段正处于中国金融改革的实验阶段,金融市场发展滞后,市场主体的自我约束能力较差,当时的金融监管部门也比较缺乏对混业经营的监管经验,因此在中国金融市场的发展过程中,从1992年下半年开始到1993年,中国一度出现了金融秩序混乱现象。

1993年中央政府在治理整顿金融秩序的过程中认识到,混业经营的时机未到,在1993年7月5日全国金融工作会议上提出实行分业经营。国务院在1993年12月25日颁布《关于金融体制改革的决定》,明确了对银行业、证券业、信托业和保险业实行分业管理。1999年,交通银行将持有的太平洋保险公司的股权转让给了上海市财政注资的上海实业,1997年,工商银行正式提出将其所持有的中国平安保险股份有限公司的股份全部一次性转让,2000年,中国工商银行将其所持有的中国平安集团的投资全部撤出。

1996年8月8日,中国平安保险公司与中国农业银行在深圳平安大厦签订了代理保险业务协议。1997年间,中保人寿保险公司与中国工商银行总行签订了由工行代理人寿保险业务及代办代扣个人营销业务保费的协议,中国人民财产保险公司与中国银行,中国太平洋保险公司分别与交通银行、中国银行、中国农业银行签订保险业务代理协议。另外,一些新设立的保险公司如新华、泰康等,为尽快占领市场,也与银行签订代理协议。

2000年8月,平安保险公司根据银行渠道的特点率先在上海、北京推出银行渠道专有产品千嬉红(A、B、C款),拉开了中国保险业高速发展的序幕。2001年第四季度以后,银行代理人身保险业务发展出现了第二个高峰,保费规模达到了388亿元,增长速度高达940%,占当年人身险保费的17%。从2002年开始,银行代理保险业务规模已经全面超过团体直销业务。2003年银行保险继续保持高速增长,业务增量对人身险业务增量占比达46%,增速列各销售渠道之首,银保保费收入达到765亿元,占人身险保费收入的26%,部分寿险公司的银保业务占公司全部业务的50%以上。2004年,平安、泰康等公司开始主动限制银保业务的增长速度,并寻找能够提升内涵价值的新模式,再加上央行升息等原因,因此2004年银行保险业务增速明显放缓,全年银保业务的收入只比上一年增加了30亿元,增速仅为4%。

2008年以后,银行保险保费再次出现了高速增长。截至目前,银保渠道业务已趋于稳步发展的趋势。银行代理渠道已和个人代理、团体直销一起成为人身保险销售的三大支柱,在人身保险业务发展中的地位日益重要。

总之,中国银行保险发展的历史,在一定程度上也是中国金融改革的历史浓缩。

三、银行保险的展业流程

从2001年银保产品在国内上市以来,银行保险的销售模式分为驻点销售和通过银行人员销售两种。驻点销售主要是保险公司派销售人员入驻银行网点,在银行网点直接面对客户进行销售,因此其作业过程和个人代理有很大的区别。但是这种模式在实践中产生了不少问题,因此2010年11月中国银监会下发的《关于进一步加强商业银行代理保险业务合规销售与风险管理的通知》和2011年3月中国保监会下发的《关于印发〈商业银行代理保险业务监管指引〉的通知》中明确规定,商业银行不允许保险公司业务人员进驻银行网点销售。因此,目前的销售模式是保险公司银保专管员负责向银行提供培训、单证交换等服务,协助商业银行做好保险产品销售后的满期给付、续期交费等相关客户服务,由商业银行网点持有保险代理人资格证的银行工作人员向客户直接销售产品。

一般来说,可以将银保销售分为作业前准备;网点关系的建立和维护;解决问题;服务等环节。当然这些环节是人为划分的,其实银保销售是一套销售动作,是各项动作有机的结合,划分上述环节的目的主要是便于理解。在作业前准备环节,销售人员主要做一些展业的准备工作,比如分析条款的特点和卖点、分析市场特征、准备销售工具、了解网点情况等;在网点关系的建立和维护阶段,主要工作是让网点主任和柜员接纳公司及产品,分析目前网点的情况,比如代理哪几家公司的产品,销售情况、柜员的销售热情、销售业绩等;在展业阶段,主要工作是为签单做准备;在解决问题环节,主要处理网点遇到的棘手问题,比如客户对分红不满、银行倾向于销售同业的产品、银行柜员对公司的产品不接受、对银保专管员的服务不满等;银保专管员之前做的所有工作其实都是为签单做准备,能签到保单或提升网点的产能,这是我们最终的目的,促使保单成交,并进行后续的出单和送达的动作;在售后服务环节,主要是履行契约、提供附加服务,并且通过优质服务能使银行保险的业务大幅度得到提升。

(一)作业前准备

当专管员刚刚进入一个网点或刚从其他专管员手中接手一个网点时,要有知识的准备,包括对保险知识的掌握、对条款的理解、对同业产品的了解、对银行业务的了解、对理财知识的把握,具备销售能力、培训能力等。

进驻网点之前,展业工具的准备,包括投保单、展架、宣传彩页等;了解网点组织情况、人员组成情况,首先是网点负责人,有几个主任,有没有客户经理、大堂经理等,以及网点工作时间,了解得越详细越有利于开展业务;对网点业务进行全面了解,包括目前代理哪几家公司的产品,销售情况如何等。

(二)网点关系的建立和维护

对于一名银行保险的专管员来讲,如何走进网点,把自己推销出去,得到网点主任和柜员的认可,是迈向银行保险销售成功的第一步。然后是通过对网点沟通、辅导、培训的日常管理进行维护,使网点成为专管员工作的阵地。网点的开拓和维护做得好与坏,将直接影响到专管员自身的成长和保险公司银保业务持续稳定的发展。

网点关系建立的基本思路一般分为三步:

第一步:建立关系。

进入方式:独立式和介绍式。独立式,也称为陌生拜访式,指自己独立去网点进行拜访,了解网点情况。介绍式,指有人介绍陪同去网点进行拜访,了解网点情况。无论是独立式还是介绍式,最主要的目的是和网点人员建立起合作关系,为下一步工作做好铺垫。

第二步:培训。

培训、辅导对于专管员是一项非常重要的工作。因为银保业务是一项技能工作,银行人员本身认为不是自己的主体业务,往往对于银行保险的业务关注不够,学习不够主动,销售环节和技巧掌握不足,在实际操作中发生很多问题,因此必须通过培训和辅导来解决。使银行人员从根本上接受代理保险的理念并不是一件容易的事,培训辅导也不是一味说教,必须采取适当的方法。通过辅导、培训强化银行人员对于银行保险业务的认知和渗透,让银行人员充分认识代理银行保险的必要性,把银行保险产品融入日常工作中,进行主动销售。

在这个环节中,培训的落实非常重要,关于"公司、观念、产品、金融形态"等更多的是通过培训落实的,因此在日常沟通中要注意培训时机、培训内容、培训形式的选择。一般银行专管员直接和银行柜员、银行客户经理以及大堂经理接触,培训通常分为两种,即由保险公司专门负责的人员培训和专管员自己进行的培训。培训的时机可以是早晨上班之前、晚上下班之后,或利用银行人员调休的时间进行培训。培训的内容通常是销售技能、产品、理财知识、产品说明等。培训的形式可以是小规模的银行网点人员的集中培训或单独对柜员的辅导,也可以是保险公司与所辖银行支行之间统一安排后进行的大规模培训。

由于银行人员的营销能力相对于保险公司来讲比较弱,因此银行也会借助保险公司的培训资源来培训自己的人员。从2009年开始,国内很多家保险公司就专门根据银行的特点,为银行人员量身打造培训体系,把保险公司的销售体系和销售模式带到银行,通过培训加研讨和实战的方式进行,一方面提高银行人员的销售技能,另一方面也提升了保险公司的业绩,达到了银行和保险公司双赢的目的。这种培训方式深受银行的欢迎。

第三步:网点关系的维护。

开拓是基础,是打开局面,与网点建立合作关系。通过网点开拓,开创业务新的增长点。维护是保证,通过与网点保持通畅的交流,提供良好的支持和服务,维护业务的长期和持续发展。达到稳定渠道、改善网点质量和提高业绩的目的。

(三)解决问题

在银行保险业务经营过程中,会有很多问题出现,需要专管员及时去解决。比如,银行网点中同业之间激烈的竞争;客户对于之前销售的保险产品的疑问,退保、投诉等;银行网点出现人员变动,比如网点主任及客户经理调整等。如果问题处理得及时恰当,对于今后的业务开拓将会起到积极的推动作用;如果处理得不恰当,可能网点业务就此一蹶不振,短期内很难扭转。

(四)服务

这里所说的服务是指银保专管员秉持勤勉的工作态度,努力避免执业活动中的失误,忠诚服务,切实履行对所属机构的责任和义务,接受所属机构的管理,确保客户利益得到最好保障。

服务指的不仅是售后服务,而是贯穿于每个环节的,银行保险专管员不仅要对客户做好服务,还要对银行的人员做好服务;比如及时送达保单,对于网点问题如客户投诉等及时解决,及时补充单证、宣传资料等,做到有问题及时解决。服务做得好,才能得到银行网点人员的认可,业绩才能蒸蒸日上。

案例 3-1

银行网点的建立与维护

背景说明:银行保险专管员张明,女,30岁,从事客户经理工作四年。最近分配到一个银行网点。网点主任王主任,女,38岁。网点有7人,除主任外还有5名为女柜员,1名男保安。该网点地处城郊结合部,客户投资渠道比较单一。

张明:王主任,您好。我是保险公司的专管员张明。根据公司的安排,以后我将在您的网店进行工作。这是我的工作证,您看一下。

张明:王主任您看,我对网点的情况不太熟,您能给我介绍一下吗?

王主任:小张,我们网点共有7个人,除我之外还有5个女士,1个保安。没事,慢慢你就熟了。

张明:行,领导,那我去跟大家认识一下。

张明趁柜员业务空当去每个柜员前递送一张名片,并做自我介绍:"您好,我是保险公司的专管员,今后将在这里服务,很高兴认识大家,请大家多多关照。"

(这个网点以前曾经培训过,但培训效果不好,业绩一般。张明决定争取培训机会。)

张明:王主任,您看,我都来了一段时间了,大家都挺照顾我的,我觉得您网点上的人业务能力都很不错,真是强将手下无弱兵呀。可照咱们现在的方式要完成本季度的代理任务目标还是有一定难度的,您觉得呢?

王主任:我也着急呀,小张你给想想办法。

张明:王主任,在管理方面您是行家里手,我说错了,您别见怪。我发现柜面人员现在对保险产品还说不太清楚,销售技巧也有待提高。您看是不是安排一个培训时间,您主持,我来给大家讲讲常见问题。您这里的客户资源非常好,客户没有其他更多的投资渠道,如果不做进一步的开发就太可惜了。培训时间您来定。

王主任:好好,我们共同配合,那就下周一,下班后。我召集所有的柜员一起来听。

(培训结束后)

柜员:小张,你说的产品确实不错,可客户就是不买,我们也没办法。

张明:李姐,您说的是以前的客户,现在的客户理财需求已经发生了变化,您发现没有,您周围给孩子买保险的父母多了,节假日出行主动买意外险的客户也多了,您觉不觉得不是客户不需要,而是他们不知道,是我们的宣传力度不够?您看您通过保险培训后对保险的认识已经和以前大不一样了,我们的客户通过您解说后肯定会对保险有新的认识。您说呢?您这么优秀,一定能做得很好!

(一段时间后,网点出单了。这时要及时向网点表示祝贺。)

张明:王主任,告诉您一个喜讯。网点今天出单了。这是您长期以来对这项工作重视的结果。恭喜您。相信在您的重视下网点的银保业务还会有更大发展。

张明:李姐,祝贺您出单。您看,我说什么了,您是我们这个网点的业务骨干,相信咱们网点的保险业务在您的带动下会越来越好!也谢谢您长期以来对我的照顾和支持!

(……以后进入日常维护阶段。)

第四节 团体保险展业

一、团体保险的定义和特征

(一)团体保险的定义

团体保险是指投保人为其5人以上特定团体成员(可包括成员配偶、子女和父母)投保,由保险人用一份保险合同提供保险保障的一种人身保险。包括团体定期寿险、团体终身寿险、团体年金保险、团体健康保险和团体意外伤害保险等。

(二)团体保险的特征

1. 风险选择的对象是团体,而不是个人

在保险实务中,投保团体保险仅对投保团体的风险进行核查,一般不需要对被保险人体检或提供其他可保证明。

2. 使用团体保险单

团体保险用一张总的保险单为成千上万甚至更多的被保险人提供保险保障。

3. 成本低

团体保险采用集体投保的方式,具有规模经营效益的特点,使团险的被保险人可以用较低的保费获得较高的保险保障。

4. 保险计划灵活

与普通个人保险的保单相比,团体保险单并非必须是事先印好且一字不可更改的。较大规模的团体投保团体保险,投保单位可以就保单条款的设计和保险条款的内容与保险公司进行协商。

由于团体保险与个人保险存在较大区别,其展业流程和销售过程中需要注意的事项也有差异,在此专门加以介绍。

二、团体保险的展业流程

(一)作业前准备

作业前准备的第一个动作是进行市场调研,然后准备销售工具,收集并研究客户资料,找准目标客户和关键人物,进行约访。在这个环节,主要完成以下动作:

1. 市场调研

如何进行市场调研?首先要进行市场细分。团险市场是一个一个的团体组成的。销售人员要了解所负责的区域组织机构总共有多少?这些团体是些什么性质的团体?分别有多少个?人数在100人以上的团体有多少个?然后去走访,寻找媒体资料,建立自己的客户资料库。

一般来说按照一定的标准将这些团体分门别类,基本上将对保险需求相似的归为一类,提供相似的产品,采取相似的攻关手段。比如信息技术行业和中等收入商业团体均有养老需求,但是不太相同。再如大型国有工业企业和高科技企业都有意外伤害保险的需求,但也是不同的。销售人员要根据客户特征来分类研究它们的需求方向,注意,这里仅仅是一个方向而已,具体的需求还要对这个客户进行微观研究才能最后确定。

其次研究产品。保险公司把团险销售人员称为客户经理,客户经理只负责销售,由总公司设计产品。因此客户经理要做的下一步动作就是研究产品,看它适合哪一类市场、哪一类人群,最后得出这样的结论:某个产品在某个费率水平和保障水平上特别适合某一个目标市场。

然后研究同业。客户经理一般要收集和分析同业在同类市场上使用的产品、采取的费率、确定的保障水平、提供的服务等,以便能够知己知彼。

2. 销售工具的准备

在团险销售中,销售工具的准备十分重要。常见的团险销售工具分为六种。

一是接近工具,顾名思义,用来接近客户使用的。接近工具有许多,常见的如名片、礼物、信函等。

二是辅助说明工具,用来佐证个人身份、公司实力、方案合理性等的材料。比如资质证明材料,保监会发的《经营保险业务许可证》和工商局发的《营业执照》;公司介绍,印刷精美的公司简介会给人留下好的印象。相关法律法规复印件以及剪报也是比较好的辅助说明工具。

三是促成工具,在业务促成时使用,如最新报价单、同业产品分析表等。

四是活动管理工具,比如展业日志、准客户一览表等用于时间管理的文件、用于活动量管理的效率表、日程表等。

五是自我管理工具,主要有活动日记、手提电脑等。

六是辅助工具,如工作证、身份证、地图、笔、计算器等。

3. 客户资料的收集

收集客户资料的内容包括团体性质(所有制)、企业市场状况、单位概况、与同业的比较、企业生产总值、利税、财务情况、组织架构、重要职级名单、各部、处、科室地理位置、楼层分布等;单位员工人数、结构、人均收入、纳税情况、福利政策、社会保障、其他保险情况;关键人物重要纪念日、兴趣、爱好、家庭情况;上级及相关部门名称、主管领导姓名、关系单位及往来客户、年度重大活动、单位活动行事历(年、月、周、日)等。

4. 整理客户资料

占有了那么多资料,如何利用是一个问题。如果是书面的资料,可以买一个分门别类的文件夹。在这里,归类比较重要,就像仓库的材料摆放,整理得当,需要时便可以随手取来,否则材料一多就会显得杂乱无章。

资料的加工整理是销售的重要辅助工作。经常有销售人员每天一上班就在思考,今天该找哪一个单位攻关呢?想想这个单位——不了解,考虑那个单位——不认识人,无从下手。为什么呢?缺失的正是资料整理这一环节。为了便于对资料的分析研究,把收集的片断、零乱的资料按不同的性质,采用核对考据、挑选淘汰、汇总统计加工的方法进行加工整理,是特别需要的。核对考据把资料进行核实、鉴定,了解它的真实性、科学性、整体性和可比性等。之后,应对收集的资料进行选择、淘汰。在此基础上,把大量分散、零乱的、片断的同类资料综合在一起,成为一个有系统的、一目了然的统一体,以便对资料进一步研究分析。最后,对整理出来的资料分门别类地登记保管。资料可以手工管理,登记一系列表格,然后汇总、索引,加以利用;也可以使用一些软件来管理,比如 Excel、Access 等(见表 3-1)。

表 3-1 准客户资料卡样本

企业名称		电话		卡号	
地址		企业性质		建卡日期	
营业内容		业务往来		员工人数	
资产规模		生产总值		企业负责人	
上级主管		电话		负责人姓名	
关系企业		电话		负责人姓名	
主要部门		电话		负责人	
团险经办人		电话		经办部门	
公司福利		团体保障		承保公司	
重大活动		保额		保费	
关键人物		电话		嗜好	
作业时间		作业时间		作业时间	
客户接洽内容:		备注:			

准客户资料整理应遵循两个原则,第一是从大到小、从易到难的原则。大的标准是单位效益好、账面可用资金多、经费充足、员工人数多、收入高。容易的标准是以往保险经办容易、理赔经验好、领导和经办人保险意识强,容易接近。第二是相对集中的原则。在剔除不合适的客户后,对准客户名单按照索引进行排序,靠前的就是优先攻关的。

我们综合上述原则将准客户按照索引前后顺序进行分级。

客户的规模和预算:简单地说就是客户准备花多少钱购买保险。最糟糕的情况是其实客户买不起你的产品,所以根本不是机会。

客户的信誉:在中国这是尤其要考虑的因素,有些客户在一开始就会明确地说可能要半年后才付款,即使客户经理非常相信客户的信誉,还是不得不考虑自己的业务规定是否支持这单生意。如果客户的信誉有问题,那一定不是潜在客户。

产品和服务能否满足客户的需求:如果公司的产品、技术和服务的水平与客户需求差距不大,还可以通过专家的身份和顾问销售的方式来影响客户的采购标准,缩小差距。但如果差距太大,那就应该选择放弃。

与客户关系紧密程度:这点容易理解,老客户比新客户的风险要小得多。

竞争对手的优势和劣势:竞争恐怕是商业活动中无法回避的现象,分析与竞争对手之间在产品、价格、服务方面的优势和劣势,有助于了解本企业在这个项目中的成功把握有多大?不同的项目,竞争者的优势和劣势都是在不断地变化当中。

进入的时机:一般来说大客户销售,进入的越早,可以尽早与其建立关系,影响客户的采购标准,成功的概率就越大。

5. 约访团体关键人

保险公司通常把团体保险的销售人员称为销售代表,销售代表与客户约访的目的就是取得见面的机会。常用的约访方法有电话约访和信函约访。

电话约访就是通过向客户单位关键人物打电话,约定拜访时间、地点等内容;信函约访则是向客户单位关键人邮寄信函,效果可能有折扣。因为,第一,无法了解客户单位关键人是否能够收到信函;第二,无法了解客户单位关键人收到信函后能否给予答复,除非信函确实打动了客户单位的关键人。

(二)接触客户

销售代表首先要明白初次去找客户的目的。第一次去拜访客户并不是把产品卖出去。初次去和客户接触就是去和客户建立关系,让他对销售代表及其保险计划感兴趣,有兴趣去了解保险计划。

接触客户时注意事项:服饰大方、得体、资料准备充分、准时赴约并提前10分钟到达、充满热情、礼仪周全、多听少说,可以带一些小纪念品,为再访做准备。

再访过程中要注意资料的整理和收集。充分的资料收集是掌握大量信息的可靠渠道,而资料收集工作一般都是在作业前的准备环节,已经运用各种工具,或用各种关系、采用各种方法具体详细地掌握了客户的静态和动态信息。需要强调的是,资料的收集和整理绝不要在正式接触之前就已经结束,或者说,收集到达一定程度时就可以开始与客户沟通,在双向信息流动的同时继续丰富对客户需求的把握。显然,客户的需求都在发生变化。

过去掌握的客户资料是不全面的,至少跟客户手中掌握他自己的资料相比,肯定不全面。因为销售代表已有的客户资料有大量的客观事实性资料,而主观资料没有或者很少。主观资料通常表现为客户对某类事情或事物的看法、观念,如对保险的认识、对子女教育的看法、对退休之后生活的规划、对单位福利的看法、对现在薪酬的满意程度、未来努力的方向目标等。这两类资料互为补充,收集的目的重在发现或创造客户的需求。

客户资料的收集要经历一个由浅入深的过程,这个过程也是逐步建立信任的

过程,通常接触客户阶段资料的收集和整理包含不同的沟通层次:

初访层次。了解客户单位关键人的禀性、思维模式等。这个层次会问及一些具体的资料,属于客观资料深度收集层面,通常以封闭式问题来提问,让其做出具体的回答。例如,请问单位大概多少人?这类问题客户单位关键人回答完毕后会有一个准确的答案,但也同时结束了一个对话的单元。这种方式利于销售人员快速接近客户,但是连续的封闭式问题容易引起客户单位关键人的警觉、反感或冷场。它必须和开放式问题的沟通相结合。

深交层次。这个层次的沟通表现为观念的交流或碰撞,较难把握,但也最有利于洞察客户的经办人的心理。深交层次的沟通,通过开放式的提问,让其回答"为什么""怎么样""如何"的问题,进而获得大量主观资料。

上述沟通,不论哪个层面,都是围绕客户资料的收集而进行的。相互之间不可分割,运用上要灵活转换,密切配合。获取了准确的资料之后,就可以确认客户需求、计算保险费、制作计划书,甚至这时不需客户专门提供资料,就可以填写初投保单了。

案例 3-2

客户资料收集

某知名的摩托车企业人力资源部主管付先生打电话给 A 保险公司,要求保险公司提供所有养老保险产品介绍以便选择,看到顾客主动上门,A 保险公司的销售代表小章先是惊喜一番,然后迫不及待地将详细产品资料传真给付先生,有的发了 E-mail,还没忘记加上一些公司简介、产品开发背景简介、公司实力品牌等证明资料。在顾客看了这些资料后,小章像其他销售代表一样使用了一些技巧:产品呈现技巧、成交技巧等,结果却无功而终。

付先生又打电话给 B 保险公司,公司的销售代表小李接到电话后,初步判断出这是一个大客户,而且有长期的合作可能,因而并没有急于这样做,而是对付先生说:"我们非常理解您公司想得到养老保险计划,不过根据我们的经验,在没有了解贵公司的需求之前,我们担心发给您的资料会浪费您的时间;另外,产品介绍并不能让您了解到产品本身的价值,要不我先给您发一份《养老保险需求调查表》,您填好后给我,我请我们的员工福利规划师跟您做一个交流,然后再确定如何做。"听到销售代表这样一说,付先生颇感意外,但觉得这样做好像有道理,所以表示同意。小李很快就收到付先生发回的《养老保险需求调查表》。接下来,员工福利规划师根据《养老保险需求调查表》提供的信息进行了初步需求分析，建议付先生应该与公司的主管领导做一下交流，同时填写《人力资源管理状况调查表》。付先生再次同意。随后保险公司以书面传真的形式给付先生做了回复，谈到现有的资料对形成较高水准的《养老保险建议书》仍然不够，提出进一步进行面对面访谈的计划与请求，这次面对面访谈要求对方的主管领导、部门经理、职工代表等参加。做完本次面对面访谈后，保险公司提交了一份《养老保险建议书》给付先生。后来，双方很快就签订了合作协议。

作为团体保险销售业务，本案例值得思考的问题表现在以下四点。
第一，需求调研是技巧还是策略？
第二，在不了解需求的情况下做产品介绍合适吗？
第三，应该被动迎合顾客需求还是主动引导需求？
第四，对顾客进行需求调研的价值是什么？
本案例中的销售代表在了解顾客需求这一环节的成功之处有以下几点。

1. 敢于向顾客说不

在顾客提出要销售代表发一些产品资料时，他没有被动地迎合，而是把这当作了解顾客需求的机会，策略地告诉顾客这样做没有价值，并提供一个有价值的行动建议，体现了一个销售代表的素质，这样做不但没有使顾客反感，反而让顾客觉得这是一个能够帮助自己且有主见的"采购顾问"，不是一个只会迎合顾客需求的"推销员"。

2. 逐渐获取顾客更大的承诺，帮助顾客重建采购流程

当销售代表发现顾客的采购流程过于简单时，果断地提出填写《营销需求调研表》这个看似很小的承诺请求，然后通过用专业的调研工具与书面反馈完成第一次调研工作来建立一个可信赖的形象。在此基础上，销售代表由小到大逐步向顾客提出更大的承诺请求——获得两次进一步调研的机会。在此过程中，相当于帮助顾客建立了一个全新的"定义需求—请示主管领导—会议讨论"的采购流程，由此来实现引导顾客采购思路的目的。但假如一开始就提出要做面对面访谈会怎样呢？很可能被对方拒绝。因为一开始就要求面对面访谈对顾客而言是一个太大的承诺，由于它涉及主管领导及其他几个部门负责人的参与，在没有认识到保险公司真实水准的情况下，付先生是不敢个人承担调研组织的风险的。

3. 通过接触与互动赢得信任

分三步由浅入深地逐渐放大与顾客不同岗位、不同层面人的接触，尤其是面对

面需求访谈中逐渐赢得不同层面负责人的信任,为后面的销售做准备。而竞争对手从这里开始就几乎注定没有机会赢得这场比赛,因为付先生几乎不可能让另外一家保险公司再来上上下下调研一遍需求,麻烦不说,其他岗位的负责人也很难有时间。最终,只有一家保险公司真正开展过需求调研,那么谁有可能赢得胜利自然是毋庸置疑的。

4. 化解把关者的采购风险

一般而言,人力资源主管在采购中扮演的是关键人的角色,也就是负责挑选能够入围的保险公司,如果不幸挑选了一家不好的保险公司就有可能会承担职工(使用者)、上司(决策者)、相关部门(影响者)责备的后果。而在这个案例中,销售代表通过争取到与其他岗位负责人需求访谈的机会,巧妙地让其他几个职务的负责人间接地参与了购买决策,这样付先生只是扮演了一个购买者、把关者的角色,帮助他化解了决策风险。

当销售代表不仅仅把需求调研当作技巧而是当作销售过程中必需的策略来使用时,它将大大推进销售进程,因为当需求调研结束后,他已经利用调研优先与顾客接触,为竞争对手进入制造了门槛;通过与顾客公司不同层面人的互动,进行了感情渗透,逐一建立了信任;由此改变顾客的采购流程,让顾客进入销售代表主导的思路;使将要形成的解决方案具有了更坚实的事实基础;同时,使顾客在埋单前,有机会亲身体验到销售代表的专业服务精神。

在销售过程中,要发现客户的潜在需求,通过强化,唤醒客户的风险意识,正视面临的问题,最终由需求到想要,进而决定采取办法解决。如何挖掘客户需求呢?很明显,客户需求可以分成两大类:个人需求和机构需求。根据对这两类需求的满足程度,可以将与客户的关系分成四种:局外人、朋友、供应商和合作伙伴。

局外人——销售代表与客户个人之间没有建立起互信的关系,客户所在的机构也没有享受到销售代表的公司为其带来的利益,这时销售代表是一个局外人。

朋友——客户喜欢与这个销售代表交往,这时两者之间是朋友的关系。销售代表和客户之间建立私人关系有多种渠道,例如,在周末与客户一起打网球、下围棋,逢年过节一起聚会,或者他们之间有共同的朋友。在很多情况下,客户愿意向熟悉的公司采购。因此,销售团队应该尽量避免频繁地更换销售代表,新老销售代表在交接时,与客户之间的情谊是无法交接的。

供应商——当客户选择该产品却与该产品的销售代表没有私人情谊时,这时与客户的关系是业务关系。作为供应商,赢得订单的依据是产品的性能价格比,这就是说销售代表的产品性能给客户带来的益处是别的公司难以提供的,或者销售代表的价格最具有竞争力。当然如果公司的产品在市场中处于垄断地位,这时销售代表可以依赖这种垄断地位成为客户的供应商。

合作伙伴——当销售代表能够将客户的个人需求与客户所在机构的需求兼顾时,这时销售代表才会成为客户的合作伙伴。从客户利益的角度来看,客户最终寻找的是合作伙伴,而不是客户的私人朋友或者供应商。客户一方面要选择性能价格比最优的公司和产品,另一方面他想与他信赖的销售代表打交道。如果在每次购买中,大客户都需要从众多的厂家中进行比较和挑选,客户的时间和精力是负担不起的。这时,大客户就将订单交给值得信任的业务伙伴,这种关系往往是通过选择或者长期合作协议来确定的。

销售人员与客户刚开始接触的时候,与客户之间一定是局外人的关系,通过相互了解并建立互信的关系,最终的目标是成为客户合作伙伴。在这个过程中,一方面要拿出对客户机构最有利的方案来满足机构需求;另一方面要与客户个人建立良好的私人关系,来满足个人需求。

一般来说,人的需求可以分成五个层次:生存需要、安全需要、归属需要、自尊需要和自我实现的需要。生存需求指每个人都首先要满足自己生存的需要,同时每个人要保护自己的安全不受到威胁。除此之外,人需要与人沟通,建立社会关系,这是人的归属需要。自尊需求是每个人希望有所成就,并得到同事、朋友和家人的肯定与称赞。自我实现是每个人都希望实现自己的理想和价值,尤其是很多公司的高层领导者,他们已经衣食无忧但仍然努力工作,他们的目标就是自我实现。

归属需要、自尊需要和自我实现需求是在大客户销售过程中最需要注意的个人需求。因此针对上述个人需求要做到以下几点。

1. 掌握客户的角色和相互的关系

客户归属于自己的机构,他有上下级和同事,他的决定要受到他们的影响,因此销售代表应该了解所面对的客户在机构中的级别与职能以及他与同事、上级和下属之间的关系如何,谁对他最有影响。在销售过程中,经常有这样的情况:两个客户在一个办公室工作,这时先见谁,后见谁,谈什么,都要分析清楚;或者请客户参加商务活动,两个部门的主管是一起邀请,还是只邀请其中一个。如果销售人员不了解客户之间的关系,最好慎重一些。

2. 了解客户的性格和工作目标

客户怎样才能获得尊重呢?销售人员自己发自内心的尊重就够了吗?其实,客户是否获得尊重,销售人员的作用不大。客户的自尊来自他的机构内部,例如他工作出众或者为人正直,都可能获得肯定和尊重。其中,客户的工作计划和目标往往是采购的动机,销售人员应该洞察采购计划与客户工作目标之间的联系,这样才可以有效地介绍自己的产品。

3. 帮助客户实现"政绩"

对于政府机关或者大型机构中的客户来说,"政绩"往往是高层客户自我实现需求的具体体现。例如,在全民医保正火热的时候,某政府部门与某保险公司达成提供补充医保方案的协议,成为国内率先办理补充医保的机构之一。为了大张旗鼓地宣传这个成绩,举办了签字仪式,广泛邀请新闻媒体报道。这个举动很明显包含了客户追求"政绩"的目标。

4. 强化客户需求

强化客户需求时,销售代表会和客户一起研究问题的严重性,以及解决问题带来的前景,从而让客户明确自己的需求。假定问题的严重程度超过了解决问题的成本,销售代表通过对问题严重性的讨论,激发客户的购买欲望,并展示问题解决后的前景和企业利益,强化客户的购买信心。最后,销售代表会和客户一起确认需求。

(三) 拒绝处理

拒绝贯穿于整个销售流程的各个环节,其表面现象是客户反对、拖延,实际上真正的内涵是不信任、缺乏观念或者沟通不良。

在接触过程中的拒绝是无法见到经办人,而促成过程中的拒绝表现得较为复杂:①借口:不需要吧?同业有这么做的吗?已经和其他公司的人开始配合了。②不信任:万一公司有问题怎么办?你值得相信吗?合约履行过程中能保证各项服务吗?③条件不充足:没有适度追踪,未真正了解客户需求;习惯性拒绝;客户不了解内容。

处理拒绝的原则是,先处理心情,后处理事情,加强沟通,建立信任;处理拒绝的方法包括转移、反问、举例等;处理拒绝时应注意不争论、不辩解、不推诿。

(四) 团险规划

第一步:成立攻关小组,申请资源。

根据客户单位是否招标确定是否成立竞标小组;

根据客户单位大小确定是否成立攻关小组;

申请公司后台给予支援;

申请公司给予一定期限的客户资源保护,避免公司内部竞争。

第二步:报价。

将客户单位的详细资料提供给公司内勤,确定合理的报价;

及时了解市场动态,更新报价单,必要时制作报价比较表。

第三步:制作计划书。

计划书的功能主要有:有助于专业形象的树立;有助于客户理解保险计划;有助于强化客户的购买意愿。

计划书或协议制作的流程如下:

内部研讨:提议新人养成与主管研讨的习惯;

思路汇总:集思广益;

确定方案:新人应充分听取主管意见;

制作计划书:新人可由销售助理或内勤协助完成计划书,但要强调独立制作的发展方向;

检查、演练:对于书面方案要进行仔细检查,并在熟悉内容后进行讲解演练。

计划书制作要点:

制作的依据:信息资料、需求分析结果、框架方案;

需要的工具:电脑、打印机、装订机、材料;

制作过程:固有模板套用、特制、外包;

检查:客户信息、报价、保险责任及免责、特色服务及承诺、文字校对等。

计划书的组成:

前言;

公司简介;

报价单;

条款简介;

售后服务流程;

附加价值服务;

已承保客户名单;

条款全文;

相关法律法规。

制作计划书的注意事项:

打消客户顾虑:比如客户对于国家政策、法律法规、可操作性的顾虑,通过呈现相关的文件、规定等打消客户心中的疑虑。

解决客户问题:关于险种保障目标、单位、个人利益、操作流程分析等。

引发客户兴趣:对于客户关心的同行业投保案例,结合热点话题,保证企业、个人利益等力求贴近客户需求。

(五) 方案说明和谈判

方案说明的步骤:需求确认,问题回顾:以提问加叙述的方式进行,要求客户(关键人物)不断认同确认。

方案说明:计划书讲解的方式有一对一讲解、一对多讲解、职代会讲解、办公会讲解、董事会讲解、员工大会讲解等不同情况。计划书讲解必要时须准备幻灯片及投影器材等,并且注意拜访面谈与销售面谈的区别。计划书讲解时在心理上要有强烈自信、充满成就感。能进行销售面谈就是成功。在形象上要根据前期接触进行调整,关键是客户认同、喜欢,如跟客户接近但保持品位的着装、修饰等。

谈判的步骤:

成立谈判小组、明确内部分工;

制定谈判策略、获得公司授权;

分析谈判要点、掌握底线政策;

谈判实施;

总结、让步。

谈判注意事项:避免争论、不卑不亢。谈判的目的是成交。

(六) 促成签单

促成的目的是通过一系列的方法,达成客户对方案的认同,并最终签单。

促成的步骤:

接触:取得客户认同、信任;

说明:打败竞争对手、提高成交机会;

激励:找出客户反对原因;

缔结:掌握时机、当机立断。

促成签单后,要及时递送保单。递交保单的意义在于:

递交保单是客户服务的第一步,务必迅速、确实地送达;

再次确认承办部门、承办人;

内容说明,这是销售代表展现自己专业的机会;

争取召开员工福利宣导会;

发放手册或保险单证。

递送保单可以增加与客户接触的频率,但需要注意以下两点:

避免邮寄失误;

及时送达,保证时效性。

（七）售后服务

售后服务的目的是保持客户忠诚度,创立服务品牌,履行契约,争取续保、加保,争取转介绍的机会,并且是团体内部其他业务拓展的基础。

做好售后服务,首先要树立正确的售后服务观念。服务观念是长期培养的一种个人魅力,销售人员应该建立一种"真诚为客户服务"的观念。服务有时很难做到让客户单位成员都百分之百满意,但只要你在"真诚为客户服务"观念的指导下,问心无愧地做好售后服务,一定会得到回报。销售人员应该重视和充分把握与客户交流的每一次机会,因为每一次交流都是一次难得的建立感情、增进了解、增强信任的机会。提升服务技能,要领会专业知识,在服务的时时处处都体现出专业素质。

常规服务的主要内容有：

保全服务:定期提供人员变动明细表、如期提供续保通知书、协助完成保险合同变更(一般信息变更,如地址、联系电话等;受益人变更;增加人员、退保等)。

查询服务:定期提供理赔分析,根据要求随时提供账户查询、账户核对、理赔情况查询等。

资料管理:将客户提供的所有资料录入公司的内部电脑管理系统,并由专人进行管理。

咨询服务:新产品讯息提供、通过客户服务热线提供全天24小时咨询。

而要想真正使客户成为忠诚客户,最重要的是提供附加服务。附加服务内容有：

服务手册:根据需要编写相关的客户服务手册。

协助医疗:为客户提供专家门诊指南及特约就医服务。

定期保险讲座:举办保险讲座,普及保险知识,同时介绍有关员工福利保障计划,并进行相关咨询。

绿色通道服务:除VIP客户外,优先处理重大理赔及相关事务。

员工满意度调查:定期开展保险服务满意度的问卷调查,并对调查结果进行汇总、分析,提出改进措施,提高服务质量。

培训支持:提供经营管理的相关培训,并可在有效范围内提供员工专项服务培训,增强客户单位员工的服务意识和服务水平。

第五节 人身保险的直销

保险公司的销售渠道除上述主要的中介渠道外,还有直接销售,包括保险公司营业部柜台、专门的销售代表(保险公司的正式员工)、网络销售、电话销售、邮件销售等形式。与中介渠道相比,直销模式有利于节约销售成本。下面主要介绍电话销售和网络销售两种国内新兴的保险销售方式。

一、电话销售

(一)电话销售的定义

电话销售,是指保险公司通过自建或使用合作机构的电话呼叫中心,以保险公司名义或合作机构名义致电客户,经客户同意后通过电话方式介绍和销售保险产品的业务。

(二)电话销售的发展

电话营销大约在1970年开始于美国市场,至今仍然被各行各业视为非常有效且重要的行销方式之一。我国的电话营销开始于20世纪90年代初,随着经济的发展和人们对电话营销的认识,越来越多的保险公司将目光关注于这一领域并已经或准备开展这一业务,纷纷建立了自己的保险电话销售部门。与此同时,一些专门经营外包电话营销的专业公司开始与保险公司合作,开展保险电话营销业务。近几年,我国保险电话营销发展迅速,根据赛迪顾问公布的数据,2004年电话营销已经占到我国保险市场营销模式的12%。

(三)电话销售的特点

1. 电话营销靠声音传递信息

销售人员只能靠"听觉"去感受准客户的所有反应并判断营销方向是否正确,同样地,准客户在电话中也无法看到销售人员的肢体语言、面部表情,准客户只能借着所听到的声音、语境来判断自己是否有兴趣继续听下去,是否可以信赖这个人,并决定是否继续这个通话过程。

2. 电话营销必须具备良好的双向沟通模式

电话销售人员切忌唱独角戏,良好的沟通过程应该是销售人员说1/3的时间,而让准客户说2/3的时间,如此才可以保证正确的双向沟通。

3. 电话营销是感性面多于理性面的销售

电话营销是强调感性销售的业务形式,销售人员必须在"感性面"多下功夫,以便得到客户的认可,再辅以理性的资料,使产品也得到认可。

4. 电话营销充分发挥大数法则的原理

电话营销的最主要优势在于发挥了大数法则原理,也就是以量取胜。从目前市场上的情况分析,电话营销的成交率非常低,但以一个电话营销员一个月的呼出量来看,他所接触到的准客户数几乎等于一个普通代理人六个月的拜访量。

(四)电话销售流程

1. 开场白

吸引人的开场白十分重要,因为客户有自我保护的本能,透过建立良好的第一印象,客户会更加信任、放松和愿意去聆听营销员的介绍;就算客户现在没兴趣,他们也会记得再次致电反馈。

销售人员需要注意礼貌、声音、语调、节奏、问候语;表明公司及自己的姓名;表明来电目的;简单明了,然后转入产品介绍环节。

案例 3-3

开场白一:直截了当开场法

坐席代表:您好,朱小姐/先生吗?我是 A 人寿保险电话贵宾中心,打扰您工作/休息,我们公司推出了一个保障计划,您不介意我耽误您两分钟的时间吧?

顾 客:不介意,是什么事情?

……

如果客户表示很忙或者正在开会或者以其他原因拒绝。

坐席代表必须马上接口:那我一个小时后再打给您吧,谢谢您的支持。然后,销售员要主动挂断电话!当一个小时后再打过去时必须营造一种很熟悉的气氛,缩短距离感:(朱小姐/先生,您好!我姓李。1小时前我给您打过电话……)

开场白二:自报家门开场法

坐席代表:小姐/先生,您好,我是 A 人寿保险电话贵宾中心的刘伟。不过,这可是一个推销电话,我想您不会一下子就挂电话吧!

顾 客:推销产品,专搞欺骗,我最讨厌推销的人了。(你准备推销什么产品?若这样就可以直接介入产品介绍阶段)

坐席代表:那我还真的要小心了,别让您再增添一个讨厌的人,呵呵。

顾　客:呵呵,小伙子,还挺幽默的,准备推销什么产品,说来听听。

坐席代表:是这样的,最近我们公司推出了一个保障计划,您不介意我耽误您两分钟的时间给您讲一下吧?

开场白三:从众心理开场法

坐席代表:您好,小姐/先生,我是A人寿保险电话贵宾中心的刘伟,我们公司推出了一个保障计划,我打电话给您的原因是我们这个活动得到了广大客户的好评,所以公司安排我通知您,活动内容是这样的……

有效开场白的目的就是让顾客在最短时间内对电话销售员感兴趣,对谈话内容感兴趣,在交谈中能够很快进入关键内容,而不是很快挂断电话,使销售人员无法介入主题。

2. 产品介绍

注意产品复杂程度,可采取分段式说明。在介绍过程中要说明产品主要架构及费用,保险责任及给客户带来的利益,并适当探询客户是否了解。

3. 健康告知

核对投保单上的健康告知内容,让客户如实告知。如无异常,则继续下面的流程;如有异常,还需要向公司核保部门申请,再答复客户。

4. 确认资料

包括客户姓名、身份证号码、单位名称、职业、固定电话、年收入、通讯地址、受益人、银行账号等。

销售代表要和客户明确说明转账问题,每月或每年要从其账户上扣划保费。

5. 免责告知

销售人员要对保险合同的免责条款向客户解释清楚且准确无误。

6. 成交确认

务必明确核对客户的每一条保单信息,保证与证件的一致性;再次向客户重申保险责任;确认快递送单的时间和地点;留下销售代表的联系方式和工号;最后感谢客户加入公司计划。

(五)电话营销的基本技巧

1. 有效倾听的技巧

倾听是电话沟通最重要的部分,因为在我们看不到客户的肢体语言的情况下,

聆听能使你充分了解客户的顾虑,了解客户的需求。有效倾听的秘诀如下:

(1)充分准备。事先准备好会用到的资料及要说的话;清理桌面及任何会让你分心的物品。

(2)多听。集中精神,从头到尾留意客户的每一句话,客户说完后别急着回答,保留一两秒钟的空当作为思考的时间。多让客户说,控制自己说话的时间。

(3)响应客户。倾听客户的想法,多给客户反应(例如:是的,我了解)。

(4)了解客户而不要与客户辩解。不要反对客户的想法,试着了解客户为什么会这么想;不要争辩。

(5)留意客户的反应。试着发掘非语言的讯息(例如:当客户突然不说话时);注意客户音调的变化;时刻做记录。

2. 电话沟通的技巧

一是口齿要清晰,发音要标准,字句之间要段落分明,否则会造成客户的误解,认知上的差异。

二是音调要变化,音调的高低、快慢、轻重、缓急、停顿、强调等需要灵活的配合运用,并作适当的变化。语调要富含活力与热情,要抑扬顿挫,将情感充分地表达出来,容易得到对方的共鸣。

三是有效运用词汇,将数字以大化小,比如"您只要每天10元就可以拥有这份20万元的高额保障"。

四是使用客户能听懂的语言,根据客户的不同背景调整用语。

五是多用"您",而非只谈自己、公司和产品。

3. 与客户建立良好关系的技巧

保持轻松态度,不要太过紧张,但也不要太轻佻;不要给客户压迫感,对客户说话有所反应;记住客户的名字,并在谈话中多加运用;引导客户谈论感兴趣的话题;站在客户的立场,多用"我们"来沟通。

(六)电话销售需要注意的事项

1. 重要的第一声

当我们打电话给某位客户时,若一接通,就能听到对方亲切、优美的招呼声,心里一定会很愉快,双方的谈话就能顺利展开,对该客户有了较好的印象。在电话中只要稍微注意一下自己的行为就会给对方留下完全不同的印象。同样说:"你好,这里是××保险公司,我是坐席代表××。"但声音清晰、悦耳、吐字清脆,能给对方留下好的印象,对方对坐席代表及所在单位也会有好印象。

2. 要有喜悦的心情

打电话时要保持良好的心情,这样即使对方看不见,但是从欢快的语调中也会被感染,给对方留下极佳的印象。由于面部表情会影响声音的变化,所以即使在电话中,也要抱着"对方看着我"的心态去应对。

3. 端正的姿态与清晰明朗的声音

打电话过程中绝对不能吸烟、喝茶、吃零食,即使是懒散的姿势对方也能够"听"得出来。如果销售人员打电话的时候,弯着腰躺在椅子上,所发出的声音就是懒散的,无精打采的;若坐姿端正,身体挺直,所发出的声音也会亲切悦耳,充满活力。因此打电话时,即使看不见对方,也要当作对方就在眼前,尽可能注意自己的姿势。

声音要温雅有礼,以恳切的话语表达。口与话筒间应保持适当距离,适度控制音量,以免听不清楚、滋生误会;或因声音粗大,让人误解为盛气凌人。

4. 结束电话时要有礼貌

要结束电话交谈时,一般应当由打电话的一方提出,然后彼此客气地道别;应有明确的结束语,说一声"谢谢""再见";先请对方挂电话后再轻轻挂上电话,不可只管自己讲完就挂断电话。

二、网络营销

(一)网络营销的定义

网络营销,也称保险电子商务,指保险公司或保险中介机构以互联网和电子商务技术为工具来支持保险经营管理活动的经济行为。

从狭义上讲,网络营销是指保险公司或新型的网上保险中介机构通过互联网为客户提供有关保险产品和服务的信息,并实现网上投保、承保等保险业务,直接完成保险产品的销售和服务,并由银行将保费划入保险公司的经营过程。

(二)网络营销的发展

1997年11月28日,我国保险行业第一个中文专业网站——中国保险信息网诞生。随着网络在我国的不断普及和网络营销的不断发展,各大保险公司开始关注保险网络营销,从2000年起,各大保险公司开始纷纷建立自己的保险网站,开展网上保险业务,经营险种涵盖了人寿保险、财产保险、意外伤害保险、旅游交通保险等。2000年8月16日,中国太平洋保险公司宣布其全国性电子商务网站(www.cpic.com.cn)全线开通,这是中国保险业界第一个贯通全国、连接全球的网络保险系统。到2008年,中国保险网络营销保费收入为72.6亿元,同比增长约150%。

目前中国的保险网络从归属关系上来看大致可以分为三类：

第一类是独立的保险网,也称第三方网站,它们不属于任何保险公司或附属于某大型网站,而是为保险公司、保险中介、客户提供技术平台的专业互联网公司。目前国内较有影响的独立保险网有:易保网上保险广场(www.ebao.com)、中国保险网(www.3wins.com)、吉利网(www.jilee.com)等。国内独立的保险网站的定位有三类:第一,是保险业内信息提供商,如中国保险网将自己定位为向保险从业人员提供资讯的一个内容提供商;第二,为直销平台(如网险),以代理的身份通过网络进行保险销售,从销售中提取佣金;第三,是网上技术平台,如以"网上保险广场"命名的易保网,它将自己定位于利用互联网技术为行业中的各方提供一个交流和交易的技术平台。

第二类是保险公司自己开发的网站。这类网站主要用于推广自家公司的险种,例如中国人寿(www.e-chinalife.com)、太平洋保险(www.cpic.com.cn)、平安保险(www.PA18.com)、泰康在线(www.taikang.com)、华泰保险(www.ehuatai.com)、新华人寿(www.newchinalife.com)等,都属于这类保险网站。

第三类是一些专门的财经网站和综合网站开辟的保险专栏,其目的是满足其读者群对保险内容的需要。例如,21世纪、新浪、搜狐、和讯等大型网站在财经类网页中开辟的保险专栏。

(三) 网上保险销售流程(见图3-4)

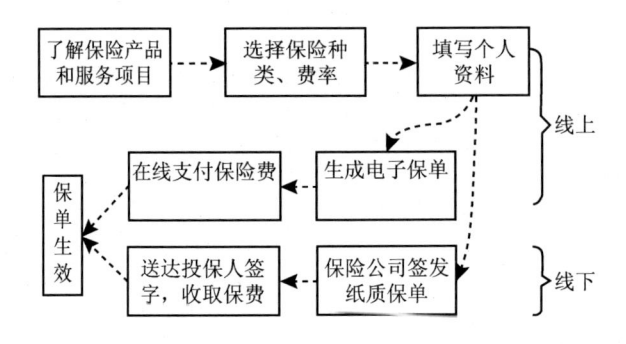

图3-4 保险网上电子交易流程示意

(四) 网上保险销售的特点

(1)网上保险的虚拟性。由于网上保险的电子化,因此具有虚拟性的特点。

(2)超越时空界限,方便快捷。消费者可以利用保险网络平台完成很多保险业务环节,比如产品选择、填写投保单、支付保费以及理赔查询等,方便快捷。

(3)可以帮助客户实现购买的主动性,降低销售人员销售误导的风险。

保险产品可以分为两类：一类像机动车辆保险、意外险、家庭财产险等短期险产品，条款标准化，消费者也比较熟悉，完全可以自行购买，非常适合在线直接销售，真正体现网络销售的优势；另一类如健康险、分红险、万能险、投资连结险等长期缴费产品，要根据客户的实际情况进行合理规划，客户往往需要在保险顾问的协助下购买。对这一类产品，客户可以在网上选择自己喜欢的销售人员为自己服务，同样实现购买的主动性。

一个好的保险电子商务平台应该兼顾到这两类产品的销售，前一类可在线直接销售；后一类应该提供一个网上平台支持保险顾问的销售及服务。然而，目前仍有超过八成的保险公司电子商务平台，在投保、批改和理赔功能上存在缺失，网站仍然停留在以信息发布为主要功能的服务阶段，并不能称为成熟的电子商务平台。

小结

本章通过保险公司的销售渠道如个人代理、银行保险、团体保险、电话销售、网络营销等几个方面介绍了人身保险的展业。通过学习可以掌握和了解保险公司各销售渠道的销售流程。个人保险代理销售环节分为准客户开拓、约访、接洽和面谈、设计计划书、计划书讲解、促成、售后服务等环节。银行保险销售分为作业前准备、网点关系的建立和维护、解决问题、服务等流程。团体保险销售分为作业前准备、接触客户、拒绝处理、团险规划、说明和谈判、促成签单、售后服务等流程。电话销售和网络销售作为新的销售渠道也迅速发展起来，成为保险业竞相占领的新领域。

随着客户类型和需求的变化，保险商品随之发生转变，寿险从业人员的资格越来越严，条件越来越高。最初寿险代理人只销售自己熟悉的商品或者公司热门产品即可，但随着社会的进步，人们对保险认可度越来越高，代理人的角色慢慢向寿险顾问转变，从原来的注重推销向以客户需求为中心转化。现在，很多保险公司都提高了代理人的准入门槛，有些保险公司面试时只招大专以上学历的代理人。为了使自己的寿险事业能够更长久，也为了培养客户的忠诚度，很多代理人都考取专业的资格证照，比如LOMA（国际寿险管理师）、CFP（国际金融理财规划师）等，以财务需求分析的顾问式营销模式来了解客户的需求，并提出合适的建议方案以解决客户所关心的财务需求问题，协助人们做更合理的资金运用、储蓄、保险、投资和规划以实现财务独立。

保险代理人的发展历程及未来的方向是：代理人，销售自己熟悉的商品或者公司热门保单；寿险顾问，根据客户的真实需求设计合理的保单；财务顾问，跳出寿险的范畴,站在风险管理、税务理财的角度为客户做财务规划管理;财务规划师,取得专业的资格认证,帮助客户分析、诊断财务需求,协助客户建立一个无忧的财务未来。在国外,理财规划师渐渐取代金融机构代理和经纪人,成为沟通保险公司与客户的桥梁。未来中国的寿险业会迎来高速发展的阶段,客户会越来越多地享受到更专业、更便捷、更周到的服务。

第四章　人身保险的承保与核保

引言

本章主要介绍人身保险承保与核保,承保是保险合同订立的全过程;核保的本质是对可保风险的判断与选择,是承保条件与风险状况适应或匹配的过程。承保是保险经营的一个重要环节,承保质量的好坏直接关系到保险公司经营的财务稳定和经营效益的高低,同时也是反映保险公司经营管理水平高低的一个重要标志。本章承保部分主要介绍:保险承保的内容、程序、保险续保。同时,保险公司以经营与管理风险为主要特征,识别、控制和把握标的的风险,是保险企业的核心工作。本章核保部分主要介绍:人寿保险的风险选择、核保环节和过程、风险因素分析、个人保险核保、团体保险核保、健康核保、再保险核保、核保和其他职能的关系。

重要术语

保险承保　保险核保　风险因素　个人保险核保　团体保险核保　健康核保　再保险核保

第一节　人身保险的承保

人身保险承保是指保险合同订立的过程,即保险人对愿意购买保险的单位或个人所提出的投保申请进行审核,作出是否同意接受和如何接受的决定过程。可以说,保险业务的要约、承诺、检查、收费等签订保险合同的全过程,都属于承保的业务环节。作为保险经营的重要环节,承保质量的好坏直接关系到保险公司经营的财务稳定和经营效益的高低,也是反映保险公司经营管理水平高低的一个重要标志。

一、人身保险承保的内容

(一) 审核投保申请

在保险经营中,一方面由于大数法则的要求,保险公司必须不断扩大承保数量,拓宽承保面,从而实现保险业务的规模经营;而另一方面又不能为了片面追求业务数量而忽视了业务质量,把不符合承保条件的业务都承保进来,影响保险公司财务稳定。保险公司只有通过认真核保,慎重进行风险选择和加强承保控制,才能减少甚至避免逆选择的产生。保险公司审核的主要内容包括:

(1) 审核投保人的资格。即审核投保人是否具有民事权利能力和民事行为能力,以及对保险标的是否具有可保利益。根据我国《保险法》的规定,人身保险的投保人必须具备两个条件:一是具有相应的民事权利能力和行为能力;二是投保人对保险标的(即被保险人)应具有法律上承认的利益,即可保利益。

(2) 审核保险标的,即审核被保险人是否符合合同约定的投保范围。

(3) 审核保险费率。审核保险费率的目的是按照保险公司承担的风险收取合适的保险费。被保险人可能遭遇的人身风险基本相同,因此可以按照不同的标准,对风险进行分类,制定不同的费率等级,在一定的范围内使用。

(二) 控制保险责任

控制保险责任是指保险公司在承保时,依据自身的承保能力进行承保控制,并尽量防止与避免客户的逆选择和道德风险。

(1) 控制逆选择。所谓逆选择,就是那些有较大风险的投保人试图以平均的保险费率购买保险。或者说,最容易遭受损失的风险就是最可能投保的风险,从保险公司的角度来看就是逆选择。保险公司控制逆选择的方法是对不符合承保条件者不予承保,或者有条件地承保。

(2) 控制承保能力。承保能力是指保险公司能够承保业务的总量。度量保险公司承保能力通常用的方法是承保能力比率,即用承保保险费除以偿付能力额度。保险公司的承保能力限制了其签发新保险单的能力。因为卖出的新保险单会增加保险公司的费用,从短期来看,会降低保险公司的偿付能力。因此,有计划地增长新保险单的销售,能够保障保险公司承保能力稳定而有序地增长。

(三) 分析风险因素

从承保的角度来看,避免和防止逆选择和控制承保能力是保险公司控制承保风险的常用手段。但是,保险公司对实质风险、道德风险、心理风险和法律风险,在承保时也要作出具体的分析。

（1）实质风险因素。在评估投保单时，保险公司会考虑各种实质风险因素，例如客户的身体健康状况、职业类别等。

（2）道德风险。从承保的观点来看，保险公司控制道德风险发生的有效方法就是将保险金额控制在适当的额度内。因此，保险公司在承保时要注意投保金额是否适当。在人寿保险的承保中，如果投保人为其他人购买保险，而指定自己为受益人时，也应注意保险金额的大小是否与投保人的财务状况相一致。例如，一个月收入为4000元的投保人，为他人购买了保险金额为120万元的人寿保险，除了要查清投保人与被保险人之间是否具有保险利益外，该保险金额还应征得被保险人同意，并且还要对投保人的收入来源和以往的保险经历进行调查，保险公司才能决定是否承保。

（3）心理风险。从某种意义上说，心理风险是比道德风险更难以控制的问题。任何国家的法律对道德风险都有惩罚的办法，而且保险公司对道德风险还可在保险条款中规定，凡被保险人故意造成的损失不予赔偿。但心理风险既非法律上的犯罪行为，同时保险条款又难以制定适当的规定限制它。因此，保险公司在承保时通常采用的控制手段有：第一，实行限额承保；第二，规定免赔额（率）。

（4）法律风险。法律风险是指影响保险公司收取与损失风险相称的保险费的法律环境或监管环境。法律风险主要表现有：监管机构强制保险公司使用一种低的保险费标准；要求保险公司提供责任范围广的保险，限制保险公司使用可撤销保险单和不予续保的权利；法院可能作出有利于被保险人的判决等。

二、人身保险承保的程序

承保的程序包括接受投保申请、核保、作出承保决策、缮制单证、收取保险费等步骤。

（一）接受投保申请

投保人购买保险，首先要提出投保申请，即填写投保单，交给保险公司。投保单是投保人向保险公司申请订立保险合同的书面文件，也是保险公司签发保险单的凭证。

（二）核保

保险核保是指保险公司在对投保的标的信息全面掌握、核实的基础上，对可保风险进行评判与分类，进而决定是否承保，以什么样的条件承保的过程。

（三）作出承保决策

保险公司承保业务部门对通过一定途径收集的核保信息资料加以整理，并对这些信息通过承保选择和承保控制之后，有权作出承保或者拒保的决定。如果投保金额或标的风险超出了保险核保人的承保权限,他只能向上一级主管部门作出建议,而无权决定是否承保。保险公司对于投保申请作出以下承保决策:

(1)正常承保。对于属于标准风险类别的保险标的,保险公司按标准费率予以承保。

(2)优惠承保。对于属于优质风险类别的保险标的,保险公司按低于标准费率的优惠费率予以承保。

(3)有条件地承保。对低于正常标准但又不构成拒保条件的保险标的,保险公司通过增加限制性条件或加收保费的方式予以承保。

(4)拒保。如果被保险人的投保条件明显低于保险公司的承保标准,保险公司就会拒绝承保。对于拒绝承保的保险标的,要及时向投保人作出拒保通知。

(四) 缮制单证

缮制单证是指在承保人作出承保决策后,对于同意承保的投保申请,由签单人员缮制保险单或保险凭证,并及时送达投保人手中的过程。单证的缮制要及时,采用计算机统一打印,做到内容完整、数字准确、不错、不漏、无涂改。保险单上注明缮制日期、保单号码,并在保单的正副本上加盖公、私章。如有附加条款,将其黏贴在保单的正本背面,加盖骑缝章。同时,要开具"交纳保险费通知书",将其与保单的正副本一起送复核员复核。填写保险单的要求有以下几个点:

(1)单证相符。所谓单证相符是指投保单、保险单、保险凭证、财产清单、人身保险的体检报告及其他单证要符合制单要求,其重要内容如保险标的的名称、数量、地址等都应相符。

(2)保险合同要素明确。保险单中要正确填写被保险人的姓名、单位名称及详细地址。人身保险合同需填上受益人姓名、地址及其与被保险人的关系。保险合同的内容还包括保险责任、保险金额、保险期限、保险费、被保险人义务,以及其他特约事项。明确保险合同要素有利于保证保险单质量。

(3)数字准确。填制保险单时,每一个数字都代表着保险人和被保险人的利益。在这些数字上的微小疏忽,都可能给保险合同双方当事人造成重大损失,或导致不该发生的纠纷。

(4)复核签章,手续齐备。任何保险单均应按承保权限规定由有关负责人复核签发,例如投保单上必须有具体承办业务员的签章;保险单上必须有承保人、保险公司及负责人的签章等。保险单经复核无误后必须加盖公章,并由负责人及复核员签章,然后交由内勤人员清分发送。复核签章是承保工作的一道重要程序,也是确保承保质量的关键环节。

(五) 收取保费

为了防止保险事故发生后的纠纷,在保险合同中要对保险费交纳的相关事宜予以明确,包括保险费交纳的金额及交付时间,以及未按时交纳保险费,保险合同将不生效,发生事故后保险人不承担赔偿责任;不足额交纳保险费,保险人将有限定地(如按照实交保费与应付保费的比例)承担保险责任等。

三、人身保险续保

(一) 续保的定义

续保是在原有的保险合同即将期满时,投保人在原有保险合同的基础上向保险公司提出续保申请,保险公司根据投保人的实际情况,对原合同条款稍加修改而继续签约承保的行为。

(二) 续保注意事项

保险公司在客户申请续保时应注意的问题有:

(1) 及时对保险标的进行再次审核,以避免保险期间中断;

(2) 如果保险标的危险程度有增加或减少时,应对保险费率作出相应的调整;

(3) 保险公司应根据上一年的经营情况,对承保条件与费率进行适当调整;

(4) 保险公司应考虑通过通货膨胀因素的影响,随着生活费用指数的变化调整保险金额。

第二节 人身保险的核保

保险核保是指保险公司对投保申请进行审核,决定是否接受承保这一风险,并在接受承保风险的情况下,确定保险费率的过程。在核保过程中,核保人员会按标的物的不同风险类别确定不同的费率,保证业务质量,保证保险经营的稳定性。核保是承保业务中的核心业务,而承保部分又是保险公司控制风险、提高保险资产质量最为关键的一个步骤。

一、人身保险风险选择

(一) 人身保险风险选择概述

风险选择是指保险公司根据保险标的的不同风险水平进行审核、筛选、分类,以决定是否签发保单以及如何签发保单的过程。该过程分为两个方面:选择和分类。选择是保险公司评估每件投保申请并确定被保险人风险程度的过程;分类是将被保险人分配到期望损失概率与其最接近的被保险人一组。保险公司进行风险选择最重要的原因是保险标的的风险水平客观上存在差异。

十八世纪以前的人寿保险公司,对被保险人群体几乎不进行选择。保险公司对所有被保险人收取相同保费。这样做的问题在于:首先,该群体人数有限,其年龄结构可能与精算预定死亡率所使用的人群不同,甚至存在很大差异;其次,对所有人收取相同保费,会造成事实上的"不公平",如果一个身体健康的年轻人发现他和一个体弱多病的老年人交纳相同的保费,获得相同的保险保障,那么他很可能会要求退保。而当人们发现保险公司不分男女老幼皆适用同一保费标准时,体弱多病者将是最踊跃的投保者,这就会产生逆选择的问题。

不进行风险选择的直接后果是,保险公司按照标准死亡率收取保费,而被保险人群体的死亡率高于标准死亡率,保险公司入不敷出而使得经营难以维持。因此,风险选择的意义就在于,将一个群体按不同风险水平进行分类,根据不同的风险程度收取不同的保费或是拒保,在风险公平的原则上,根据大数法则原理,形成尽可能大的标准风险体和次标准风险体人群,使得群体的实际死亡率不会超过预定的死亡率。从这个意义上而言,既有利于保险公司的正常经营,也维护了广大客户的利益。

下面的例子表明保险公司进行风险选择和不进行风险选择的差别。在表4-1中,保险公司由于没有进行风险选择,接受了以下群体购买保险,他们的分布情况如表4-1所示。

表4-1　某保险公司被保险人群死亡率(调整前)

被保险人分布	实际死亡率(与标准死亡率相比较)	标准死亡率(保单预定死亡率)
90%	100%	100%
5%	125%	100%
3%	150%	100%
1%	200%	100%
1%	300%	100%
合计	105.75%	100%

从表 4-1 可以看出,被保险人的整体死亡率高于保单预定死亡率,保险公司出现亏损。解决这个问题的途径之一就是对后 10% 的人拒绝承保,这样被保险人的整体死亡率与保单预定死亡率一致,保险公司不会亏损。

另外一个解决办法就是进行风险选择和分类,即对死亡率高于标准死亡率的部分人群收取较高的保费,以符合他们较高的风险水平,如表 4-2 所示。

表 4-2 某保险公司被保险人群死亡率(调整后)

被保险人分布	实际死亡率(与标准死亡率相比较)	标准死亡率(保单预定死亡率)
90%	100%	100%
5%	125%	125%
5%	拒保	拒保
合计	101.32%	101.32%

从表 4-2 可以看出,保险公司对 5% 的人群设定了与之相适应的预定死亡率,并对风险极高的另外 5% 拒绝承保,最终该被保险人群体的整体死亡率与保单的预定死亡率一致,保险公司获得预期利润。

对于人身保险来说,保险标的就是被保险人的生命和健康,而一个人由于健康水平、工作性质、生活习惯、业余爱好等方面的不同,导致风险水平差异很大。人身保险进行风险选择时考虑的因素主要有健康、职业、业余爱好和生活习惯等。

健康因素主要是指被保险人在投保时的身体状况,包括既往病史、家族病史、当前是否患有某种疾病以及该疾病可能的发展情况。不同的险种,对被保险人健康状况的要求也不同。

职业因素是保险公司进行风险选择和分类时需要考虑的重要因素。因为不同职业的人,所处的工作环境以及由此产生的对健康的影响是不一样的,他所面临的风险水平也不相同。这就是保险公司制定职业分类表的原因。比如,井下作业的工人,工作环境恶劣,发生意外伤害和罹患硅肺病的概率很大,保险公司承保这样的群体,就应收取较高保费。而对于普通公司职员来讲,工作环境舒适,发生意外伤害的可能性不大,可以适用较低的保费。对于高空作业、爆破、潜水员等风险非常大的职业,一般不予承保。

随着社会经济的发展,职业的种类和数量会不断地变化,某一行业或者工种的风险水平可能提高或者降低,职业风险等级分类表也会随之进行相应调整。保险公司经过对投保标的的一系列筛选、评估,对其进行风险程度的判定,最终将其归入正确的风险等级组。风险组是指一组风险特征基本类似的被保险人集合。保险公司每个集合收取与该集合保户所反映的风险量相符的保费。

优质风险组是指预期死亡率明显低于平均水准且风险程度也低于平均水准的人群。

标准风险组也称标准体,是指保险公司能够以标准费率接受的被保人群,即保险公司认为这一人群的死亡率与预定死亡率是大致相符的。一般来说寿险被保险人90%以上为标准体,其比例可能因年龄、地区而有差异,但不会相差太大。

次标准风险组也称为次标准体,是指风险程度较高不能按标准费率承保,但可用附加特别条件接受的被保人群。即保险公司认为这一人群的死亡率超出预定死亡率一定比例,但仍然可以通过对其额外死亡率加收特别保险费等方式来加以承保。一般次标准体的承保方式包括加收保险费或适当变更保险责任等。

不可保风险组包括拒保和延期,是保险公司不能接受的被保人群。拒保组指保险公司认为这一人群的死亡率大大超出了预定死亡率,也不可能采用附加特别条件承保,因而无法接受。延期组是指这一被保人群的风险程度不明确或不确定,无法进行准确合理的风险评估,暂时不予承保。对于这一人群,可在延期时间到达后重新提出投保申请,并补充资料由保险公司重新进行审核。

(二)逆选择及其防止方法

1. 逆选择的定义

逆选择是指认为其损失可能性大于平均概率的人比认为其损失可能性等于或小于平均概率的人会更积极投保的选择倾向,是投保人所进行的对其自身有利,对保险公司及其他投保人不利的选择。通常投保人比保险公司更了解保险标的的真实情况,因此,越是风险高的保险标的,投保人越热衷于购买保险。在人身保险中,健康状况较差甚至根本不符合投保条件的人,往往最有积极性购买保险。

2. 逆选择的防止方法

解决逆选择问题,首先要解决信息不对称问题。核保人员应尽可能多地掌握被保险人的可靠信息。比如被保险人当前的健康状况、既往病史、家族病史、家族寿命、吸烟和饮酒的数量、职业、工作环境、业余爱好、性格特征、财务状况等。核保人员掌握的信息越多,越容易识别被保险人的逆选择行为。

按照对被保险人的健康评估,核保人员相应调整保费或保险责任。评估被保险人的工作环境,是判断其发生意外事故概率的重要依据;财务状况和收入来源决定了投保人是否能够按时交纳保费,是否保额过高,以及是否因此存在道德风险,最终目的是使保险公司承担的风险与保费收入相匹配。

除上述危险选择的一般方法外,保险公司还通过以下措施限制逆选择:投保年龄的限制、保险金额的限制、体检的实施、交费方式及保险期间的限制等。

(三)选择效果

选择效果是指在核保人员对被保险人的目标群体进行风险选择和分类,以及不进行风险选择和分类这两种情况下,目标人群死亡率的差异。

通过筛选,将保险标的分为标准体、次标准体,并剔除那些风险过高的人群,也就是拒保或延期。因此,在保单生效的初始阶段,选择效果十分明显。但是随着被保人群的年龄不断增长,选择效果逐渐减弱,保单刚生效时的标准体,逐渐变为次标准体,甚至成为不可保人群。不过,由于承保时的筛选,被保险人的平均死亡率还是会低于普通人群的平均死亡率。

保险公司在定价时充分考虑到选择有效期内平均死亡率较低的因素,因此对于经过筛选的被保险人,保险公司收取的保费会大大低于未经过筛选的人群。普通年轻人的死亡率很低,因此很少有人被拒保,选择效果大概会在十年之后明显减弱。而对于老年人来说,选择效果不会大幅度下降。

表4-3是美国男性每千人的死亡率,选择的时点分别是第一、第六和第十一个保单年度,最终死亡率选择在第十五个保单年度之后。作为对照的是普通白人男性(未经筛选)的死亡率。

表4-3 美国男性每千人的死亡率

年龄	第一保单年度	第六保单年度	第十一保单年度	最终死亡率(十六年后)	普通美国白人男性
22岁	0.73%	1.14%	1.32%	1.41%	1.9%
32岁	0.63%	0.80%	0.90%	1.12%	1.7%
42岁	0.97%	1.86%	1.94%	1.97%	3.2%
52岁	1.99%	4.3%	4.8%	5.7%	8.5%
62岁	3.7%	8.9%	12.2%	15.3%	21.2%
72岁	9.4%	22.8%	24.7%	39.8%	49.0%

从上表死亡率的对比可以看出选择效果十分显著。即使选择效果消失后,被保险人群的最终死亡率也比普通民众的死亡率低得多。

二、人身保险核保环节和过程

(一) 销售人员核保

1. 销售人员核保的意义

保险合同的确立,通常要经过多次的风险选择过程,而销售人员在业务拓展过程中所作的风险选择,称为"第一次风险选择"。目前国内的寿险营销模式始自1992年,由友邦保险公司引进国际通行的营销方法。随后大规模开办个人身险业务的国内寿险公司也采用了该办法。

这种营销模式是以大量的销售人员(营销员)去寻找目标客户为手段,绝大部分新业务的达成均有一个积累促成的过程,也就是说要和客户进行一段时间的接触,因而对客户的投保动机、保险要求、健康状况、职业及工作环境、财务状况、家族情况、生活环境及方式及其他合同上的重要事项了解比较清楚。如果销售人员能审慎地收集客户的有关信息并提供正确的报告,即可达到有效的风险选择,避免逆选择的发生。销售人员的初步风险选择在核保工作中扮演着相当重要的角色。特别是在免体检(低保额、低年龄)投保时,销售人员核保几乎代表了核保的全过程,显得尤为重要。

通过良好的销售人员核保,寿险公司在营运上可达到以下目的:

(1)避免逆选择,健全经营。通过业务人员和客户的直接接触,对健康状况不佳、投保动机不良、具有道德风险的人群予以首次排除,实现被保险人之间互相行为的公平性,使保险经营日益健全。

(2)提高工作效率。做好销售人员核保,为核保人员提供准确、翔实的资料,可以减少第二次、第三次风险选择的人力、物力和时间,提高核保工作的效率。同时又可以避免因为销售人员资料不全而被核保人员约见或签发核保照会,节省很多时间。

(3)减少保险纠纷。由于销售人员核保的疏忽造成保险事故发生后保险金不能付给,引起合同纠纷的事件时有发生,而优质合同在理赔时保险金能迅速、准确、及时地给付,减少纠纷、误解,提高公司的信誉和形象。

(4)利于提高客户服务质量、开拓保险市场。良好的风险选择,可使保险公司利益和客户共享,最终达到回馈客户的目的,并提高公司信誉,巩固现有业务来源和开拓新市场。

销售人员核保是其在招揽业务过程中完成的,销售人员只有具备良好的业绩素质、言谈技巧和敏锐的观察力,才能按照要求达到风险选择的目的。

2. 销售人员核保的内容

销售人员核保,其整个过程并不是在短时期内完成的,而是和整个展业、促成过程密切相关,逐步深入的,其主要的核保内容包括以下方面:

1)会晤

销售人员一定要和投保人、被保险人见面,从而做到以下几点:

(1)了解投保人的投保动机,确定投保人、被保险人、受益人之间的关系,分析其购买保险的目的是获得保险保障和投资,还是其中存在道德风险。

(2)指导投保人填写投保单,明确健康声明及告知必须由被保险人填写,被保险人、投保人本人签字。

2)观察与询问

详细观察被保险人的健康状况及生活环境,并对被保险人的健康情形、职业及告知等作技巧性的询问,具体包括以下方面:

(1)投保的目的、投保的历史(应问明所投保的公司、险种、总投保额;以往有无被加费、限额、延期、拒保的情况)。

(2)被保险人的既往病史、家族史。

(3)被保险人的职业及使用交通工具的具体情况。

3)了解投保人的经济能力

一方面,评估投保人的续期交费能力,即考察其所交保费和其收入是否合适,通常情况下投保人所交的所有保费之和不应超过其年收入的20%,否则会导致保单失效率大幅上升;另一方面,评估投保人所购买的所有保险的累计保额是否合适,购买超额保险会诱发一些道德风险。

4)填写报告

根据此次观察询问的情况,据实作出报告,提供给核保人员。

3. 销售人员核保要求

销售人员作为风险评估过程中的第一核保人员,在展业过程中应注意以下几点:

(1)作为后续阶段风险选择的基础,第一次风险选择首先应尽力排除道德风险,对非善意投保者、无可保利益者应予以婉拒,并根据职业状况及收入状况提供适当的保额。

(2)详细观察被保险人的体型、颜貌、精神状态和步态等情形,对被保险人的健康状况有初步的掌握,并初步判断客户是否需要体检。

(3)应详细解说由寿险合同所产生及衍生的法律行为,如条款责任、告知义务、责任免除、失效复效规定、宽限期及合同撤销请求权、退保规定等,以免日后客户因误解或不了解而引起纠纷。投保单上的内容特别是健康和财务的告知请投保人、被保险人详细、清晰地填写,并让当事人各自亲笔签名(未成年人由其法定监护人代签),不得相互代签甚至由销售人员代签。

(4)应认真填写销售人员报告书,如实说明此次风险选择的结果,对被保险人的健康状况、财务状况和工作状况中存在的特殊情形予以详细说明,为专职核保人员进行书面审核提供准确依据。

(二)体检医师核保

1. 体检医师核保的意义

(1)健康风险因素存在的要求。在我们的生存环境中,存在许多不确定的风险因素,其中健康风险对人的寿命影响甚大。同时,从保险经营角度考察,因被保险人的健康因素对其实际寿命影响极大,且这种风险比较容易促使被保险人作出逆选择,故为了维护众多保户的利益,保证保险公司的健全经营,必须对投保人群中保额较高或有潜在健康风险因素的被保险人进行身体检查,以发现风险,防止逆选择,排除不良的投保申请。

(2)核保工作的需要。核保工作的目的在于维护差别费率的公平性,对健康风险不同的被保险人赋予不同的费率承保。而唯有通过体检医师的诊查为核保人员提供科学准确的健康资料,使核保人员做出正确的核保结论,才能把被保险人的实际死亡率控制在精算人员预定的死亡率范围内,维护客户之间的公平性,保证公司安全有效的经营。

(3)对于个别被保险人来说,通过体检可以了解到自身的健康情况,避免身体状况在不知不觉中恶化,通过体检预知可能出现的健康问题,提请受检者注意,避免身体健康受到进一步的损害。

2. 承担体检的医师类型

目前国内保险公司现有的检查医师一般分为两类:一类是专任医师,由保险公司的职员担任;另一类是由保险公司委托的医疗机构的医师兼任,也叫特约医师。由于保险医学(Insurance Medicine)与临床医学(Clinic Medicine)的差异,专任医师的检查结论更贴近保险公司的要求,更有科学性、准确性及可靠性,所以在体检问题上,专任医师的结论较之兼职的特约医师更权威。

(1)公司的体检中心及专任医师。拥有自己的客户健康体检中心是成熟的寿险公司的一个重要形象标志,特别是处于国内保险行业竞争激烈的地区,寿险公司提供全面便捷的客户健康体检,以利于搜集客户的相关资料,进一步提高承保质量,并为客户提供医疗保健服务以及其他一些附加服务已成为体现寿险公司的实力,以及提升品牌形象的重要举措。

总之保险公司的投保体检,应尽可能在自己的体检机构由专任医师进行,同时还应与特约医院联系,作为对保险体检的必要补充,从而达到风险选择特别是健康风险评估的目的。

(2)特约体检医院或医师。由于建立公司的体检中心前期投入多,所以对于一些规模不大或新建的公司,可以采用确定特约医院、聘用特约医师的方法。特约医院必须是当地管理规范、医疗质量较高、信誉较好的区县级以上公立医院。公司通过与医院签订协议,明确体检的要求,并规定体检医师的工作职责,还要定期与体检医师座谈,了解医疗新动向,同时对体检医师进行保险知识、保险体检的侧重点等方面的指导。

3. 体检医师的工作内容

(1)听取报告。体检医师在进行体检时首先要了解被保险人的投保险种、投保金额以及被保险人的年龄、既往病史、家族史、现病症、职业、生活环境、医疗状况及常用药物等对其身体健康状况及预期死亡率有影响的各种因素。在听取被保险人告知的同时,要不断地进行询问,以得到准确详细的相关信息,为具体体检提供线索,最终得到一份理想的体检报告。

(2)进行身体检查。体检医师通过仔细观察被保险人的体型、体质、面色、皮肤、精神状态、言谈举止、步态等,了解其一般状况,再通过身高、体重、血压、脉搏及身体各部位的物理诊查,验血、验尿及必要的化验辅助检查后,准确掌握被保险人的健康状况,避免逆选择。

4. 体检结果及转达要求

(1)体检报告书。体检报告书是体检医师工作内容的记录,是对被保险人健康状况的具体描述,它较全面准确地反映了被保险人的身体机能,是体检医师劳动的结晶,是核保人员医学查定的主要依据。除了个别情况下为明确诊断,由核保人员提出需要增加体检项目外,一般不允许对体检项目进行复查,尤其是血压、血生化等项目,因为必须防范服药后体检等作假因素。

体检医师在写了体检报告书后,还应对核保结论提出自己的有影响力的核保建议,它对最终确定适用何种保险费率有重要意义。

体检报告书分为由被保险人填写的健康告知部分和由体检医师询问、检查、综合评价后填写的体检结论部分。前一部分原则上应由被保险人亲笔填写,在某些情况下也可由体检医师仔细询问后填写,但必须经被保险人亲笔签名认定,因为它是保险合同的组成部分。后一部分由体检医师按要求项目检查后填写,通常须重点检查并予以记录在报告书上的项目包括身高、体重、血压、脉搏,心、肺、肝、脾检查,面色、精神状态、智力及活动情况等。若告知有既往病史及现病症时,应仔细询问其所患病名、发病时间、治疗及复查时间、如何治疗、治疗效果如何、主治医师或就诊医院名称,结合具体病人检查有关项目并予以记录,经综合评价后得出体检结论,并对核保决定提出建设性的意见。

(2)体检报告书的流转。体检报告书中有被保险人的健康资料,体检医师有替受检者保密的义务,同时体检报告书的结果会对核保决定产生影响,因此不得随意告知他人。对于由特约医院进行的体检,体检报告书必须由医院专人负责与保险公司核保内勤登记交接,不得随意让客户、业务员领取。公司体检中心进行的体检,体检报告书必须由公司内勤登记交接,注意体检资料不得遗失。

5. 体检的注意事项

(1)被保险人检查时,应持有效身份证明及公司的体检通知书,由业务员(或公司核保内勤)陪同前往。体检报告书应贴有被保险人本人一年内的免冠照片,加盖体检单位公章,并注明业务员所属的业务部门(或内勤所在部门)名称。体检医师应对体检表中被保险人身体状况的相关问题进行询问,且由被保险人签字确认,被保险人的体检报告上的签名与投保单一致(另外,体检完毕后,陪检人员应在体检报告书上签名)。体检结果由公司领取,不得交由被保险人或业务员。公司对体检结果严格保密,以保护被保险人的隐私权。

(2)在被保险人填写健康说明书时应再次向其说明这是保险合同的一部分,须如实告知,若有隐瞒或不实声明会对将来不利。有既往病史的被保险人,应根据需要进行针对性体检或做出补充说明。如有病历资料或近期的体检报告,应请其一并提供,以便核保部门参考。

(3)体检发现有可疑之处时要详细询问检查并记录于体检报告书上,不可受其他人左右,更不能草率行事,使某些蓄意隐瞒真实情况者得逞,损害公司及广大客户的利益。

(4)最终的核保结论是由公司核保人员经综合分析后做出的,因此体检医师最好不要将体检结果可能引致的承保结论告知投保人或营销人员,以免引起争议,影响核保人员的核保。

(5)体检中发现的被保险人的异常情况,医师有替受检者保密的义务,不得随意告知他人。

(6)被保险人应避免感冒、劳累、熬夜或应酬后体检。女性被保险人应于月经结束三天后体检,以避免化验时出现误差。体检时不要穿连衣裙;在体检前两天内不要服用药物;需要抽血化验的体检当天早晨应空腹前往。

(7)由体检中心(特约医院)出具的体检报告,普通体检、B超、胸透、X光片及心电图有效期限为6个月,其余的化验报告有效期限为三个月。被保险人所提供的其所在单位集体体检资料,必须是原件,体检时间距投保日不得超过6个月,且必须经核保人员确认后方可采用。

(三)生存调查

1. 生存调查的意义和目的

生存调查(简称"生调")是指在保险合同成立前或复效时,由寿险公司行政调查人员收集被保险人的各项资料,为决定保险合同的成立或复效提供依据的活动。广义的生存调查还包括保险金给付过程中对生存的被保险人的调查,我们这里仅讨论承保环节的生存调查。

1)生存调查的意义

我国《保险法》明确规定了投保人的如实告知义务,保险公司有对被保险人有关情况提出询问的权利,并明确了投保人未履行如实告知业务的责任。那么,如何知道客户是否履行了如实告知义务?只有进行调查。通过调查进一步核实被保险人的投保动机、财务、健康状况、职业性质及业务员的销售情况,确定投保人、被保险人有无隐瞒告知,将可能有损公司及整体客户利益的行为消灭在承保前,达到公平合理的核保目的。

2)生存调查的目的

(1)防范道德风险与逆选择。由生存调查员代表公司收集投保人、被保险人有关投保的资料,并对所告知的内容进行核对,以防止其告知不实。投保人、被保险人常有隐匿现病症、既往病症、财务状况、保险历史及目前处境等的倾向,通过生存调查人员的资料收集与核对,摒弃不实告知,弥补业务员、体检医师或专业核保人员的选择遗漏与过失,可阻止不良保件的承保,客观上收到了防范风险的效果。

(2)维护寿险经营的稳健性。人寿保险的功能在于对未来可能发生的、生活工作中不确定的风险转嫁为确定的保费支出。为了确保经营的稳健性,寿险公司在承保前,必须依被保险人年龄、健康状况、职业等因素来决定风险的程度,并对风险程度进行分类,以确定承保的范围及保费的高低。即使被保险人能享受保险利益,获得保障,也使保险公司获得预期的利益,以维护公司健康发展。

(3)促使客户如实告知。客户的许多资料是投保书内容难以涵盖的。有一些涉及个人隐私的资料,如收入状况、婚姻状况、个人嗜好、职业性质等,客户并不愿意在投保单中声明,这些情况只能通过生存调查来完成。生存调查员根据询问客户与观察的情况完成调查报告,使公司对客户现在、未来的状况有一个全面的了解,促进风险选择的公平性。

(4)规范业务。专职核保员一般不直接面晤客户,而生存调查人员可以代表公司,对达到一定保额的保件及抽查的保件进行核对,能在一定程度上证实投保资料的真实程度。

2. 生存调查的内容和方法

1)生存调查的内容

在核保的过程中,生存调查大体上有如下内容:

(1)投保事项:投保内容是否经被保险人同意,投保单是否经被保险人亲笔签名;投保人、被保险人、受益人的关系,被保险人是否同意指定受益人;住址、户口所在地是否确定;投保的险种、保额与其身份是否相称;投保动机如何;业务员的服务情况如何;与投保人、被保险人有无关系,有无面见被保险人。

(2)健康状况:通过与客户的面晤、交谈,判断客户的身高、体重是否相符,精神状态如何,有无语言能力障碍;观察其脸色面貌如何,有无明显的伤疤(特别是手术疤痕)或肢体残废,视觉、听觉有无异常;肢体运动是否协调,有无突然的不自主的震颤举动;了解客户目前有无病症及项目;过去有无住院或手术经历,近期有无体检,体检结果有无异常,在何医院,体检项目;对于有过住院治疗的,手术状况、用药情况、异常的化验结果、出院情形;了解客户有无因健康状况被其他公司延期、拒保或拒赔过。

(3)财务状况:年收入状况及来源、保险历史、投资情况、家庭资产状况。

(4)职业与环境:现职工作内容、工作性质,有无高空作业情况、有无使用危险工具等,有无兼职;居所与周围环境如何,有无危险因素;工作环境如何。

(5)习惯与嗜好:是否有赌博、吸毒等不良恶性,有无犯罪、违法记录;是否抽烟、嗜酒,其量如何,有无药物依赖;是否有参加高度危险运动的嗜好。

当然,并非每一次生存调查都需要完全按上述内容进行,核保人员应会同调查人员对客户提供的资料认真研究,列出调查的重点及应注意的问题。

2)生存调查的方法

根据调查的对象划分,生存调查可分为间接调查和直接调查。

(1)间接调查方法。间接调查就是通过与被保险人生活圈中人群(如邻居、亲戚、朋友等)的接触,调查被保险人的身体健康状况及经济条件是否符合投保条件的要求。由于间接调查方法得到的资料不是直接来源于被保险人和投保人,有必要对所获得的信息做进一步的分析,并做出准确可靠的调查报告书。经过查证的间接调查信息一般较为客观,是核保人员进行适当核保的重要资料来源,特别是在健康核保时,可以比较客观、准确地掌握被保险人过去的健康状况,确定被保险人的既往病史。

(2)直接调查方法。直接调查是通过直接面晤的方式,了解被保险人的健康状况、经济状况,并听取受访者的告知,必要时还可向受访者索取有关的病历和既往体检、治疗记录、补充告知书等,对危险单位做综合评估。一般而言,直接调查法是最直接、最经济,而且最不会引起客户反感的调查方法。

3. 调查报告

生存调查报告要内容翔实,不应以主观的推测代替客观的描述。另外,要有时效性,书写要规范。内容的翔实性包括真实和详细两方面。真实就是要客观地反映调查活动的全过程,实事求是地记载被保险人或投保人的真实情况。内容一般包括投保事项、健康状况、财务状况、职业和环境、嗜好和习惯等,应分别叙述,从不同方向共同说明调查对象的情况。写作者不能凭主观想象进行推测、随意分析、取舍,更不能歪曲事实,弄虚作假。详细是指要反映调查的全过程,尤其是对一些细节的描述。内容翔实是调查报告的基本要求,否则就失去了调查报告存在的价值。

(四)核保员核保

1. 核保员核保的意义

核保员核保是指核保人员根据业务人员的报告和投保单再次进行审核,判别是否可以承保或者以何种方式进行承保的过程。

核保人员的核保在整个操作过程中具有如下两方面的意义:①筛选符合保险公司预定死亡率的被保险人,淘汰危险性较高的被保险人,以保证公司经营的安全。②根据被保险人的风险程度对被保险人进行细分,划分为标准体、次标准体和非保体,并采用不同等级费率,保证被保险人之间的相对公平性。

2. 核保员核保的一般程序

1)核保员核保的作业流程

(1)收集投保客户资料。投保资料是核保人员进行准确核保的重要依据,一般核保员需要了解的基本投保资料有:投保单、代理人报告书、体检报告书、补充告知、健康及疾病问卷、职业及驾驶问卷、既往病史及住院病历、生存调查报告、高额件财务状况报告书、同业资料等。

(2)初步审核。核保人员在收到投保人、业务员所提供的基本资料后,即可按照有关要求并根据公司的投保规则及经营政策对所提供的资料检查核对,以确定资料是否齐全，是否需进一步补充资料，以及客户的投保需求是否超出了公司的有关规定和承受能力。

(3)投保资料的进一步收集。在投保金额较高，告知声明有异常、不全面或核保员在初步审核过程中发现有疑点时，有必要进一步收集有关资料。一般对健康状况有疑点时可要求进一步提供病历资料、填写健康问卷或要求被保险人体检，以获得进一步的健康资料。对财务状况有疑问的，可以有针对性地要求补充客观有效的财务证明文件或派专人调查，以确定保险需求是否合理。

(4)综合分析，查定核保手册。核保人员根据投保资料，对影响被保险人死亡率的有利及不利因素进行综合分析，依据核保手册，运用数理方法，以标准体的死亡率为基准，查定被保险人的额外死亡率，并依次确定被保险人所处的危险等级，决定承保的条件。

(5)确定承保条件。核保人员依被保险人的危险程度，把被保险人划分为标准体、次标准体、拒保体。对于次标准体，核保人员依据其危险程度，做出加费、附加承保条件、限额、缩短保险期限、改变交费方式等决定，以达到风险选择的目的。

2)核保员核保的基本方法

核保是一个审核、决定的过程，即根据投保申请书、业务人员报告书、体检报告书、生存调查所提供的有关投保人、被保险人的信息资料，由核保人员进行综合分析，运用数理方法，对被保险人的危险加以量化，依其危险程度，将其划分为不同的类型。

3. 核保结论的基本要素及其形成

核保人员根据定量的方法对危险程度分类后，对每一类危险单元做出是否承保以及以何种条件承保的决定，这种决定就是核保结论。

核保结论最终将申请参加保险的被保险人分成两类：一类为可保体(insurable case)，另一类为非保体(uninsurable case)。可保体是指保险公司可以接受的危险体，又分为标准体(standard case)和次标准体(substandard case)。非保体是指至少此次投保时，因危险过大或危险程度难以确定而不能被保险公司接纳的被保险人群体，非保体又可分为延期体(Postpone case)和拒保体(decline case)。

1)标准体的承保

(1)标准体的概念。标准体是以标准保险费率(standard premium rate)承保的被保险人群体的总称。人寿保险的标准费率是由精算部门依据预定死亡率订立的。

(2)标准体的范围。寿险的核保是对于特定被保险人的危险程度进行的评定,而实际上对某个被保险人进行测算,确定其危险程度是根本无法做到的,也是无实际意义的。通常的做法是将每个保险标的划入与其有同样风险的被保险人集团中,运用大数法则测定该集团的危险程度,再适用于集团中的个别被保险人,以此作为该被保险人应交纳保险费率的依据。

标准体的死亡率范围还可根据不同的保险种类进行调整,如生存保险的选择范围最广,生死合险的范围次之,而死亡保险的标准体死亡率范围则限制得比较严格,这也是根据以往的经验数据得来的。一般参加生存保险的被保险人团体平均寿命最长,死亡保险的平均寿命较短,生死合险则介于二者之间。这既是经验生命表提供的信息,同时也提示了逆选择倾向的客观存在,说明了风险选择的重要性和必要性。

一般说来,寿险公司被保险人 90% 以上是标准体,其比率依年龄、地区的不同而有所差异。根据各保险公司在经营管理上的差异,各公司的政策有所不同,在核保的尺度上也存在区别。那些选择面较宽的公司会遇到比较集中的逆选择,这必将为保险经营带来困难。因此,保险公司应尽可能消除人为地放宽选择标准的现象。

2) 次标准体的承保

对于次标准体通常采用以下方法加以承保:

(1) 加收保费。对于在身体健康上有缺陷或从事危险职业的次标准体,可以用加收保险费的办法予以承保。

a. 加龄法(rating up in age method):它是指对于递增性或恒常性危险,按被保险人的危险程度对其年龄加算一定年数,以加龄后的年龄为标准收取保险费的方法。目前核保实务中极少使用这种方法。

b. 增收额外保费法:根据被保险人的危险程度,查定核保手册计算出额外死亡率,再结合被保险人的年龄、险种、保险期限换算出额外保险费的数目予以加收。

c. 职业加费:通常将被保险人根据职业分类分为若干等级,如我国台湾地区分为六级,而大陆则一般分为三级,视职业危险的程度按保险金额予以额外加费。此种加费可以因职业变更而随时予以调整。

(2) 附加特别约定或批注。这是对于某一种危险加以限制而不增加其他承保条件的方法,例如身体某部分有缺陷,则因该部分发生的保险事故保险公司不承担给付责任。此种方法应慎重使用,因为在实务上较易引起理赔纠纷。

(3) 削减保险金法。它是指缔约后一定期间里发生的保险事故,保险公司对保险金削减一定比例后支付,适用于递减性危险或一时性危险。按照合同订立时的约定,保险公司对保险金削减一定的比例后支付,削减期间最长为5年。

(4)保险期限缩短法。对于递增型危险,随着保单年度的增加,额外危险程度愈加增大,为了避免在高危险期间承担过高危险保障,对于危险较大的保件可采用缩短保险期间的方法。

3)延期(postpone)承保

当被保险人风险因素的程度不明确,无法给予准确合理的风险评估时,核保人员常采用暂时不予承保,即延期处理。

(1)被保险人的预期死亡率较高,但对其死亡率的确切评定极为困难的,采取延期承保。对于乳腺癌术后的投保者,根据其临床及病理分期不同而决定延期1~8年。

(2)因被保险人的个人资料十分缺少,故对其死亡率难以评定。如在体检时发现被保险人尿检为满视野红细胞,初步诊断为血尿。在被保险人检查资料缺乏,难以明确病因,无法确定其死亡率时,也须采用延期承保的方法。

(3)对暂时性的疾病导致短期内有非常不确定的高死亡率变化者采取延期承保。如被保险人外伤手术后不足一定时间,因外伤手术后可能会出现诸如感染、出血、休克、腹膜粘连、肠梗阻等并发症,短期内有可能出现高死亡率,故多采取延期一年再行评估的方法。

(4)对近期无法判定其预后归属的病症采取延期承保。如小儿2岁患脑瘫,由于脑瘫属于先天性中枢神经系统发育不良,某些患儿病变仅侵犯运动神经系统,只有运动障碍;而某些人由于损害了大脑皮质而同时伴有言语、智力障碍。

对于延期承保的投保申请,可在到达延期年限后或资料依据齐备能够供核保人员正确评估被保险人风险时重新投保。

4)拒保体

拒保体指被保险人的预期死亡率超过了通常规定的范围,其危险程度超过了次标准体。另外,由于次标准体的特别附加条件过于严格,投保人无意投保的,也视为拒保体。拒保体并不是说事实上构成被保险人高死亡率,而是针对具有这等危险程度的被保险人群体,由于预期死亡率极高,风险太大,为了保险公司经营的安全稳定及广大客户的公平利益而采用拒保方式。但采用此种方法会给被保险人造成较大伤害,增加其心理负担,甚至影响其永远不能被其他保险公司接受而获得保险保障。因此在采用拒保方式处理保件时,核保人员要慎之又慎,除非万不得已,一般不予采用。

常见的拒保疾病有以下方面:

癫痫、弱智、精神病患者；

残疾人从事三类及以上职业的；

恶性肿瘤；

慢性酒精中毒；

慢性迁延性肝炎、慢性活动性肝炎、肝硬化；

慢性肾功能不全、尿毒症、曾接受肾脏移植者；

脑血管疾病：如脑梗塞、脑血栓、脑出血、脑血管畸形等；

严重心脏病：如严重的冠状动脉粥样硬化性心脏、不稳定心绞痛、心肌梗塞、严重的风湿性心脏瓣膜病、高血压性心脏病、肺源性心脏病、严重先天性心脏病；

严重糖尿病；

慢性活动性肺结核；

曾经或正在服用、吸食、注射成瘾性药物或毒品者；

性病、艾滋病或 HIV 抗体阳性；

寿险评点高于"+300"点、重大疾病评点高于"+150~200"点者。

此外，对于投保动机不纯、存在明显逆选择倾向等风险因素的投保者、社会背景复杂与暴力团体有来往者、曾有不良投保记录者（如曾被拒保、解除合同等）、职业风险过高者（如特技演员、化学爆破兵、试飞员等），通常是采取拒保的方式。

三、风险因素分析

（一）健康因素

1. 医学核保资料的来源

健康因素在个险核保中非常重要，是医学核保的核心内容。这里简略介绍一下医学核保可能的收集信息的渠道。在收集各种资料时，必须要注意时效和成本，以及获得的资料对核保结论的必要性。

1）投保单

投保单可以说是大部分保件核保时最重要的核保资料，也是保险合同的组成部分。与健康因素有关的信息包括被保险人年龄、性别、职业状况、健康告知的情况、家族史、生活习惯、以往的保险记录等。需要强调的是，投保单中任何告知结果为"是"，或有信息模糊、涂改、遗漏的地方，都要详细说明。

2）业务员报告书

业务员报告书并非保险合同的一部分，保险公司有义务对其内容保密。因此代理人尽可无所顾忌地在其中披露有关被保险人各方面的详细信息。因为只有代理人面见过被保险人,对被保险人的健康状况、家庭情况、身体缺陷等有真实的了解,所以代理人一贯的业务品质有利于核保员保证核保质量。

3)病史资料

核保员可能会在以下情况下索要病史资料:告知近期有常规体检史;告知有特定疾病;根据公司核保规程的要求,符合一定保额的高额保件;同业工会中有不利的信息。某些保险公司还会在核保规程中要求超过一定年龄的被保险人提供病史资料。

对于近三个月内有过常规体检史者,由于存在因在体检中发现异常而投保的可能,故应要求其提供详细的体检资料。对某些疾病,若长期稳定没有复发则可依据核保技术手册不要求提供病史资料,但若在近一年内有症状,核保员必须要求提供病史资料。

4)体检报告

每个保险公司都有各自的体检规定,并非对所有被保险人均要求体检。被保险人健康告知事项为合同的组成部分。对任何告知结果为"是"的部分,被保险人必须提供与之相关的详细情况并签字确认。体检医师的体检结果记录部分及其他相关检查报告非保单合同的一部分,被保险人无须签名,体检医师及保险公司有义务对其内容保密。

5)特殊健康问卷

特殊健康问卷是要求被保险人提供有关特定疾病或症状详细情况的书面文件。它也是保险合同的组成部分,需要被保险人或投保人(若被保险人为未成年人)签字确认,保险公司有义务对其内容保密。许多保险公司对某些有较大潜在风险的疾病或症状设计了特殊问卷,如癫痫、呼吸系统疾病、精神神经系统疾病、消化系统疾病、胸痛、肿瘤等。

6)生存调查报告

部分家族史的信息、残疾情况、智力情况等可通过面见被保险人确认;部分病史资料可通过调阅医院档案获得第一手资料。

7)同业工会记录

同业工会为行业内的非营利组织,其会员单位有义务向其报告有关被保险人的异常健康信息及核保决定,有权利在其黑名单数据库中检索被保险人在其他保险公司的相关信息,可作为进一步收集资料的基础,但不可作为核保决定的唯一依据。

2. 核保所需考虑的健康因素

1)年龄、性别

年龄是衡量平均寿命长短的最重要的单因素。在个案的核保中,基本不会要求被保险人提供证明其真实年龄的文件,原因如下:投保时较少有年龄误告的现象;理赔时通过要求提供被保险人的身份证明文件可予以控制,而且保险合同中多有年龄误告条款。

性别因素表现为:对寿险而言,女性寿命平均高于男性;从狭义的健康险来看(不包括意外险、重大疾病险),生育期女性的出险概率平均高于相同年龄组的男性。

2)体格

体格取决于体形、性别、年龄、饮食、身高、摄入的热量以及内分泌功能。影响体格的基本因素有:遗传因素、心理因素、内分泌疾病(如库欣综合征、甲状腺功能低下)、下丘脑的疾病或外伤。以下是衡量体格的一些最常用的指标:

身高与体重之间的关系,加以性别和年龄校正,表示为体质指数(BMI):BMI = Kg/M/M[即体重(千克)/身高(米)的平方]

在医学上,正常值范围为 18~25。在被保人群中,正常值范围界定较为宽松,亚洲人群为 17~25。超过 25 为超重,超过 30 为肥胖,许多核保手册基本上对 BMI 超过 30 才有评点。低于 17 为体重不足。

肥胖易于诱发或加重的疾病有:心血管疾病、消化系统疾病、脂肪肝、高血压、慢性支气管炎、脂代谢紊乱、肿瘤(结肠、乳房、子宫等)、胆囊疾病。核保时还要考虑脂肪的分布情况,许多研究表明,腹部肥胖和疾病风险的增加有特别的关联。有的直接以腰围来衡量,男性腰围超过 85cm 即为超重。肥胖人群表现为腹围大于胸围,在有些核保手册中会额外根据胸腹围的关系调整评点。如:腹围小于胸围 7.5cm,减去 15 点;腹围大于胸围 7.5cm,再加 15 点。

3)现病症及既往病史

现病症即投保时存在的身体器官上的病症。原则上,现病症患者要延期投保,但对于某些病情发展缓慢的慢性病,如高血压、控制较好的 II 型糖尿病,能通过统计学方法预测其将来的风险,可以按次标准体承保,具体可依据核保手册核保。过去曾患过某种疾病或有外伤史等称为既往病史。人在患病时,或多或少均有死亡的风险,导致死亡率增加,不过,许多疾病治愈后死亡率就随之下降。有些急性病如肺炎、急性肝炎,在完全治愈后,可以按健康人标准承保,有些较难治愈且易于复发的疾病,如十二指肠溃疡,不经过一定时间治疗是不能按标准费率承保的。

4）家族史

核保时考虑的家族史和医学上讲的家族史有一点区别,除了有家族遗传疾病及遗传倾向疾病外,还涉及寿命、家族背景、家族习惯等一些核保时考虑的因素。因遗传基因的影响,家族史也是重要的风险因素。但在很多保险公司,家族史并不直接作为风险分类的标准,除非家族的某些疾病在被保险人身上体现出来。例如,某一被保险人患有高血压或其他心血管疾病,而他的直系家庭成员中有两个或两个以上在60岁前也患过心血管系统疾病,则需根据这一家族病史评定额外死亡率。

（1）寿命。人的生长发育、衰老死亡过程均受到基因规律的作用。寿命长短也是基因等因素作用的一个结果,所以在推测一个人寿命是长是短的时候,其父母的寿命是一个重要的参考因素,有时父母寿命的长短也是核保评点的考虑因素。

（2）疾病。从遗传的角度可以将遗传疾病分为两类:第一类是遗传因素起主导作用的疾病。这类疾病在出生后甚至在胚胎时期已发病,在正常条件下均会表现出功能障碍,例如血友病等。第二类是环境因素与遗传因素共同作用的疾病,遗传因素提供了产生疾病的遗传背景,环境因素促使机体发病,表现出相应的症状和体征。这类疾病有多基因遗传病、遗传易感性疾病等,是需要核保人员进行判断的。这些疾病包括高血压、糖尿病、精神分裂症、恶性肿瘤、动脉粥样硬化、冠心病、高脂血症、多囊肾、多囊肝等。

（3）家族背景和家族习惯。这里所指的是被保险人的家族中一些传统及习惯导致一些疾病的必然产生,例如近亲结婚导致一些遗传缺陷性疾病发生。核保人员在发现有这种情况时就应做更进一步的调查,要求被保险人做医学方面的检查,做家族系谱疾病分析等,以进行深层的核保。

一些传染性疾病不属于遗传病,是由于母亲在怀孕或分娩时将此疾病传染给婴儿所致,在母亲有此病的子女投保时,核保人员应要求其出示这方面健康检查的报告。这些疾病包括获得性免疫缺陷综合征(艾滋病)、肝炎等。

总之,了解家族的存活、死亡、患病情况,有助于对被保险人死亡率进行评估,从而为核保提供重要的依据。

（二）财务因素

财务核保是一个综合性相当强的承保风险评估和控制的过程,牵涉的方面众多,可以说涉及保险标的工作生活的方方面面:从专业的财务评估管理到家庭个人的理财;从企业经营到个人的职业收入;从社会关系到心理判断;从法律到伦理道德;从客观判断到逻辑推断等。

在大多数的保险市场,早期索赔尤其是因暴力、自杀或"意外"引起的索赔发生率随着保额的增高而增加,所以对大额保单的核保尤其需要谨慎,以避免客户的潜在"获利"可能。欺诈、逆选择和过高的保单中途失效率是常见的需要进行财务核保的三个主要理由。

1. 财务核保资料来源

1) 投保单

大部分投保单填写的内容都比较简单,不会出现财务问题,看上去明显可以被接受。但是,核保员对于投保单上的财务问题必须仔细审核,并且需要有详细、准确、合理和完整的信息,以便确认客户所申请的保额是恰当的。实践中很难对财务核保制定非常精确的规则,如果有疑点,核保员一定要自问"这是否成立"?

2) 业务员报告书

业务员对被保险人有更详尽、真实的了解,业务员报告书可反映被保险人的资产、收入状况、投保动机、家庭情况、企业经营状况。核保员对代理人业务品质的熟识程度有助于保证核保质量。

3) 财务问卷

无论是个人保险财务问卷还是商业保险财务问卷,都是评估大保额保单所不可缺少的资料。问卷必须由投保人签署,因为如果在今后理赔中对财务方面有任何争议时,财务问卷将是非常重要的证据。

对于大保额商业保险,申请人最好提供最近几年的财务报告,包括资产负债表和损益表等。对于更大的保额,则需要有第三方财务审计报告。

4) 生存调查报告

核保员会根据公司财务核保的规定对一些高额保件做生调,或在核保人员审阅一份投保单发现投保人的财务状况与其保险需求不相适应,即保额高于实际保险需求或者保费金额超出其支付能力(保费支出在其年收入中所占比重过大)时,则需要保险公司派出调查人员或要求专门的调查机构对投保人的财务状况做出尽可能详细的调查。

5) 财务证明

财务证明包括各种资产所有权证(房屋、企业、车、其他重要资产)、税务及工商注册证明、企业财务状况分析、财务报表(资产负债表、损益表、现金流量表、收益分配表等)、奖励证明及其他可以证明资信的文件、租赁合同、收入证明、身份证件等。

目前可以得到的财务证明有：银行存款凭证、股票凭证、各种债券凭证、收入证明、纳税证明、各种资产的证明（如房产证、购车证、企业注册登记等）、企业财务报表、租赁合同、工作证、身份证件、户口本等。

6）财务报表

对于经营企业的业主或某些重要人物，保险公司会要求客户提供财务报表，在反映企业经营状况的报表中，最主要的是年度的资产负债表和损益表。

（1）资产负债表提供了公司有关财务收益率和资金流动性的情况。如果可能，需请客户提供最近两年的资产负债表。资产负债表上与财务核保最密切相关的内容包括固定资产、流动资产、长期负债、流动负债。

（2）损益表反映企业在一个会计期间所有收益（包括营业收入、投资收益和其他收益）与所有费用（包括营业费用、其他费用与损失）。损益表可以评价一个企业的经营成果和投资效率，分析企业的盈利能力以及未来一定时期内的盈利趋势。

通过对上述两种表格的分析，基本可以了解企业目前的经营状况。一般认为，经营效益好、利润高、走势好、无负债的企业为其雇员投保、团体投保或业主投保时，投保高额长期性险种被认为是合理的，否则被视为不合理的。

7）第三方信息

为了证实大保额保单的合理性，还需要通过第三方信息对客户提供的资料进行确认。这样的证据包括：审计师或会计师对财务状况的评估；通过税务员确认被保险人过去三年的收入情况；确认过去三年的税单。

此证据基本上是独立地对客户所提供的信息进行核实。有些地区普遍存在漏税、建立两套账本（一套用于外部审核，另一套才是真实记录）等现象，处理这种情况需谨慎。通常，只有正式的数字才能用作支持大保额保单的证据，但是对于上述情况很普遍的地区，可以考虑使用两套数据的中间值来评估保额。

8）其他信息

尽管所列举的证据多为正式的财务资料，但也有其他类型的证据。报纸经常会披露一些富豪的故事或者列出名次，这些对于衡量客户财产的情况也有帮助。但是对于此类依据一定要谨慎，因为核保员无法知道这些消息的确切来源，很多时候来源于客户自己。

2. 财务核保所需评估的因素

1）可保利益

财务核保首先要考虑的就是确定是否存在可保利益，以确保受益人或保单持有人只是试图获得对保险事故造成损失的弥补,而不是为了获利。如果可保利益是有限的(例如债权人与债务人之间),那么保障就应该限制于利益范围内(例如不超过贷款金额、有效期也不应超过利益存在的时间)。

按照《保险法》的规定,人身保险的投保人对下列人员具有保险利益:①本人;②配偶、子女、父母;③前项以外与投保人有抚养、赡养或者扶养关系的家庭其他成员、近亲属;④与投保人有劳动关系的劳动者。除前款规定外,被保险人同意投保人为其订立合同的,视为投保人对被保险人具有保险利益。

2）投保动机

在进行财务核保时应评估投保人的投保原因(投保动机)。恰当的投保动机需要有明确的投保目的、合乎逻辑的受益人和合理的投保金额。如果动机有任何疑问,必须确认其中没有投机目的。

国内普遍接受的购买个人寿险的财务目的是家庭收入保障,国外除了家庭收入保障外还有遗产规划、捐赠等目的。

3）道德风险

在订立保险合同时,只要没有不纯正的动机,保险事故的发生率必能符合大数法则。但实际上,从保险的历史看,道德风险一直是影响保险事故发生率的一个重要因素。道德风险是指对被保险人的死亡率产生影响的心理状态,是投保人为了谋取保险金赔偿或给付而投保,然后促成或故意制造保险事故,骗取保险金的风险。由于其属于动态风险,故不属于可保风险的范畴。核保人员在核保时应尽可能地避免道德风险的存在。一般情况下,逆选择与道德风险都属于无形风险因素的表现形式。

4）投保的保额是否合理

财务核保中的合理保额是指投保人投保的保额在一个合理的范围内,这个合理的范围和投保人的经济能力、保险需求、投保目的相适应,这个范围通常只有一个最高值,即最高保额是在多少额度以下。确定合理的保额也就是确定投保的最高保额。通常情况下,保险公司是用被保险人在发生保险事故时所造成的经济损失来衡量其生命价值,也即可以被接受的最适合的保险金额。比较常用的确定被保险人保险保障需求的方法是生命价值法,它是按预计个人的工作年数(假设能够正常工作到65岁)乘以每年的收入总值扣除每年个人所需要的生活费用所得的积按利息折算成现值。

影响合理的最高保额的因素通常有以下方面:

(1)保额和收入的情况是否适合。通常情况下,收入越高,合理的最高保额越高,即最高保额和收入成正比。

(2)保额和保险需求是否适合。在一定的范围内保险需求越大,则投保保额越高,即保额和保险需求成正比。

(3)保额相对应的保费和收入是否适合。

(4)保额和年龄。通常,随着年龄的增长,对家庭保障需求减少及远期收入增长能力减少,最高保额也相应减少。

(5)保额和投保目的。

(6)家庭成员的投保保额。

(7)投保人的保险保障意识、生活风格。

(8)收入。收入是指通过劳动或其他途径所得到的金钱和财务。通常有劳动报酬、投资报酬、奖金、继承、赠予等,所以财务核保是不能只考虑劳动工资报酬的。

(9)收入组成。劳动所得收入根据收入的范围可分为三种:总收入、可支配收入、剩余收入。

根据收入的组成还可以分为:显性收入、隐性收入。目前,在国内会计制度不完善的情况下,还有账面收入和账外收入的区别。账外收入的判断是核保员面临的一个重大的难题。

另外,根据收入的来源还可以分为:工作薪水收入、兼职收入、投资分红、利率收益等。其中,有的收入来源是永久性的,有的是暂时性的。正因为收入的组成来源不同,这就给收入的判断带来了许多困难,问题是用什么样的收入来确定和保额的关系。通常,在确定保险金额是否合理时,将收入分为认可的收入和非认可的收入。

一般来说,总的保险金额应为投保者平均年收入的10~20倍。为了便于根据收入情况确定合理的保险金额,大多数保险公司利用年龄因素的保险金额参考表来确定一个被保险人的生命价值。此表为一种最适合的投保金额、年龄及年收入的比例关系表。表中的收入只包含靠自身劳动所获得的收入,不含如果发生保险事故不会受损失的财产,如银行存款、继承的房产等,也不含偶尔投机所得,如彩票中奖。最高保险保额为收入的一定倍数。每个保险公司都会有相关的具体规定。表4-4是中国内地人寿保险公司常用的各年龄段最合适投保金额和收入的比例关系表。

表 4-4　中国内地人寿保险公司各年龄段寿险保险金额参考

年龄	寿险保险金额是年工资收入的倍数
不超过 35 岁	18~20
36~40 岁	16
41~45 岁	10~12
46~50 岁	9
51~55 岁	8
56~60 岁	5
61~65 岁	3
65 岁以上	IC

在大多数保险公司,收入因素表会由于社会经济的改变、保险公司的产品调整和理赔经历而调整,通常可能每 5 年调整一次。核保员并不是机械地只以当前收入是否符合收入因素表做为判断合理最高保额的唯一依据。

(10) 收支结余。由于受传统的社会保障观念的影响,特别是在城市,一般个人和家庭还没有将保险的支出列入日常的支出中,只是在家庭费用节余中考虑支出保险费用,或作为一项投资手段,所以需要分析一下家庭费用的节余。保费占收入的比例,通常不应超过税后个人收入的 20%。

5) 合理险种保额和搭配

核保时要考虑投保方案是否符合需求的合理险种的组合,是否单一的最低费率的险种,根据险种发现被保险人最大的风险所在,如死亡、伤残、疾病、医疗住院费用等。

实际上,几乎每个人均需要各种保险,但不同的人群对保险种类的需求顺序是不一样的:如无医疗保障的低收入者,首先考虑的是医疗保险和意外险,其次才是寿险。

其中重大疾病保险的保额应以得病后的医疗费用加被保险人由此引起的收入减少的费用为判断基础。重大疾病险只考虑相关费用的支出和损失,而不用考虑资产等其他的一些因素,不适合用收入来衡量保额的多少,医疗险、残疾收入险、长期护理险与之相同。目前,对于某些重大疾病,国内最先进的治疗方式单次治疗 20 万元,加上后续的治疗,在中国可以假设治疗费用在 20 万~40 万元,这还要看其他一些因素相应的增减。由于重大疾病保额中包括目前收入的损失和将来收入的损失,所以重大疾病险的合理保额同样随年龄的增加而降低,因为随着年龄的增加,被保险人的预期收入减少。

合理保额的确定主要是考虑意外险和寿险,意外险的合理最高保额可高于寿险,这是因为:第一,意外险应包括高残的医疗费用和被保险人晚年的生活费用,不仅仅是子女的生活费用或遗产。第二,由于意外事故的突发性特点,被保险人意外身故比疾病身故时给家庭带来的经济损失更大。在确定意外险的合理保额时还要考虑到意外险具有保险费低廉、保障程度高的特点,容易诱发道德风险。为了避免逆选择和道德风险的发生,一般将意外险和寿险按一定的比例进行捆绑式销售,意外险和寿险的保额比例定在3:1以下较为合适。

6) 保单持久性

保单持久性是指一张保单或一批保单保持持久的生效状态。如果保单保持很长一段时间的效力,就被认为有很好的保单持久性。保单持久性是保险公司实现预期经济效益的重要因素,通常寿险公司在新契约业务的头几年,尤其在首年,费用开支非常大,需要有良好的保单持续率以在未来的时间产生利润。导致保单持久性不佳的主要原因有以下方面:

(1) 收入:低收入的保单持有人更可能出现保单失效的情况。对投保人来说,按期交纳保险费是一个长期的支出过程,投保人应具有长期交纳保险费的能力,购买保险所支付的保险费也应以不影响家庭的正常生活开支为前提。通常,寿险公司认为投保人支付的保险费占其年收入的6%~20%较为合理。

(2) 职业:低技能的工作人群显示有更高的保单失效率。

(3) 地址变换:如果工作或居住地时有变换,且这种变换并不是因为经济状况改善的结果,则将会有较差的保单持久性。

(4) 以前的失效情况:过去曾经有过保单失效记录的投保人更可能再来一次。

(5) 交费方式:月交保费方式显示有较高的保单失效可能性。

(6) 保险计划:定期险比起其他的普通人身险来说有更频繁的保单失效。

当核保人员面临一份显示有不佳保单持久性的投保单时,要对其保费是否合理、保额是否合理给予更多的注意。有时为了减少一旦保单失效给公司带来的损失,可以采取一定的变通方式。比如,把首年佣金分解成一定的年限分发。

7) 既往投保的分析

既往投保是指投保人和被保险人及其家人、亲人,或企业员工的投保情况,以及既往保单的续保、理赔情况。了解既往投保情况的目的在于:了解投保人及被保险人的投保目的和保险意识;投保人的经济承受能力;保单持续交费的情况和理赔的情况等。

分析的内容包括:被保险人既往的理赔情况;投保人和被保险人家庭成员的保障情况,既往投保的险种和数量(本人、家庭;是否为同一个代理人,该代理人既往的业务水平和工作认真可靠情况如何;被保险人既往的投保是否在同一家公司,是否为多家公司投保;投保的期间和间隔)。通过分析,从中可以反映出被保险人和投保人的保险意识。如果被保险人和投保人的家庭成员均有相当的保险保障和保额,则道德风险的可能性就下降。有资料显示,绝大多数的道德风险理赔案例发生在首次投保或短期内多次投保的人当中。通常情况下,距离首次投保的时间越长,投保保额平均的道德风险越低;短期高额投保往往显示有较高的道德风险。

（三）其他核保因素

1. 职业风险因素

职业及工作性质不同,发生意外事故及患某些疾病的概率也有所不同,所以对于被保险人职业风险的评估也是核保的重要内容。职业上的风险主要分为意外和健康两个方面的内容。

1) 职业意外事故风险

虽然职业意外事故的比例比交通意外事故低,但是某些职业团体仍具有高度的危险性,所以核保时要进行职业危险的选择,其内容包括对危险职业者的识别和对危险职业的评价。

所谓危险职业者是指在统计学上其意外伤害事故的发生率比正常人群的意外事故发生率显著增高的人。决定其是否为危险职业者取决于两个因素:一是工作性质本身的危险程度的高低;二是工作环境中的职业有害因素的高低。表4-5列出了常见的具有高危险性的职业。

表4-5 常见的具有高危险性的职业

职业	工种
高空作业者	航空执勤、飞机试飞员、电台天线维修人员、鹰架工、钢骨结构工、空调安装维修工等
爆破工作者	火药制造者、工程爆破人员
海上工作者	海上打捞、海上捕鱼、海上钻探、潜水员等
矿业、采石和坑道工作者	井下采矿、爆破采石工

续表

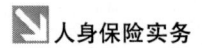

职业	工种
军人	武装警察、爆破兵、空中服勤者
运动和娱乐人员	特技演员、驯兽员
其他	特种营业人员、起重机操作工、土木工等

2）职业健康风险

职业在身体健康方面的风险体现在两个方面：一是生产性有害因素对人体健康的不良影响；二是职业病。对身体健康有明显影响的常见职业有煤业、酿酒业、核能工作者以及面临高温工作环境的职业等。

核保人员对于职业风险的核保是根据职业分类表进行的，职业风险等级为"拒保"的，除纯年金险外，一般不接受投保申请。对有较高职业风险等级的常采用加费承保和限额承保。

2. 个人和生活方式因素

个人和生活方式因素是指那些由于自身行为所产生的不利于健康的风险因素。这些行为产生的风险因素并非无法避免，而是由于社会心理因素的影响或无知愚昧的习惯势力才使人们产生危害自身健康的行为。常见的行为风险因素有：由于消费不当所致的危险性，如吸烟、酗酒等；不利于健康的业余活动，如文体活动过少、赌博等；求医行为方面的风险因素，如不遵医嘱、滥用药物等。调查资料表明，在美国，行为风险因素占全部致病因素的48.9%，在我国占37%以上。

1）资料来源

（1）投保单：有关于被保险人个人信息的详细情况，如出生日期、地址、婚姻状态、职业、资产、收入状况、常住地址及原址的详细信息、爱好及生活习惯、驾驶记录信息、犯罪信息、国外旅行或居住信息、家族史等。

（2）业务员报告书：优秀的代理人可提供有关被保险人职业状况、生活习惯、特别爱好的有价值的第一手资料。

（3）机动车驾驶问卷：可提供被保险人的所驾车辆、驾龄、交通违规等信息。

（4）生存调查报告：可确认和补充有关被保险人职业状况、生活习惯、特别爱好。

（5）特别爱好及高风险运动问卷：针对已告知或已从其他渠道了解的特别爱好和高风险运动，仍难做出核保决定者，可要求被保险人填写相关问卷。

2）核保所需考虑的个人因素

(1) 可保利益。

(2) 特殊爱好。对于一些特殊爱好,因为其会影响被保险人的健康与生命,出现意外的可能性较大,例如饮酒、赛车、登山、探险等,这些有时成为核保的重点。而且对于不同的爱好应予以区别对待。

a. 体育活动。生活水平的提高使人们娱乐和锻炼身体的要求增加,而体育活动是意外伤害中的一个危险因素。目前,国内对各种业余爱好的风险统计很少,核保的结论往往是根据有限的资料和核保人员的经验得出的。

核保时另一个需要考虑的是被保险人从事体育活动的损伤保护和医疗保健质量。如果是成功人士,其常常会得到高于一般运动员的损伤保护和保健措施,而基层运动员及业余运动人员的保护及保健措施相对较差,但亦应视参加活动的时间长短而定。

b. 饮食与烟酒嗜好。饮食嗜好是指被保险人对某些食物的特殊偏爱,这些食物会对健康带来一定的影响。对某些食物的嗜好可导致一些有害物质在体内聚集而影响健康,如酒精、脂肪等。对荤食的过分偏爱可导致脂肪在体内增多而导致肥胖、高血脂、脂肪肝、冠心病等。嗜酒是长期连续地对酒精有特殊的嗜好,对酒精有依赖性,在饮酒量上失去控制且饮酒是绝对主动的。酒精对人体许多系统有伤害,例如消化道、肝脏、心血管系统、神经系统等,研究的数据结果已表明嗜酒大大影响人的寿命。所以嗜酒、酗酒是核保考虑的重要因素。

核保人员如何掌握好嗜酒的核保技术是个很困难的问题。因为核保员对于被保险人嗜酒的资料难以掌握,难以精确计算被保险人的酒量与饮酒频率。通常,核保时应关注如下事项:

a. 饮酒量。确定评估的最主要困难之一,是许多申请人在接受询问时有意或下意识地少报自己每日的饮酒量。如果有所怀疑,在申请提案中对申请人的回答下结论时,可以参考医师关于申请人健康、体征的意见。每日饮酒量以不超过 48g 为宜,否则,将导致对重要脏器的慢性损害。每日酒精克数 = 每日饮酒毫升数 × 酒精度数。

b. 是否有酒后事故。如果酗酒后住过院一次或数次,或出现交通事故、犯罪行为,则可拒绝承保。

c. 是否出现身体健康状况的异常。饮酒后是否出现肝功能的异常、转氨酶的异常,或长期饮酒导致肝硬化,或者出现酒精性肝炎、肌炎。即便没有大量饮酒的病史,但要注意厌食症、恶心和呕吐是大量饮酒的症状,当然这也可能是其他疾病的症状。最近的胃炎、胃溃疡、胰腺炎、肝病、周围神经病或不能解释的房颤应该注意警觉酗酒的影响。对某些没有明显原因的焦虑症、神经紧张、忧郁症的病例,也应该考虑类似的可能。

d. 职业。申请人的职业是决定饮酒量的重要因素。酒馆老板和其他销售、分派酒类的相关职业特别容易接触到酒,饮酒量也会多于一般人。商业管理人员因为经常出差并需要应酬也有类似的状况。在某些国家,重体力劳动工人过量饮酒也是很常见的。

③吸烟。吸烟对人体危害极大,香烟中含有尼古丁、焦油及一氧化碳等有害物质,增加癌症、气管炎、肺气肿、心脑血管疾病等的发病概率,对健康及寿命有重要影响。例如吸烟者患肺癌的发病率是不吸烟者的3倍,吸烟是动脉粥样硬化的主要致病因素。

吸烟多少的评估有两种常用方法:一种是每日吸烟的支数,另一种是以年支计算,所以常常以每日吸烟的量来进行核保。

在实际操作时给予评点加费,对于核保员来说比较困难,被保险人也很难接受,并难以对其进行解释。所以在制定费率时,最好采取分开吸烟者和不吸烟者的费率的办法。不吸烟者的费率低于吸烟者的费率。另外,在被保险人有体重过高、糖尿病、高脂血症、高血压病、冠心病、脑血管病、末梢动脉疾病或慢性呼吸系统疾病时,若伴有吸烟者,应增加相应的评点。

3)药物/毒品滥用的核保

某些药物和毒品无严格的界限,例如吗啡、可卡因等在用于非疾病时就是毒品。药品滥用一样会有害于健康,所造成的损害包括:很快致死,如麻醉药品;短期致死,如吗啡、激素类过量使用;缩短寿命。

对于药物滥用的核保,核保员在核保时需要特别注意的要点包括:被保险人有无药物滥用;为何滥用;所用药物是否会增加被保险人的死亡率或使其受到严重伤害;结合被保险人的健康或医疗状况,该药物是否会影响被保险人的预期寿命。

根据以上情况,一般需要进一步的调查。了解被保险人滥用药物或吸毒的具体情况与程度如何;目前其健康状况如何;是否曾有戒断过而没有戒绝;有无接受治疗;治疗方案如何;必要时应使用专门的药物/毒品滥用问卷。

在做核保决定时,对于被保险人自己有意地使用毒品,有长期大量使用史,或不能戒断史,或身体状况、精神状况、家庭状况不良,或有过恶性事故者,需从严核保。注意,在做出核保决定之前,一般都应对此类被保险人做相应的全面体检。

4)驾驶记录

在意外伤害保险和意外伤害医疗保险中,驾驶常被视为一个重要的考虑因素。驾驶分为职业驾驶和非职业驾驶,非职业驾驶的危险和职业驾驶的危险基本相似,但前者发生危险的频率肯定低于后者。核保时应结合以下因素考虑：①被保险人年龄；②交通违规的次数、性质、时间；③饮酒情况及药物和毒品滥用情况；④某些疾病导致意外发生。

3. 保险计划

虽然保险计划本身并不是影响死亡率的评估因素，但是保险计划对于核保人员仍是要考虑的因素。一方面，核保最基本的目的是防止逆选择的可能，核保人员结合保险计划来判断是否隐含逆选择风险。比如，一个年轻人仅仅投保高额、短期的重大疾病保险，一个50岁的人首次单独投保高额意外险或定期险，这就增加了不利于保险公司风险选择的难度。相反，如果保险计划是一个综合的保障需求，包括养老险及终身寿险，或者说个人的投保是企业给员工福利保障的一部分，则逆选择的可能性就相对小得多。另一方面，对于一个次标准体，保障时间的长短也是影响公司风险选择的因素。短时间的保障，可能以临界标准承保；而终身的保障，核保人员就要考虑其预期寿命可能给公司带来的风险。

投保人所选择的交费方式可能也会成为影响核保最终决定的一个因素。月交保费的保单是保单失效率最高的，支票交费的保单通常有较好的保单持久性。续期业务有利于保险公司的资金稳定运作和客户资源的积累。

四、个人保险核保

（一）分险种个人保险核保

1. 个人寿险核保

虽然人寿保险单的名目繁多，但人寿保险的基本种类只有三种：定期寿险、终身寿险和两全保险。定期寿险是在约定的保险期间内提供保障的寿险产品；终身寿险则是提供终身保障的寿险产品；而两全保险无论被保险人在保险期末生存还是死亡，保险人都要给付规定的保险金。显然，被保险人死亡及伤残发生率的高低将直接影响风险保费的厘定，因此，人寿保险核保的概率基础为死亡率。

在对寿险的核保过程中，总体而言，仍从健康因素、财务因素、个人和生活方式因素等三个方面进行评估，最终确定风险与损害因素对准保户死亡率的影响程度。

寿险的核保考虑过程中，因其具有较为复杂的保险保障，投保人险种的搭配、交费方式的不同等都会影响最终的核保决定。这种保险责任包含了意外身故、疾病身故、疾病致全残、意外致全残、生存年金的给付、在不同时期部分或全部返还保险金等诸多的保障，所以在核保考虑过程中，就必须综合性地对各种风险因素进行全面考虑，并经综合评价后决定承保条件。

核保的要点是确定所收取的保费与其可能发生的赔付相比是否充分。也要认识到核保的效力并不能持续至保单的整个保险期间,仅能维护最初几年的风险控制。因此,对个案来说,最初几年出险可能获得的所有赔付金额与其保费的差额部分是核保员重点要关注的。

1) 保险责任

若产品中除身故责任外还有全残责任,对其个人和生活方式的风险因素等要多加考虑;对含保费豁免责任的险种,还需评估投保人的健康状况、职业和财务状况;对含保险期间内生存金给付的部分应转换做身故保额考虑;对分红部分、满期金部分等可不予考虑。

2) 保额的变化

有的产品保额为平准保额,有的为递增或递减保额,核保的重点为确认被保险人最初几年出险后可能获得的所有赔付金额与其保费的差额。

3) 交费方式

对出险概率基本相同、保额也相同的个案而言,若为终身寿险,短期交费方式相对于长期交费方式风险较小。对定期寿险而言,较短的保险期间虽从生命表的死亡概率来看出险概率较小,但核保员一定要核实其投保动机,排除其逆选择和道德风险的可能性。

2. 个人健康险核保

健康险是指被保险人在保险合同有效期间内,如遭受意外伤害事故或患保险责任范围内的疾病,保险公司则按照保险条款的约定,对因此而发生的医疗费用支出、住院津贴以及失能收入减少、护理费用支出等承担给付保险金责任的保险。

1) 健康险的特点

(1) 以被保险人为受益人。健康险是对因健康原因(疾病、意外伤害等)引起的费用支出或收入损失提供补偿或给付的保险,保险公司不受理指定受益人是为了使被保险人能够得到确切的保障。

(2) 以疾病的发生率和意外伤害事故的发生率为保费计算的基础,而不像寿险那样以死亡率来作为确定保险费率的基础。

(3) 逆选择较寿险多。健康保险不是死亡险种,作为给付条件的保险事故的发生对被保险人的生命威胁不像一般寿险那样大,加之受益人为被保险人本人,保险事故责任范围的界定以及出险后损失的频率与发生疾病的严重程度在一定时期内不具有相对的稳定性,所以这种情况导致逆选择发生的可能性增大。

(4) 为了控制逆选择和道德风险,健康险的保险期限多为一年,少数为三年以上,且往往都会有或长或短的健康观察期限;在理赔时往往有一定的免赔额。

2)健康险的核保资料

由于健康险是以被保险人的伤病发病率为确定费率的基础,且易于发生逆选择,故健康险核保更重视健康风险和道德风险的评估。因此核保要求被保险人的资料要全面正确。健康险核保通常需要的资料包括:

(1)被保险人的告知及健康声明。这是做出核保结论和决定是否要再补充其他有关资料的前提。

(2)业务员报告书。业务员报告书一般提供以下信息:和客户认识的方式和时间;客户是否主动投保;业务员对被保险人健康状况的了解情况等。由于业务人员有机会直接接触被保险人,通过直接观察,可以发现被保险人明显的健康状况不良的外在表现,如听力障碍、发育不良、肢体残疾、呼吸困难等。作为核保过程中的第一环节,业务员对健康险的核保非常重要。

(3)体检报告书。它是体检医生根据核保人员的要求,对被保险人体检结果真实、客观的记录和报告。它可以揭示被保险人未知或者不肯定的疾病,如高血压、糖尿病等;可以帮助提供主要疾病的相关资料,如高血压患者的病情,是否有心脏肥大、蛋白尿,是否有伴发的危险因素,如合并高血脂;还可以对既往症的近期情况提供判断依据,如一年前有肾结石碎石治疗史,腹部 B 超可以了解是否有结石复发。

(4)病历。病历是被保险人在医院就医的记录档案,其中详尽记述了被保险人发病的时间、原因、症状、经过、检查结果、诊断和治疗方法、治疗转归等情况,同时也比较完整地记录了其既往病史和家族史的有关资料,由于其全面、客观、真实,所以成为健康险核保的一个重要信息来源。

(5)特别补充告知问卷。如果在投保书或体检报告书中有异常但又不够清楚,核保人无法做出准确风险评估时,可以让被保险人有针对性地详细说明。常用的疾病问卷有:高血压问卷、糖尿病问卷、痛风问卷等。

(6)生存调查报告。通过生存调查人员对被保险人直接或间接地调查,发现一些故意隐瞒的告知事项、顶替体检行为和体检中没有发现的疾病和缺陷。所以生存调查对健康险的风险评估,尤其是对于逆选择的防范起着十分重要的作用。

核保人员在收集医学资料时要考虑取得这些资料的成本,使用这些资料时也要灵活运用。根据健康险的特点,核保主要考虑以下因素:

(1)专业因素:包括年龄、性别、体格和营养状况、疾病的性质、病程的长短、发作次数和频率、家族史和遗传史、疾病转归以及理赔记录等。

(2)非专业因素:包括保险利益、收入、职业、驾驶记录、道德情况、习惯爱好和生活习惯、是否国外居住等。

综合考虑上述因素的目的是判断将来发生伤病索赔的可能性大小以及避免逆选择和道德风险,同时兼顾理赔的成本和可操作性。

3)健康险的核保决定

像寿险一样,核保人员根据被保险人的风险程度做出标准承保、条件承保、延期甚至拒保的决定。条件承保包括:加费承保、附加限制条件、除外责任以及三者的结合应用。

(1)标准承保。如果被保险人是标准体,就可以在标准保费下享受条款规定的所有保险责任。

(2)加费承保。如果被保险人的伤病发生率高于普通人群,其相对于标准体的额外伤病率风险可以通过加费的方法来抵消。其优点是不改变公司承担的保险责任,客户可获得足额保障,减少理赔纠纷。缺点是不利于防范逆选择,因为对那些有逆选择的人来说,他们为了获取足额的保障,并不会在乎增加的额外的保险费。

(3)附加特别约定承保。这是一种在原来费率的基础上,就被保险人已有的额外风险,做给付上的限制或减少的承保方法。其具体有以下方面:

一是缩短保险期间。适用于风险呈递增的各种较严重的慢性进行性的病症,可避免公司因时间延长而承担过高风险的可能。

二是限额承保,降低公司可能承担的风险。适用于递减型的健康风险。另外,因为住院补贴型医疗保险是对因住院而造成的收入减少的补偿,所以规定日补贴金额应不超过日工资额的80%为宜,而且此日补贴金额应将被保险人在其他保险公司投保的日补贴金额累计计算。由于目前医院管理不规范,住院补贴医疗保险极易产生逆选择,因此应对家庭主妇、无业人员、学龄前儿童等无收入者或退休人员限制保险金额或限制投保档次。

三是提高免赔额。适用于发生概率高、责任较难认定的小事件风险,比如意外伤害医疗的门诊、急诊责任。

四是延长免责期。免责期是在保险公司开始承担保险责任并因保险事故发生而给付保险金前,必须要等待的一段时间。对于医疗费用保险,免责期从保单生效开始,在这段时间内发生保险事故,保险公司不承担保险金给付责任。对于失能收入保险,免责期从失能发生时开始。这种处理方式适用于近期危险程度较大或是病程短且可完全康复的疾病,以及失能风险呈递减型的病症,可避免带病投保。

五是附加除外责任特约。除外责任一般用于投保前已患的疾病,或者投保前虽没有疾病表现但将来很有可能出现的伤患。

（4）延期承保。它是对目前患有较严重疾病或某些疾病处在严重阶段，但经过适当治疗和一定时间后可以或可能治疗的疾病采用的核保决定。有些严重的疾病虽然已经接受良好的治疗，甚至临床治愈，但由于在一定时间内还不能肯定其严重的影响是否可完全彻底消除，通常也采取延期的方式。

（5）拒保。是对目前正患有严重疾病或投保动机不纯、有较大道德风险的客户的处理办法。

3. 个人意外险核保

1）意外险的特点

意外险，是指在保险期间内因发生意外事故致使被保险人死亡或伤残，保险公司按照合同约定给付保险金的保险，国外又称为平安险或伤害保险。其各种给付项目通常包括死亡给付、伤残给付、医疗费用给付、丧失工作能力收入给付等。意外险的特点是：

（1）保险费的计算是根据保险金额的损失率而定，这种方式的考虑是基于被保险人发生意外伤害的概率取决于其职业、工种和其所处的生产、生活环境。

（2）保险金额的给付数额与伤害程度和实际损失基本一致。在意外险中，保险金既可按约定的保险金额给付，也可以在保险金额限度内补偿全部或一定比例的实际损失，且意外保险多有一定的免赔额。

（3）保险期限短，一般不超过1年，但目前市场上也有多年期意外险保单出售。

（4）保费低廉。意外险的核保概率基础为意外事故发生率，其费率显著低于寿险。

2）意外险核保的考虑因素

意外险核保通常考虑的主要因素包括：职业、生活环境、驾驶习惯、性别、年龄、专业或业余体育活动、移民和国外居住、特殊爱好、财务状况、道德风险。其中尤其要注意以下几点：

（1）年龄。意外险核保最主要的因素莫过于被保险人的年龄，许多保险公司规定被保险人的投保年龄不超过65岁或70岁。

（2）健康。在考虑健康因素时，其重点是考虑某些健康损害可能增加意外事故发生的概率，如失明、聋哑等；某些疾病可导致出险理赔时认定意外责任的困难，如中风、高血压、癫痫等；某些不良因素或习惯增加意外的发生概率，如酗酒、药物滥用等，通常对有酒精滥用者不予承保意外险。

（3）道德风险。由于意外险具有保费低廉、保障程度高的特点，且又多是一年期险种，容易诱发逆选择和道德风险。意外险核保时一定要注意被保险人有效累

计意外险保额,防止被保险人累计保额过高,从而防止道德风险的发生。对于以下几种情况在做出核保决定前应特别注意:

a. 短时间内在多家公司重复投保。

b. 短时间内多次投保以意外保障为主的险种。

c. 企业的经营状况不良的私营业主投保高额意外险。

4. 重大疾病险核保

1) 重大疾病险简介

重大疾病险本质上是健康险的一种,其产生与发展的直接原因得益于现代科技的进步,特别是医学科技的迅速发展,致使各种医疗检查、治疗费用昂贵,特别是几种或十几种特定的重大疾病在治疗时的花费更非一般家庭所能承担。基于这一原因,重大疾病险得以迅速发展并在相当大的程度上被人们所接受,并成为国内目前健康险中保费占比最高的险种。

重大疾病险在国外已有相当深入的研究,主要集中于心肌梗塞、冠状动脉搭桥术、脑血管疾病、慢性肾功能衰竭、四肢瘫痪、重大器官移植及恶性肿瘤七种,但随着研究的深入和对重大疾病认识的不断深入,后又陆续发展了诸如暴发性肝炎、大动脉手术、心源性休克、严重烧伤、重大眼疾、弥漫性播散性血管内凝血、肺栓塞等30余种疾病,但目前通用的仍为最基本的七种重大疾病。

重大疾病险的主要特点是几种或十几种重大疾病的发病率、发病年龄比较客观、稳定,且随着医学科技的发展,通过有效的检查和及时的治疗,有望救治。所以,不仅在核保的尺度上易于掌握,而且在精算上有较为准确的数据可资借鉴,在核保中的特别加费上多采用增加特定百分比的费率方式,简便快捷。大多数重大疾病保险所保障的疾病的特点都是有非常高的最初死亡率和首次发病存活后高的额外死亡率。

2) 重大疾病险核保考虑的因素

由于其保险责任均围绕着与保险条款内容相关的几种重大疾病,所以重大疾病险的核保主要考虑以下因素:

与重大疾病有关联的现病史。

与重大疾病有关的既往病史。

吸烟与饮酒等的特殊嗜好。

目前身体状况。

与重大疾病相关的家族史或遗传倾向。

年龄。

性别。

与重大疾病有关的职业因素。

概括来讲,重大疾病险核保须考虑以下因素:

a. 主要危险因素。是指对重大疾病有直接影响的因素,一般包括以下因素:高脂血症、高血压、吸烟、家族史。

b. 次要危险因素。是指对重大疾病有间接影响的危险因素。它们虽不如直接因素那样对重大疾病的发生影响那么大,但作为相关因素,评估时仍应加以考虑并适当评点。主要有:长期饮酒、高甘油三酯血症、高尿酸血症、体重超重、危险职业、心电图异常等。

c. 道德风险的防范。由于重大疾病死亡率极高且治疗费用十分庞大,人们一旦罹患就往往会产生一种截然不同的生活态度。一是设法生存,二是安排后事。这种情况足以促使那些已自觉身体某些机能衰退,可能患有重大疾病的人隐匿不告、带病投保。

3) 重大疾病险核保决定

重大疾病险的核保是一般健康险核保的延伸,不同的是,重大疾病保险是对某些特定的疾病进行的赔付,由于是治疗前给付,同时风险程度较普通寿险和健康险为高,所以核保和承保条件更严格。

(1) 对以下情况必须拒保:

a. 正在患有或者既往病史中有任何一种属重大疾病范畴的疾病,如冠心病、中风、恶性肿瘤、肾功能衰竭、瘫痪、器官移植等。

b. 正患有任何一种与重大疾病有较大关联的疾病,如高血压、糖尿病、动脉硬化、慢性血液疾病、慢性肝病、慢性泌尿系统疾病、克隆氏病、重度痛风、溃疡性结肠炎、家族性结肠息肉病、慢性萎缩性胃炎伴肠化生等。

c. 对曾经或正在患有与重大疾病无关联的疾病,只要其额外危险率超过150%,如类风湿性关节炎、精神异常等,也应拒保重大疾病险。

(2) 通常情况下,重大疾病险核保要比一般的人寿保险严格,健康评点要高一些,比如对乙型肝炎病毒携带者。但也有极少情况下,重大疾病险评点反而比寿险低,比如慢性支气管炎。

(3) 由于目前国内寿险公司的许多长期重大疾病保险条款同时含有非重大疾病死亡和意外死亡的责任,因此核保时必须还要参考一般寿险评估因素。

(二)特殊人群核保

1. 儿童险核保

在人身保险中,并没有关于儿童险的特殊划分,但在实际工作中,常常会遇到婴儿和少年作为被保险人参加保险的情况。常常把专为此组人群设计的保险条款称为儿童险或少儿险种。

在保险公司出售的保险单中,儿童险可为长期险、定期险、中短期险(保险期限为1~5年)。它的特点是包括的责任范围较为广泛,疾病、意外及教育金都是必须要考虑的重要因素。目前,我国的一些寿险公司也已意识到这一情况,为更好地防范风险的发生,已采取类似的出生后若干时间内不允许参加投保的方式。对于三岁以下年龄偏小的被保险人,由于其身体素质、遗传状况、身体抗病能力等方面都不及年龄较大者强,所以对于他们的疾病致残、疾病致死亡等健康因素的考虑尤其应放在突出的重要地位。而对于10岁以上的被保险人,特别是14~18岁的少年,由于其生理发育逐渐开始成熟,但心理发育不成熟,对人生、社会的认知处于一种朦胧的萌芽阶段,尤其需要考虑其意外事故的发生率。所以,同样为儿童险种,针对不同年龄段的被保险人,有着不同的考虑侧重。

因被保险对象年龄的关系,在核保时同样地会考虑社会因素、道德因素。重点考核投保人、受益人与被保险人的关系,监护人签字的合法性,以杜绝道德风险的发生。

依上述情况,在儿童险核保过程中需要考虑的因素分别为:年龄、健康状况、出生时状况(3岁以下)、家族史、家庭生活状况、投保人、受益人,道德风险以及投保险种。

在做出核保决定前应注意以下几点:

(1)保险利益关系。未成年人投保含身故责任的保险首先要求投保人、被保险人之间存在保险利益关系。我国《保险法》规定投保人不得为无民事行为能力人投保以死亡为给付保险金条件的人身保险,保险人也不得承保。只有父母为其未成年子女投保的人身保险不受上述限制。如果投保人不是未成年人的父母,比如是其祖父母或家庭其他成员时,一定要有父母的签字确认。尽管有些地方法律允许这种投保申请,但核保时还是应尽可能获得符合逻辑、理由充分的解释。有的时候出于担心被保险人的祖父母对被保险人的健康状况不一定了解,核保时往往要求被保险人父母对健康告知也签字确认。对于被收养的儿童,只有完成法律上要求的收养手续后,收养人才能为其投保含身故责任的保险。

(2)保额的确定。对于儿童作为被保险人的人寿保险一直以来都有所争议,不同的文化背景有不同的观点。总的来说,这一领域的核保一定要慎重,不应只给儿童投保,儿童的保险应该是作为整个家庭保障计划的一部分,而且家庭中每个孩子的保障应该是相当的。如果一个家庭的众多孩子中仅为一个投保或者其中一个的保额较其他的高很多,核保人员就应调查其原因。在儿童保险中,以作为今后教育费用为目的的含有投资成分的保险计划是比较理想的,而不应该鼓励给儿童作单纯的高额寿险保障计划。另外父母的财务状况也很重要,如果父母双方均无工作,则不应该接受其对子女的保险申请。

(3)健康因素的核保。对于未成年人投保,一般不要求进行体检。对于三岁以下的儿童应重点考虑其出生时的健康状况,如健康评分、疫苗接种情况、先天性疾病的患病情况,尤其对于一些不常见疾病如川崎病、大脑黄斑变性综合症、小婴综合症,由于统计资料太少,缺乏相应的经验,核保时应慎重;4~12岁的儿童应重点考核其智力发育状况、体格发育状况;13~18岁的青春期少年应重点考核其体格发育状况、家族遗传病如糖尿病的发病状况等。

(4)含有保费豁免责任时的核保。当为未成年人投保含有保费豁免责任的保险时,核保人员还要适当考虑投保人的可保利益是否存在,一般会对投保人的年龄、性别、职业、体格以及既往病史进行综合考虑。如果健康记录或告知事项表明投保人的健康状况可能有明显异常,则需要进一步针对性体检。只有在投保人是优质风险、标准风险或轻微次标准风险的情况下,才可以接受其作为投保人为未成年人投保含保费豁免责任的保险。

(5)核保时需注意的其他情况。对于未成年人投保,如果有以下情况出现,核保人员应慎重审核,仔细分析,排除可能潜在的逆选择和道德风险。

兄弟姐妹之间保额差别较大。

子女的身故保额超过父母。

为被收养者投保。

被保险人间断居住在两个家庭(如在父母离婚时)。

被保险人有体格或智力发育异常。

病史记录中有频繁的或原因不明的外伤或皮肤青紫淤血等(可能是家庭暴力的结果)。

2.老年人核保

根据年龄与死亡率曲线,核保员通常将成年被保险人依其自然年龄分为三类:18~40岁为年轻人;40~60岁为中年人;60岁以上为老年人。正常情况下的衰老称为生理性衰老,它是生命过程的必然结果。

鉴于老年人的生理特性,保险公司在保险产品的设计过程中,老年人的保险费率会随着年龄的增加而提高,而由于已过了退休年龄,老年投保人的收入来源明显减少,所以在对老年人进行核保评估时,核保员应重点考核其投保动机、保费来源、受益人是谁,除纯养老保险外还应详细了解其健康状况、家庭及生活状况(对于健康险及高额保险尤为重要),并进行体检。而对于纯意外险我们只需通过询问排除逆选择风险即可承保。

3. 其他特殊人群核保

在核保实务中,为了简化操作程序,核保员通常针对健康风险或职业风险明显有别于一般人群的被保险人群体制定相应的承保规则,以便迅速地做出核保决定。在此,重点阐述残疾人、军人、孕妇作为被保险人时的核保要点。

1)残疾人核保

每个保险公司对残疾人的核保会有特殊规定。针对不同的残疾部位及程度、残疾发生的年限、是否合并相关疾病及后遗症、有否正常固定的职业及收入且生活能否自理、保险责任等会有详细的规定。对残疾人承保有残疾给付责任的险种时,应在投保单上注明残疾状况,除外已残疾部位的保险责任。残疾人作为被保险人,一般不承保附加意外伤害医疗保险,对轻微残疾者(如一手指缺失等),核保人可酌情承保。在投保附加住院医疗险种时,核保员根据被保险人残疾部位及程度决定是否做特别约定。残疾人员作为投保人投保含豁免保费条款的险种时多不予受理。残疾情况不明确者需做物理体检及面晤,必要时可增加体检项目。

2)军人核保

军人的职责是准备战斗,而战斗带来的结果是可能出现伤残或死亡,战争或军事行动的结果如果让保险公司承担其损失,对保险公司来说可能是灾难性的。所以,保险公司在承保以被保险人身体、生命为标的的保险时通常将战争、军事行动、暴乱及武装叛乱作为除外责任。在和平年代,对现役军人的投保申请一般按以下原则处理:

对爆破兵、防化兵、潜水员、防暴警察、负有布雷爆破任务的工兵、空中及海中服役者等高风险特殊兵种、警种,绝大部分不承保有身故、残疾责任的保险。

军队、警察的内勤人员、文职人员可按一般人员承保规定执行。

军校学生、警校学生等在统计数据上显示保单失效率和意外死亡率较高,绝大部分保险公司不予承保或对保额有所限制。

3)孕妇的核保

女性在妊娠期间及分娩过程中有一短暂的高死亡率阶段。妊娠妇女的死亡率高低,通常由其体质、年龄、生活环境、营养状况、过去分娩次数及有无合并其他疾病而定。核保人员在审核妊娠妇女的投保申请时,对于被保险人孕期不足26周者,需提供产前定期检查报告,并了解其既往妊娠及分娩史,如证实其健康状况正常的,可以投保,但对其保额会有所限制。对于产后、流产后及宫外孕术后的被保险人需延期承保 4 周以上且无并发症时方可接受投保。怀孕至产后 4 周期间,不接受住院医疗及住院补贴等附加险的投保。

五、团体保险核保

(一)团体保险的概念及其特点

1. 团体保险的概念

团体保险是指使用一份总的保险单承保同一团体中全部或部分符合投保资格的成员的一种保险形式,该保险通常是由一个组织(例如一个雇主或一个机构)来投保的。在国外,团体人身保险是企业雇员福利计划的重要组成部分,与个人保险、社会保险并列为经济保障制度的一大支柱。团体保险的保险费由雇主负担或由雇主与受雇员工共同负担;对象为全体受雇员工,或依雇佣条件,仅为部分员工提供保障,不予个别选择,以受雇人的利益为目的而签订保险合同。但在保险费由雇主与受雇员工共同负担,且以全体合格员工为保险给付对象时,必须要有受雇员工的 75% 以上人员参加保险。

2. 团体保险的特点

由于在销售组织、风险类型和经营管理等各方面均与个人保险有很大的差异,保险公司往往把团体保险和个人保险作为单独类别独立经营。但团体保险在根本上并不是一个不同的保险类别,只是在组合、定价、管理和核保方面采用了与个人保险不同方法的一类人身保险业务。团体保险具有以下特点:

1)团体保险的核保对象为团体

团体保险核保的对象不是被保险人,而是团体的性质、规模、稳定性及组成等。承保团体保险的保险公司关心的是整个团体的可保险件,实务上,团体保险一般无须个人体检和可保证明书。但保险公司在进行团体保险承保时往往对其中的异常人群还要进行体检或调查。

2)团体保险形式是以一张保单保障同一团体内被保险人

团体保险合同是保险公司和投保人(企业团体)之间的契约,亦即企业团体是保单持有人。大多数的团体保险单持有人是企事业单位或雇主,保险公司向每一被保险人发一份保险凭证,保险凭证上只有被保险人的姓名、受益人姓名、保险金额、领取保险金的开始时期等内容。不能将被保险人持有的保险凭证视为保险人和被保险人之间的契约,被保团体的成员与保险人之间没有直接关系。

3）成本低、保障高

团体保险由于风险分散和集体投保的原因,所以成本较低,可以以较低的保费获取保险保障。一般而言,在相同给付条件下团体保险的人均保费要比个人保险的费用低廉。

4）定价简单

团体保险的定价不像个人保险那样需要许多保险精算理论,保险费率通常以经验费率为主,但个别团体的实际经验对保费的调整可能有决定性的影响。团体保险费率的厘定,主要考虑投保团体所属的行业、职业特点、以往的理赔记录等,其中理赔记录是决定团险费率高低的主要因索。

团体保险合同可持续很久,其效力不因个人脱离团体而削减,同时对于新进人员只要其符合投保规定,亦可加人原有的团体保险。

（二）团体保险核保的基本要求

团体保险的核保人员必须要了解投保团体保险的风险性,从而可确定投保团体所能接受的承保条件并厘定费率。团险核保的主要目的有二：一是维持团体内危险的公平性,避免逆选择。二是维持对团体保险经营的最低成本。

团体保险的核保是一个复杂的操作过程,基本上要求审核以下几个方面的内容：

1. 合格的团体

1）团体的类型

团险投保人必须有签订保险合同的合法权利,投保团体必须是正式的法人组织,从事特定的业务活动,独立核算。尤其重要的是,投保团体必须是一个"自然"团体,即该团体不是为了其成员参与保险目的而成立的。这一原则旨在减少逆选择,如果团体是以取得保险这一特定目的而集结起来的,则团体中健康状况不佳的人所占的比例就会过大,保险公司的赔付风险增加。对于哪一种团体适合投保团体保险,不同国家和地区、各家保险公司之间都有差别,但大致可归为五大类：单一雇主雇用团体、多雇主雇用团体、工会团体、信用团体（债权人——债务人团体）、其他团体。

2）合格团体的原则

合格团体的要素通常包括：一是合格的团体必须是已存在的团体,不是为了保险的目的而组织的；二是成为团体成员的条件必须清楚,必须有明确的资格定义；三是为了保证风险的合理分布,团体有最低成员人数要求或者最低参保比例要求；四是全部投保或有符合规定比例的人员参保；五是保险金额相等；六是时间统一；七是团体保险的保单持有人应能够做一些人事管理以及与保险计划直接相关的管理工作；八是团体中的成员要富有流动性,有固定的新成员来源前景；九是参加团体保险的团体必须是长久存在的团体和稳定的团体。

2. 投保人数的限制

关于投保人数有两个问题:一是最低人数限制;二是投保人数占总人数的比例。首先团体保险的特点是信誉度高、道德风险低,所以在核保时不太考虑最多人数。但对最低人数有要求,其理由在于一是减少对被保险人的个别选择,而使其享有较宽松的核保和低保费;二是分散成本,借以降低每个被保险人的费率。国外,通常将最低人数定为10人,国内的监管规定要求团体成员在5人以上,各公司的运作也有不同,人数少时应考虑增加费率。其次看投保人数和总人数的比例。通常,在保费不分摊支付方式(即雇主负担全部保费)之下,凡是合格的员工均应参加。在保费由单位和员工分别摊付的方式下,参加保险的人数须占符合参保条件的总人数的75%以上。

3. 给付计划表

团体保险投保人可以为团体中的全部成员投保,也可以为部分成员投保。保险金额不能由雇主和雇员任意选择,团体保险对每个被保险人的保险金额按照统一的规定计算,要么整个团体的所有被保险人的保险金额相同,要么按照被保险人的工资收入、职位、工龄等因素分别制定每个被保险人的保险金额。在设计给付计划表时要考虑的因素有被保险人的收入、职位、服务年限、年龄等。因为收入是职位、服务年限及其在团体中重要性等的综合体现,所以通常根据员工的收入来制订给付计划表。给付计划表如表4-6所示:

表4-6 团体保险给付计划表示例

被保险人	月收入(元)	职务	保险金额(元)
王某	2 000	文员	25 000
刘某	5 000	经理	60 000
李某	10 000	总经理	120 000

有的单位有时也根据保费制订给付计划,但须制订给付计划的统一规则,不允许有个别选择。

保险金额即根据给付表每位员工的保险金额依一定的原则所定,不允许有个人的选择。通常决定保险金额的方式有五种:①所有被保险人采用同一金额(same amount);②以被保险人的薪金(salary)额为基础;③以被保险人的职位(position)

为基础;④以被保险人的服务年限为基础;⑤选用上述两种以上的方式为基础。核保人员在进行核保或要求投保人改变决定保额的方式时,需考虑此五种方式的优缺点。总之,应注意把个人保额与总保额的比例保持在适当范围内,以避免个人死亡给付影响到全体被保险人的死亡给付费率。

4. 保费分摊

团体保险费的支付方式有两种:一种是保费不分摊,即由单位全部负担保险费;另一种是保费分摊,即由单位和员工共同负担保险费。

(三) 团体保险核保考虑的因素

在团体保险核保时,核保员要审核投保团体的特征,评估所申请的保障和服务类型;另外,对于续保和转保的业务,要评估投保团体的既往索赔经验。投保团体需要在人员数目、保险计划设计和管理过程等方面都满足保险公司的要求。团体风险选择应考虑的因素可分为基本因素和其他因素。其中基本因素包括:投保团体的投保动机、投保的最低人数、投保的人数比例、最高保额限制,以及员工选择保额的权利等。其他因素包括:保费分摊方式,员工的流动率,团体的大小,团体的成员、职业、工作环境、区域经济状况等。

具体核保时主要依据下列两大方面对整个团体进行风险选择评估:第一,投保团体的特征;第二,保障的特点,即投保的险种。风险选择的目的是将团体的性质进行分类,即分为标准团体、次标准团体、高标准团体。表4-7是两个方面包括的风险评估因素的概括。

表4-7 团体保险的风险评估因素

保障的特点	投保团体的特点
保险计划	团体存在的原因
保险管理计划	团体的类型
佣金支付模式	团体的稳定性
	团体的大小
	团体的地理分布
	行业性质
	雇员的分类
	参保比例
	年龄构成
	性别构成
	共同被保险人
	保单持续情况
	既往保障和理赔经验

1. 工作性质

这里的工作性质是指工作对死亡危险和身体伤害危险的影响程度。有许多危险职业的团体,例如消防队团体、矿工团体、特技表演的团体、出租司机的团体等,可参照个人投保时的职业分类方法。对于高职业风险的团体,可进行职业加费。拒保团体一般有海上渔船船员、液化气油罐车司机及随车人员、远洋航运的水手、潜水工作人员、爆破工作人员、火药爆竹制造处理人员、战地记者、特种兵等。如果在一个团体中有部分属于拒保或高危险的成员,则结合其他因素进行综合权衡。

对核保员来说,团体稳定性意味着团体有持续而且稳定的年轻的新成员进来,以代替或者至少平衡年老成员逐步增加导致的年龄结构老化。对于成员轮换率过高的投保团体,为了避免逆选择,可对参保成员规定资格条件:投保当时不在岗的新雇员必须工作一段时间后(视团体的大小,可为3~6个月)才具有参保资格。

2. 参加人员的数量及比例

保险公司在团体投保时对参加人员的数量和比例都有较严格的规定,并且在核保时常常将此作为一个特别重要的因素。在有人员进出改变了人员构成的稳定时,则应告知保险公司,保险公司可作一些必要的处理。

如上所述,依据保费负担的方式,团体保险计划可分为"保费不分摊保险"和"保费分摊保险"。对于保险人来说,团体保险尽可能要求参保比例接近100%。保费不分摊的保险要求团体中所有符合资格的成员均应参加,而保费分摊的保险一般亦要求投保人数占总人数的比例应在75%以上,除此以外还应考虑保险金额的分配应符合预定的规则。

3. 单位性质

单位性质是指投保团体的组织结构及功能,其经营状况如何,资产的属性如何,人事管理状况如何,是何种特定的团体。核保时考虑单位性质就是从这些角度出发考虑团体的总的风险程度。

单位的性质还要考虑投保团体是长期稳定的还是临时组织的,是官方的还是民间的。一般对临时组成的团体不予投承保体保险或做特殊承保,考察队、观光团等这些团体可参加一些短期的旅游平安保险。

单位的地理分布也是一个重要因素。如果同一团体的成员分布广泛,比如分布于不同的地区甚至国家时,则应考虑两个重要的因素:①所在地区适用的保险监管制度;②各所在地区不同的死亡率和残疾率。

4. 团体成员保费分担情况

前面已经谈到团体保险保费的支付方式分为个人分担保费的保险和个人不分

担保费的保险。团体保险核保时在充分了解了这些情况后,再结合投保人数和比例来分析有无逆选择存在并影响到该团体的平均死亡率,从而使其成为次标准团体。

在保费不分担的保险中要求所有合格的成员均参加。而在个人分担保费的保险计划中,保险投保人通常支付的保费不应低于25%,并且参加保险的人数比例不应低于合格成员总人数的75%。如投保人所分担的保费低于25%,可能会导致保险人数不足,使逆选择的可能性大大增加。

另外还有一种情况,即团体可能投保多个险种,其中一部分是个人不分担保费,另一部分是个人分担保费。个人不分担保费的要求所有人都上保险,而个人分担保费的不是所有人都愿意投保,特别是一些自认为属于低风险的人不愿意参加,所以逆选择的可能性增加。保险公司在这种情况下,就应要求参加个人分担险种的人数不能低于一定的比例,如50%、75%等,并且要对此险种进行专门的核保,要求参加的成员提供健康证明资料,或要求其进行体检,然后做具体的处理。

5. 年龄、性别

核保人员在进行团体保险的核保时,要评估团体平均死亡率,必须考虑性别比例和年龄结构。因为女性寿命通常长于男性,其预期死亡率低于男性。而平均投保年龄年轻的团体,其预期的死亡率和疾病发生率要比高龄团体低。

6. 给付分配情况

核保人员核保时要查看投保团体的给付计划表,看其是否严格地按照前面所讲的一些规则,如根据工资、职位等制定保额,看有没有低工资、低职位的员工有高保额情况,若有的话是什么原因,都应予以调查。

7. 既往的经验

对于有在其他保险公司投保经历的团体,保险人应全面了解其相关情况,主要包括:①转保的原因;②向原保险公司支付保费的规模;③该团体的理赔经验;④原承保人有关承保规则;⑤费率变化情况。通过对这些信息的掌握,可以对该团体的风险状况进行初步的评估,并特别注意防范其逆选择的可能。

8. 其他

1) 保险计划

核保人员在面对一个团体保险计划时,尤其要注意两个投保要素:被保险人的资格要求和保障水平。

设定被保险人的资格要求是为了防范逆选择,资格要求包括两个方面:一是资格条件,严格的条件是为了排除一些只为了参与保险而加入团体的个人。二是投保条件,用于明确规定某个符合条件的雇员于何时或如何可以参加保险。

保障的水平包括保障类型和保额的高低,团体保险合理的保障水平和分布是减少逆选择、降低管理成本的重要因素。核保人员须根据险种的不同而予以各有侧重的核保。

2) 管理计划

许多团体保险计划需要投保人主动积极地参与保障安排与相关管理工作。对一个个人健康险投保人而言,所做的工作就是申请、保费支付以及可能的理赔申请,其余的保全工作全由保险人独立完成。而对于团体保险,投保人起着联系保险人与众多被保险人的作用,从而在保单的后续管理中扮演十分重要的角色。

3) 佣金支付模式

如果核保人员觉得投保团体长时间持续投保的可能性不大,则代理人佣金支付应采用数年分期支付,而不能在首年一次性支付。这样,一旦保单在第一个保单年度结束时失效,保险人不至于因费用过高而蒙受损失。

4) 预期保单持续情况

为了尽可能减少因为退保导致的损失,核保人员应评估投保团体的预期保单持续期。如果一个团体过去有反复退保史,则需要对早期退保的风险进行额外加费。

(四) 团体保险核保的要点及一般规则

1. 团体标准

1) 投保单位

团体保险业务所称的团体系指依法成立的企事业单位、机关、社会团体及其他组织,或是以参加大型社会活动或文体活动等而组建的团体,而不是以购买保险为唯一目的临时组建的团体。

2) 参保比例

法人投保的团体保险业务,投保团体成员人数等于或少于8人的,该团体符合投保条件的所有成员必须全部投保。投保团体的成员人数多于8人的,投保成员人数应不低于该团体全部人数的75%,投保单位须在投保单上注明参保比例。

3) 参保成员资格

团体保险的被保险人应为身体健康、能正常劳动或工作的全日、正式的单位成员。最重要的资格条件是要求雇员在公司的薪水册上,或专职或兼职,属于法定的保险利益主体范围。年龄和工龄的限制较不重要,一般由雇主来判断。团体保险要求只有在保险开始日或更新日,正在工作的员工才可以参加保险(无论是强制或自愿参加)。投保当时不在岗的员工必须在入职工作一段时间后方具有参保资格。这段时间的长短取决于保险计划的大小,因为在小的保险计划中,团体为了保险而特别组成的可能更大,其危险也会更大。

员工参保分"强制成员制"和"自愿成员制"。与"强制成员制"相比,"自愿成员制"存在逆选择的风险,因为其中认为自己更需要保险的人才会参加保险。

投保有身故保障性质的险种应取得被保险人同意(通过书面、员工大会、职代会等形式),除书面形式外,以其他形式取得被保险人同意的还应同时提供投保人声明,并加盖公章。

4) 保障的程度

保障水平(保障的范围和保额)对保险人和被保险人都十分重要。如果保障水平超过正常的保险需求,则会促使被保险人过度利用团险计划,从而导致高赔付;反过来,如果保障水平太低或者保障在员工间的分配不合理,则会影响参保积极性,达不到期望的参保率。

团体中每个成员的保额应由整个保障计划自动决定。每位员工保障的程度应由预定的标准或规则来决定,而不允许有个人的选择,以避免由于其中的成员自由选择保障范围和保障程度而造成的逆选择。

一般情况下,团体中每一被保险人的保额、交费方式和保险期限应一致。

2. 最高保额限制

团体保险中最高保额与平均保额的关系应有一个合理的平衡。其目的是排除少数人对个人保额的选择,以及总保额不成比例地集中在少数人身上。通常成员中最高保额不应超过平均保额的3倍。但在实务上往往有些团体会要求对其高级管理人员提供较高的保障,由于这些人对投保团体的保险具有决定性的影响,因此保险公司仍需考虑其要求。在此情况下,核保人员应注意此类高级管理人员的参保比例,最高保额是否符合相关法令或保险公司决策的规定,以及有无逆选择存在。

3. 费率厘定规则

团体保险费率的厘定应遵循三个原则:①充分的保费应能满足管理费用及保险金给付的需要;②保费公平合理;③费率具有市场竞争性。团体保险的费率厘定需考虑的因索包括被保险人的死亡率(发病率)、利息因素(预计保单利率)和附加费用因素。一个团体保险计划的定价涉及多层次的处理,包括:根据基础费率表进行统一费率的初始计算,具体团体经验的应用并考虑其他费率影响因素,佣金和管理费用等。

团体保险的费率厘定方法包括表定费率法、经验费率法和混合费率法。其中，确定表定费率的数据来源包括市场经验、人口统计、保险公司自身的经验数据、已公布的社会精算数据、个人保险的费率表和统计表等。团体寿险的费率是以投保团体内的被保险人年龄、性别及保额加权平均计算而得。团体意外伤害保险则是以被保险员工的职业类别费率及保额加权计算，若职业风险太大者，则需根据职业再加费。

经验费率是团体保险定价的一个重要的特征。由于团体保险有资格条件和投保条件的要求以及责任免除事项等，比个人保险面临的逆选择风险小，故团体经验比一般人口经验更加有意义。从保险人的角度看，经验费率有以下三个明显的优点：①经验费率的方法有助于保险人对不同的团体收取的保费与其风险一致，符合保费公平的原则；②经验费率的方法有利于市场竞争；③经验费率有利于消除投保团体的逆选择。

混合费率是指采用表定费率和经验费率相结合的办法。如果一个团体已经有了部分经验数据，但又不足以单独作为定价的依据时，就需采用混合费率。此时，根据特定团体的实际情况，给其理赔经验数据设定一个"可信系数"，以百分率表示，则混合费率＝经验费率×可信系数＋表定费率×（1－可信系数）。

4. 团体保险体检标准

团体保险被视为免体检保险，一般不需团体中成员提供可保证明，不对团体成员的个别危险性和早期理赔的可能性作调查。团体保险中通常设有免体检保额，免体检保额是指一个团体保险的单个成员不经过个人体检核保而直接被接受参加保险的最高限额。免体检保额越低，说明核保越严格，通常理赔经验也越好。在实际设定免体检保额时，通常要考虑的因素包括：①保险计划的大小。对于小的计划，次标准成员在团体中所占的比例相对要大；②保险计划是强制性还是自愿性；③保险金额的分配和平均保险金额等。

5. 特殊人群核保

团体保险中，个人核保方法的应用因团体保险计划的不同而不同。对于大的强制性计划可以是一个简短的健康声明，对于小的自愿性计划则需要一份完整的申请书以及体检报告。在欧美国家和地区，决定是否个人核保常考虑以下因素：

（1）一般说来，当团体人身保险计划有 5~10 人并且是强制性保险时，通常给予免体检。而对于自愿性计划，如果没有达到最小参保率的要求，则根据保险计划的其他特点（如是否有可信的经验数据）决定个人核保的具体要求。

（2）免体检保额＝平均保额×（1＋0.01×团体总投保人数）。免体检保额最大为 1 000 000 万元。对团体中保额超过免体检保额者要求做个人核保。

(3)小团体核保的做法。对于人数在 25 人以下的小团体,可应用个人保险的核保技术来审核。即由每一位被保险人填写投保书、健康声明及既往症的资料,核保人员对每一个成员的风险性逐个考虑。年龄 40~50 岁且保额大于免体检保额者以及健康声明异常者应体检。

六、健康核保

(一)保险医学基础

1. 保险医学的基本概念

保险医学是在人身保险事业的发展过程中逐渐形成和发展的一门保险学和医学相结合的交叉性学科。

1)保险医学的概念

保险医学是介于人身保险学与医学之间的一门年轻的边缘学科。保险医学是为适应人身保险不断发展和健全经营的需要而形成的,将人身保险事业经营上所涉及的各个门类的医学综合起来就是保险医学。对于保险医学含义的界定,世界各国保险界人士及学者从不同角度都有阐述,综其所述,可将保险医学定义如下:保险医学是建立在人身保险的基础上,以医学理论和技术为基础,结合保险学、数理统计学、风险管理学、法律等相关学科在人身保险中综合运用的一门交叉性边缘学科。

保险医学的主要特征具有很强的实用性、综合性和边缘性。首先,保险医学不仅研究理论,更重要的是侧重于应用,其研究内容与保险业务活动密切相关。其次,保险医学具有广泛的兼容性,它不仅兼容了许多学科内容,如保险学、医学、心理学、伦理学、数理统计学、风险管理学,还派生出若干分支并分别使之得以有力地发展。再次,保险医学具有一定的交叉性、边缘性。保险医学在其自身研究领域中涉及其他学科,如数学、统计学、社会心理学、风险管理学、人口学等知识,需要运用其他某些学科的原理和方法为自身的发展提供保障。

2)保险医学研究的目的和作用

保险医学是人身保险的基础学科,与临床或基础医学科学的研究目的有着本质的区别。临床或基础医学科学的研究目的在于探讨疾病的预防治疗、转归和预后的规律,是为了提高医疗服务质量,减少疾病发生率,提高治愈率,保障人人享有健康;而保险医学是联系医学与保险学的学科,起源于医学基础,但又不是单纯医学在人身保险过程中的简单运用。其研究的目的在于借鉴现代医学理论及方法来解决人身保险实务中所涉及的有关医学与健康方面的问题,对各种危险因素进行选择、分类和评估,进行量化分析研究,从而保证人身保险事业的稳定经营和健康发展,保证维护公平合理的原则。例如,同样是甲状腺亢进以药物治疗的既往病史,在临床医学中可能因其痊愈而不成问题,但是痊愈以后几年中复发率较高,这种患者如果投保某些长期寿险就会受到许多限制,与此相似的还有胃和十二指肠溃疡等。像这些在临床医学中通常被认为无关紧要的问题,在保险医学方面却是十分关键的问题,这是由保险医学的研究目的所决定的。

总的说来,保险医学包括两个方面的内容:一是应用医学基础理论为人身保险业务提供理论依据,如新险种的可行性论证、寿命的计算、死亡率的统计、费率的制定等。这些均需要对人群死亡率、事故率及发病率等进行调查研究。二是应用医学技术和方法为人身保险业务的发展提供现实的手段,如运用医学诊查技术进行投保体检,应用医学统计学方法制定或修正生命表,为保险金的给付提供医学鉴定标准等。

2. 保险医学与临床医学的异同

1) 研究对象

保险医学与临床医学研究的对象均是人的生、老、病、死,所不同的是保险医学的具体研究对象是参加了人身保险这一特定社会经济活动的群体,而临床医学则多是以自然人群中的患病人群或身体有不适感的人群作为研究对象的,即保险医学与临床医学研究的是不同人群的生、死、健康和伤害情况。

2) 运用的方法

保险医学与临床医学一样,依据的是医学科学理论,运用的是医学的技能和方法。例如,投保体检和临床体检均使用物理诊查,通过体检、病史的采集等判断受检者的身体状况,运用医学理论与知识,判定受检者可能的疾患。但是保险医学依据的是统计学基础,是对特定人群的死亡和健康损害的可能性(概率)的统计研究。

3) 研究目的

保险医学与临床医学的研究目的不同。投保体检主要是判定受检者体检当时有无存在的或潜在的影响其死亡率的健康危险因素,而不是确诊疾病。临床体检是以对受检者明确诊断,找出有效治疗方法为目的。因此投保体检要视具体情况,在兼顾质量和效率的同时,还要考虑成本,进行针对性的有限的体检。临床体检为找出病因往往进行范围较广有时甚至是重复项目的体检,以保证诊断的正确和治疗的效果。此外,投保体检较为重视的必查项目如身高、体重,在临床体检时通常是忽略不查的,其原因在于保险医学研究的是生命预后问题,重点在于研究人群死亡率,它与临床医学上的预后概念有不同的内涵。

4)研究内容

临床医学的研究内容主要是疾病的病因、发病机理、诊断及治疗,并且随着社会的进步,临床医学研究已不仅局限于生物因素,社会因素、心理因素在防病、治病过程中的作用也越来越引起人们的重视。保险医学的研究内容主要包括人身保险经营中的风险选择和风险测算、伤残鉴定、保险金的给付调查、死亡调查等。所以保险医学在一定程度上说,处理的是可能性而不是确定性。此外,保险医学还包括对人身风险分布及对策的研究、对医疗卫生保险政策及社会保险相关内容的研究。保险公司医务工作的实务则包括投保体检、医务核保查定及对各级被保险人集团死亡的研究、经验生命表的修订等,同时还应包括保险公司体检机构的管理及体检医师制度的完善。

(二)健康核保工具

1. 核保手册的应用

核保手册是由精算人员、医务人员、核保人员、理赔人员共同依各健康损害因素及其危险程度和理赔经验,评估其死亡指数,以超过标准死亡指数的部分列为计点额外死亡指数(简称点数),并按这些健康损害的计点额外死亡指数编集成的健康损害计点准则。核保人员可按此准则对投保资料加以评定,算出被保险人的计点死亡指数,并将之归属于各级被保险人集团,依此决定最适当的承保条件。

使用核保手册的目的,一方面是核保员在核保工作时有据可依,另一方面是核保员采用相同的核保依据,在风险管理中控制风险的发生,使之符合精算师所做的死亡率预测。在使用核保手册前,核保员应首先仔细分析投保单和所获得的各种医学资料(如病历和体检报告等),判断被保险人是标准体还是非标准体。

(1)确定非标准体的不健康因素。对于每个不健康因素(疾病),可以通过目录查找。

(2)查阅描述。在每种疾病下都有对该种疾病的描述或详细的评论(包括症状、治疗及预后等),使核保员能了解该种疾病,以做出专业的评估。

(3)核保结论(拒保、延期、增加除外责任等)或评点。根据不健康因素对照核保手册得出一般准则或评点。

2. 健康核保的评点系统

一般核保手册遵循标准的数值加费率系统(数值评点系统)进行核保评点,即死亡率或重大疾病发病率随着相关的额外死亡因素和额外发病因素的增加而增加。同样,对于失能和收入保障保险,也是在标准保费基础之上根据额外百分加费率增加保费。

数值评点系统基于这样一个原理,即由大量风险因素组成的风险体,其每项因素对寿命或健康的影响程度可以通过生命统计研究得出的点数计出。在该方法下,100%(基本点是100)代表正常或标准风险,它们代表身体健康、财务稳健且有正常保险需求的人。每一具体的对死亡率有影响的因素视其正面或负面的影响被指定一个正的数值或负的数值。数值评点系统将正数分配给在统计上被确定能增加一个人死亡风险的因素;将负数分配给在统计上被确定可降低一个人死亡风险的因素。比如一个患有一定程度高血压的被保险人的死亡率是标准死亡率的150%,则其有50%的额外死亡率,其点数为150点或+50点。大多数保险公司的评点范围从75点或更低到500点或更高,一般说来,死亡率在75%~125%的被视为优质或标准风险体,125%以上的被视为次标准体或拒保体。一般来说,多个增加额外死亡率的因素同时出现时,评点累计计算。但是,如果当两项因素紧密相关或一项因素增加了另一项因素的影响时,所加数值可能大于或小于两项的简单相加。比如,心脏病家族史、高血压、肥胖同时出现对额外死亡率的影响比这三个不利因素评点之和要大。

3. 医学发展对健康评点的影响

核保考虑的因素在一定程度上受到医学发展的影响,随着医学进步,核保考虑的健康因素也在做不同的调整。核保手册对次标准风险的核保评分及核保查定都是基于现代医学和现代数学的基础,由医师与精算师密切合作而形成的,它也必将随着医学的不断发展而变化。核保的数值评点系统是依据健康风险所增加的死亡率进行评点的,总的趋势就是风险因素使人类死亡率增高越多,评点越高。随着医学的不断进展和健康水平的不断提高,死亡率在持续和稳定地改善,这一改善使标准死亡率假设内的死亡率下降,这些死亡率的下降自动地体现到数值评点系统中额外保费的计算中。因而,健康评点也在不断地修正。

七、再保险的核保

(一)再保险与保险的关系

再保险又称分保,是指一家或多家保险公司或再保险公司对原保险公司所承担的风险的保险,也被称为保险的保险。保险公司通过与再保险公司签订再保合同,并按此合同支付相对应的分保费给再保险公司,将其所承担的风险和责任转嫁一部分给再保险公司,在理赔发生时,再保险公司依照合同的规定,对原保险公司的赔付予以补偿。

(二) 再保险核保

在再保险中,核保起着同样重要的作用,尽管再保险核保员与其他核保员相比要处理更多的较异常或较疑难的情况(例如财务核保),但核保再保险风险与核保任何风险基本上是一致的。比较来看,再保险的核保与分出公司的核保(也称初始核保)有两项重大差异。

在分出公司中,核保扮演的角色是审核营销员展业提供的投保单及投保资料,这其中包括对投保客户的健康与非健康状况的调查了解,对营销员信誉、核保能力的评估。也就是说,对于初始核保而言,核保员对代理人忠诚度的判断在核保决定中有一定的作用。而在再保险核保中,核保员主要着重于审核分出公司核保部门的水平。其最重要的工作是对分出公司核保质量的评价,而不是对营销员及客户的评价,特别是在采用合约与预约分保的方式下,分出公司分保保件的质量和核保部门的核保能力对接受公司来说就显得异常重要,因为他们的工作不仅仅表现于核保保件的准确程度和质量,更重要的是体现分出公司对风险控制与管理的水平。一旦接受公司同意对分保达成协议,则表示认可与自己合作的分出公司的核保水平、质量及核保效率。在临时分保方式中,再保险的核保部门可能会有机会复查审核分保的投保资料,从这一角度讲,接受公司的核保与分出公司的核保并不具有同样重要的地位,接受公司的核保工作必须依靠分出公司的核保人员,才能获得适宜的核保资料。

再保险中核保工作的另一侧重点是对分出公司核保人员的培训。寿险核保需要考虑的因素众多,而实际工作中能够查证到的相关资料又甚少,核保人员的构成多数由医务人员或财政金融专业的人员担任,也都相应地存在对保险知识或医学知识理解不够的缺陷。所以,紧密结合我国国情,需要有丰富经验的保险、医学、核保、社会学知识的人士对保险公司的核保人员加以培训与辅导。在这种情况下,由再保险公司核保人员负责进行的这项工作就有着非常重要的意义,在这一过程中,除了提高本国核保人员的专业知识与核保技能之外,同时也为再保险公司获取质量良好的分保保件打下了坚实的基础。

八、核保和其他相关职能的关系

(一) 核保与保全

保全又称契约保全或保单保全,是指为保持保险单的效力而进行的一系列售后服务工作。广义的保全包括:客户回访,保费催收,各类提醒、通知,退保的劝阻,以及各类变更、退(撤、加、减)保,复效,给付等。狭义的保全包括:合同关系人的变更,基本信息变更,缴费期限变更,保单复效,加保,减(退)保,保险费垫交,减额缴清,展期,补发保单,保单迁移,满期给付,保单贷款等工作。

一般需核保的变更类保全作业有复效、加保、更改健康资料、更改寿险计划、职业变更、年龄更改等情况。

1. 保单复效的核保

对于分期交纳保险费的长期性保险,一旦接受承保,保单效力即行生效。投保人在交付首期保费后,以后各期的保费均应按照保单所约定的时间及日期交付。为了保障被保险人的利益,对投保人未按时交纳保费的,依国家与地区情况的差异,一般的保险都设有 30~90 天不等的宽限期(grace period)。在宽限期结束以前,如果不支付续期保费,保单效力自行中止。然而,大多数保险条款都明确包括一条规定,允许投保人在保单失效后一定时间内(一般为 1~5 年,我国为 2 年),可以对保单复效提出申请,经保险公司重新核保同意并履行必要的手续后,可以恢复原保单的效力。但如果保户已经将保单退保(撤保),则不再享有这种权利。这个条款并不是强迫保险公司一定要接受复效申请,只有当保户交纳了所有逾期未交的保险费加利息并且提供了目前具有可保性的证明后,保险公司才会同意复效。

对于失效保单复效时的核保,通常的考虑包括两个方面的因素,即健康状态的变化及逆选择发生的可能性。

一般情况下,在复效时,保险公司都会要求客户重新填写健康告知声明书或提供必要的健康证明、目前的身高体重状况等,必要时会要求复效客户进行某些方面的医学检查,其中健康告知声明书会涉及投保客户既往的健康状况。更重要的是询问其在保单失效阶段的门诊或住院就诊情况,保单失效期间的意外事故及为此进行的手术情况,保单失效期间家庭其他成员如父母、兄弟姐妹的医疗、意外或身故情况,借以寻求查明其复效动机的一切可能因素。复效件核保通常要比新契约件的核保宽松些,而且保单以往的有效年度越长,复效时核保越宽松。

在复效时必须考虑的另一个因素是客户以前投保的要求可能有逆选择的动机。当然,除上述谈到的健康方面的因素外,还有某些关于投保人利益的问题在复效时必须尽可能得到答案,这些问题包括:①导致保单失效的原因;②失效是偶尔意外、长期出差,还是疏忽;③是否有家庭生活或家庭财务的原因;④所需要的复效保单的主要保障是什么;⑤最直接的复效动机是什么;⑥复效时家庭生活或家庭经济状况如何等。

当上述全部问题均得到肯定的答案而无特殊疑问并且健康状况无特别变化时,可填妥有关申请书和必要的文件,并经投保人补交效力中止期间的保费及利息后,可以同意复效,否则需要考虑拒绝复效申请的方式。若投保客户复效被拒绝而坚决要求投保,解决问题的办法多采用保险公司按相关规定对原保单支付保单现金价值而请客户重新投保,在新的核保资料基础上重新开始核保程序,根据核保情况以决定承保条件的方式。

在核保员决定保单复效时,一个值得注意的问题是需要留意复效申请上投保人与被保险人的签名,需要与以前投保资料上的签名核对,以防止逆选择的发生。

2. 人身保险合同变更的核保

在保单有效期内,被保险人可能会因投保意识、经济状况的变化,意外的变迁和意识及观念的改变,要求对保险合同进行部分变更,变更的项目可能包括保险险种、增加或减少保额、更改健康资料、受益人增加原保单的受益率等。

在保单有效期内投保人提出加保,保险公司会要求投保人、被保险人填写加保申请、健康及财务告知书,核保人员根据核保规则进行核保,以决定是否同意加保、限责承保或加费承保,收取相应的保险费。职业变更往往涉及保费的增减,核保人员根据职业分类表进行核保,以决定是加减保费还是拒绝继续承保。

在对这类变更保件进行核保的过程中,不论其变更的是投保险种、保险金额,还是受益率及保险费率,要把握的中心环节都是变更结果是否增加了变更保件的风险程度,变更后的保件是否适应当初承保时的承保条件,是否增加了道德风险,有无逆选择的动机等。

通常情况下,投保人会因家庭经济状况的改善、保险意识的提高、家庭生活的影响、子女的因素等方面的影响,为较大的投资拥有较高的保障而改变原来的投保计划,这种情况下的变更一般是合理且安全的。但是,也有可能存在一种核保时需要注意的问题:如果新的保险计划中含有保费豁免责任,那么,新的高保费保险计划也相应增加了这种保费豁免的风险。所以,面临保单变更的情况,投保人、被保险人变更时的年龄、身体状况、财务状况、心理状况等核保资料都需要有一个新的、全面的记录,通过收集到的全面的变更资料,确认投保人、被保险人无身体上的异常损伤及健康异常,体格状况在标准范围之内,变更后的保费与其收入的比例合理,对于变更申请单上的告知均无异常,保单变更理由充分合理时,保险公司可以接受保单的变更请求。

还需要注意的是,若被保险人想通过保单变更以较小的投入获得最大可能的保险金额时,就需要特别留意逆选择的可能性。另一个问题就是对于被保险人为少儿或老年人时,变更受益人的问题。这种保单变更情况一经出现,需要核保人员特别留意投保人、被保险人、受益人三者之间的关系,特别需要尽可能地了解投保家庭的生活及财务状况,必要时可通过直接或间接调查的方式,了解其家庭生活状况及相互之间的经济利益,以避免道德风险的发生。

(二)核保与理赔

1. 核保和理赔的关系

核保是保险人在承保时所做的风险管控,以防范保险人及合同中的被保险人承担过量的风险。而有效的理赔管理则是保险人充分履行其对被保险人的职责,从而及时准确地支付所有有效的索赔,并且拒绝支付不受保障的或欺诈性索赔。核保和理赔都要求以事实为依据,真实的核保体现了对广大保户的公平,真实的理赔同样维护了广大保户的实际利益,反映了公平的原则。所以,核保、理赔在处理原则上是一致的,即依据事实,公平公正。

从风险管理的整个过程看,核保是风险管理,理赔是危机处理。严格核保目的是排除逆选择和道德风险进入被保险人集团,维持公司的安全经营。而理赔则可以剔除掉混入进来的不良客户,如保险欺诈、带病投保者等。而通过理赔工作也可以反思核保政策,达到核保理赔间的互动。一般而言,精算部门是保险公司中的政策制定者,核保部门是政策的执行者,理赔部门是政策的验证者。如果总的赔付率维持在预定的范围内,那么就是正常赔付率;如果赔付率超出了预定范围,就说明核保政策或产品定价可能存在问题,公司需要进行相应的政策调整。经验数据显示,核保后的长期险承保件一般在前五年中会充分地反映核保的效果,经过五年后应进入正常的生命表所反映的数据状态。因此,经核保后的承保件如果在最初的数年内出险率高、理赔率高、理赔数额大,则说明核保效果不佳,需要进一步调整核保政策,加强核保人员的工作责任心及核保技术的培训。

2. 理赔后的核保

理赔后的核保是对曾发生过保险事故的被保险人在投保新的保件时的核保和理赔后对原保险单的核保。一般有以下几种情况:

(1)加险续保的核保。附加医疗险发生索赔后,应根据身体情况决定是否续保和如何续保。

(2)新保的核保。将发生过理赔的信息作为被保险人健康资料的一部分,按核保手册的规定评点,决定如何承保。

(3)附加险理赔或拒赔后发现主险承保时的问题,对主险重新核保,有时涉及其他有效保单。这类问题多为存在不实告知,需对主险保单进行重新核保,予以妥善处理。

(4)主险理赔或拒赔后发现主险承保时的问题,对主险重新核保。

在理赔调查过程中发现的问题及提供的线索和保险金给付情况等资料,都为新一轮核保提供了极具价值的信息。对此类投保在核保时查阅其理赔记录是非常重要的,它可能对核保意见有决定性的影响。例如,某被保险人,男性,37岁,投保重大疾病险并附加住院医疗保险,健康告知无异常,保险公司接受了其投保申请。半年后该被保险人因肝功能异常住院治疗,向保险公司提出附加险的索赔申请,理赔人员经调查核实,证实该被保险人于投保时即已患有慢性乙型活动性肝炎,并存在早期肝硬化征兆,由于其未履行如实告知义务,故此住院医疗保险的索赔申请不予认可,并拒绝给付赔偿金。由于该被保险人投保的主险为重大疾病保险,核保人员获此拒赔信息后,建议保全部门以投保人未履行如实告知义务,严重影响了公司的核保结论为理由而解除被保险人的重大疾病保险合同。

小结

承保是保险经营中的首要问题,它主要是通过业务选择和承保控制来保证保险业务的质量。承保的质量好坏直接关系到保险公司的风险控制、经营稳健、收益保证以及客户的利益。尽管随着保险业的迅猛发展,人身保险的业务量也在急剧上升,但如何在现有的业务量基础上,提高业务的质量,仍是一个值得关注的课题和具有现实意义的问题。

在整个人身保险承保过程中,人身保险核保无疑占据着核心的地位。人身保险核保的理论基础是来源于风险的同质性和公平合理的经营原则,正是在这种风险的同质性和公平合理的经营原则从无到有,并逐步深入的过程中,核保逐渐得到了长足的发展。人身保险的核保通过从多个渠道收集信息,然后对相关风险因素进行深入细致的分析,并综合权衡作出风险判断,最后根据得出的判断确定客户是否被承保以及所适用的费率。由于个人险、团体险、健康险、再保险业务的不同,所以在核保的过程中,四者的具体程序有所区别,所侧重的问题各有不同。人身保险再保险业务作为人身险的有机组成部分,其作用也是不容忽视的。

此外,提高核保技术水平至关重要,核保水平的高低关系到公司经营的成败。在对业务进行取舍的判断过程中,涉及的因素很多,对核保员的要求也很高,核保员必须要具备多方面的知识和经验。一名称职的核保员,不但要掌握承保技能,熟悉公司经营方针,洞察市场变化,而且要把握好"原则性"与"灵活性"的统一,把握好"质"与"量"的尺度,从而保证多方利益。

在实践中还要正确树立核保为销售服务的意识。核保的实质是保证业务质量,确保公司稳定健康经营,并不是限制销售。核保必须以为销售服务,促进业务发展为前提。另外,核保工作也是销售的一个环节,都是为了公司的整体利益,分工不同而已。核保促进销售,而销售的增加也是核保经验积累的过程,并为下一次销售的成功打好基础。由于核保员具有专业技能,如果核保员直接参与销售,将利于业务的拓展。当然,核保工作并非专职核保人的事,也是业务员的职责之一。保险公司为控制承保风险采取了许多措施,业务员应是风险审核的第一人。

第五章　人身保险的保全

引言

人身保险合同自成立时起至终止时止,在此期间内发生的一切与保险合同相关的事务均可称为保险保全,包括保全服务、续期服务、投诉等寿险公司为已经生效的保险合同提供的所有服务内容。由于人身保险合同存在期间较长,有着大量数年、十数年甚至保险期限为终身的合同,因此,保险保全将会长期伴随着保险公司与客户。

本章将分别对保险保全中包含的保全服务、续期服务、投诉等逐一进行介绍。通过阅读本章节,读者可以了解并掌握:1.保全服务中退保、生存满期保险金领取、信息变更等各类保全服务的内容。2.现金价值的计算、减额交清等有关的保险专业知识如何进行实际运用。3.续期服务包含哪些内容。4.投诉在哪个环节中产生,会有哪些表现形式。

重要术语

保全　变更　续期　退保　服务　投诉

为方便阅读本章节,现将保险保全中出现的专用名词进行如下解释:

1. 客户

本章提到的客户,是包括投保人、被保险人、受益人在内的已经与保险公司订立保险合同的合同当事人或关系人,以及有意向与保险公司订立保险合同的准客户。

2. 保险单生效日

是指保险有效期开始的日期,暨保险单中记载的保单生效日。

3. 年生效对应日

保险单生效日在之后每年的对应日为年生效对应日。例如保险单于2010年8月5日零时开始生效,则2011年8月5日为其年生效对应日,以此类推。生效日为闰年 2 月 29 日的,其年生效对应日为之后的非闰年则为 2 月 28 日。

4. 月生效对应日

保险单生效日每月的对应日为该月的保险单月生效对应日。

5. 周岁

以有效身份证明文件中记载的出生日期为计算基础,按出生后所经过的整年计算,不满一整年的部分不计。例如,有些保险公司对于周岁的计算方式是这样的:出生日期为 2009 年 9 月 1 日,2009 年 9 月 1 日至 2010 年 8 月 31 日期间为 0 周岁,2010 年 9 月 1 日至 2011 年 8 月 31 日期间为 1 周岁,以此类推。

6. 保险单年度

从保险单生效日或生效对应日零时起至下一年度年生效对应日前一日 24 时止为一个保险单年度。如果当月无对应的同一日,则以该月最后一日为对应日。例如,保险单生效日为 2009 年 9 月 1 日,2009 年 9 月 1 日零时至 2010 年 8 月 31 日 24 时为第一保险单年度,2010 年 9 月 1 日零时至 2011 年 8 月 31 日 24 时为第二保险单年度,以此类推。

7. 保险单

本章节中提到的保险单与保险合同意思相同。

8. 现金价值

又称"解约退还金"或"退保价值",是指带有储蓄性质的人身保险单所具有的价值。在长期人身保险合同中,保险人为履行合同责任,通常需要提存一定数额的责任准备金。当投保人于保险有效期内因故要求解约或退保时,保险人按规定,将提存的责任准备金减去解约扣除后的余额退还给投保人,这部分余额即解约金,亦即退保时保险单所具有的现金价值。

在人身保险当中,由于交费期一般比较长,随着被保险人的年龄增加,其死亡的可能性将越来越高,保险费率也必然逐渐上升直到接近 100%。这样的费率,不仅投保人难以承受,而且保险也已经失去意义了。为此,保险公司在实际操作中往往采用"均衡保费"的办法,通过数学计算将投保人需要交纳的全部保费在整个交费期内均摊,使投保人每期交纳的保费都相同。

被保险人年轻时,死亡概率低,投保人交纳的保费比实际需要的多,多交的保费将由保险公司逐年积累。被保险人年老时,死亡概率高,投保人当期交纳的保费不足以支付当期赔款,不足的部分将正好由被保险人年轻时多交的保费予以弥补。这部分多交的保费连同其产生的利息,每年滚存累积起来,就是保单的现金价值,相当于投保人在保险公司的一种储蓄。

9. 犹豫期

是指自投保人签收保险单之日（或次日，以条款约定为准）起十日内，该期间包含法定节假日。

10. 宽限期

如投保人到保险单年、月生效对应日未交纳续期保险费，自保险费约定交纳日的次日零时起60日为宽限期。宽限期内发生的保险事故，保险公司仍承担保险责任，但在给付保险金时会扣除欠交的保险费。如在宽限期内未补交保险费，则保险单自宽限期满的次日零时起效力中止，但保险单另有约定的除外。

11. 保险费应交日

是指保险单约定的在保险单生效日后，应交纳续期保险费的日期。

12. 交费频率

指保险单中约定的交纳保险费的频率。包括年交、半年交、季交、月交。

13. 交费期间

指保险单交纳保险费的时间段。例如5年交、10年交、交至60周岁等。

14. 交费方式

指交纳续期保险费的形式。例如现金交费、银行转账交费等。

第一节 保全服务

保全服务是指为了维护人身保险合同的有效性，根据客户需求，围绕合同变更、生存满期金给付等项目开展的售后服务。

一、保全服务常见项目

（一）客户信息变更

指投保人、被保险人、受益人信息发生变化。

1. 客户姓名、身份证号码变更

由于人身险合同是投保人与保险公司订立的合同，并以被保险人的生命或身体作为保险标的，人身险合同的被保险人应当确定，不能发生变化，而投保人、受益人在未经投保人、被保险人同意的情况下也不能发生变化；因此，该项目的变更是指由于公安机关或者个人原因导致姓名、身份证号码变更，并由于姓名、身份证号码变更而使上述三类主体出现变更。

保险公司在审核客户姓名、身份证号码变更时,最重要的原则就是确认变更前后为同一人,通常可采用的方式包括公安机关出具姓名、身份证号码变更证明,核对签字,寻找其他证明人等方式。

例如,投保人王某因为公安机关统一调整身份证号所属区号,导致身份证号码由"110102××××××××××"变更为"110104××××××××××",由公安机关户籍机构出具了上述前一证件号码与后一证件号码为同一人的证明,即可确认变更。

再如,被保险人张某填写投保单时,将身份证号填写错误。申请变更时,变更申请书签字与投保单签字符合,同时投保人证明为同一人,即可确认变更。

2. 客户联系方式变更

包括投保人、被保险人、受益人的通信地址、邮政编码、联系电话、邮箱等信息的变更。上述信息变更时,应及时以书面形式通知保险公司。如果未以书面形式通知,保险公司将按合同载明的最后住所或通信地址发送有关通知,并视为已送达给相关主体。

3. 年龄、性别变更

年龄变更是身份证号码变更的一种情况,主要指身份证号码中出生日期变化,导致了被保险人的投保年龄发生变化。

例如,被保险人出生日期为1985年5月10日,于2010年5月20日投保,因投保时已过生日,因此被保险人投保年龄为25岁;后身份证号码发生变化,生日应为1985年5月22日,投保时未到生日,应将被保险人投保时年龄改为24岁。

年龄、性别的变更,会导致保险公司对该被保险人的核保结论发生变化,因此有可能进行重新核保。若保险公司维持投保时的核保结论,则该份人身保险合同继续有效,并重新制作保险单。

4. 职业工种变更

根据保险公司的职业分类表,职业危险程度增加或降低时,依照相应险种的费率表,重新确定新的费率。职业工种变更后,自变更生效日起以后的各期应交纳保险费额度按新的职业工种计算。

对于寿险、重疾险等险种职业工种变更,条款中已明确职业变更加费、退费处理办法的,均按照条款约定处理;对于意外险险种职业工种变更,条款中已明确职业变更加费、退费处理办法的,均按照条款约定处理,如条款未明确要求,则根据职业危险程度的增加或降低,按其差额增收或退还未满期净保险费。

例如,被保险人2010年10月5日投保某保险公司意外伤害险,后于2011年6月5日更换工作,职业由企业内勤更变为司机,按照保险公司的职业分类表,由1类变更为2类,需加费20%;同时该份意外伤害保险合同还有4个月到期,经过计算,按照未满期净保险费加收20%的保险费。

5. 补充告知

投保人在投保时,需对被保险人身体状况进行如实告知,投保后若发现对于保险公司询问的信息或健康告知出现遗漏,可进行补充告知,该告知主要指对健康状况的补充告知。

补充告知后,保险公司会重新进行核保,并可能要求被保险人提供投保前或投保当时的身体状况诊断证明,也可能要求被保险人进行体检。根据核保,会出现维持原核保结论继续承保、加费承保、除外责任承保、延期承保、拒保等情况。除第一种情况外,保险公司均须和投保人、被保险人达成一致。

(二)保单信息变更

指保险合同中约定的内容或者信息变更,由此变更可能引发保险合同的利益转化,或者保险费的交纳、保险金的给付发生变化。

1. 投保人变更

投保人的变更,属于合同的转让或者保险单的转让。投保人是承担交付保险费义务的人,因此只要原投保人提出变更申请、原投保人死亡,或原投保人因为债权转移而申请变更投保人,都是可以的。

人身保险合同的投保人变更有两种情况,一是投保人、被保险人主动提出投保人变更;二是由于投保人身故,被保险人及投保人法定继承人希望继续履行原保险合同,因而进行投保人变更。

1)投保人、被保险人主动提出投保人变更

人身保险合同是投保人与保险公司订立的,且以被保险人的生命或身体作为保险标的。因此,投保人变更应当视为保险单所有权的更改,须征得投保人、被保险人的同意才可以申请变更。同时,新的投保人与被保险人应具有《保险法》所规定的保险利益,既可以是被保险人本人,可以是被保险人的配偶、父母、子女,也可以是与被保险人有抚养、赡养或者扶养关系的家庭其他成员、近亲属,或者是与被保险人有劳动关系的劳动者,也可以在征得被保险人同意的情况下视为新投保人与被保险人具有保险利益。在此,应当注意,若被保险人为未成年人或者非完全民事行为能力人,新投保人仅限为被保险人的父母或者监护人。

2)投保人死亡

此种情况比第一种情况复杂,由于投保人身故并不发生保险金赔偿(条款另有约定除外),同时《保险法》对于投保人死亡并未明确规定,则该投保人拥有的保险单作为其遗产,由投保人指定的继承人或投保人的法定继承人继承。一般来说,如果指定继承有明确的遗嘱并已进行公证,保险公司可将遗嘱及公证书作为依据,在被保险人同意的情况下,直接变更投保人。但是当投保人并未指定继承人时,保险合同的投保人变更,应由原投保人的法定继承人全体处置。

在很多时候,无论是投保人、被保险人主动提出投保人变更,或者因投保人死亡而变更,保险公司对此的处理都比较谨慎,且审核和变更手续很严格。这其实是为了维护投保人、被保险人及其法定继承人的合法权益。

拓展阅读 5-1

张先生作为投保人为其妻陆女士在 A 保险公司购买储蓄型险种,趸交保费 30 万元,保险期间为 5 年,根据合同约定,保险单满期后,将支付满期金 31.5 万元,同时会依据保险公司的经营情况,产生红利若干。张先生于投保后第 3 年死亡,未留下处置此份保险合同的遗嘱。被保险人陆女士和自己的女儿张小姐携带张先生的死亡证明、户口本、保险单等手续来保险公司申请投保人变更。经保险公司查询,张先生已确认死亡,户口本上明确写明户主为张先生,陆女士为其妻子,另还有二人女儿张小姐,该户口本上无其他人。同时,陆女士提供了张先生父母已经去世的证明。根据相关法律规定,此份保单作为张先生的遗留财产,应当由其第一顺序继承人,即张先生父母、配偶、子女同时继承,由于张先生父母已经去世,所以应当由陆女士及其女张小姐继承。A 保险公司询问陆女士是否还有其他子女,陆女士答复没有了。最终,A 保险公司依据被保险人陆女士以及张先生女儿张小姐提供的证明材料及描述,认定原投保人张先生的全部法定继承人同意将该份保险单投保人变更为陆女士。

该份保险单投保人变更大约半年以后,自称投保人张先生儿女的两位先生和一位女士找到 A 保险公司,称 A 保险公司在未经全部法定继承人同意的情况下,将投保人变更为陆女士,侵害了其利益,要求保险公司不能为投保人陆女士办理保险单退保或者满期手续,并称已经对陆女士及 A 保险公司提起了诉讼。经过了解,张先生在与陆女士结婚以前,曾有过一段婚姻,并育有两子一女,后来妻子去世,张先生与陆女士系再婚,婚后又育有一女,即张小姐。

由于涉及诉讼,A 保险公司暂时冻结该份保险单,等待审判后再进行处理。后经过庭审,法院认定,A保险公司对于原投保人张先生死亡以后,投保人变更手续进行了必要的审核,核实了张先生的死亡事实、法定继承人的相关身份及意愿。由于保险公司只能进行程序审核,无法开展实体审核,对于张先生曾经再婚一事,没有可以了解的渠道,因此A保险公司无责任。陆女士未对A保险公司如实告知此情况,存在一定过失。陆女士、张小姐和张先生其他子女,可通过协商并达成一致后,再对此份保单进行处置。

该案例中,我们可以明显看出,投保人变更实际上就是保险单的权利转让,尤其是投保人身故时,引发的争议会比较多。保险从业人员在遇到投保人变更时,必须谨慎并仔细了解投保人变更的意图及相关权利人是否知晓,防止因投保人变更而引发的争议和诉讼。

2. 受益人变更

保险合同中的受益人,分为生存受益人和身故受益人,前面提到,被保险人生存时发生保险事故而产生的生存满期金、养老年金、意外伤害理赔保险金、重大疾病理赔保险金等,受益人应当为被保险人本人。因此,生存受益人在确定为被保险人并签订保险合同以后,通常不再进行变更。而身故受益人则可以由被保险人指定、变更,或者由投保人在被保险人同意的情况下指定、变更。

身故受益人的变更往往有如下几种情况:

1)投保时未指定身故受益人

此种情况尤其多出现在银邮代理的保险合同中。由于银邮代理的特性,即为了在短时间内,在银邮柜台上尽快促成保险合同的订立,往往会将对于保险责任、交费等以外的保单信息简化处理。不填写身故受益人,保险公司会默认投保人未指定身故受益人。

2)投保时指定了身故受益人,投保后进行变更

此种情况往往是家庭人员关系出现变化,比如婚前身故受益人为父母,婚后变更为配偶,有孩子以后变更为子女等。

上述两种情况,在保险合同订立后,会由投保人、被保险人申请变更。根据《保险法》第三十九条、四十条、四十一条之规定,对于身故受益人的指定和变更,必须注意以下几点,第一,身故受益人由被保险人或投保人在投保时指定,并无须事先征得其本人或保险公司同意。但投保人指定受益人需经被保险人同意;第二,投保后,投保人和被保险人的情况发生了变化,办理身故受益人变更手续,应及时书面通知保险公司。保险公司收到申请,在保险单上批注或出具批单之后,才能产生变

更效力;第三,如果身故受益人先于被保险人死亡,又没有其他受益人的,则保险金的给付作为被保险人的遗产处理,留给法定继承人;第四,被保险人为无民事行为能力或者限制民事行为能力人,可由其监护人指定或变更受益人;第五,被保险人或者投保人可以指定一人或数人为身故受益人。

虽然身故受益人的变更,并未影响保险合同的所有权,也不影响其效力,但由于受益人享有保险金的期待权,变更仍然会对受益人乃至其家庭有所影响。

拓展阅读 5-2

宋女士早年丧夫,辛辛苦苦把一对儿女抚养长大,好不容易等到女儿小燕出嫁了,儿子小鹏也上了大学,操劳了大半辈子的宋女士肩上的担子才有所减轻。所幸的是,宋女士比较会理财,2005 年购买了 150 平方米的房子,为了免除后顾之忧,又给自己买了几份保险,其中死亡保险金合计为 50 万元。因为和儿子一起住,宋女士在保险单上载明的身故受益人为儿子小鹏。不料,2009 年儿子结婚后,宋女士和儿媳妇相处得不甚愉快,宋女士一气之下,搬到女儿家居住,生活起居主要由女儿照料。2010 年,宋女士身体状况急剧下降,于是召集了亲戚、朋友,决定让其女儿取代其儿子作为身故受益人,但没有通知保险公司。不久,宋女士病逝,小燕和小鹏同时向保险公司提出索赔,要求取得所有保险金。

小燕和小鹏到底谁应该得到保险金,保险公司内部也有两种不同的声音:

第一种意见认为,宋女士生前基本上都是由女儿照顾,且其临终前向家人宣布,由女儿小燕作为身故受益人,小燕得到 50 万元保险金合情合理,因而保险公司应向其女儿履行给付保险金的义务。第二种意见认为,虽然宋女士有权变更身故受益人,但她并未书面通知保险人,因而变更无效,所以保险公司应将保险金给付其儿子。

保险金如何给付,这不是仅限于个人情感的问题,而是涉及身故受益人变更这个法律问题。为了避免因变更身故受益人而产生不必要的纠纷,《保险法》规定了较为严格的通知义务,即要求被保险人或者投保人以书面形式将变更受益人的决定通知保险人,否则保险人可以不受该项变更的约束,在给付保险金时,依照法律和合同约定仍然只能将保险金给付原来的受益人。在这个案例中,被保险人宋女士只是向家人、朋友宣布改由其女儿作为身故受益人,而没有书面通知保险公司,因而变更无效,保险公司只能向其儿子给付保险金。

拓展阅读 5-3

投保人刘先生为自己在 B 保险公司购买了一份保险费为 8000 元,保险金额为

20万元的重大疾病保险,身故受益人填写的是其妻子吴女士。某日,刘先生的弟弟申请变更身故受益人,将身故受益人由刘先生的妻子吴女士变更为刘先生的父亲。刘先生的弟弟持有刘先生的身份证、保险合同、刘先生签字的变更申请书、刘先生委托其弟弟办理此项变更的委托授权书、刘先生父亲的户口本及与刘先生的关系证明、刘先生弟弟的身份证及关系证明。保险公司核实了上述手续后,询问了为什么变更身故受益人,刘先生弟弟表示此事为家庭私事,不方便透露。经核实手续及刘先生签字,符合变更要求,B保险公司为其办理了身故受益人变更。

此后,刘先生弟弟又持有刘先生的死亡证明,申请保险合同理赔。根据保险合同约定,身故受益人应当为刘先生父亲,但B保险公司经过核实,刘先生于其弟弟申请身故受益人变更前一天已经死亡。B保险公司找到刘先生的弟弟,与其进行核实,得知变更申请书及委托授权书为刘先生死亡之前签署,但刘先生本人是在空白申请书及空白委托授权书上签字,并不知道变更内容。

若根据原保险合同执行,将由刘先生的妻子吴女士作为身故受益人领取身故保险金20万元,但是若将身故受益人变更为刘先生父亲,刘先生父亲将领取身故保险金。同时刘先生父亲已经80多岁,而刘先生的弟弟作为刘先生父亲的唯一法定继承人,在刘先生父亲死亡后,继承该20万元。刘先生的弟弟对于保险知识比较了解,因此在未告知刘先生的情况下,让刘先生在空白申请书及委托授权书上签字,制造了此次变更行为,后因为刘先生在签字后病势沉重,刘先生的弟弟一直忙于抢救刘先生,未能及时到保险公司办理变更手续。

得知事情真相后,B保险公司委派律师跟刘先生弟弟沟通,根据《保险法》规定,受益人变更是由投保人、被保险人提出申请,保险公司同意并进行变更后才生效,即便此次变更是刘先生的本意,保险公司收到变更申请时,刘先生已经去世,身故保险金仍然应当支付给保险合同当时约定的身故受益人吴女士。何况此次变更存在刘先生弟弟未按照刘先生意愿进行变更的情况,因此希望刘先生弟弟放弃理赔申请,仍然由刘先生的妻子吴女士申请领取身故保险金。刘先生弟弟最终同意保险公司提出的建议,身故保险金由保险合同原身故受益人吴女士领取。

3. 付款信息变更

付款信息变更,即交费方式变更,是指投保人用于交纳保险费的账号发生变化;或者是投保人在投保时采取现金交费形式,随着保险合同的履行,希望改为转账交费而进行变更的一项保全服务。该项目的设置,是为了确保投保人能够按时交纳保险费,维护保险合同的有效性及投保人、被保险人持续享有保障。

对于付款信息变更,有两项原则,其一必须是投保人开户的储蓄存折或者储蓄卡,其二是要使用投保的保险公司可以进行转账的储蓄存折或者储蓄卡。

拓展阅读 5-4

代理人小宋为张先生推荐一款保险产品,年交保费5000元,并成功签单。小宋所在的A保险公司,正在推广"零现金"业务,即续期收费100%采用转账方式。为此,在填写投保单时,必须要填写投保人张先生的转账账号。但张先生表示,目前暂时无法提供账号,希望不填写该信息,待可以提供账号时再通知A保险公司。为了能够签单成功,小宋编造了一个账号,填写在投保单上,使该份保单顺利承保。到了第二年交纳续期保险费时,一名李先生找到A保险公司投诉,称自己从未在该公司购买保险,目前,自己的账号被划转了5000元,用于交纳续期保费。李先生对此异常愤怒,要求A保险公司对此做出解释,若不能妥善处理,将起诉状告保险公司欺诈。

经过A保险公司核实,李先生账户被张先生名下保险单使用,找到代理人小宋询问投保经过,小宋回忆起当时是编造的账号,是为了能顺利承保,没想到该账号确实存在。

在了解情况后,A保险公司立刻将5000元退还了李先生,并安排小宋的上级领导带领小宋上门为李先生赔礼道歉,同时也依据公司制度,对小宋也进行了批评教育,李先生表示认可并撤销了投诉。

该案例可以看出,部分银行在划账时,并不进行户名核对工作,而保险公司在未经客户授权的情况下,不能随意划转投保人以外其他人账户中的资金。小宋作为A保险公司的代理人,该行为属于代理展业过程中的职务行为,虽然并非故意而为,但A保险公司仍然要为此承担责任。所以,无论是在投保时确认付款信息,还是投保后付款信息的变更,必须使用保险合同投保人开户的储蓄存折或者储蓄卡。

拓展阅读 5-5

许小姐购买B保险公司产品,每月交纳保险费350元。投保后,因为账户的改变,将转账账号变更为自己日常使用的C银行信用卡,此后,并未进行关注。半年以后,发现保险单已经有多个月未交续期保费,保险合同也处于失效状态。经过与保险公司核实,根据C银行规定,信用卡不能进行转账缴费业务。许小姐向B保险公司反映,此情况自己并不知晓,办理付款信息变更时,工作人员也未告知,因此希望B保险公司无条件恢复所购买的保险合同的效力,自己补交所欠保险费。B保险公司接受了许小姐的要求,并重新为许小姐办理了付款信息变更手续。

该案例反映了投保人应当使用保险公司可以转账的储蓄存折或者储蓄卡,才能保证续期保费的正常交纳。当然,在办理账号变更业务时,保险公司的工作人员也应当对投保人提供的账户进行核实,确保可以转账后方可变更。

4. 交费频率变更

缴费频率包括年缴、半年缴、季度缴、月缴,该项保全服务的设置,主要是为了缓解投保人的缴费压力。其中,主保险合同的缴费频率发生变化,其附带的附加险合同缴费频率也会随着变化。但年缴保费并不等同于半年缴保费的2倍,同理,也不等同于季缴保费的4倍、月缴保费的12倍。具体缴费频率折算比例,根据保险公司的具体规定计算。

例如:A保险公司的缴费频率为

半年缴保险费 = 年缴保险费 × 0.52

季缴保险费 = 年缴保险费 × 0.265

月缴保险费 = 年缴保险费 × 0.091

投保时选择月缴保费,每月保费420元,则变更为年缴保费应为420/0.091 = 4615.4元,变更为半年缴费应为420/0.091 × 0.52 = 2400元,以此类推。

5. 自动垫缴选择权变更

自动垫缴,一般存在于分期交纳保险费的保险合同中,指使用保险合同的现金价值垫付保险费。此项设置目的是防止因投保人未能及时交纳续期保险费而使保险合同失效。当同时满足以下三个条件时,保单将发生自动垫缴,不会失效。

(1)投保时选择了现金价值的自动垫缴;

(2)投保人在保险费应缴日及60天宽限期内并未交纳续期保险费;

(3)现金价值不小于应当交纳的续期保险费。

发生现金价值自动垫缴保险费以后,保险合同继续有效,投保人仅需将保险费补上即可,无须办理复效手续。但在投保时已经选择了自动垫缴或者准备变更成现金价值自动垫缴时应当注意,保险合同的条款对于自动垫缴一般会有如下描述:发生保险费自动垫缴后,保险公司仍承担保险责任,但发生保险事故或者投保人提出退保申请时,保险公司给付的保险金或者退还的现金价值将先扣除自动垫缴的保险费及利息。

保险公司在遇到现金价值自动垫缴保险费以后,比较容易产生3类问题。

(1)理赔金或退保金的给付要先行扣除垫缴保险费。

拓展阅读 5－6

　　肖先生于 2007 年 12 月在 A 保险公司投保一份养老保险,保险金额为 2 万元,年缴保费 5098 元。2010 年 7 月,肖先生的女儿考上大学需要用钱,当年 12 月并未交纳续期保险费,后经过考虑由于家庭资金较紧张,决定将此份保险办理退保手续。2011 年 3 月,肖先生正式向 A 保险公司提出退保申请,并于一周后拿到了保险公司退还的 7000 多元现金价值。然而,肖先生按照保险合同现金价值表计算,发现自己交纳了 3 期保险费,现金价值应当为 10000 元左右。为此,肖先生向 A 保险公司提出咨询。

　　原来,肖先生投保时,选择了现金价值自动垫缴保险费功能,于 2010 年度缴费日及宽限期内未交纳保险费,且现金价值 10000 多元已经够垫缴保费,A 保险公司在未接到肖先生退保申请的情况下,于宽限期到期后使用现金价值自动垫缴了保险费。在肖先生提出退保申请的时候,此份保险合同变为交纳了 4 期保险费,应当按照第 4 年的现金价值 12000 多元退保,由于第 4 期保险费为现金价值自动垫缴,保险公司根据条款规定,扣除了第 4 期的保险费及利息 5000 多元,实际退还了肖先生 7000 多元。

　　在上述案例中,肖先生虽然选择了现金价值自动垫缴保险费,也看到了现金价值表中金额,但对于保险合同条款中关于退保时要扣除自动垫缴保险费及利息一项未加注意,导致自己实际蒙受了 3000 多元的损失。

　　(2)现金价值自动垫缴保险费会产生利息,具体的利息金额,保险公司会在条款中进行描述,但保险公司计算利息,多采用复利计息,且利息大多高于存款利息,所以垫缴保险费有可能会产生较高的利息。作为保险行业从业人员,发现客户保险合同发生自动垫缴后,应当立刻通知投保人,并告知其尽快补缴保险费,以免多负担利息。

　　(3)产生现金价值自动垫缴保险费以后,保险公司是否有通知投保人的责任?《保险法》中未明确规定保险公司有提醒客户缴费的法定责任,保险合同中一般对此也不做约定,而保险公司对于产生了自动垫缴保险费的保单,多采用书面寄信的方式通知客户,并且将这种方式作为一项服务功能。

拓展阅读 5－7

　　2007 年 5 月 11 日,彭女士向 B 保险公司交纳 3907 元投保一份保险。保险合同约定"当本合同当时的现金价值余额不足以垫交到期应交的保险费或前项垫交的保险费及利息达到本合同现金价值时,本合同效力中止"。附在保险合同中的《客户服务指南》规定"按时交付续期保费,是维持保险合同效力的前提。如您未能在合同规定的交费日期及宽限期内交付保险费,合同效力中止,合同效力中止期间,我公司不承担保险责任",该《客户服务指南》还规定"在合同约定的保险费交费日到期前或宽限期内,您可能收到我公司通过电话、书面或业务员上门等形式发出的交费通知,该通知仅作善意提醒"。2008年5月11日,彭女士交纳第二期的保险费3907元。两期的保险费产生现金价值5217元。2009年,彭女士因生意亏损,未再向B保险公司交纳保险费。2009年7月12日及2010年7月12日,B保险公司为彭女士垫交两期保险费共7814元。但未通知彭女士续交保险费,也未在垫缴后通知彭女士。2011年7月10日,彭女士向B保险公司申请解除保险合同,并要求退还保险合同的现金价值5217元,但B保险公司认为其已垫交两期保费7814元,保险合同的现金价值是11694元,因此,在扣除垫交的保费及相应利息后只应退还3056.45元。

关于本案的处理存在两种不同的意见。

一种意见认为,该保险合同是双方自愿签订的,保险公司也对保险条款尽了告知说明义务,故保险合同中自动垫交保费条款对双方具有约束力。在投保人未按合同约定期间及宽限期内交纳保费时,保险公司自动为投保人垫交保费,并收取该垫交保费的所产生的逾期利息,并不违反《保险法》关于"保险人对人身保险的保险费,不得用诉讼方式要求投保人支付"的规定,法律并未禁止保险人为投保人垫交保费,并收取相应的借款利息,且垫交保费是从维护合同效力出发,是有利于投保人的。《客户服务指南》是保险人向投保人宣传保险的有关常识及投保人应当注意的问题,并不是保险人对投保人关于保险条款之外的承诺,也未经双方签字认可,故对保险公司无约束力。况且《客户服务指南》明确表示通知交费只是善意提醒,而非其约定义务,《保险法》也未规定保险人有通知投保人交费的法定义务。因此,彭女士解除保险合同时,应当从现金价值中扣除保险公司垫付的保费及相应利息。

第二种意见认为,保险公司未按照诚实信用原则履行通知义务,自动垫交保费,损害投保人利益的,该自动垫交保费的行为对投保人无约束力,故彭女士解除保险合同时,保险公司无权扣除其垫付的保费及相应利息。

关于此类问题,《保险法》未具体规定保险人有通知交费的法定义务。但作为保险公司提供的《客户服务指南》中,却明确提到保险公司会进行提醒,根据诚实信用原则,B 保险公司对于自动垫交保费应当通知投保人。但是事实上,目前没有相关法律对此作出精确解释。我们一方面呼吁立法机构对此加速立法,另一方面倡导保险公司本着诚实信用原则,提升自己的服务质量,同时也提醒客户,关注自己的保险单,关注自己保险单中的权利与义务。

6. 生存金领取方式变更

生存金领取方式,指根据保险合同约定,产生的生存金以何种方式领取。目前保险公司通常提供现金领取、累积生息、抵交保险费、生存金自动转账等几种方式,各项领取方式可进行变更。

(1)现金领取:可直接由生存受益人办理领取,逾期领取没有利息。

(2)累积生息:也可直接由生存受益人办理领取,逾期领取将产生利息。

(3)抵交保险费:保险合同产生的生存金,可不领取,并用于抵交该张保险合同续期保险费。此种情况下,若投保人、被保险人并非同一人,须上述两人同意,方可采取此种领取方式。

(4)生存金自动转账:该领取方式,是近年以来保险公司为了便于客户领取,提供的一种领取方式。主要表现形式是,客户申请生存金自动转账的,保险公司会在产生生存金后进行自动转账,无须生存受益人再办理领取手续。需要注意的是,并非所有产生生存金的保险合同都能实现生存金自动转账,可以办理该项业务的保险合同通常应具备以下几个条件,第一,定期产生生存金(一年、三年、五年等),一次性产生生存金无法自动转账;第二,保险合同中仅约定了被保险人的生存、死亡等责任,投保人无上述保险责任;第三,生存金金额固定,或者递增、递减比例固定。

例如,吴女士为自己女儿投保一少儿险,保险合同约定,每经过 3 个保险年度,若被保险人生存,保险公司向被保险人返还生存保险金,金额为保险金额的 8%;被保险人生存至 18 周岁,保险公司向被保险人返还生存保险金,金额为保险金额的 20%,被保险人生存至 25 周岁,保险公司向被保险人返回生存保险金,金额为保险金额的 30%。根据此保险条款,每经过 3 年定期产生的生存金,可以办理生存金自动转账,而 18 周岁、25 周岁时产生的生存保险金,只能由被保险人于到期后办理领取,无法自动转账。

(三)保险计划变更

指保险合同中投保的险种发生增加、减少或者取消的变更。此类变更会涉及退还部分或者全部保险费,退还费用的方式原则上须遵循《反洗钱法》或者国家监管部门的相关规定,此类法律或者规定不单用于约束保险公司,投保人也必须遵守。

1. 撤单

又称犹豫期退保。投保人签收保单之日起10日内,未发生保险事故,申请解除保险合同,保险公司扣除工本费以后全额无息退还投保人保险费。对于撤单,应当注意如下几点:

(1)犹豫期的10天包含法定节假日,保险公司对于犹豫期是否包括法定节假日的问题,通常采用的方式是:若犹豫期的最后一天是法定节假日,投保人在节假日结束的第一个工作日,仍然可以行使撤单权利。

(2)条款中未约定犹豫期的保险合同,投保后没有犹豫期。此类险种大多为短期意外伤害保险。

(3)投资连接保险合同中,投保人可以选择"保险合同生效后立刻投资"或"犹豫期过后投资"(具体描述以保险公司出具条款为准)。若选择前者,则犹豫期内撤单要根据实际投资结果计算退费。

(4)有些保险公司一年期健康保险交纳续保的保险费时依然有犹豫期。

(5)撤单退还的保险费应当由投保人领取或者转入投保人指定的以投保人名字开户的账户中。

2. 退保

指犹豫期过后,投保人申请解除合同,保险公司依据保险合同约定的现金价值或者依据投资收益进行退费。

(1)重大疾病、两全险、养老险等长期寿险申请退保,根据《保险法》第四十七条规定,按照保险合同约定退还保险合同的现金价值。若保险费为期缴,在缴费期间内退保,以交纳保险费次数确定计算现金价值年度;若保险费为趸缴,或者在期缴保险费期满后退保,以经过投保年数计算现金价值年度(见表5-1)。

表5-1 某重大疾病险现金价值表

保险年度(年)	1	2	3	4	5	6
年末现金价值(千元)	12	31	52	76	101	127

根据现金价值表计算,若投保人年缴保费4100元,保险金额10万元,交纳1~6年保费以后申请退保,退保金额分别应为(见表5-2):

100000÷1000×12=1200元

100000 ÷ 1000 × 31 = 3100 元

100000 ÷ 1000 × 52 = 5200 元

100000 ÷ 1000 × 76 = 7600 元

100000 ÷ 1000 × 101 = 10100 元

100000 ÷ 1000 × 127 = 12700 元

表 5－2　某养老险现金价值表

保险年度(年)	1	2	3	4	5	6
年末现金价值(千元)	1238.3	1291.5	1347.2	1405.6	1466.8	1531.1

根据现金价值表计算,若投保人趸缴保费54211元,保险金32000元,投保1～6年以后申请退保,退保金额分别应为:

32000 ÷ 1000 × 1238.3 = 39625.6 元

32000 ÷ 1000 × 1291.5 = 41328 元

32000 ÷ 1000 × 1347.2 = 43110.4 元

32000 ÷ 1000 × 1405.6 = 44979.2 元

32000 ÷ 1000 × 1466.8 = 46937.6 元

32000 ÷ 1000 × 1531.1 = 48995.2 元

上述两张表格均使用了年末现金价值的概念。年末现金价值,通常是指在一个保险年度结束时保单的现金价值,是当年现金价值的最高值。在此,希望通过现金价值表的演示,让读者对于现金价值的计算有一个直观的了解。具体的现金价值,则以保险公司出具的条款为准。

(2)投资连结险、万能险等投资型保险申请退保,根据退保时该份保险合同的收益情况即账户价值计算退费,是否额外收取手续费,以保险合同约定为准(见表5－3)。

表 5－3　某投资连结保险手续费比例表

保险年度(年)	1	2	3	4	5	第6年及以后
手续费比例(%)	5	4	3	2	1	0

根据手续费比例计算,若投保第三年申请退保,退保金额 = 退保时账户价值 × (1－3%),以此类推。

(3) 短期意外伤害保险、短期健康险申请退保,保险公司退还投保人未满期净保费。由于上述险种为 1 年期短期险,保险单无现金价值,即便投保人交纳了多期保险费,满保险年度退保时没有退费。

例如,A 保险公司健康险的退保计算公式为退保金额 = 交纳保险费 × (1 - 35%) × (365 - 投保经过天数) ÷ 365,根据此公式,若投保人年缴保险费为 300 元,投保第四年经过 280 天申请退保,退保金额为 300 × (1 - 35%) × (365 - 280) ÷ 365 = 45.4 元。已经过的前三个保险年度没有退费。

通过介绍不同险种的退费计算方法不难发现,绝大部分保险产品退保时是有损失的。这种损失体现在两个方面,一是投保人退保后拿到的退费远低于其交纳的保费,同时也无法继续获得保障;二是保险公司由于该产品从设计到销售再到后续服务均投入了较大成本,随着保险单的退保,而无法继续获得利润。因此,保险公司受理退保时,通常会了解客户退保的原因,并进行劝阻。下面总结了一些退保劝阻的方法,希望能对读者有所帮助。

拓展阅读 5 - 8

退保劝阻的各种方法

经济困难

方法一:表示关心与同情(换位原则)

这份保险现在对您来说如果确实是一份很大的负担,我认为您的选择(退保)是完全可以理解的。但是如果对于您这么有责任心的人来说,突然保障消失,又可能会增加您的心理负担,您买的险种是以保障见长,交费低廉,保障全面,是不是可以再考虑一下。

方法二:缓交保险费

您暂时因经济原因无法交费,可暂缓交费,二年内若经济好转,可随时与代理人或保险公司联系,并向保险公司告知您近期的身体健康状况,对于保额较大的经体检合格后,补交保险费,就可恢复保险合同效力。

方法三:贷款功能

投保的险种具有贷款功能,您可以用保险合同做为担保,从我们公司得到一定额度的贷款,以解您的燃眉之急。不过还款时还需要按规定交纳少量的利息。

方法四:减少保险额度

如果您确实对于交纳全额保险费有困难,是否可以考虑减少交纳部分保险费,来缓解您的经济压力。当然了,在此我需要提醒您,减少的部分要按照退保来计算,而且一旦保险金额降低,意味着您的保障也就降低了。

投保时对于条款解释不清,客户有被欺骗感

方法一:让客户感到对他的重视

我个人非常理解您现在的心情,换上我可能比您的火气会更大,但是希望您也能理解,每个代理人的表达能力是不一样的,但也许他们的表达并不是恶意的,毕竟,您能选择保险可以说是因为您的责任心与风险意识更高,现在因为代理人的个人问题,影响您的选择大可不必,您说是吗?

方法二:认同客户

您的意见提得很中肯,我们会尽力完成对您的承诺。

方法三:再述客户所买商品的特色。

您说得很有道理,麻烦您把保单拿出来,我重新帮您解释一下您所享有的权益……(根据不同条款为客户讲解)

对理赔服务不满

方法一:了解原因

我很能理解您现在的心情,您能告诉我您对我们公司理赔不满的原因吗?看我是否可以帮助您。

方法二:耐心说明

听说您退保的原因是我们公司的理赔服务您不能接受,可以具体说说吗?……

真抱歉,这个结论与您的想法确实有很大的出入,不过,您耐心听我解释,也许可以帮助您解开这个令您不满的疙瘩……

人情投保

方法一:耐心说明

您看,当时投保是因为您对我的信任,让我再给您讲讲保险的意义与功能,还有您购买险种的优势。

方法二:阐述人情终需了的道理。

既然您是一个很讲人情的人,而您又有广泛的人际关系,那么,就算您今天退保了,可能明天又有哪个朋友来请您帮忙,您知道,每一次退保对您来说既有经济上的不必要损失,又会影响您的保障……

认为身体健康,买保险无用

方法一:阐述健康与保险的关系。

现在的空气污染越来越高,水质不断恶化,人的健康无时无刻不受到威胁,得病已经很不幸了,如果因为无钱治病而不得不放弃生命,那人生最大的悲剧就产生了,那时,痛苦的不仅是自己,还有深爱自己和自己深爱的家人,您手中要退的这张保单,不仅仅是几张纸,在风雨来临时,只有它才能给您战胜命运的机会,也只有它,才会使您的家庭不遭受风雨吹打。

方法二:阐述健康不等于长寿的道理。

我们每个人都希望自己能永远健康,永远长寿,可是,今天健康并不能等于永远健康,人生随时都可能有意外发生,保险也就是帮助您有能力抵御意外的侵袭,保证全家人的幸福(举一些报刊、电视中的实例加以说明)!

方法三:身体健康时投保——解除后顾之忧。

您身体这么棒,真要恭喜您,这是您的福分!我相信会有很多人羡慕您,因为他们没有健康,深圳宝安有一位妇女,因长期饮用自来水,不幸得了尿毒症,也就是慢性肾衰竭。以今天的医学技术,通过换肾可以治愈,或通过透析来维持生命,但人生往往是悲哀而无奈的,在花光家里所有的积蓄,又借了许多债务,再也无力医治的情况下,最终人还是撒手人寰了。谁又能想到,一个身体健康的妇女会得这种病呢?

因为做生意急需用钱而要退保

方法一:可办理保单质押贷款。

我们公司针对您这样的客户有一种保全服务,可以帮助您渡过难关。这项服务就是保单贷款,具体地说……

方法二:简述保险也是投资。

非常理解您的想法,我来讲一个道理,如果您不认同,我再帮您退保。现在几乎每个人都在做生意,都在投资,但理财专家告诉我们,一个合理的理财方法应包括三部分:短期、中期、长期投资。短期投资就是衣食住行,直接关系到人的生活品质,专家建议比例在20%~30%;中期投资,也就是您的生意,专家建议比例在50%~60%比较合适;长期投资就是保险,它对您的一生有很大作用,专家建议在10%~20%较合适,这就是投资金三角。如果没有长期投资,在人生风雨侵袭的时候,您的中期投资(生意)就会受到很大影响,有时候可能是毁灭性的,这样势必影响短期投资(衣食住行),使全家的生活品质一落千丈,由此可见长期投资是不能少的,您看我说得对不对?

认为保险没意思,无利可图

方法一:引导客户对保险的正确认识。

您这样想我能理解,我以前也对保险不在乎,后来进了保险公司,了解了保险的意义和功能后,才发现原来人对保险的需要是无时不在的。我去医院拜访客户,在经过住院病房时,看见病床上躺着的病人,有的在输液,有的打着满脸的纱布,痛苦不堪,他们在住院前都是身体健康,对生活充满希望的人,他们绝不会想到不幸会降临在自己身上。人这一生会经历很多风雨,这是不可避免的,我们可以用保险这把大伞来保护自己和全家的生活,何况保险还有养老功能呢。

方法二:举实例说明保险的功用。

以上对于退保的计算方法和介绍退保劝阻的方法,无非是希望读者对于保险合同的退保有一个全面的认识。其实,客户不希望退保,保险公司又何尝不是这么想呢?

3. 取消险种

保险合同中,可能由多个险种组成,取消险种,是指在保留保险合同的前提下,取消部分险种。取消险种一经客户申请,保险公司确认后即立刻生效,通常不再等到保险期届满,与退保一样,保险公司会退还保险合同约定现金价值或未满期净保费,同时不再承担保险责任。

长期寿险保险合同中,长期寿险是主险,可以在此基础上附加长期寿险附加险、短期意外附加险、短期医疗附加险、豁免保费等附加险。在保留长期寿险的前提下,所有附加险均可以取消。比如,某位客户投保了30年期的两全寿险,并附加了意外伤害、意外伤害医疗、住院医疗等附加险,在保留两全寿险的前提下,其他附加险均可以取消。

短期意外伤害、短期健康险保险合同中,通常该险种的必选部分为主险,可选部分为附加险。在保留必选部分的前提下,可以取消可选部分。比如,某保险公司短期意外伤害保险的必选部分是高度残疾和身故保险责任,可选责任是意外住院津贴和手术费用,投保人购买此产品后,可以取消可选责任。

通过上述描述,我们不难发现,取消险种实际上是取消一部分保险保障。在实务操作中,短期医疗险的保障是报销被保险人因为发生意外伤害或者疾病在医院治疗产生的费用,而且大部分短期医疗险会指定医院。因此,被保险人长期居住地没有保险合同上约定的指定医院,或者所在单位有较好的保险福利,是取消险种的最主要原因。若取消险种后,保险合同中没有能够独立存在的险种,则该份合同应当作退保处理。

4. 新增险种

新增险种与取消险种相对应，指已经投保的保险合同中增加部分新的险种。与取消险种可以随时申请不同，新增险种一般要在保险合同年生效对应日前一个月左右，且当年度主险保费尚未交纳的前提下才能申请。新增险种时，被保险人要对身体健康情况进行告知，保险公司也会依据此告知进行核保，并决定是否对新增险种承保。新增险种成功以后，该险种生效日即保险合同的年生效对应日，缴费日、宽限期与保险合同其他险种一致。

长期寿险保险合同中，长期寿险是主险，可以在此基础上新增加长期寿险附加险、短期意外附加险、短期医疗附加险、豁免保费等附加险。短期意外伤害、短期健康保险合同中，该险种的必选部分为主险，可新增加可选部分。

新增险种实际上是对于已经投保的保险合同的保障进行补充，使得该份保险合同更加全面。

5. 减少保险金额

前文中曾经提到劝阻投保人退保的一种方法，就是引导投保人减少保险金额或者降低保险档次。减少保险金额又称减额或者部分退保，指根据投保人的申请，将保险合同约定的保险金额降低，保险公司承担减额以后的保险金额保障，投保人从减额后的生效对应日，按照减额以后的保险金额交纳续期保险费。降低保险档次又称降档，针对保险金额分不同档次的险种设计，与减额意思大致相同（见表5-4）。

表5-4 某重大疾病险现金价值表

保险年度（年）	1	2	3	4	5	6
年末现金价值（千元）	12	31	52	76	101	127

我们还是使用前面某重大疾病保险现金价值表来演示减额的计算方法。若投保人年缴保费4100元，保险金额10万元，将保险金额减少为5万元，交纳1~6年保险费，退费金额分别应为

50000 ÷ 1000 × 12 = 600 元

50000 ÷ 1000 × 31 = 1550 元

50000 ÷ 1000 × 52 = 2600 元

50000 ÷ 1000 × 76 = 3800 元

50000 ÷ 1000 × 101 = 5050 元

50000 ÷ 1000 × 127 = 6350 元

减少保险金额或者降低保险档次,其目的都是缓解投保人的缴费压力,但由于减少部分按照退保处理,同时保障将随之减少,对于投保人来说,依然会有损失,因此建议投保人慎重行使减额权利。

6. 减额缴清

减额缴清是指,在保险合同规定的保险期间内,经保险公司同意,将基本现金价值扣除保单欠款后的净额作为一次交清的保险费,基本保险金额相应减少。简单说来就是根据保单具有的现金价值,作为一次性交纳的保费,购买同类保险,保额降低。可以看出,要申请减额缴清,必备的条件就是保单需有现金价值。

选择减额缴清的前提是投保人、被保险人仍需要这份保险,只是主观或客观上不想再为这份保险花钱。比如资金困难交不出保费,或者情况的变化使得自己不再需要这么高的保额。由于一份保单的交费期限往往需要十年或二十年,在这漫长的交费期间,投保人可能会不幸遭遇意外而导致伤残,难以继续交付保费。如果投保人投保的是一份具有保费豁免功能的保单,固然是上上之策。保险公司将豁免投保人未来所需的保费,使保单的有效性尽可能延续下去。但当投保人尚未投保豁免险种,就必须用好"减额缴清",使保单最大限度地保障投保人、被保险人的利益。

金融危机的出现,使得很多人交纳保险费存在困难,一些家庭在面对续保时选择了退保。其实越是这个时候越不要轻易退保。如果投保人无力支付保费,可考虑采取"减额缴清"的方式,在缓解经济压力的同时仍继续享有一定的保障。

例如,赵女士在其15岁时,由她的父亲为她投保了一款终身重大疾病保险,保险金额为5万元,年交保险费2385元。这15年来,赵女士的家庭为这份保单花了近3.6万元。今年,赵女士已经30岁,她的家庭无力继续支付保费,无奈之下,赵女士的第一个想法就是向保险公司提出退保申请。

然而,根据保险公司提供的现金价值表计算,赵女士所交的近3.6万元保险费的退保金只有1万元多一点。选择退保,赵女士将无端地蒙受2万多元的损失。但是,如果赵女士选择"减额缴清"的方式,她可以在不必继续交纳保费的同时,继续按原合同保险期间,终身享有一定的保险保障。赵女士可将现在保单1万元左右的现金价值作为趸交的净保险费。在办理了减额缴清后,据估算,赵女士所持保单的基本保险金额可维持在1万元。按合同的规定,如果赵女士在患重大疾病、因意外或疾病身故或全残时,可获得2万元的给付。

与减额降档一样,减额缴清同样意味着保障额度降低,上述案例中,赵女士在减额缴清后仅获得原有保障的1/5左右。

减额缴清与减少保险金额非常相似,通常情况下,投保人经常会混淆这两个项目,因为这两个项目都会降低保险金额,同时,都要以保单现金价值作为计算依据。我们总结了两个项目的不同点,以便大家参考(见表5-5):

表5-5 减少保险金额与减额缴清的区别

	减少保险金额	减额缴清
不同点	继续交纳续期保费	不再交费
	变更后现金价值不变	变更后现金价值有变化并重新制作保单
	附加险保留	附加险须取消或缴清
	(分红险)继续分红	(分红险)没有分红

需要注意的是,减额缴清以后,就不得恢复原保障额度,不得办理保险金额变更、新增附约等项目,不得申请保单质押贷款,主险交清后附加险应终止或按条款约定交清。而对于分红险来说,合同变更为减额缴清保险时,若存在红利及其利息,保险公司会一次性支付给投保人,但变更为减额缴清保险后,客户将不再享受保险公司的红利分配。

7. 保险合同效力恢复

保险合同效力恢复,又称复效。投保人在保险合同生效对应日及宽限期届满,未能交纳保费,且保险合同尚未达到现金价值垫交保险费条件,该合同失效,又称保险合同效力中止。根据《保险法》第三十六、三十七条规定,保险合同失效以后2年内,经投保人与保险公司协商并达成协议,在投保人补缴保险费后,合同效力恢复。

有复效条款的保险合同才可以在失效的情况下办理复效手续。短期意外伤害险、短期健康险一般没有复效条款,到期未交纳续期保险费,保险合同直接终止。投保人、被保险人若想继续购买该产品,须重新投保。万能保险的失效、复效与传统保险不同。由于万能险一般包含保障和投资两个功能,投保人交纳的保险费一部分用于支付保障的费用,另一部分用于投资。因此,万能险保单的失效,是保险单的账户价值不能用于支付保障费用,才会出现失效的情况。

拓展阅读5-9

投保人张先生于2008年4月为自己和儿子在A保险公司分别投保了万能保

险,年缴保费均为2000元,保险金额为10万元。投保后因外出工作,2009年、2010年连续两年未能交纳续期保费。张先生在2011年想起应当缴费,向保险公司咨询,得知自己的保险已经失效,儿子的保险仍然有效。对此,张先生表示非常不理解。经查询,A公司万能险条款中约定,首年度保险费,应当扣除50%的初始费,剩余金额进入账户价值。除此以外,每月将从账户价值中扣除一定的金额作为风险保障费用以及账户管理费用。张先生投保时45周岁,其子16岁,根据保险公司计算,45周岁男性,投保10万元保障每月应当交纳的风险保障费用为48元,同时,会根据被保险人年龄的增长,风险保障费用会增长。这样,3年来,用于支付的风险保障费用大约为2000多元,加上每月5元的账户管理费,张先生实际上为此份保单应支付的费用为2200元左右。实际上,进入账户价值的钱只有1000元,因此,当账户价值金额不够支付上述费用时,保单实效。与此不同的是,张先生的儿子由于投保时年龄小,用于支付的风险管理费用相对较低,3年来,支付费用不到1000元,由于进入账户价值的1000元会依照保险公司的收益情况增长,所以,张先生儿子的保险单并未失效。

根据上述案例,我们发现,万能险的失效与传统险存在很大的差异,即便保险条款中约定投保人可以不定期进行缴费,且保险公司对于将要失效的保单通常采取提供通知的服务,投保人仍然应当时刻关注自己的保单的账户价值,并尽量按时交纳续期保险费。

投保人、被保险人须提供使保险公司认可的可保性证据。"可保性证据"的含义要比"健康状况良好"更广,其中包括被保险人健康告知书、职业变化、投保人的经济情况及其他保险等。同时,复效时须一次性补缴所有拖欠保险费。

申请复效的时限为失效2年内,超过2年,保险公司依据《保险法》规定可以终止保险合同,在这种情况下,投保人只能办理退保手续。

案例:投保人李小姐于2006年3月1日在B保险公司为自己投保一份两全险,年缴保险费5000元,2007年、2008年均正常交纳续期保费。2009年由于工作关系长期外出,未能于宽限期结束时,即5月1日前交纳当年度续期保费,导致保单失效。此后一直未能及时办理复效手续。直至2011年7月才想起此张保单一直未能缴费,经过向保险公司查询,发现保单于2011年5月1日失效已经超过2年,B保险公司依据《保险法》规定,对此张保单作出不再复效的决定。李小姐只能根据合同约定,按照交纳了3年的现金价值办理退保。

通过此案例,可以得知,保单失效超过2年,是指生效对应日以后宽限期结束仍然未能交纳续期保费,导致保单失效,并以此时间作为计算2年的起始时间。

8. 除了以上项目外,对于万能险、投资连接险等保险,保险公司还开设了账户价值的部分领取、追加、账户转换等服务项目,由于各公司此产品差异较大,读者可通过阅读保险公司提供的产品条款详细了解上述项目。

(四)给付类保全业务

指根据保险合同约定,产生生存金、满期金、年金等保险金的业务。

1. 生存保险金领取

被保险人满足在保险合同约定的某一时间点生存的条件时,保险公司依据保险合同,向被保险人给付一定金额,该金额即为生存保险金。给付生存金后,保险合同仍然持续有效。生存保险金一般产生于两种情况,一是保险合同履行至某个年度被保险人生存,例如投保满一年、三年、五年等;二是约定被保险人生存至某一年龄,例如十五岁、十八岁、六十岁、一百岁等。一些合同约定,被保险人生存至某年度或者某一年龄的保单生效对应日方可以办理生存金领取,还有一部分保险产品,在保险年度开始时,交纳续期保险费以后即可以领取生存保险金。

案例:某客户于1999年购买一份终身寿险,根据合同约定,被保险人于保险合同订立后五周年时仍然生存,领取保险金额的15%作为生存保险金。则该客户于2004年、2009年、2014年、2019年都可以领取生存保险金,以此类推一直领取至身故为止。

2. 满期保险金领取

被保险人满足在保险合同约定保险期间届满时生存的条件下,保险公司依据保险合同,向被保险人给付一定金额,该金额即满期保险金。与生存保险金一样,满期保险金一般也产生于两种情况,一是在订立保险合同时,约定了保险合同的保险期间,例如三年、五年、二十年等;二是在订立保险合同时,约定被保险人领取满期金的年龄,即保险合同在被保险人某个年龄时到期,例如被保险人55周岁、60周岁、80周岁等。给付满期保险金后,保险合同终止。

3. 年金保险金领取及年金转换

年金保险,是指根据保险合同约定,产生了生存保险金或者满期保险金以后,保险公司按照保险合同约定的金额,在一个约定的期限内,有规律地、定期地向被保险人给付保险金的保险。通过此概念,我们不难发现,年金保险同样是以被保险人生存为给付条件,给付的年金实际上是保险合同产生的生存保险金或者满期保险金。年金保险无论对于被保险人还是保险公司,都有积极的意义。对于被保险人来说,可以将一笔比较高额的生存、满期保险金,分年度或者月度领取,保险公司除支付生存、满期保险金本金以外,还将根据一定利率支付利息(利率由保险公司与投保人在保险合同中约定)。而对于保险公司来说,被保险人高额的生存、满期金依然有一部分长时间留存在保险公司。

年金转换,是指对寿险合同产生的一次领取的生存金、满期保险金按照一定期限领取进行约定的变更。例如将满期保险金分为20年领取,领取频率为每年领取。

(五)其他保全服务

1. 保险单迁移

投保人与保险公司签订保险合同后,由投保人长期居住地的保险公司分支机构对保险合同进行管理。如果投保人因为工作等原因长期离开居住地,可以将保险单迁移至新的长期居住地,这个过程就是保险单迁移。保险单迁移以后,由新的所在地保险公司分支机构对保险合同进行管理。其中包括账号更改、通信地址变化、部分医疗险指定医院更换、服务人员更换等,但保险合同中的保险责任、保险计划等条款内容不发生变化。

2. 保险合同补发

保险合同补发,指保险合同出现了丢失、损毁等现象,需要重新进行补发。保险合同有别于其他类型的合同,属于有价单证,可以用来抵押贷款。因此,各保险公司对于保险合同的补发采取比较谨慎的方式,只能由保单所有人即投保人申请补发。

3. 中英文投保证明

投保证明,是由保险公司出具的对于保险合同的一种书面证明。证明内容包括投保人、被保险人年龄、性别、证件号等信息,投保险种、保险期间、保险金额、保险费等。此证明主要不是用于确认保险合同效力,而是用于向第三方提供一个投保人、被保险人投保的说明。实际操作中,银行、大使馆、出国中介服务等机构多需要此证明。

(六)保险单的贷款

保险单的贷款,是指以人身保险合同的现金价值作担保,从保险公司获得贷款。主要为了帮助投保人缓解资金周转压力,避免投保人因一时的资金紧张而选择解除保险合同。保单贷款的可贷款金额取决于保险合同的现金价值。

办理保单贷款,需要符合以下几个条件:

(1)必须是有现金价值的长期险,才可以申请贷款。短期意外伤害保险、健康险等没有现金价值的短期险不能贷款;投资连接保险等投资性质保险,由于账户价值可能会存在涨跌,不能保证持续增长,也无法申请贷款;通常情况下,万能险由于可以申请账户价值的部分领取,因此保险公司不提供贷款服务,而是否可以申请万能险的贷款,以保险公司条款约定为准。

(2)必须是投保人、被保险人同时同意,方可以办理贷款。

(3)可以贷款的金额,一般是保险合同现金价值的 70%~90%;贷款利率,一般由保险公司在贷款条款中约定。

(4)贷款期间一般最长为 6 个月,到期后若无法偿还,可以在偿还贷款利息以后申请延期。部分保险公司规定了贷款最长期限为 1 年,即贷款一年后不能再申请延期,有的保险公司可进行无限期的延期。

(5)贷款以后,保险合同的第一顺序生存受益人、第一顺序身故受益人将自动变更为保险公司,若产生生存满期保险金或者被保险人因出现保险事故需要理赔,保险公司可以优先使用生存满期保险金、身故保险金用于偿还贷款。

(6)贷款以后,一般不能解除保险合同,除非先将贷款偿还。

当然,广义上的保险合同贷款,一般分为保险公司直接提供贷款,或者将保险合同质押给银行,由银行提供贷款。这两种方式可以说各有优势,也各有不足。保险公司提供的贷款额度有限,贷款期限较短,但是利率低,且手续便捷;选择银行贷款,则利息高,手续相对烦琐,但是贷款额度略高,时间相对灵活。

(七)电子化保全

保全服务的电子化,是金融电子化发展到今天的必然结果。所谓金融电子化,是计算机网络技术和通信技术在金融行业的业务处理和管理领域的应用。早期的金融电子化主要运用在银行业,目的是提高业务处理的效率,减轻劳动强度,增强服务能力。而随着网络技术的不断发展,电子化也运用到金融行业的其他企业中。总结起来,电子化针对传统的业务模式,有以下几个优势:

(1)方便快捷。客户可以在任何时间、任何地点,进行业务处理,不受传统柜台的营业时间和地点限制。

(2)准确性提高。网络等技术处理比人工处理的准确性能提高很多。

(3)效率高。大批量的批处理工作可以瞬间完成,无须手工完成。

(4)安全。密码由客户自己保留,基本不会存在代领取、代办理的事情。

基于上述电子化的优势,近年来各保险公司纷纷尝试使用电子化保全,客户只需要申请一个密码,就可以通过网络等方式办理保全业务。相信在不久的将来,保险公司的客户也可以和银行的客户一样,在计算机边动动手,就可以接受到投保、保全、交费、理赔等一系列服务。

二、保全服务的办理过程

以上是保险公司提供的各保全服务项目的具体内容,接下来介绍保全服务如何办理。

(一)保全服务申请资格人

对于保险公司提供的各保全服务项目,申请主体通常有明确的要求。一般情况下,可以申请的人只有该保险合同的投保人、被保险人、受益人(见表5-6)。

表5-6 保全项目及申请人

	投保人	被保险人	受益人	备注
姓名、证件号变更	√			投保人、被保险人、受益人证件姓名证件变更均由投保人申请
联系方式变更	√			投保人、被保险人、受益人联系方式变更均由投保人申请
年龄、性别变更	√			投保人、被保险人、受益人年龄性别变更均由投保人申请
职业工种变更	√			
补充告知	√			补充告知中的健康告知被保险人须签字
投保人变更	√			被保险人、新投保人须一并同意
受益人变更		√		投保人申请,须被保险人同意
付款信息变更	√			
缴费频率变更	√			
自动垫缴选择权变更	√			
生存金领取方式变更	√			生存金自动转账须受益人签字
撤单	√			
退保	√			

续表

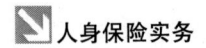

	投保人	被保险人	受益人	备注
取消险种	√			
新增险种	√	√		
减少保险金额、降低档次	√			
减额缴清	√			
生存保险金领取			√	
满期保险金领取			√	
年金转换	√			
年金保险金领取			√	
红利领取	√			
万能险、投资连接险部分领取	√			
万能险、投资连接险追加投资	√			
投资连接险账户转移	√			
保险合同迁移	√	√		
保险合同补发	√			
中英文投保证明	√			
保险合同贷款	√	√		

通过以上表格可以看出，由于投保人是保险合同所有人，绝大部分保全项目的申请资格人都是投保人。

(二)办理保全业务常用文件

1. 一般业务应备文件

一般情况下，申请保全业务需要提供下列文件或者手续：

1) 投保人、被保险人、受益人的有效身份证件

保险公司认可的有效身份证件包括：居民户口簿、身份证、临时身份证、军官证、武警警官证、士兵证、军队文职干部证、军队离退休干部证和军队职工证、护照、港澳同胞回乡证、港澳居民来往内地通行证、中华人民共和国来往港澳通行证、台湾居民来往大陆通行证、大陆居民往来台湾通行证、外国人居留证、外国人出入境

证等。

随着《反洗钱法》的颁布与实施,保险公司对于办理保全业务的客户还承担验证身份的职责,所以大部分情况下,客户提供的有效身份证件应包含照片,这样居民户口簿更多地承担一种证明客户生存的作用。

2)保险合同

主要在保单信息变更和保险计划变更时使用。

3)保全申请书

客户至保险公司柜台办理保全业务,须采取书面形式申请。一般情况下,保险公司会提供标准格式的申请书,客户仅需要填写并签字即可;但在有些时候,客户提供内容明确的申请书,保险公司也会予以认可。

4)委托授权书

上述表格中,保全服务申请资格人以外的人员办理保全业务,除了提供申请资格人填写并签字的保全申请书以外,还需要提供申请资格人的委托授权书。

2. 特殊业务应备文件

当办理投保人死亡、证件变化、婚姻问题、出国等特殊保全业务时,还须准备更多文件。包括但不限于死亡证明、公安机关证明、离婚证明、公证书、法院判决书、客户的声明书、签证等。特殊业务的应备文件,主要针对每一笔特殊业务进行处理,需要根据实际情况,依据保险合同以及各公司的业务规则进行处理。由于情况复杂,本章将不进行具体事件描述。

(三)保全申请书填写应满足的条件

(1)保全申请书填写须完整、准确,其中应当包括保险合同号码、投保人姓名、被保险人姓名、申请保全的时间、申请项目的详细内容、申请资格人签字。

(2)为了保证保全申请书可以永久留存,须使用蓝黑色、黑色、蓝色钢笔或者墨水笔填写并签字,不可使用圆珠笔、铅笔填写签字。

(3)原则上不能出现涂改,若填写错误,应当更换申请书重新填写。

(四)保险合同的异地业务办理

保险合同的异地业务办理,是指投保人、被保险人、受益人持有保险公司的合同,可以在保险公司任何机构所在地办理保全服务、交费、理赔等业务。在前文中,我们提到了保险公司提供保险单迁移服务,那为什么还要提供异地业务办理服务呢?主要原因是投保人有可能短期外出,在此期间遇到特殊情况,需要办理保险业务,若保险公司在迁移以后办理,会影响办理实效;同时,客户很快回到居住地,还需要再次办理迁移手续,非常不方便。保险公司就是针对此类情况,开通了保险合同的异地业务办理。

(五)办理保全服务的程序

图5-1提供的办理保全服务程序,只是通常情况下的简单演示,具体手续及程序,可参照各保险公司的业务程序。

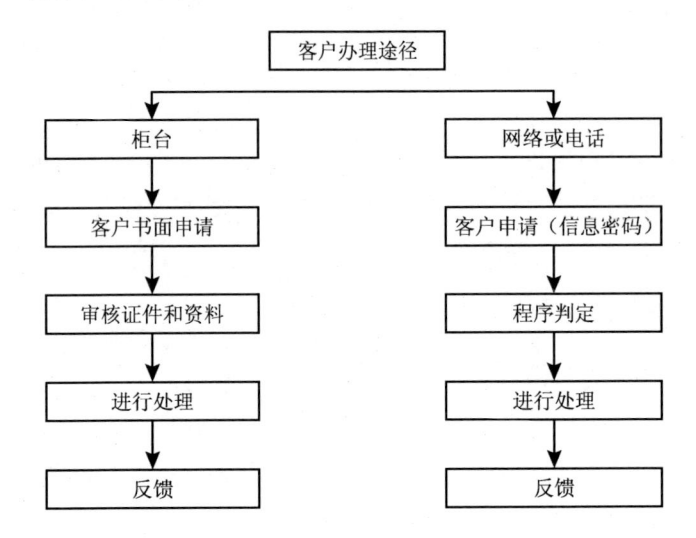

```
          客户办理途径
          ↓        ↓
        柜台     网络或电话
          ↓        ↓
     客户书面申请  客户申请(信息密码)
          ↓        ↓
     审核证件和资料   程序判定
          ↓        ↓
        进行处理    进行处理
          ↓        ↓
         反馈       反馈
```

图5-1 办理保全服务基本程序

第二节 续期服务

续期服务,一般是保险合同订立以后,保险公司为使客户持续投保,并按期交纳续期保费,而向投保人、被保险人、受益人提供的各类服务。续期服务包括基础服务和增值服务,一般由保险公司职能部门、代理人或者孤儿保单服务人员提供。

一、保险公司提供的续期服务

(一)基础服务

1. 回访服务

回访服务是指在保险合同订立以后,保险公司按照监管部门的有关规定,对投保人采取电话、上门等方式进行回复访问。按照中国保监会《人身保险业务基本服务规定》的要求,保险公司应当在犹豫期内对合同期限超过一年的人身保险新单业务进行回访,并及时记录回访情况。此项服务的主要目的是确保投保人的合法权益。在提供回访服务过程中,会向投保人简单介绍犹豫期、退保损失、分红险的红利以及万能险、投资连结险收益不确定性等保险合同条款中的内容,核实保险合同等相关文件是否为投保人、被保险人本人签字,同时提示投保人仔细阅读保险合同。一般回访内容由监管部门统一要求,各保险公司须以此作为最基本内容,再根据实际经营情况决定是否增加。

拓展阅读 5–10

孙先生通过代理人小李购买了 A 保险公司某两全保险,其中包括分红保险责任。孙先生在收到保险合同第 5 天时,接到 A 保险公司的回访电话,电话核实了投保时相关文件均由投保人、被保险人本人亲笔签字,同时告知孙先生保险合同的犹豫期和退保损失,还介绍了分红的不确定性。这时,孙先生提出了疑问:投保时签署的产品介绍文件明确写着每年的分红金额,怎么会不确定呢? 电话回访人员告知孙先生,该介绍文件是在某种条件下的分红状况,不一定代表保险公司每年都按照此种条件进行分红。回访结束后,回访人员将孙先生的询问转发给代理人小李,小李致电孙先生时表示,当时签署保险合同时自己确实未能详细描述分红的情况,希望能当面跟孙先生沟通。此后,小李详细讲解了分红产生的条件、分配原则,并告知孙先生分红是不确定的;孙先生根据小李的讲解,向 A 保险公司进行了咨询,验证小李讲解属实。孙先生认为保险公司及代理人小李对分红的解释合情合理,最终决定继续持有此份保单。

通过这次回访,发现了客户在签订保险合同时对于条款的分红不了解,并及时通知了代理人,经过反复沟通,获得了客户的认可,并最终促成此份合同。

很多保险从业人员尤其是代理人,通常认为回访会导致客户选择撤单或者退保,其实这是误区。保险公司提供的回访服务,是为了维护客户利益,同时发现保单签订过程中是否存在瑕疵,并迅速弥补瑕疵的过程,是代理人检验签订保险合同是否规范的一块试金石。自从 2001 年至今,投保后电话回访的服务已经开展了 10 年,并未制约保险公司的发展,反而使保险公司的经营越来越规范,销售越来越诚信。

2. 柜台服务

柜台服务,是指保险公司的各分支机构为投保人、被保险人、受益人提供各类保险合同关联服务的经营场所,柜台服务包括保全服务、续期交费、理赔、咨询、投诉等。柜台服务是保险产生以后即出现的服务方式，投保人、被保险人、受益人可以通过柜台获得绝大部分的保险服务，而保险公司通过柜台服务，可以提供一种与客户最有效的沟通方式。

3. 电子化服务

有关电子化服务，前文已经提到，投保人、被保险人、受益人可以通过保险公司设立的专属服务网络、电话，购买保险、咨询问题、理赔报案、直至保全变更。上述各项服务，客户若通过传统面对面的方式办理，可能会等待几小时，然后几天甚至几十天才能拿到结果；而通过电子化的方式，可能几分钟就能处理完毕。

4. 后台类服务

此类服务主要是指保险公司通过内部系统，提供续期转账、通知书寄发、短信提醒等服务。

1）续期转账

保险公司开设此项服务除了是需要遵守监管规定以外，还有一个重要的原因是为了方便客户交费。投保人仅需要向保险公司授权，即可以在保险费应交日以后，由保险公司自动划转保费。

2）通知书寄发

此类服务包括提醒和信息披露两方面内容。包括缴费通知书、缴费成功对账单、红利通知书、生存满期金领取通知书、万能险状态报告、投资连结险状态报告。

3）短信提醒

保险公司除了寄发书面通知，还会提供短信通知提醒，目的是提供多渠道的信息通知。

（二）增值服务

又称附加值服务，指保险公司除提供上述基础服务以外，额外提供的服务。与基础服务不同，增值服务大部分针对的是 VIP 客户。与很多领域一样，保险公司 80% 的保险费来源于 20% 的客户，因此，对于这些高端客户，保险公司更注重服务的质量以及效果。虽然各保险公司对于高端客户的划分不尽相同，但基本上都提供以下两类服务。

1. 日常增值服务

此类服务贯穿于客户的日常生活中，比如定期寄送宣传保险公司的精美期刊、生日问候、生日贺卡、礼物寄送、免费泊车、旅游救援、健康体检、提供特约商户等。

2. 不定期组织专项活动

（1）健康类讲座，邀请医疗领域专家，对于养生、防癌、女性疾病等知识开展讲座活动,普及医学知识,倡导健康生活。

(2)亲子类活动,邀请有孩子的客户参加,开展与孩子互动的亲子活动,宣传保险突出家庭的理念。

(3)产品说明活动,邀请客户参加理财类讲座、产品介绍等活动,使客户更加了解保险公司及各类保险产品。

(4)其他主题活动,包括时尚类、文化类、环保类等主题活动。

保险公司通过提供增值服务,一方面对高端客户开展回馈服务,另一方面也可以与这些客户保持联系,使客户有一种受到尊重的感受,进而提高客户的忠诚度。

二、提供续期服务的人员

(一)保险公司授权的内勤服务人员

这些内勤人员是保险公司的正式员工,所在岗位大多属于客户服务、业务管理、财务、续期等职能部门,依照保险公司的授权,为投保人、被保险人、受益人提供回访、柜台、电话等服务。

(二)代理人

保险代理人是指根据保险公司的委托,在保险公司授权的范围内代为办理保险销售业务,并依法向保险公司收取代理手续费的单位或者个人。目前,我国人身保险销售所采取的代理人销售模式包括个人代理,银行、邮政渠道代理,专业保险代理公司代理等。随着保险合同的订立,投保人、被保险人、受益人会通过代理人咨询或者办理业务。

(三)孤儿保单服务人员

孤儿保单服务人员,是指保险合同原代理人不继续开展代理工作以后,由保险公司指派的接替服务人员。孤儿保单服务人员与代理人的服务方式很接近,都是通过一对一的上门或者电话提供服务。

第三节 投诉

保险投诉,一般是指已经购买了保险的客户或者准备购买的准客户,在购买、使用保险合同以及接受保险公司服务的过程中,对于保险合同的履行或者保险公司的服务提出异议,通过电话、信函、面谈、邮件等方式,争取自己的合法权益。

一、销售阶段产生的投诉

(一) 保险单销售过程中应当规范操作

这里提到的规范操作,主要是指代理人在销售过程中,应当当面对投保人与被保险人的身份进行核实,并亲眼目睹投保单、产品说明书、风险提示、保险利益演示表等相关文件,由投保人、被保险人亲笔填写并签字。当然,这个环节中也会有特殊情况,即电话销售。此类业务代理人是通过电话进行销售的,在业务促成时无法亲眼见到投保人与被保险人,但在保险合同订立以后,保险公司仍然会安排人员面见投保人、被保险人并递送保单,这个过程仍然要遵循上面提到的程序。

根据我国法律规定,保险公司必须确保投保文件由客户本人签署,一旦违反上述规定,会导致保险合同无效,保险公司将全额退还客户保费。通常情况下,协助客户签署投保文件是由保险公司授权给代理人的行为,因此代理人须保证亲眼见到客户本人在投保文件上签字,这也是代理人的工作职责。当然,这些规范操作手续上相对比较复杂,少数代理人在销售过程中,为了简化手续,往往会忽略部分文件的签署。事后,一旦客户对此提出投诉,代理人将承担相应责任。

拓展阅读 5-11

A 保险公司代理人小邱结识了客户赵阿姨,通过接触,得知赵阿姨有个 30 多岁的儿子在外企工作,平时工作压力大,非常忙碌。凭着职业的敏感性,小邱觉得赵阿姨的儿子应该拥有重大疾病保障。为此,小邱设计了一份保险计划,由主险两全险和附加的重大疾病、意外医疗、住院医疗等险种组成,并详细向赵阿姨做了介绍。赵阿姨也很认同保险,对小邱的产品设计非常满意,决定投保。但由于赵阿姨的儿子非常忙,一直未能当面详谈,最后小邱将所有投保文件交给赵阿姨,请赵阿姨回家让她的儿子签署即可。大约一周时间,该保单顺利承保。

半年以后,赵阿姨的儿子向 A 保险公司投诉,称自己并不知晓此保单的投保情况,也不认可保单的保障,要求 A 保险公司解除合同,并全额退还保险费。经查询,得知赵阿姨曾将投保文件拿给儿子阅读,当时母子俩对于是否投保存在分歧,后因为赵阿姨的儿子工作比较忙,一直未能继续商量关于保险的事情,赵阿姨为了早日让儿子拥有这份保障,就代替儿子在投保文件上签了字,同时这个过程没通知代理人小邱。事情发生后,A 保险公司安排工作人员,与小邱一起上门同客户进行协商,无奈赵阿姨的儿子坚持要求退保,最终赵阿姨只得向 A 保险公司提出退保,由于投保过程存在瑕疵,被保险人未签字的情况属实,A 保险公司未能审核出这一瑕疵,只能按照客户要求,全额退还保险费。而作为代理人的小邱,由于投保文件代签字而违反了公司的管理规定,被处以扣回佣金并通报批评处罚。

在这件客户投诉案例中,我们发现,作为代理人的小邱没有替客户在投保文件上签字,主观上也未曾提示客户可以代签字,甚至对于赵阿姨代签字一事根本不知情,为何仍然要承担责任呢?前面我们曾经提到,《保险法》中规定了保险公司对于投保文件审核的法定责任,作为A保险公司的代理人,小邱没有亲眼目睹客户在投保文件上签字,事实上未能履行审核责任。因此,A保险公司要对客户投保过程中存在的瑕疵负责,那么代理人小邱则因为未能履行自己的工作职责,自然会受到保险公司的处罚。

(二)说明条款

代理人在销售过程中,应当向客户如实说明条款,说明的内容包括保险责任,如实填写健康告知书,分红险的红利以及万能险、投资连结保险收益不确定性,保单现金价值,退保损失等,而客户也有权利了解上述信息。实践中通常会遇到以下三种情况:

(1)客户认为购买了医疗保险,只要去医院看病,就能获得保险理赔;

(2)投保前曾患有某种疾病,投保时未告知保险公司;

(3)知道可以退保,但是不了解退保会有损失,要扣除手续费或者仅退还现金价值。

代理人需要向客户详细地介绍保险合同内容。首先,保险公司设计的任意一款保险产品都有一个保障范围,可能是储蓄性质的,也可能是医疗报销性质的,目前还没有一款产品可以包含人的生老病死每一个环节;其次,保险公司承担的保障,通常是在保险公司认为风险可以控制的前提下提供的,这就要求客户对于投保以前的身体状况进行如实的告知,否则可能会影响保险公司的承保决定;最后,从销售的角度来看,销售任意一件商品,商家或者企业都不希望客户退货,所以有时候会淡化退货的过程。保险公司的代理人向客户销售保险产品时,往往会明确告知退保是客户的权利,至于退多少钱则很少提到。而这恰恰是需要向客户说明的。

当然,上述几种情况都很专业,即便已经购买过保险产品的客户也不尽然完全了解,我们也不希望出现当客户知道这些信息的时候已经产生了损失的现象发生,那样,客户往往会对保险失去信心,而认为保险有欺骗的成分。随着保险在我国的普及率越来越高,公民的法律意识逐渐增强,很多客户在投保时都会关注保障范围、健康告知、退保损失等信息;同时,保险公司也越来越注重销售和经营的规范性,对于代理人在投保时向客户说明的信息提出了明确要求。作为保险从业人员,应该在销售过程中如实将上述信息告知客户;作为购买或者准备购买保险的客户,也应该详细了解这些内容。

拓展阅读 5-12

2006年9月,陈先生夫妇在B保险公司代理人小张的推荐下,各自投了一份终身寿险,并附加住院医疗保险。2007年9月,陈先生交纳第二期保费时,发现该保险的条款与代理人当时所说的不一样,自己当时希望能购买疾病门诊保险,但条款中规定申请理赔的前提必须是住院治疗。陈先生认为B保险公司以及代理人小张欺骗了自己,要求解除保险合同并全额退还保险费。B保险公司向小张详细了解投保经过,得知在投保时,小张对于住院医疗保险责任不太熟悉,对陈先生的要求也未注意。保险合同订立后,小张又认为陈先生会仔细阅读保险条款。没想到陈先生基于对保险公司以及代理人小张的完全信任,根本没阅读保险条款,直至交纳续期保费时才发现。事情发生后,B保险公司经过多次与陈先生夫妻的沟通,最终协商将陈先生的住院医疗附加险的保费全额退还陈先生,其他险种继续保留。

由于两份保险合同是投保人亲笔签字,保险公司在承保以后又提供了保险条款,陈先生也拿不出更有利的证据来证明投保程序不合法,继而主张全额退保。但陈先生对于B保险公司不再信任,此后也未在B保险公司购买任何产品,并在4年后最终选择退保。

通过这个案例我们发现,虽然保险合同的签订完全合法,只是代理人或者保险公司对于条款的部分内容未能详细解释,作为客户又不是保险领域的专业人士,也没能仔细阅读保险条款。到头来,客户最终退保依然有损失,而保险公司也失去了一位优质客户。

(三)其他注意事项

保险公司及其从业人员不得买卖客户资料,使用私自印刷的宣传材料,不得无正当理由打电话或者上门打扰客户,或者以诋毁同业的方式销售自己公司产品等。上述行为有的违反了法律规定或者行业规定,比如前两者;有的违反了职业道德,比如后两者。这都是保险从业人员不应有的行为。

二、保险保全阶段产生的投诉

如前所述,保险保全是保险合同订立后发生的一切与保险合同相关的事务,在此阶段产生的投诉,主要表现在以下两点。

(一) 服务方面

在通常情况下,各保险公司条款及可提供的保障实际上大同小异,这就决定了很多客户对于保险公司的选择,更倾向于能够提供优质服务的公司。在日常经营活动中,客户也经常会向保险公司在服务方面提出意见和建议。

1. 投保后长期没有人与自己联系

虽然保险合同是客户与保险公司订立的,保险公司提供一切保障以及各项服务,但客户往往希望还能有专门的人员负责自己保单的服务工作。无论是代理人还是孤儿保单服务人员,平时因为面临着业绩达成的压力,难免会忽略一些以前投保的老客户。其实这些老客户对保险公司提出了投保以后长期没有人与自己联系的抱怨,本质上还是对保险公司的信任,希望能经常听到、看到保险公司的信息。在这里要提醒所有保险从业人员关注老客户。

2. 无法收到保险公司提供的通知书

客户投保了某保险公司产品后,一般会收到以下通知书:缴费通知书、失效通知书、保险费自动垫缴通知书、红利通知书、生存金领取通知书、万能险、投连险状态报告等。这些通知书同样是联系客户与保险公司的桥梁和纽带。在前文的案例中也提到了因为客户不能及时收到保险费自动垫缴通知书,导致产生了高额的利息。所以,看似简单的通知书,其实也会影响客户的利益。目前,保险公司对于信件的寄发,通常都面临客户不能正常收到的情况,而保险公司又无法证明其确实曾经寄发过。其实,保险公司的服务项目中,包含有按时、准确寄发通知书的内容,只是有时候因为各种各样的原因,部分客户未能收到。面对此种情况,保险公司的应对方式基本上都是在客户反映了未收到的问题后,保险公司第一时间补寄。近年来,保险公司加大了通知书送达准确率的力度,如采取短信、邮件等方式发送,通过网站等途径公布信息,对于办理业务的客户核对通信地址,以及加强和邮政系统合作等方式。相信在不久的将来,客户可以随时随地接收到保险公司的信息通知。

3. 保险公司的解释不专业

产生这一问题的主要根源有两点,一是保险公司业务相对复杂,很多从业人员如果没有足够的实践经验,确实无法做到解释100%精确;二是客户咨询的渠道不同,代理人接触到的信息大多是保险产品方面的知识,对于如何办理投保、保全、理赔业务未必精通;而保险公司内勤岗位人员又只精于本岗位的服务程序。客户对于同一问题得到的答案不一致,就会认为保险公司的解释非常不专业。这个问题确实也是保险公司要面对的问题,客户的信任是他继续投保的理由,而不专业的解释会导致失去客户。不过，保险公司经历了近10年的快速发展，服务水平也得到了大幅度的提升，保险公司也大多在打造自己高水平的服务团队，确保对于客户提出的问题能够准确地给予答复。

（二）保险公司业务流程方面

客户对于保险公司业务流程的投诉，主要包括在办理保全、理赔、缴费业务时，手续烦琐、办理效率低等方面。这与保险公司设定规则等方面有关，而保险公司也意识到了这一点，通过简化程序、内部考核、推广电子化等方法，正在逐步简化手续，提高办理效率。

小结

保险保全的内容贯穿于保险公司的日常经营中，同时与客户也息息相关。本章内容的编写，是为了用最简单的语言和最直观的案例，描述出保险保全是什么，怎么做。我们经常能看到如下的场景：1.在公安机关不出具证件号码更换证明的前提下，保险公司是通过什么方式验证变更了证件号的客户的身份。通过阅读本章，读者能够知道，事实上保险公司也可以通过检验签字、核对保单其他关系人来验证客户身份。2.保险公司对于客户的退保，不单单是告诉客户现金价值如何计算，更多的是了解客户退保的原因，并进行劝阻。3.当一位客户认为被欺骗了，保险公司通过什么方式，能让客户知道他购买的产品的优点。以上这些内容并不能让读者成为保险保全领域的专家，但如果保险从业人员或者客户仔细阅读了这些内容，基本可以确保办理保全业务时能一次成功，而在签订保险合同时，也可以知道自己需要告知或者了解的内容。

第六章　人身保险的理赔

引言

人身保险理赔是一项复杂的活动,是人身保险经营的一个重要环节,也是履行保险职能的具体体现。本章从介绍人身保险理赔的界定、意义、原则、机构、法律背景、条款基础以及与法律责任的关系等基本知识入手,重点阐述从保险事故的发生到保险人做出理赔决定,再到受益人领取保险金,需要经过的一系列工作环节,即人身保险理赔的"标准流程":报案受理、立案、理赔审核、调查、理赔计算、复核、结案归档七个环节。同时,结合人身保险理赔证据的特点,介绍了人身保险理赔证据的形式和分类,并阐述了理赔证据的审核注意要点以及举证责任的分配原则及证据的采用标准。最后简要分析了保险欺诈常见类型、相应的法律后果、存在成因及危害,并对保险欺诈风险防范提出了对策和建议。

本章在理论知识阐述中融入了理赔案例的分析,每个案例都从案情简介、理赔分析、审核结论三个层面予以详细介绍,使读者对理赔的实际操作有了更加鲜活与感性的认识。

重要术语

报案　立案　理赔审核　理赔计算　复核　审批　结案　证据审查　举证责任　保险欺诈

第一节　人身保险理赔概论

一、人身保险理赔概念

（一）人身保险理赔的界定

人身保险理赔是指人身保险公司根据保险合同的规定,在被保险人发生保险事故后,对被保险人或保单持有人或受益人的索赔受理立案,并对事故原因和损害程度进行确认且决定是否予以赔付的整个过程。在人身保险的理赔中,保险金的给付大都是全残给付和死亡给付,其除外责任和争议都较少,一般能尽快履行赔付责任;而在健康保险和意外伤害保险中由于需要有医疗检验报告和相关专家的判定和裁决,其中间过程较多,所以赔付相对较慢。

(二)人身保险理赔的意义

在人身保险运营中,理赔是减灾防损的继续,也是保险经济职能的体现。做好理赔工作,对于加强保险运营与管理,提高保险公司的信誉和经济效益,真正维护被保险人或者受益人的合法权益具有重要的现实意义,具体表现在以下几个方面。

1. 对社会的稳定发挥积极的作用

我国保险业的运营方针是积极拓展业务,组织经济赔偿,预防灾害损失,保障社会再生产,稳定社会生活,积累和运用保险基金,支援社会主义市场经济建设。对投保人和被保险人来说,理赔使保险由无形的保障转化为现实的经济补偿。无论被保险人生存或身故,保险金的给付都可以使其个人或家庭的生活趋于安定,避免了保险事故发生后家庭的破碎和成员的流离失所,减轻了社会负担。

2. 使得被保险人或者受益人所享受的保险权益得到实现

保险的最基本职能是分散风险,实现经济补偿。正是基于这种职能,使得被保险人通过与保险人签订保险合同的方式,来转移自己所面临的潜在风险,也就是说通过签订保险合同,以交纳一定的保险费为代价,享有一旦发生风险事故造成经济损失时获得经济补偿的权利和利益。保险理赔是保险补偿功能的具体体现,是保险人依约履行保险责任和被保险人或者受益人享受保险权益的实现形式。

3. 使得保险承保的质量得到检验

保险公司在保险运营过程中,保险展业是否深入,承保手续是否齐全,保险费率是否合理,保险金额是否恰当,在保险事故发生前轻易不能察觉。一旦出险,发生赔付案件,上述问题就清清楚楚地暴露出来。从这个意义上看,索赔与理赔过程是对承保质量的检验。因此,保险公司应当针对索赔与理赔工作中暴露出来的问题进行认真研究,及时处理,以加强承保工作质量,提高保险运营管理水平。

4. 使得保险经济效益得到充分体现

保险经济效益的高低,在很大程度上取决于保险运营成本的大小,而在保险运营成本中最大的成本项目就是赔付款支出。在通常情况下,一定时期内,保险赔付款支出少,而其他条件不变,则保险经济效益就好。反之,保险经济效益就差,或者无效益可言。

二、人身保险理赔原则

(一)重合同、守信用

保险人与被保险人之间的保险关系是通过保险合同建立起来的。处理赔案,对保险公司而言,是履行合同中规定的给付义务;对投保人来说,是交纳保费后享有的权利。保险公司应严格遵守保险合同条款,尊重被保险人的合法权益,认真处理好每一笔赔案。

(二)实事求是

被保险人提出的赔案千差万别,案发原因也错综复杂,有时很难做出是否属于保险责任的明确判断,加之双方对合同释义的理解、认识不同,可能会出现赔与不赔、多赔与少赔的纠纷,在这种情况下,保险公司的理赔人员既要严格按合同办理,也要合情合理、实事求是地进行具体分析,灵活处理赔案,做到不惜赔、不错赔、不滥赔。

案例 6-1

(一)案情简介

2005 年 3 月 10 日,向某以本人为被保险人投保了重大疾病险 10 万元附加住院医疗险 1 份,共计保险费 1248 元。但续期保费过宽限期仍未交付,致使保单失效。2006 年 5 月 20 日向某到保险公司申请该保单复效,填写了复效申请书,并交纳续期保险费。向某对复效通知书上所列书面询问均告知"无"。保险公司同意自 5 月 20 日起复效。2006 年 5 月 22 日,向某因"慢性结石性胆囊炎"在医院住院治疗,手术时发现其直肠上有数粒黄豆大颗粒,经检查确诊为"直肠癌、慢性结石性胆囊炎"。手术治疗后,向某于 6 月 28 日出院。次日,向某手持保单、复效批单、出入院证明、病理检查报告等相关证明文件,向保险公司提出理赔申请,要求赔付重大疾病保险金 10 万元,及住院医疗保险金。保险公司随即展开调查,核实向某于 2006 年 4 月 30 日在出差期间,曾因"腹痛呕吐"在当地某医院进行 B 超检查,提示"慢性结石性胆囊炎",经服药治疗后无好转。在此以后到申请复效期间,未发现有其他就医检查或治疗的记录。

(二)理赔分析

第一种意见:向某在复效时确未告知 20 天前确诊并就医的"慢性结石性胆囊炎",而该疾病无疑会影响复效决定。虽向某慢性结石性胆囊炎在宽限期间查出,但在失效期间同样"患有",向某仍应告知。可见向某在复效时违反了告知义务。

由于患病与申请复效时间间隔很短,投保人有不良企图之嫌,故可解除保险合同并不承担保险责任。

第二种意见:向某未告知"慢性结石性胆囊炎"是确定事实,但公司在复效申请书中询问的是"在保单失效期内"曾否患病或就医与否,而向某在保单失效前的宽限期中就医诊断。既然保险公司未提出"宽限期内"是否患病的书面询问,向某就没有义务告知,保险公司应考虑承担保险责任。但根据复效申请书中"对除外责任条款视同新契约承保,从复效之日起重新计算除外责任期间"的有关规定,应重新计算重大疾病保险责任期及住院医疗保险观察期。向某在复效不满一年内患重大疾病,赔付保险金10%;住院医疗险因观察期尚未满,不予承担保险责任。

第三种意见:向某违反告知义务是客观存在的,从具体情形来看,考虑为过失未告知较吻合。从结果来看,未告知内容对复效时风险评估有一定影响,但对直肠癌无重大影响,解除复效保单有些勉强,且就算解除合同也应承担直肠癌的保险责任。重大疾病条款中约定保单生效后一年内患重大疾病赔付10%,而该保单生效于2005年3月10日,2006年5月20日复效仅是因未交保费失效后恢复其效力;《复效申请须知》中也仅指免责条款复效后重新计算除外责任期间。因此,如无推翻复效的充足事由,本案被保险人的重大疾病应视为保单生效一年后出险,赔付全额重大疾病保险金。此外,按先前中国人民银行总行标准条款有关规定,附加险不存在复效问题,而只是新增附约问题,一年期的住院医疗险应视为新增附约;既然是新增附约,"慢性结石性胆囊炎"属投保前已患疾病,"直肠癌"在住院医疗险观察期内出险,故均不承担住院医疗保险责任。

(三)审核结论

采纳第三种理赔意见,赔付重大疾病保险金10万元,住院医疗险不承担保险责任。

(三)主动、迅速、准确、合理

理赔人员在接到保户出险通知后,应主动热情受理,对前来索赔的客户要热情接待多替保户着想,保证理赔案件及时得到审理。任何拖延赔案处理的行为都会影响保险公司在投保人心中的信誉,从而影响其今后的投保行为,乃至造成极端恶劣的社会影响。

在充分考虑理赔案件种类特点和具体实施的基础上,一般各家人身保险公司对不同类型的理赔案件亦分别制定了对应的时效规定。

拓展阅读 6-1

　　A 保险公司的做法是把理赔案件分为三类:第一类是给付金额在 2000 元以下、给付项目及金额明确且无争议的简易案件,理赔时限为 1 个小时;第二类是特殊情况、给付金额特大、出险经过复杂、需到外阜调查等合议案件,理赔时限为 30日;第三类是介于上述两类之间的常规案件,平均理赔时限为 3 日。

　　另外,理赔人员在理赔中还要正确认定责任范围和责任程度,准确核算给付金额,杜绝差错,保证双方当事人的合法利益。

　　我国《保险法》规定,保险人收到被保险人或者受益人的赔偿或者给付保险金的请求后,应当及时作出核定;情形复杂的,应当在三十日内作出核定,但合同另有约定的除外。保险人应当将核定结果通知被保险人或者受益人;对属于保险责任的,保险人应当在与被保险人或者受益人达成给付协议后十日内,履行给付保险金义务;保险合同对保险金额及给付期限有规定的,保险人应当按照保险合同的约定,履行给付保险金义务。对不属于保险责任的,应当自作出核定之日起三日内向被保险人或者受益人发出拒绝赔偿或者拒绝给付保险金通知书,并说明理由。

　　保险人自收到给付请求和有关证明、资料之日起 60 日内,对给付保险金的金额不能确定的,应当根据已有证明和资料可以确定的最低数额先予支付;保险人最终确定给付金额后,应当支付差额。

三、人身保险理赔机构

(一)保险代理人

　　保险代理人对投保人和被保险人都比较熟悉,可以通过多种渠道来了解保险事故的真相,提出被保险人与保险人双方都满意的解决方法。因此,许多保险公司都要求自己的代理人从事理赔工作,但其权力通常只以小额给付为限。但是也有一些代理人会无原则地赔付,使保险公司蒙受损失。

(二)公司理赔员

　　每一家保险公司都有专门的理赔人员,组成通常所说的理赔部。与保险代理人比较,理赔人员虽然不太了解被保险人的情况,但更熟悉理赔手续和技术。情况复杂或赔付金额较大的赔付案件通常由专业理赔人员进行。

(三)理赔服务机构

　　有时候在同一地区经营人身保险业务的几家保险公司,会联合起来设立专门处理理赔案件的机构,并在区内各地设置分支机构,形成一个处理赔付案件的网状组织。每一保险公司只需负担部分经费,就能为自己的客户赢得全面有效的理赔服务。美国的理赔局就是这种性质的理赔服务机构。

(四)独立的理赔人

独立的理赔人是拥有专业技术和丰富理赔经验并专门处理某一种赔偿问题的专业理赔人。借助独立理赔人理赔时,投保人一般会得到一张独立理赔人的名单,在保险事故发生时,可就近接洽相应的理赔人。

除此以外,寿险公司在进行理赔时,无论是通过自己的理赔人员还是通过理赔机构都需要借助一些中介组织或个人的服务:一是检验机构。当导致保险事故发生的原因比较复杂时,保险公司需要借助专业的、中立的、权威的检验机构来判断保险事故是否属于保险责任范围。由于检验机构的权威性,其出具的检验报告一般具有法律效力,往往作为最终的判断依据。二是保险公证行。它是由政府审批成立的专门为保险公司做公证的私人机构,它不代表任何一方的利益,也没有最终的裁判权,只是为保险理赔提供诉讼依据的证明,按赔款总数的一定比率收取公证费。三是律师行。有些保险赔付的解决不能使保险双方达成一致的协议,这往往最终要诉诸法律来解决,借助专业的保险律师组成的律师行。

四、人身保险理赔与保险相关法律的关系

(一)理赔的法律背景

市场经济就是法治经济,市场各个主体的行为都要置于法律规范的调整之下,按照法律的要求从事经济活动,法治是市场经济的必然要求。保险中的理赔行为作为市场行为之一,必然要遵循法律,按照法律规范的要求进行。因此,理赔人员进行理赔时,首先要考虑的就是与理赔相关的法律规定。而国家为了规范保险行为,颁布了一系列的法律规范来调整。在各国的法律体系中,尤其是以英国为代表的发达资本主义国家的法律体系中,保险立法形成了较为完备的体系,其立法水平也较高。其他国家的保险立法,或多或少地受到这些国家的影响。

人身保险理赔的法律背景是理赔时应参照的法律规范,它既是保险条款的制定依据,又是理赔时的直接依据。人身保险理赔的法律背景主要有保险法、民法、合同法及民事诉讼法等法律规范。

我国的保险法包含保险合同法和保险业法两部分。其中的保险合同法是合同法的特别法,而保险业法则被视为公司法的特别法。中国的保险立法始见于1981年的《经济合同法》,该法中规定了财产保险合同。现行的保险法规是1995年6月30日颁布的《中华人民共和国保险法》及1992年11月7日颁布的《中华人民共和

《国海商法》中有关海上保险合同的部分。《保险法》是人身保险理赔时的首要法律依据，其中的合同法律制度调整着参与保险商品交换的各方当事人之间的权利义务关系。

民法在大陆法系国家的基本法律形式是民法典，中国目前还没有一部统一的民法典。1986年4月12日通过的《民法通则》是中国目前基本的民事法律规范，是调整中国目前民事关系的基本立法，其中关于民事法律行为、民事主体、继承等方面的规定都是人身保险理赔时的依据。《民法通则》对保险法的适用还具有补充作用，填补保险法的不足。

合同法是调整平等主体之间财产交换关系的法律规范。保险合同法是合同法的特别法，人身保险理赔除了遵循保险合同法的一些特别规定外，对于保险合同法没有规定的，都要就民事合同的共性问题遵循合同法的一般规定，如关于要约和承诺、缔约过失责任等规定。合同法对于人身保险理赔工作具有特别重要的意义。

此外，继承法、婚姻家庭法和民事诉讼法等法律规范对于人身保险的理赔工作都是不可或缺的，这些规范和上面的《保险法》《民法》《合同法》等法律规范构成了人身保险理赔的法律背景。每一个人身保险理赔人员都应该熟知和灵活运用这些法律，更好地做好人身保险理赔工作。

（二）理赔与法律责任的关系

理赔与法律责任关系密切，理赔时除了正常的赔案外，还会遇到各式各样的保险诈骗，遇有这种情形，保险公司要坚决运用法律武器维护自己的合法权益。此外，保险理赔员了解各种法律责任，有助于在理赔过程中识别违法犯罪的行为并避免自己滑入犯罪的深渊。法律责任主要有刑事法律责任、行政法律责任和民事法律责任，以下分述之。

1. 刑事法律责任

违反《保险法》的刑事法律责任的内容在《刑法》中有明确的规定。涉及保险的犯罪有以下几种：保险诈骗罪，虚假理赔罪，擅自设立保险公司罪、非法从事保险代理业务和经纪业务罪，滥用职权罪、徇私舞弊罪和玩忽职守罪。

刑事法律责任的处罚方式主要有主刑和附加刑。主刑有死刑、无期徒刑、有期徒刑、拘役和管制。附加刑有罚金、没收财产和剥夺政治权利。

2. 行政法律责任

行政法律责任是违反《保险法》的法律责任的主要责任形式，包括两种情形：一是保险业行政管理机关及其工作人员违反保险法的规定应承担的行政处分；二是保险从业人员因其不当行为而所要承担的行政处罚。

其中国家监督管理部门实施的行政处罚又包括警告、罚款、责令改正、责令退还收取的保费、没收违法所得、限制业务范围或责令停止接收新业务、责令撤换负有直接责任的高级管理人员和其他直接责任人员、取缔、责令停业整顿和吊销经营保险业务许可证或代理业务许可证或经纪业务许可证。

3. 民事法律责任

我国《保险法》第一七七条规定:违反本法规定,给他人造成损害的,应当依法承担民事责任。承担民事责任的主体范围很广,包括了保险活动的所有相关人员。这种违法行为包括作为和不作为两种。违反了《保险法》所禁止的行为即是作为的违法行为;违反了《保险法》所必须进行的行为,即是不作为的违法行为。同时,违法行为与损害结果之间必须有因果关系,主观上有故意或过失的过错才承担民事责任。

违反《保险法》的民事法律责任的处罚方法有停止侵害、排除妨碍、返还财产、恢复原状、赔偿损失、消除影响和赔礼道歉等。上述方式可以单独使用,也可合并使用。

(三)理赔的条款基础

人身保险的理赔工作除了遵循法律的直接规定外,还要忠实于保险合同条款的规定。保险合同的条款应作广义理解,不应仅限于该险种的条款,应包括保险单及所附条款、投保单、合法有效的声明、体检报告书、批注、附贴批单及其他有关书面文件的内容。人身保险合同的条款包括基本条款和特约条款两种。基本条款是格式条款,特约条款是保险人和单个当事人之间的特别约定。基本条款和特约条款有同样的法律效力,在理赔时都要遵循。

案例6-2

(一)案情简介

2009年9月6日王某在某保险公司投保保额10万元的终身寿险,附加住院医疗险1份。2010年9月13日王某因"发热两天"住院治疗,治疗后于2010年10月6日出院。在此期间,未交纳续期保险费。2010年10月8日王某到保险公司报案申请给付住院医疗保险金。

调查情况:

被保险人在保险期间身体健康,保险到期后忘记交保险费,出差时因受凉致发热住院治疗,诊断为"上感",住院治疗23天痊愈出院。

(二)理赔分析

人寿保险规定宽限期是国际上通行的做法。宽限期内的风险是保险公司可承担的风险,在计算费率时并未予以考虑,故它是保险公司给予客户的一种优惠。基于以上原理,宽限期的规定应当同样适用于主险与附加险。宽限期是保险公司控制经营成本、维持保单效力所设置的给予投保人延期交费的时间优惠。它是交费的宽限期,不能理解为保险责任的宽限期。宽限期约定不单是一项优惠政策,也是保险合同的一项组成部分。

保单约定宽限期的目的在于使投保人有充分的时间筹交保险费,在本质上,宽限期无异于保险公司同意将其承担危险的期间扩展到宽限期届满日,但以投保人交付续期保险费为对价。因此,宽限期的保险责任属于续期保险费对应期间的保险责任,而非前一期交费期间的保险责任。若被保险人在宽限期内发生了应予赔付的保险事故,保险公司应在给付保险金时扣除欠交保险费。

(三)审核结论

保险公司给付保险金,同时扣除欠交保险费。

(四)参考法条

《中华人民共和国保险法》第三十六条:合同约定分期支付保险费,投保人支付首期保险费后,除合同另有约定外,投保人自保险人催告之日起超过三十日未支付当期保险费,或者超过约定的期限六十日未支付当期保险费的,合同效力中止,或者由保险人按照合同约定的条件减少保险金额。

被保险人在前款规定期限内发生保险事故的,保险人应当按照合同约定给付保险金,但可以扣减欠交的保险费。

第二节 人身保险理赔的流程

从保险事故的发生到保险人做出理赔决定,再到受益人领取保险金,需要经过一系列工作环节和处理流程。除个别险种的一些小额且无须调查的案件可以采用"简易流程"完成理赔作业外,其余索赔案件处理一般要经过报案受理、立案、理赔审核、调查、理赔计算、复核、结案归档七个环节,每个环节都有不同的处理要求和规定。这七个环节共同构成了人身保险理赔的"标准流程"。理赔作业流程简述如下:当一个被保险人出险时,无论其持有几份保险合同,接案人员只对其作一个报案登记。如资料齐全,进行立案处理。核赔人员对每份合同分别初次理赔审核,对需要调查的案件提出调查要点并通知调查人员;无须调查的案件,直接将案卷移交核赔人员进行审核。调查人员经过调查,对本次出险事故形成统一的调查报告并移交核赔人员。核赔人员应对每份保险合同分别审核并进行理赔计算,形成理赔计算书,将案卷移交复核人员。复核人员对每份保险合同的理赔计算书分别复核后移交结案人员。结案人员进行领款人身份确认等结案处理,待领款人领款后,将案卷按结案时间归档,至此理赔流程结束(详见图6.1)。[①]

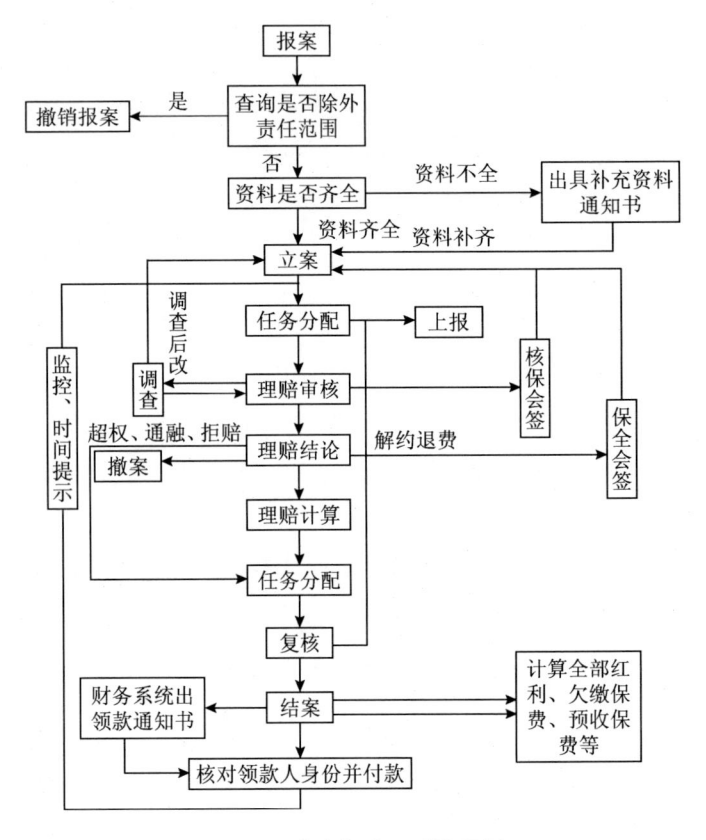

图6.1 人身保险理赔流程图

[①] 张洪涛,王国良.保险核保与理赔[M].北京:中国人民大学出版社.545.

一、报案受理

(一)报案方式及受理要点

报案是指在被保险人发生保险事故后,相关知情人将该事故情况告知保险公司的行为。报案人的身份可以是被保险人本人,也可以是其他知情人。对投保人、被保险人及受益人而言,报案是他们的法定义务。

报案方式包括上门报案、电话报案、传真或其他方式报案。无论哪种方式,都必须事先准备好并做到:在相应保险条款规定的报案时间内,及时将出险人的姓名、身份证号码、身份(是投保人还是被保险人)、出险人持有的保险合同号、险种名称、出险时间、地点、简要经过和结果、就诊医院、科室、床号以及报案人姓名、与出险人关系、联系地址及电话等重要信息及时通知保险人。

在接待报案的过程中,理赔人员可以了解到事故发生的第一手资料,通过详细询问凭直觉还可以发现案件存在的疑点和调查方向,为今后的理赔工作打好基础。在报案登记过程中,接案人应准确记录报案时间,以便判断是否因延迟报案而增加理赔查勘费用。

(二)索赔申请

索赔是保险事故发生后被保险人或受益人的权利。保险金给付类型不同,索赔申请人也有所区别。人身保险的身故保险金给付,由保险合同指定的身故受益人提出申请。没有指定受益人时,则由继承人作为申请人提出申请;如受益人或继承人无民事行为能力,则由其法定监护人提出申请。生存保险金给付、伤残保险金给付、医疗保险(津贴)给付、重大疾病保险金给付等案件,应由被保险人本人提出申请。如被保险人无民事行为能力,则由其法定监护人提出申请。

(三)索赔时效

索赔时效是指保险事故发生后,被保险人或受益人有权向保险人请求赔偿或给付保险金的期限。超过这一期限,被保险人和受益人的索赔权利就会丧失法律保护。人身保险的索赔时效有两种。其中,人寿保险的索赔时效为5年。我国《保险法》第26条规定:"人寿保险的被保险人或者受益人向保险人请求给付保险金的诉讼时效期间为五年,自其知道或者应当知道保险事故发生之日起计算。"人身保险中的其他险种,包括意外伤害保险和健康保险的索赔时效为2年。

案例6-3

2007年11月,李某向A保险公司投保一份终身健康保险(含意外伤害责任)。

2009年5月,李某遭受了意外伤害,但当时并未向保险公司申请理赔。2010年底,李某提出退保,保险公司也依约办理了相应的手续,李某无任何异议。数周后,李某却以保险期内曾发生保险事故为由,要求保险公司给付意外伤害保险金。

在本案中,李某的意外致伤只要达到给付标准,保险公司就应该给付这笔保险金。因为未超过2年的索赔时效。

(四)注意事项

保险公司的接案人应注意礼貌周到,不要随意解释,不允许随意做理赔承诺。接案人应根据所掌握的案情,依理赔规定,判断案件性质以及是否需要采取适当的应急措施,并在报案登记簿中注明。

需要在报案受理时通知核赔人或调查人的案件有:预计赔付金额较高的案件、意外伤亡案件、社会影响较大的案件、其他需要紧急取证的案件。

可做撤销报案的案件有:非所属条款保险责任的;报案案件并没有发生或发生后果未达保险责任条件的;客户主动申请撤销报案的;不能提供保单原件,保险公司也无其投保资料的;不能提供与保险责任认定有关的单证的;其他确实可做撤销报案的。

二、立案

立案是指保险公司理赔部门受理客户索赔申请,按照一定的规则对索赔案件进行登记和编号的过程,以使案件进入正式处理阶段。

(一)立案规则

1)立案条件。立案必须符合下列条件:保险事故发生;出险人是保险单上的被保险人;保险合同为有效合同;被保险人在保险有效期内出险;理赔申请在保险法规定的时效内。

2)申请人条件。除条款有特别约定外,各项保险金的申请人为:残疾、重疾、医疗保险金为被保险人;身故保险金为受益人,未指定受益人的,由法定继承人申领;保费豁免为投保人、被保险人或被保险人的监护人;权利人也可委托他人代为申请,但必须向公司提交有权利人(委托人)和代理人签名认可、授权明确的《授权委托书》及双方的身份证明。

理赔人员在接待申请人时,要求其提供相关证明材料(原件)。此后,按照条款规定及保单项目审核其是否具备申请人资格。如果申请人不具备资格,理赔人员应要求其转告有申请权的人提出理赔,或者让其提交由申请人签署的授权委托书；如果申请人具备资格，理赔人员应在理赔申请须知上注明须提交的原始单据及投诉电话，并将理赔申请须知交给申请人。

3）立案申请材料。根据理赔规定和理赔申请类别提供相应的证明材料。理赔申请书要求由权利人亲自填写，由代理人填写的应持有授权委托书及其受托人身份证明。在申请人提出理赔申请时，根据发生保险事故的性质和申请类别，申请人应提交不同的证明文件。

（1）身故保险金给付申请：保险单或其他保险凭证；受益人户籍证明及身份证明；最近一期保险费收据；公安部门或国家卫生部门所属的县级以上（包括县级）公立医院出具的被保险人验尸证明或死亡证明书，如被保险人为宣告死亡，受益人须提供人民法院出具的宣告死亡证明材料；如因意外事故导致被保险人身故的，还应提供有关单位出具的意外事故证明；被保险人户口注销证明；如为代理人的，应提供授权委托书；如为继承人的，应提供合法有效的继承权利证明。

（2）重大疾病给付申请：保险单或其他保险凭证；被保险人户籍证明及身份证明（被保险人生存时，受益人为其本人）；继承人户籍证明及身份证明（被保险人因重大疾病身故而未领保险金，则视为被保险人遗产）；最近一期保险费收据；由公司指定或认可的医疗机构或医师出具的附有病理检验、血液检验及其他科学方法检验报告的医疗诊断书或手术证明；如为代理人的，应提供授权委托书。

（3）住院医疗给付申请：被保险人住院医疗的，被保险人或其代理人应于被保险人出院后，填写保险金给付申请书，并提供下列证明资料：保险单或其他保险凭证；被保险人户籍证明及身份证明；保险费收据；由公司指定或认可的医疗机构或医师出具的医疗诊断书及住院医疗费用的原始凭证、结算明细表；如因意外事故导致被保险人住院医疗的，还应提供由有关单位出具的意外事故的证明。

被保险人在住院期间身故而未领取保险金的，保险金视为被保险人的遗产，由被保险人的继承人为申请人，填写给付申请书；保险单或其他保险凭证；继承人户籍证明及身份证明；遗产继承协议或其他合法的继承文件，如继承人之间的继承关系或份额不能达成协议或产生争议，应提供人民法院或仲裁机构出具的调解书、判决书、裁决书等法律文件；保险费收据；由公司指定或认可的医疗机构或医师出具的医疗诊断书、死亡证明书及住院医疗费用的原始凭证、结算明细表；被保险人户口注销证明；如因意外事故导致被保险人住院医疗的，还应提供有关单位出具的意外事故的证明。

申请人提交的证明资料由理赔人员在《理赔申请材料签收单》中签收，若需补交材料的，应在上述签收单中注明具体材料名称。

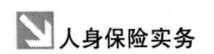

不同索赔项目应备文件[①]（见表6.1）及获取途径[②]（见表6.2）。

表6.1　索赔项目应备文件

索赔项目		理赔申请书	保险合同	被保险人身份证或户籍证明	受益人身份证或户籍证明	死亡证明、户籍注销证明及火化证明三者中的两者	意外事故证明	病理报告/诊断证明书	残疾程度鉴定书	门诊、急诊或住院病历	医疗费原始发票	出院证明	住院费用清单	存折首页复印件	公司认为必要的其他文件
死亡给付	疾病	√	√	√	√	√					√			√	√
	意外	√	√	√	√	√	√							√	√
	法院宣告	√	√	√	√									√	√
健康给付	住院医疗	√	√	√						√	√	√	√		√
	意外医疗	√	√	√			√			√	√	√	√		√
	日额津贴	√	√	√						√	√	√			√
	重大疾病	√	√	√				√		√					√
残疾给付	疾病	√	√	√					√	√					√
	意外	√	√	√			√		√						√
免交保费（投资人责任）	死亡	√	√	√	√	√				√					√
	重大疾病	√	√	√				√							√
	高度残疾	√	√	√					√						√

[①] 李玉菲,蒋菲.保险实务综合技能训练[M].北京:电子工业出版社.178.
[②] 李玉菲,蒋菲.保险实务综合技能训练[M].北京:电子工业出版社.179.

表 6.2　索赔申请资料获取途径

索赔申请资料	获取途径
理赔申请书、委托授权书	可通过"公司网站"→"客户服务"→"理赔服务"→"单证下载"下载；可以在客户服务网点领取；可以向业务代表索取
诊断证明	在医院就诊后医生可以为病人开具诊断证明
住院费收据明细及清单	在办理出院手续时医院会向病人提供住院费收据明细及清单、出院小结或出院记录
门/急诊病历/手册收据及处方	在医院门/急诊就诊时，医院会提供"门诊手册或门诊病历"和收据及处方
病理及其他各项检查结果	病理等相关检查用以明确诊断，在进行检查后请及时向医生索要检查报告
伤残鉴定书	申请残疾保险金或失能豁免核赔必须提供残疾鉴定证明，如脑中风，自疾病发生后经过180天的治疗后，经鉴定仍遗留条款规定的状态。首先，理赔部将为客户出具鉴定通知书，客户带身份证明、相关病理资料、诊断证明及检查结果到鉴定机构进行鉴定
意外事故证明	如交通事故应向交警部门索要"交通事故责任认定书"，意外被打伤或遭抢劫等应提供公安机关的"事故证明"，若是工伤事故由相关单位开具工伤证明
死亡证明书	在医院内身故，医院会出具"居民医学死亡证明书"，若在医院以外的地方身故，公安机关会核实死亡原因，并出具"死亡证明"
用以确定受益人身份的相关证明	公安机关的证明、法院文书、公证处的证明等文件

（4）暂缓立案。如出险事故类型为残疾给付的，应根据相关证明材料，进一步判断是否需要伤残观察。若需经180天观察期的案件，应暂缓立案，同时通知报案受理人出具《伤残观察通知书》一式两份，一份交申请人，另一份由立案人留存待查。对180天观察期满的案件，立案人应主动通知被保险人至保险公司指定或认可的司法、医疗机构进行伤残鉴定，根据伤残鉴定证明，视实际伤残程度决定是否立案（肢体缺失的无须伤残观察）。

(二) 退件

以下情况不予立案：出险人非保单上的被保险人；保险事故的发生不在保险期间内；理赔申请超过保险法规定的时效；申请人资格审查不合格；证明资料不齐全且在规定的期限内仍无法补全的。

上述情况及其他不符合立案条件的案件，立案人员必须填写《理赔申请材料签收单》，将处理决定及理由书面通知申请人。同时必须对申请人提交的原始单证复印留底后做退件处理，在复印件上注明日期及送件人姓名存档，并将处理日期在《理赔申请书》上进行登记。这种做法是为了防止申请人伪造其他证明材料重新进行索赔。

三、理赔审核

理赔审核（初审）是指核赔人审定保险事故及保险责任的行为与过程。它是正确给付理算的基础，是人身保险理赔中极为关键的一个环节。

(一) 审核要点

1) 审核的对象与环节

审核保单原始资料和保险金申请人提供的索赔证明材料的真实性、调查人员案情事实调查报告的准确性。通过这两点的审核确定保险人是否承担保险责任及应承担多大的责任。

(1) 审核保险合同的有效性。核赔人员从任务队列中接受审核任务后（作为对报案、立案过程的审核），首先根据保单查询系统及相关证明材料判断申请理赔的保险合同在出险时是否有效。

案例 6-4

(一) 案情简介

刘某向某保险公司投保保险金额10万元的终身寿险和5万元的个人意外伤害保险，并已交保费。保险公司核保时发现刘某正在患急性肝炎，未同意承保，但未退还保费，并书面通知刘某一个月后体检。几天后刘某因车祸身亡，其受益人向保险公司提出索赔，要求给付身故保险金15万元。

(二) 理赔分析

本案中保险公司已书面通知刘某体检，属延期承保。刘某向业务员交纳保险费时，保险公司向其出具保险费暂收收据，载明：本联暂由投保人留存，待本公司同意承保时，发给正式收据及保险单。在刘某未通过复检及保险公司同意承保之前，很难认定双方意思表示一致,且保险公司通知刘某一个月后复检,是一种尚未同意承保的意思表示。

买保险其实是一个订立合同的过程,合同成立的要件是双方当事人意思表示一致。订立合同的过程包括两种行为:一是要约,二是承诺。投保人向保险公司提出保险要求,属于要约行为;保险公司同意承保,属于承诺行为。要约如获得承诺,就意味着订约双方就合同的条款达成协议,保险合同在实质上即告成立。如果保险公司对投保申请只是部分同意,或者是附条件接受(如保险公司向投保人发出体检单),该行为并非承诺,而是提出了新要约。如果合同没有承诺,只是停留在要约阶段,保险合同就没有依法成立。对于被保险人在保险公司签发保险单前出险,保险公司是否承担保险责任,则应区别不同情况予以处理。在具体操作中,一般区分为意外伤害保险和人寿保险两种解决方式:

1. 意外伤害保险:在交费后保单签发前出险,一般将保险期限追溯至交费的次日零时,保险公司予以赔偿。但被保险人职业未告知,且职业属拒保体,则可拒赔;若属须加费承保的,则按比例给付。

2. 人寿保险:在交费后保单签发前出险,属拒保体须延期或加费且必须体检方可决定是否承保的,可拒赔;属可承保体又不存在免除责任的,应赔付。实践中如果保险公司在收取保费时签发了暂保单,则对此阶段的保险事故可按暂保单的约定处理。

(三)审核结论

本案被保险人为一类职业,意外险无须加费承保,应按保险金额5万元给付保险金。人寿保险退还其全部保险费。

(四)参考法条

1.《中华人民共和国保险法》第十三条:投保人提出保险要求,经保险人同意承保,保险合同成立。

2.《中华人民共和国合同法》第二十五条:承诺生效时合同成立。

第三十条:承诺的内容应当与要约的内容一致。受要约人对要约的内容作出实质性变更的,为新要约。有关合同标的、数量、质量、价款或者报酬、履行期限、履行地点和方式、违约责任和解决争议方法等的变更,是对要约内容的实质性变更。

(2)审核出险事故的性质。审核人员根据保险合同、理赔申请及相关证明材料,判断申请理赔的出险事故是否为保险责任范围内的事故。经过出险事故性质认定的保险合同,审核人员分别作下述处理:对于出险事故在保险责任范围内的,应进一步审核申请人所提供的证明材料是否完整、有效;对于出险事故不在保险责任范围内的,应做出审核意见,同时记录审核人员及审核时间。

案例6-5

(一)案情简介

投保人李某于2003年1月16日为其父亲(61岁)投保家庭人身意外伤害保险、住院医疗保险。2003年7月27日上午,被保险人在骑自行车送报途中中暑,经抢救无效于2003年7月28日身故。保险公司以中暑非意外事故、不属于保险责任为由拒赔。2003年8月16日,投保人李某就此拒赔案向法院起诉,要求赔付被保险人(其父)意外身故保险金、住院医疗保险金,合计24907元。保险公司勘查表明,被保险人7月27日早上骑自行车送报出门,中午12时左右中暑连人带车摔倒昏迷,次日身故。

争议焦点:

本案的焦点在于被保险人中暑是否属于保险合同中规定的意外事故范畴。

(二)理赔分析

理赔部门认为中暑不符合意外事故的范围。在医学上认为中暑是由于体热平衡失调、水、盐代谢紊乱,或因阳光直射头部导致脑组织受损所引起的一种急性过热性疾病的总称。外表健康或非预期死亡的人在高温环境下从事劳动或剧烈运动中,或其后24小时内意外发生的非暴力死亡称为中暑猝死。根据发病机制和临床表现,中暑可分为热射病、热痉挛和热衰竭。热射病、热痉挛和热衰竭常同时存在,其引起猝死的原因,既有心源性猝死,如中暑可致心衰、心绞痛、心律失常等,也可以是非心源性的,如脑出血、脑水肿、肺水肿等。除了年迈体弱者和慢性病患者之外,营养不良、过度疲劳、睡眠不足、过于肥胖者,也都可能发生中暑猝死。

对于意外事故,在人身意外伤害保险条款中有其特定的含义,即专指外来的、突发的、非本意的、非疾病的使身体受到伤害的客观事件。以上四个因素缺一不可,任何一个因素不符合,都不属于意外事故范畴。该概念为多数保险公司所认可,不论表述如何,其含义都大同小异。意外事故的发生必须符合这四个条件,有一项不符合就不属于意外伤害保险中的意外事故范畴。

第一,意外事故必须是外来的。以上医学中对中暑的阐述表明,中暑是由内外因素综合作用的结果,高温只是中暑的一个因素,而真正导致被保险人死亡的原因在于被保险人长时间在烈日下进行剧烈的体力工作,导致体内温度积聚升高。同时,由于被保险人年龄较大,身体素质较差,无法有效散热,个人体温调节系统发生障碍,从而发生中暑。外来的高温只是一个因素,但是会不会发生中暑的结果,还是取决于劳动强度、高温环境下暴露时间长短、人体的体质强弱、营养状况、健康状况等因素。同样的高温条件,不同的人能够耐受的程度不一样。本案中,被保险人的中暑显然与其高龄、体弱、高温下高强度劳动的个人因素有关,高温只是一个诱发因素,不是决定性的因素。

第二,意外事故必须是突发的,即在极短时间内发生。缓慢的事故,并不构成意外事故。本案中,被保险人在高温天气下剧烈劳动,由于外部高温导致体内温度积聚升高,无法有效散热,导致身体内部发生病理变化。这个过程不是突发的,而是有一个过程。并且外部气温也不是突然升高的,从被保险人出门到中暑,气温是逐渐升高,而不是突然急剧升高。所以,本案中中暑不符合突发性这个特征。

第三,意外事故必须是非本意的,即受害人不可预见和避免的。本案中以被保险人的高龄,在高温天气从事剧烈的体力劳动极易发生中暑,这是被保险人可以预见的,但是由于被保险人过于自信能够避免,从而发生了事故,这和酒后驾车发生事故不属于意外是一样的道理。因此,中暑不属于非本意的事故,不符合意外事故的这个特征。

第四,意外事故必须是非疾病的。中暑,医学上认为是由于体热平衡失调,水、盐代谢紊乱,或因阳光直射头部导致脑组织受损所引起的一种急性过热性疾病的总称。因此,中暑是由于外热而导致身体发生病理变化,从而发生的一种疾病,不属于意外事故的范畴。

(三)审核结论

综上所述,中暑不属于保险上的意外事故的范畴,保险公司做出拒赔决定。

(3)审核事故证明材料。审核人员根据理赔申请及相关证明材料,判断出险事故的类型,检查申请人所提供的事故证明材料是否完整、有效。

(4)审核案件是否需要调查。理赔员调阅被保险人的投保资料,根据报案情况,查看被保险人投保时的健康及财务告知、体检报告等事项,分析是否可能存在道德风险及责任免除的情况,以此确定是否需要进行调查及调查的重点。需重点进行调查的理赔案件包括:预计赔付金额较高的赔案;长期险合同订立 2 年内死亡的;存在保险欺诈、恶意投保可能或有保险责任免除可能的;核赔人认为其他确有必要进行调查的情形。

如上述案件事实清楚、证据齐全、责任明确,可免于调查,但必须制作免调审核单写明免于调查的理由。

2）审核结果处理

如保险事故发生在合同有效期内，属保险责任范围，且证明材料齐全、有效，理赔人员应结合调查结果，做出理赔结论后，计算理赔给付金额。理赔人员对案卷进行理赔计算前，应审核案卷所附材料是否足以做出正确的给付、拒付、豁免处理，并依审核结果分别做下述处理：

（1）证明材料不完整的，应通知申请人补齐证明材料。

（2）对于资料尚有疑义的案件，如需进一步调查，应通知调查人员继续调查。

（3）遇有不实告知、年龄误告或职业变更等，需请核保部门重新评估该保件的风险程度时，理赔员可交核保人员审核。

（4）对于可能有法律纠纷的案件，理赔员可选择法务会签，请有关法务人员提出意见。

（5）理赔计算前，需保全会签的案件，交保全部门会签。

（6）上述资料均完整提供后，则可进行给付、拒赔或者通融处理。

（二）理赔结论

1）正常给付

理赔人员根据调查、核保会签等意见，确认可正常给付。

2）通融给付

对一些案情特殊、责任不够明确但具有重大社会影响的疑难案件，可做通融给付处理。通融案件是应严格掌握的极少数特别案件，不得任意通融。处理时必须掌握以下原则：

（1）由于公司在展业、服务方面确实存在不足而无充分理由拒赔，客户一旦提出诉讼公司无望胜诉的。

（2）给付后确实能巩固和促进业务的发展，不会产生连锁反应，造成工作被动。

（3）给付后不会造成不当得利，引发道德风险。

（4）理赔员应详细说明通融理由、通融处理方法及拟通融给付金额，并按规定的程序，在规定的权限内逐级审核上报。

（5）通融给付的金额最高为正常给付金额的100%。

（6）通融给付有争执的，受理机构在履行给付手续前，必须要求受益人与公司订立和解书，并由受益人出具放弃保险单上所有权利的保证。

案例 6-6

2006年8月4日，来深圳度假的少年傅某在罗湖一住宅区内被一辆货车撞成重伤。司机将傅某送往铁路医院后即不见踪影。处理该事故的交警在调查中了解到,货车行驶证上的车主是一家家政公司,在 A 保险公司投了第三者责任险。经过十多天救治,少年始终处于昏迷状态,而家境贫困的傅家根本支付不起高额医疗费用,走投无路之下,找到了保险公司要求先行垫付医疗费用。由于家政公司不承认有辆货车,保险公司质疑保险单的有效性。8 月 14 日,出于社会责任感,保险公司向危在旦夕的少年捐赠了一万元作为救治费用。8 月 21 日下午,保险公司召开新闻发布会,决定对少年做出"通融给付"。

通融给付是保险行业一种特殊的赔付方法。保险公司在理赔过程中,遇到不属于保险责任范围或对保险责任仍存在疑点、可赔可不赔的情况,出于对其他因素(如社会责任、人道主义等)的考虑,保险公司予以赔付。保险公司对通融给付要严格控制,这种通融给付不是无原则的"送人情",而是对保险原则的灵活运用。在考虑使用通融给付时,必须注意要有利于保险业务的稳定和发展,有利于维持保险人的信誉和在市场竞争中的地位,同时要适时适度。

3)解约处理

根据保险法或合同条款规定,做解约处理。下列情况可在解约时全部或部分退还保费:

(1)合同自始无效。

(2)条款中列明全部或部分退还保费或退还现金价值的。

(3)按保险法规定应全部或部分退还保费或退还现金价值的。

(4)其他经协商、仲裁或法院判决等情况需全部或部分退还保费或退还现金价值的。

案例 6-7

(一)案情简介

2009 年 9 月张某为丈夫齐某投保终身寿险保额 10 万元,受益人为张某。被保险人 2010 年 8 月因车祸意外死亡,终身寿险条款规定:被保险人在约定的养老金领取起始日前,因意外伤害身故,保险人给付保险金额的两倍,本合同终止。按照合同规定,张某作为受益人可获得 20 万元保险金。张某通过代理人向保险公司提出索赔。

调查结果:

保险公司经调查审核,确认此次车祸为意外事故。但以齐某为被保险人的这份保险单中,齐某的名字是由其妻张某代签的。

(二)理赔分析

我国《保险法》第三十四条规定:以死亡为给付保险金条件的合同,未经被保险人同意并认可保险金额的,合同无效。

法律赋予被保险人的同意权,根本目的是为了保护被保险人的人身安全,防止道德危险的发生。被保险人的亲笔签名是《保险法》规定的"被保险人同意"的表现形式和证据。除非有相反的证据表明被保险人已同意,否则,被保险人被代签名将导致保险合同的无效。

签订保险合同是一个严肃的法律行为,很多人因为法律意识淡薄随意替家人、亲友代签名,这将会导致终身保障化为乌有。

根据《保险法》和相关条款,在实务操作中对下列情况采取解除合同,退还全部保险费的处理方式:

1. 未经被保险人同意的死亡保险、投保人订立合同时对被保险人无保险利益者,合同自始无效。

2. 条款中列明的其他可以退还保险费的情况。

3. 按条款规定因疾病在免责期内死亡的。

(三)审核结论

解除保险合同,退还全部保险费。

4)预先给付

在合同签署当地具有重大影响、责任明确的重大意外伤害保险以及补偿性的医疗保险事故,可视其具体情况申请预付赔款。预付赔款的处理:各分支机构如有需要预付赔款的案件,应及时上报上级公司审批。上级公司接到申请后,如同意预付赔款,可授权分公司对案件进行快速审核,所缺的各项单证及资料可在事后补齐。如不同意预付赔款的,则分公司按正常理赔处理流程处理。

5)不给付

不给付的情况包括:

(1)拒赔:依据条款、合同及相关法律不承担保险金给付责任的案件,可做拒赔处理。

(2)解约不退费:投保人故意不履行如实告知义务,足以影响保险人决定是否同意承保或者提高保险费率的,保险人对保险合同解除前发生的事故,不承担给付责任,解除合同时不退还保险费。另外,若经查实,客户有保险欺诈的情况,根据保险法的规定解约不退费。

拓展阅读6-2
A人寿保险公司拒绝给付通知书的样本

保单号:2009××0088194

险种名:人身意外伤害综合保险

申请人:李×及梁××的三个儿子

被保人:梁××

尊敬的客户李某女士/阁下:

您好！本公司对贵被保险人遭遇的不幸深表同情。

您递交的理赔给付申请书已收悉。经理赔调查,2010年2月20日在寓所内发生的猝死属实,但事故过程中并不存在任何意外伤害致其身故的原因,您在申请给付时也未能举证贵被保险人因意外伤害的原因致身故。根据本合同格式条款第五条第七款的约定,本公司遗憾地表示不承担给付保险金的责任,退还未满期保费,本合同效力终止。如有任何查询,请与本公司联系。

专此函达

公司咨询电话:××××××

理赔部门电话:××××××

××保险公司××分公司

2010年2月26日

四、理赔调查

理赔调查是指保险公司为了核查保险事故的事实,明确事故的性质、原因与保险合同成立的诚信基础,为及时、准确、公平地做出理赔决定提供事实依据而依法进行的证据调查活动。理赔调查的主要任务是核查事故事实、明确事故原因、判明事故性质、确定损失程度,并发现、记录或保全、搜集证据,为理赔提供证据或线索。理赔调查中必须遵循迅速及时、实事求是、遵守法制、保守秘密的原则。

（一）调查的方法与途径

1. 现场查勘

现场查勘是查勘人员对事故现场进行查考的证据调查活动,是立案前的一项重要的审查性措施。凡需要发现、记录或保全、提取现场物品及痕迹的理赔案件，查勘人员应当及时赶赴现场查勘。如有特殊情况需加紧调查的，务必尽快安排调查。现场查勘必须以笔录、照相、制图、录像等方式记录现场的原始状态，相关文件应要求见证人签字。

现场访问特指查勘人员在现场查勘中，为查明案件情况，收集有关案件证据材料和信息，对案件当事人、行为人、目击者、知情人等进行的调查访问工作。

现场查勘的任务：一是明确事故原因、判明事故性质；二是发现、记录或保全、收集证据。

现场查勘要求界定事故责任、确定损失程度，为理赔提供证据和线索。要及时、客观、合法、保密；参加人员至少有两名；须在当事人或其近亲属、单位领导陪同下进行；未经当事人同意不能随意动用现场物品。

现场查勘结束后，应当制作《现场查勘笔录》。

对于死因不明或复杂且保险金额又较高的案件，查勘人员赶赴现场后应与受益人签订有关协议，明确保险公司保留对被保险人进行尸检的权利。同时阐明，如未经保险人同意而将被保险人的尸体火化处理，以致最后无法确定死因的，由此引起的保险人无法给付保险金的责任由保单受益人承担。

2. 询问调查

询问调查是调查人员通过谈话或问话的方式了解情况的一种重要的调查方式，是收集人证的主要方法。询问可分为正式询问和非正式询问；依询问人身份的出现情况，分为正面询问（公开询问）和侧面询问（秘密询问）；在形式上，有走访询问、电话询问等。

询问调查过程中，调查人员应及时制作《询问笔录》或《访问笔录》。重大案件、疑难案件、疑有保险欺诈的案件等特案，在进行询问调查前，应当拟定询问计划（包括选择合适的时间和地点），装备工作器材，必要时可挑选合适的调查人员组建专门的询问活动小组。

3. 聘请专门机构鉴定

调查中需要解决案件中专业性问题（如需对伤残、死亡、医疗等进行鉴定）的，应当及时聘请专门机构进行鉴定。依据《司法鉴定执业分类规定（试行）》（司发通[2000]159号），司法鉴定种类有法医病理鉴定、法医临床鉴定、法医精神病鉴定、法医物证鉴定、法医毒物鉴定、司法会计鉴定、文书司法鉴定、痕迹司法鉴定、微量物证鉴定、计算机司法鉴定、建筑工程司法鉴定、声像资料司法鉴定、知识产权司法鉴定等。

人身保险中通常需要鉴定的事项有：死者身份鉴定、事故原因鉴定、事故性质鉴定、伤残等级鉴定、笔迹鉴定等。保险业具有很强的社会性，保险事故常涉及社会的其他许多部门、行业，对保险事故的调查处理同时也是有关部门的职责。因此，合作调查是一个重要的调查方法，其中与公安部门开展联合调查或请求协助调查尤显重要。

案例 6-8

（一）案情简介

被保险人陈某2009年7月21日投保重大疾病保险10万元，2011年1月因初患血管瘤型脑膜瘤住院并因此接受手术治疗，出院后来保险公司索赔重大疾病保险金。

（二）理赔分析

根据《国际疾病分类（ICD）》的疾病分类基础，血管瘤型脑膜瘤属于良性肿瘤，而所投保的重大疾病保险条款中"恶性肿瘤"的定义是：指由遗传性发生改变并伴有相对自主生长能力的细胞所构成的新生组织，具有向周围正常组织浸润和向远处器官的转移特性。客户所提供的MR调查报告、病理报告及病史记录均显示为良性肿瘤。

（三）审核结论

客户此次所患疾病不属于重大疾险的保险责任，保险公司拒赔此案，该保险合同继续有效。

案例 6-9

2004年，A保险公司理赔工作人员到当地殡仪馆调查取证，查获一宗造假案，拒赔保险金额3万元。据了解，广东省遂溪县北坡镇农民林某年已50多岁，无妻，早年以屠牛为生。其弟于2000年8月16日出钱为他投保一份终身寿险，年交保费2340元，保险金额3万元。由于拖欠2001年的保费没交，保险合同中止。2002年7月20日其弟来申请复效，按合同条款规定，复效前要对林某进行体检。林某要求在北坡镇医院体检，获得通过，2003年5月17日林某的保单经保险公司审核复效，并补交了两年的保费和利息共计5005.05元。2003年8月19日，投保人交了第4年的保费2340元，4年累计交保费共9360元。2004年3月10日，林某的弟弟到保险公司来报案，说林某因病于2003年11月25日在家中病故，并提供了北坡镇医院出具的诊断证明。此外还提供了2003年12月24日北坡镇派出所开出的销户死亡证明,证明林某死于 2003 年 11 月 25 日,其弟申请赔付 3 万元。

该公司客户服务部经理带领理赔人员深入林某的村庄进行明察暗访,村中的群众反映林某得糖尿病多年,2003 年 6—7 月,曾在私人医生庞某、北坡镇医院等处治疗过,经医治无效死于 7 月 20 日。经过到庞某处查实无误,但没有证据作依据,不能做出拒赔处理。于是,勘查人员深入到湛江火葬场调查林某的火葬记录。记录显示林某的死亡时间是 2003 年 7 月 20 日 14 时 50 分。这样就证明林某的弟弟为了获得赔付 3 万元,将死亡证明推迟到 2003 年 11 月 25 日,推算出刚好符合被保险人复效 180 天后死亡可以赔付的要求。查清事实真相后,公司对林某家属做出拒赔处理,只退还保险单的现金价值 4952.05 元。

(二)调查的重点与步骤

1. 意外事故理赔调查重点与步骤

意外残疾调查情形可分为肢体缺失及机能丧失两种,在认定上肢体缺失较无问题,而机能丧失则争议较多,故残疾调查除查证医院诊断书外,最重要的是有关现状的陈述,尤其是眼睛伤残,往往因事故不十分明确且治疗都经过相当时日,又有 180 天观察(等待)期而认定较难,因此调查上应特别注意是否持续治疗及各治疗医院的主诉。

单纯的意外死亡如果事故原因明确,调查的重点在于警方的处理笔录(处理经过、结果);某些事故原因并不十分明确或涉及除外责任情形的,除须了解警方处理经过外,尚应进一步查证事实经过。

对于意外死亡案件应按如下步骤进行调查:

(1)对事故详细经过进行调查。

(2)对事故现场及现场附近的住家进行调查。

(3)对警方处理情况进行了解。

(4)对就诊医院及住家附近的其他医院进行调查(初诊日期、主诉、既往史、事故者至医院时的伤势状况、有无疾病引起的可能性)。

(5)对除外责任的调查。

(6)对投保动机、财务状况、与经办业务员关系及招揽经过的调查。

案例 6-10

(一)案情简介

被保险人在某保险公司投保终身寿险 5 万元保额和意外伤害保险 10 万元保

额,2001年7月11日,被保险人在行走时突然跌倒,送医院抢救无效死亡,医院出具死亡证明:脑溢血死亡。事故发生后,受益人以被保险人意外跌倒后致脑溢血死亡为由,向保险公司提出了给付15万元身故保险金。

调查情况:

保险公司经调查发现,被保险人1999年检查发现有高血压病,未系统治疗,加上年龄较高,随时有高血压突发脑溢血的危险,医生建议住院治疗。被保险人在家中发病,之前无任何意外伤害发生,发病后及时送往医院,经抢救无效死亡。

(二)理赔分析

即使被保险人因脑溢血引起跌倒死亡,也是由于被保险人身体内的原因造成的,不符合条款约定的意外事故的构成要件(外来的、突发的、非本意的、非疾病的)。因此,此类保险事故应按疾病身故理赔。

在处理有关意外事故的赔案时,理论和实务中一般运用近因原则判断保险事故是否属于保险责任。保险损害的近因,是指引起保险事故发生的最直接、最有效、起主导或支配作用的原因,基本含义是:在风险与保险标的的损害关系中,如果近因属于被保风险,保险人应当负赔偿责任;如果近因属于除外风险或未保风险,则保险人不负赔偿责任。近因一般是指直接原因和主要原因,不包括间接原因和次要原因。所谓近因原则的判定,即如果造成损害的原因有两个以上,且各个原因之间的因果关系尚未中断,则最直接而有效地促进结果发生的原因为近因,该原则是确定保险事故与损害结果之间的因果关系,从而确定是否属于保险责任的重要原则。

不同的保险险种,保险公司承担保险责任的范围和条件是不同的,如果购买的是意外伤害保险,那么保险公司只承担因意外伤害造成的残疾或致死责任,其他因疾病或非意外事故造成的残疾或致死责任,都属拒赔之列。因此,购买保险时一定要认真阅读保险条款,选择适宜的险种,以免所遇到的风险不能得到充分的保障。

(三)审核结论

保险公司按照疾病身故给付保险金5万元。

案例6-11

(一)案情简介

2008年9月6日,赵某以自己为被保险人,向保险公司投保终身寿险和人身意外险,两年内如被保险人因意外死亡,保险公司应给付意外伤害保险金60000元。投保后2010年3月被保险人在游玩时突然倒地,送至附近医院时呼吸心跳已停止，医院出具死亡证明为"心衰、猝死"。其受益人以被保险人意外身故为由向保险公司申请保险金。

(二) 理赔分析

在法医学上，导致心力衰竭而致突变性虚脱情形的主要原因有二：一是病因性发作，亦即"猝死"；二是突变性发作，即某一健康人因外界的刺激——紧张、恐惧、高温或其他高度刺激，导致心脏本身的功能不足而致死亡。如果死亡原因为"猝死"，就无须认证被保险人是否患有疾病，"猝死"定义本身已经说明其属于疾病死亡。如果被保险人不明原因突然死亡，保险金申请人主张不明原因死亡是意外身故，根据"谁主张谁举证"的原则，保险金申请人必须举出意外事故的证据，保险金申请人不能举证被保险人因何意外而导致心力衰竭，就不能任意推测其为意外死亡，因为意外伤害的定义是指"遭受外来的、突发的、非本意的、非疾病的使身体受到伤害的客观事件"。

(三) 审核结论

保险公司按照疾病身故给付保险金。

2. 自杀理赔调查的项目与重点

认定自杀应注意以下特征：第一，行为人必须有结束自己生命的意愿；第二，行为人显然在客观上实施了足以使自己死亡的行为。

调查重点是调查有无自杀动机，财务、健康、家庭情况，公安、法医报告。需要会晤有关事故处理人、法医、目击者、朋友、同事、家人及业务员，会晤现场医师、护士或其他医疗人员、精神科医师。调查是否牵涉酒精或药物，毒物检验报告，是否在多家保险公司投保，自杀工具有无测试，有无遗书或相关记录，以往有无自杀记录。

3. 疾病医疗理赔调查的重点与步骤

医疗调查可分为伤害医疗调查与住院医疗调查。如果是保费豁免案的调查，需仔细核对身份，身体无残缺的，尤其要注意其生活自理能力(吃饭、穿衣、如厕等)。同时需观察其家中生活用品的摆设、居室的气味等，以判断其生活自理能力。

如申请 ADD 的调查，需要核对被保险人身份的真实性，同时仔细观察肢体残缺情况、伤口愈合时间，以判断受伤程度与时间的真实性。

疾病死亡医疗调查步骤：

(1) 调查就诊病历、记录，包括有无就医事实、初诊日期、主诉、既往史、发病原因、诊断依据、治疗情况、出院情况等。

(2) 侧面调查邻居、同事、朋友、家属。

(3) 调查地缘性医疗机构。

(4) 调查当地各大医院。

4. 违反告知理赔调查的重点与步骤

违反告知的调查重点主要有:查明出险性质、出险原因;调查疾病病程,既往史,嗜好,爱好,职业,有无兼职,收入、资产等财务状况,有关的重要健康问题等;调取所有就医史(门诊、急诊、住院、购药、咨询等),调查地缘性医疗机构;收集各方面证据汇集成完整的医疗病史;会晤医护人员;会晤投保人、受益人;约见业务员,取得书面的业务员展业经过声明,确定业务员与投保方的关系、认识时间、交往情况;核查尸检报告、法医鉴定书、事故报告、责任认定书、重要检查报告等的副本或原件;会晤同事、领导以确定职业危险因素、健康记录、工作状况等;调查同业投保记录、理赔记录等。

案例 6-12

(一) 案情简介

2009 年 8 月 6 日,张某通过保险代理人为自己投保了短期意外险 10 万元保额,保险期间一年,在填写投保申请书中关于职业内容的询问时,告知为内勤人员。8 月 7 日保单生效,受益人填写为"法定"。2010 年 1 月 17 日,被保险人在驾驶出租车时因交通事故死亡。

调查情况:

被保险人是一名司机,长期从事出租车运营行业,投保时未告知保险公司真正的职业,2010 年 1 月 17 日在工作时因车祸死亡,经审核其受益人提供的交通事故责任认定书和死亡证明、户口注销证明、殡葬证,本次事故属保险公司保险责任。

(二) 理赔分析

根据我国《保险法》第十六条的规定,保险人可以就保险标的或者被保险人的有关情况提出询问,投保人应如实告知,这里包括保险人对投保人及被保险人有关情况的询问,例如年龄、职业、工作单位等基本情况。其中,从事职业不同,其所面临的危险性不同,并由此影响保险人的承保决定。

此案投保人未如实告知其职业,导致保险公司以标准体承保,出租车驾驶员为二类职业,在保险公司承保范围,属需加费承保的职业,在理赔实务中应本着权利义务对等的原则和公平的原则予以处理。如被保险人属保险公司拒保职业而未如实告知,发生事故后保险公司不负保险责任,并不退还保险费。

（三）审核结论

按一类职业与二类职业交费比例赔付其意外伤害保险金。

违反健康告知是最常见、最主要的违反告知情形。调查的基本步骤包括：

(1)调阅投保单：了解是否如实告知，是否被保险人亲笔签名。

(2)询问业务员：对被保险人当时情况有何了解，业务员有无工作上的失误。

(3)普查(排查)：对大额保险有疑问的，可采取普查。普查重点是投保一两个月前后，被保险人在生活、工作所在地较著名的几家医院的检查记录。如果被保险人是"带病投保"，大多在投保前到附近几家医院反复检查诊断过，这些医院留有诊治记录。普查发现后应及时复印或摘抄。

(4)收集证据：收集投保时检查记录和出险时的检查、用药记录，并认真研究，如有疑难可聘请有关专家会诊。

(5)兼顾社保中心、同业公司：参加社保者，到社保医疗部门查证；在同业公司有投保记录的，到同业公司查证。

（三）撰写调查报告

经过调查取证后调查员应及时撰写调查报告，在调查报告中写明查证途径、证据事实与结论，其内容必须真实、完整、不加主观臆断，并附有关证明材料呈交核赔员。

审核或签批人员对调查报告的事实及结论持有异议，认为需要重新调查的，可照会调查人重新调查。

五、理赔计算

理赔计算，简称理算，是指理算人员对索赔案件做出给付、拒付、通融赔付、豁免处理和对给付保险金额计算的过程。理算人员根据保险合同以及类别的划分进行理赔计算，缮制《理赔计算书》和《理赔案件处理呈批表》。

理算人员在计算、核定理赔给付金时，应注意：投保人是否有尚未归还的保单借款，如有，则应相应扣减借款本金及利息；保单是否处于保费垫交状态，如是，则相应扣减垫交保费的本金及利息；是否有欠交保费、预收保费，如有，则应相应扣减欠交保费或退还预收保费；如申请人延误报案的，还可扣除因申请人延误报案而发生的核赔、查勘费用；有未领取的满期保险金、红利、利差，应予以补付；如在宽限期内出险，计算时应扣除欠交保费。

对于被保险人因意外伤害所致残疾或死亡的理赔案件，还应注意核实被保险人在180天内有无伤残给付，本次死亡给付是否由于同一事故所致，如是，则应扣减已支付的伤残给付金额;在同一保单年度内有无伤残给付,如有,应对保险金额作减额处理;本保单是否已申请了重大疾病提前给付,如是,则应在核定给付时,做保险金额减额处理。

医疗保险理赔时,应注意的问题有:如医疗费用险在保险公司全额赔付时,须收取医疗费用原始收据;如医疗费用险部分在保险公司赔付时,医疗费收据原则上应按条款要求提供原始收据,经保险公司赔付后,如申请人索要原始收据,则由保险公司提供原始发票复印件及分割单;若有正当理由不能提供原件而只能提供复印件的,提供的复印件上需加盖支付单位的公章并出具收取票据原件单位注明已赔付金额的分割单;医疗补贴险赔付时,可审核医疗费原件后留存复印件,并注明"复印于原件"等字样和复印人签名。

六、复核、审批

(一)复核

复核是理赔业务处理中一个关键的环节,具有把关的作用。通过复核,能够发现业务处理过程中的疏忽和错误,并及时予以纠正;同时复核对理赔人员也具有监督和约束的作用,防止理赔人员个人因素对理赔结果的影响,保证理赔处理的客观性和公正性,也是理赔部门内部风险防范的一个重要环节。复核的内容要点主要有:出险人的确认、保险期间的确认、出险事故原因及性质的确认、保险责任的确认、证明材料完整性与有效性的确认、理赔计算准确性与完整性的确认。

(二)审批

已复核的案件逐级呈报给有审批权限的主管予以审批。根据审批结果进行相应的处理。批复需要重新理算的案件,应退回理算人员重新理算;批复需进一步调查的案件,应通知调查人员继续调查;批复同意的案件,则移入下一个结案处理环节。

七、结案、归档

(一)结案

理赔人员收到核赔人移交的理赔案卷后,应进行案卷移入登记,记录赔案号、结案号、结案人姓名及移入时间。

(二)作业流程

理赔人员进入系统的结案菜单,录入立案号,查询理赔结论计算信息,并做如下操作:

1)确认领款人资格

领款人凭领款通知书到柜面出纳处领款，领款人在领款时要出示本人身份证、工作证等证件，由经办人员进行核对，确认其是否具有领取保险金的资格。如确有特殊原因，领款人本人无法亲自前来领款的，可委托他人代领，但必须向保险公司提交由领款人和代理人签名认可、授权明确的授权委托书及双方的身份证明。

2）理赔档案整理归档

理赔案件结案后，助理核赔员对案卷中的材料与明细表内容核对后签收，按顺序将案卷进行装订后归档。

3）理赔拒付流程

对于拒付案件，核赔人应根据理赔结论，打印《拒赔通知书》阐明具体拒付理由，并由立案人送达。结案人应要求申请人在《理赔申请材料签收单》副联上签字后，将其交回，以此换回保险单正本及有关材料。立案人应将退回的材料复印，注明审件日期，在卷宗留存以备案。

4）保费豁免流程

根据条款规定享受保费豁免的保单，由核赔人签发保费豁免的具体金额并通知申请人。另将通知单交客户服务部出批单批注后，一联转客户留存（加盖骑缝章），一联由业务留存，粘贴于业务留存保单上。经审核不符合保费豁免条件的，核赔人应填写并送达《保费豁免决定通知书》，阐明不予豁免的具体理由。

(三）注意事项

保险金应一次性支付给合同的受益人或法定继承人，如合同受益人或法定继承人为数人时，保险公司应在受益人或法定继承人全部签名认可其相应份额的保险金或出具合法的授权委托书后，一次性支付给申请人或受托人。

如受益人或法定继承人各方对保险金的分配发生争议时，保险公司不宜介入对保险金的分配。保险金分配待由有权利的各方商定形成书面文件或经仲裁机关仲裁、法院判决后，保险公司再据此进行给付。

如保单未指定受益人，且被保险人的法定继承人为二人以上时，保险公司应在法定继承人商定保险金分割方案并形成书面文件、签字认可后给付，并要求保险金领取人签署书面文件。

如为通融给付的，在履行给付手续前，必须要求受益人与保险公司签订给付协议书，由受益人保证放弃保单项下其他所有与本保险事故有关的权利或终止合同。

第三节　证据审查及举证责任

一、证据审查

(一)证据的形式和分类

1. 证据的形式

根据我国《民事诉讼法》第六十三条的规定,证据可以分为以下几种形式:书证、物证、视听资料、证人证言、当事人陈述、鉴定结论、勘查笔录。

(1)书证:是指以文字、符号、图形等记载的内容来证明案件事实的书面文件或其他物品。书证,顾名思义,必须具有书面形式,如手写、打印、印刷文件、信件、日记、证明身份的证件,经济活动中的合同书、账本、票证、单据以及图形、图表及照片等。同时,书证的另一特点是须以记载的内容来证明案件的真实情况。

由于书证具有容易变造的特点,因此使用书证时应先确认其真实性,根据最高人民法院《关于民事诉讼证据的若干规定》,书证可以是原件,也可以是经核对无误的副本或者复制件。

在理赔实务中,书证是最经常被使用的证据形式,包括保险合同及相关凭证、投保单、必需的理赔申请文件、证明书、单据以及理赔调查取得的病史资料、就诊记录、检查检验报告等。

(2)物证:是指以物质的存在、特征或属性证明案件情况的一种证据形式,其最基本的表现形式是物品和物质痕迹。物证是客观实在物,故与其他证据相比,具有较强的可靠性和稳定性。但由于物证通常须由司法机构提取,在理赔实务中应用较少。

(3)视听资料:是指以录音、录像设备所反映的声像、计算机储存的资料,以及其他科技设备与手段提供的信息来证明案件真实情况的证据。视听资料可生动、形象、直观地反映案件事实,但由于可通过拼接、剪辑等方式伪造或篡改,故客观性难以保证。对此,最高人民法院《关于民事诉讼证据的若干规定》要求视听资料须以合法手段取得,无疑点,并有其他证据佐证。

(4)证人证言:是指知道案件事实,且能辨别是非、正确表达的人就其所知道的案件情况所做的陈述。最高人民法院《关于民事诉讼证据的若干规定》对此也加以限定,在下述情况下,证人证言不能单独作为认定案件事实的依据:未成年人所做的与其年龄和智力状况不相当的证言;与一方当事人或者其代理人有利害关系的证人出具的证言;无正当理由未出庭做证的证人证言。因此,在理赔取证时要注意上述限制,以保证证人证言合法有效。

(5)当事人陈述:是指当事人就案件的事实所做的叙述和说明。对于当事人的陈述应认识到可能存在的主观片面性,不能轻信,故在理赔实务中,通常只能产生如下作用:为保险责任的认定提供证据线索;在追究保险欺诈罪中可作为直接证据。

(6)鉴定结论:是指受委托或聘请的具有专门知识的人员,对案件中某些专门性、技术性的问题进行鉴定后所做的书面结论。在理赔案件处理中存在较多情况须借助专门鉴定手段提供理赔依据,包括尸体检验、伤残等级鉴定及医疗事故鉴定等,须注意鉴定结论应由具有鉴定资格的鉴定机构及鉴定人员出具。

(7)勘查笔录:是指通过文字记录、绘图、照片及录像等手段对事件现场所进行的记录,是对有关物品、场所中涉及案件事实情况的客观记载。理赔实务中,勘查笔录必要时可援引事故处理专门机构的记录,如交通事故处理记录等;如由理赔调查人员自行制作,应注意客观准确,记载顺序应与勘查顺序一致,并由见证人签名或盖章。

2. 证据的分类

根据我国司法实践的经验,并借鉴各种证据分类理论,从学理上按照不同的标准对证据作如下几种分类,有助于在理赔实务中对证据的理解和应用。

(1)原始证据与传来证据。根据证据是否直接来源于案件事实或原始出处,可以把证据分为原始证据和传来证据。原始证据是指直接来源于案件事实或原始出处的证据,如目击者的证人证言、书证的原本、物证的原物等。而传来证据是指经过复制、复印、传送或转述,而非直接来源于案件事实或原始出处的证据,如非事故经历人的证人证言、书证复印件等。传来证据由于在取得的过程中须经过中间环节,出现失真的可能性较大,故其可靠性相对较小,其证明力低于原始证据。在理赔实务中应尽可能获取原始证据,如条件所限,无法得到原始证据,对于传来证据,如病历资料的复印件也应取得医院的确认盖章,以增强证据的证明力,并与其他证据相互印证、相互补充、配合使用。

(2)直接证据与间接证据。根据证据与案件的主要事实的证明关系,可以把证据分为直接证据和间接证据。直接证据是指能单独、直接证明案件主要事实的证据。间接证据是指不能单独、直接使用而需要与其他证据相结合才能证明案件主要事实的证据。直接证据证明力强,运用方便,但数量较少,较难于取得;而间接证据虽只能证明局部事实或个别情节,但具有范围广、数量多、较容易收集的特点,故在调查中具有不可忽视的作用,但须注意间接证据间要协调一致,并应形成一个完整的证明体系。

(3)本证与反证。根据证据对诉辩双方事实主张的证明作用,可以将证据分为本证和反证。本证是指能证明一方主张的事实存在的证据。反证是指能证明一方所主张的事实不存在的证据。本证与反证属对立存在的,一般不能并存。在理赔实务中,理赔人员应全面调查、审核证据,充分掌握正反两方面证据,有利于查明案件事实,做出正确的理赔决定。

(二)证据审核要点

证据审核是保险理赔工作中的一个重要环节。保险金申请人出示的证明材料是认定保险事故和核定给付的重要依据,证据是否充分可靠,直接关系到理赔的质量。因此,在做出给付或拒付决定之前,要认真审核已收集的证据是否充分和确凿无误。

1. 审核证据的数量是否充分,文件是否齐备

理赔人员应根据条款及保险合同,确认理赔申请材料是否齐全、完备。例如:意外身故给付案应有相关机关出具的意外事故证明、居民死亡证明书、户口注销证明等。各类证明材料必须审核原件,如非原件存档,审核人应要求申请人提供原件进行审核,并要有审核人的签名及与"原件核对无误、某年某月"字样。

2. 审核证据材料是否具有客观真实性

理赔人员识别是否伪造文件应从以下几方面着手:

(1)文件格式是否规范。理赔人员应熟悉各种公文书写格式,如交通事故责任认定书、居民死亡医学证明书、伤残鉴定书等。这类文件一般有明确的格式和行文,应注意收集这类文书,以便审查时进行对照研究,鉴别真伪。

(2)文件内容是否真实。首先,注意研究文件记载的内容之间有无矛盾,有无擦刮、补接、改贴、消退、污染、添写、改写等痕迹,手写文字笔迹特征前后是否一致,有无应属不同部门签署的字迹却系一人所写的情况。其次,要考虑到有无夸大事实或捏造情节的可能。

(3)文件的印文是否真实。伪造印文可分三种:一是直接伪造印章后盖印;二是直接伪造印文;三是部分伪造。其他还有电脑制作法、描绘法、补字法等。

(4)发票是否真实。增值税发票防伪措施多,一般采用对比法就可初步识别。

案例 6-13

（一）案情简介

被保险人李某于 2005 年 10 月 30 日因驾车发生追尾相撞事故，经抢救无效死亡。其终身寿险保单受益人申请意外身故保险金，并提供死亡证明、殡葬证、驾驶证、行车证及交通部门责任认定书。

调查结果：

被保险人驾车出险，负事故全部责任，其提供的驾驶执照经车管部门鉴定系伪造，并出具证明：被保险人为无证驾驶，属违规行为。

（二）理赔分析

保险人厘定费率时要以风险发生的概率为基础，其收取的保险费应当与风险发生的概率成正比，无照驾驶、驾驶无有效行驶证件的机动车，都可能增加出险的概率，从而增加保险人的风险责任。上述风险的发生有违国家相关法规，而发生概率难以估算，所以保险人精算费率时都不包括这种风险，同时在制定条款时将其列为责任免除。酒后驾驶或无证驾驶等行为造成的伤害客体不仅是被保险人本人，而且大部分情况下会伤害到他人的生命安全，因此社会危害性及危害社会公共利益程度较大，不利于社会安定团结，承保此类风险有违保险可保利益的根本原则，世界各国及我国各大保险公司多在条款中将此项作为单列的除外责任条款予以明确。

处理无照驾驶和非有效行驶证件时应注意：

1. "无照驾驶和非有效驾驶证件"不仅包括无驾驶证、行驶证，伪造驾驶证、行驶证，还包括非准驾车型的驾驶证（如持 C 类驾照不可以驾驶摩托车，属无照驾驶）。

2. 如投保时告知有驾照并按有驾照的费率承保，但实际无驾照的，应按"无照驾驶"处理。

3. 如被保险人出险时实际驾驶的车辆不是其准驾车辆，不是其提供行驶证的车辆，按"无照驾驶"处理。

4. 驾驶证、行驶证已被吊销，或行驶证超过年审时间未年审的，属于无证范围；但驾驶证超过年审时间未年审，若查证属实符合年审条件的，视情况处理。

（三）审核结论

保险公司终身寿险条款规定：被保险人因违反法律、法规或其他犯罪行为所导致的意外事故属责任免除，该案属无照驾驶，故不予理赔。投保人已交足二年以上保险费，保险公司应当按照合同约定向其受益人退还保险单的现金价值。

3. 审查证据材料之间是否具有一致性

各种证明材料间应能相互印证,在内容、格式、形式上保持一致。如发现出险时间、出险经过、地点、出险人姓名、性别、年龄等在索赔材料或调查资料中存在矛盾,应重新核查,核实证明材料的真伪。

4. 审查证据材料中鉴定材料的科学可靠性

(1)鉴定人员是否具有该方面的专业知识,鉴定机构是否具有鉴定权。

(2)鉴定的方法、程序是否符合规范。

(3)检验、鉴定的项目能否得出鉴定书中的结论。

(4)有时为了查明某些事实情况能否发生,可以通过模拟实验的方法进行印证。

二、举证责任

(一)举证责任分配原则

举证责任是指法律关系中的双方当事人对某一主张进行证明的责任划分。

1. 原有法律的一些规定

我国1991年《民事诉讼法》第六十四条第一款规定:当事人对自己提出的主张,有责任提供证据。即"谁主张,谁举证"原则。

我国《保险法》第二十二条第一款规定:保险事故发生后,按照保险合同请求保险人赔偿或者给付保险金时,投保人、被保险人或受益人应当向保险人提供其所能提供的与确认保险事故的性质、原因、损失程度等有关的证明和资料。

2. 2002年4月1日起实施的最高人民法院《关于民事诉讼证据的若干规定》(以下简称《若干规定》)

民事诉讼证据问题是民事诉讼的核心问题。《若干规定》是我国第一部比较系统地针对民事诉讼证据问题做出的司法解释,包括以下内容:

(1)对"谁主张,谁举证"原则做出具体化的解释,完善了举证责任的分配规则。如第二条规定:当事人对自己提出的诉讼请求所依据的事实或反驳对方诉讼请求所依据的事实,有责任提供证据加以证明,没有证据或证据不足以证明当事人的事实主张的,由负有举证责任的当事人承担不利后果。从而,对原《民事诉讼去》中的举证责任原则予以细化,对当事人没有证据或者证据不足以证明其事实主张的后果予以明确,并明确了人民法院调查收集证据的范围和条件,同时规范了举证时限问题。

(2)进一步明确了民事诉讼的证明要求和证明标准。人民法院根据法律规定的诉讼程序查明的事实,实质上是一种法律上的事实,民事诉讼的特点决定了在程序公正、公开的条件下,法院只能以通过依法审核认定证据所确认的案件事实作为裁判的依据。但在证据无法达到确实充分情况下,即所证明事实不能达到完全排除其他可能性的情况下,《若干规定》第七十三条指出:双方当事人对同一事实分别举出相反的证据,但都没有足够的依据否定对方证据的,人民法院应当结合案件情况,判断一方提供证据的证明力是否明显大于另一方提供证据的证明力,并对证明力较大的证据予以确认。……因证据的证明力无法判断导致争议事实难以认定的,人民法院应当依据举证责任分配的规则作出裁判。

(3)完善了法官依法独立审查判断证据的原则。1991年《民事诉讼法》第六十四条规定:人民法院应当依照法定程序,全面客观审查判断证据。该规定较原则,为避免法官在审查判断证据时容易产生的裁量权过大的问题,《若干规定》第六十四条首次以条文形式具体规定:审判人员应当依照法定程序,全面、客观地审核证据,依据法律的规定,遵循法官职业道德,运用逻辑推理和日常生活经验,对证据有无证明力和证明力大小独立进行判断,并公开判断的理由和结果。

(4)完善了非法证据的判断标准。将非法证据限定在"以侵害他人合法权益或者违反禁止性规定的方法取得的证据"范围。也就是说,除以侵害他人合法权益(如违反社会公共利益和社会公德,侵犯他人隐私)或者违反法律禁止性规定的方法(如擅自将窃听器安装到他人住所进行窃听)取得的证据外,其他情形不得视为非法证据。

(二)采证原则

采证原则,即证据的采用标准,是指判断案件的当事人所提出的证据能否证明自己的主张所依据的准则。根据有关立法和相关司法解释,有关采证原则可归纳如下:

1. 客观性原则

采证的客观性原则指只有客观存在的事物、事实、案件的反映以及其他客观存在的材料才可以成为证据,而任何纯主观的内容,诸如推断、假设、猜测、臆想等均不能采用为证据。客观性原则具体须符合两个标准:一个是证据的形式须是客观的,以人们可以感知的方式存在,即前述证据的几种形式——书证、物证、视听资料等;另一个是证据的内容须是客观的。

2. 最佳证据原则

在复合证据的情况下,特别是案件当事人对同一事实分别举出相反证据时,根据《若干规定》,可以依照如下原则认定证明力的大小:国家机关、社会团体依职权制作的公文书证的证明力一般大于其他书证;物证、档案、鉴定结论、勘验笔录或者经过公证、登记的书证,其证明力一般大于其他书证、视听资料和证人证言;原始证据的证明力一般大于传来证据;直接证据的证明力一般大于间接证据;证人提供的对与其有亲属或者其他密切关系的当事人有利的证言,其证明力一般小于其他证人证言。

3. 证据的关联性原则

对于有关案件的全部证据,应当从各证据与案件事实的关联程度、各证据之间的联系等方面进行综合审查判断以确定能否作为认定案件事实的依据。根据《若干规定》,部分证据不能单独作为认定案件事实的依据:未成年人所做的与其年龄和智力不相当的证言;与一方当事人或者其代理人有利害关系的证人出具的证言;存有疑点的视听资料;无法与原件、原物核对的复印件、复制品;无正当理由未出庭做证的证人证言。对这些证据应尽量收集关联性的材料,以相互印证。

4. 排除性原则

以侵害他人合法权益或者违反法律禁止性规定的方法取得的证据,不能作为认定案件事实的依据。因此,在理赔实务中,在采集证据过程中,应注意证据的合法性,包括形式、来源、收集程序等。

第四节 人身保险欺诈及其防范

一、保险欺诈的定义

按照我国《保险法》规定,保险欺诈是指投保方利用保险谋取不当利益,即投保人、被保险人或受益人以骗取保险金为目的,以虚构保险标的、编造保险事故或保险事故发生原因、夸大损失程度、故意制造保险事故等手段,致使保险人产生错误的认识和判断而向其赔偿或者给付保险金的行为。

二、人身保险欺诈常见类型及其法律后果

为保护保险人的合法权益,防止保险欺诈,我国《保险法》严格禁止投保人、被保险人、受益人进行保险欺诈。根据规定,投保人、被保险人、受益人进行保险欺诈

主要有三种情形。

（一）未发生保险事故而谎称发生了保险事故

在这种情形下，当事人通常会伪造事故现场，编造事故原因，伪造有关证明文件和资料等，以骗取保险人的信任，向保险人提出索赔，非法取得保险金。针对这种情况，保险人有权解除保险合同，结束保险合同法律关系，并且不退还保险费。

（二）故意制造保险事故

现实中已发生了不少这样的案例，有的以死亡为给付保险金条件的保险合同，当事人为了获取保险金而杀害被保险人或者造成被保险人伤残、染病。在这种情形下，虽然确实发生了被保险人死亡、伤残或者财产损失等事故，但这种事故是投保人、被保险人或者受益人图谋获取保险金而故意制造的，显然是一种保险欺诈行为。对此《保险法》第四十三条区别两种不同情况加以规定，如果是投保人故意造成被保险人死亡、伤残或者疾病的，保险人不承担给付保险金的责任。投保人已交足二年以上保险费的，保险人应当按照合同约定向其他权利人退还保险单的现金价值。如果是受益人故意造成被保险人死亡、伤残、疾病的，或者故意杀害被保险人未遂的，该受益人丧失受益权。

（三）编造虚假的事故原因或者夸大损失程度

这种情形是确实有保险事故发生，但投保人、被保险人或者受益人并不是根据保险事故实际所造成的人身伤残情况提出赔付保险金的请求，而是弄虚作假，伪造证据，夸大人身损害程度，企图得到超额的赔付。保险人对其虚报的部分不承担赔偿或者给付保险金的责任。投保人、被保险人或者受益人有以上保险欺诈行为致使保险人支付保险金或者支出费用的，应当退回或者赔偿。

三、保险欺诈的成因分析

保险欺诈的产生不仅有法律缺失的原因、投保方原因，也有保险人自身经营的原因。

（一）谋取高额保险金的利益驱动

马克思曾经说过，如果有300%的利润，就会有人铤而走险。保险从产生之初就具有射幸的性质，保险人所负的具体保险金给付的义务取决于保险事故的发生与否及损失的大小。特别是对于人身保险的投保方而言，仅付较少的保险费便可以在保险事故发生时获得几十倍于所交保险费的保险金。人身保险诈骗成本低的特点造成目前企图利用保险获得不当经济利益的保险欺诈行为，不仅发生在个人身上，在一些单位、机构中也存在。

(二)法律缺失,惩罚力度不够

目前我国涉及保险诈骗方面的法律规定仅有《保险法》第二十七条、第一百七十六条和《刑法》第一百九十八条。这些法律规定的保险诈骗行为方式局限为故意制造保险事故,谎称发生保险事故,提供伪造编造的事故证明、虚假材料理赔,故意虚构保险标的,故意造成被保险人死亡、伤残或者疾病等几种类型。但是近年来保险诈骗的方式不断翻新,先出险后投保、冒名顶替等保险诈骗事件日益增多,保险诈骗的手段多样化,我国法律对于新出现的保险诈骗方式应对不足。

《保险法》对保险欺诈的民事处罚只是拒赔,不退还已交保险费;此外还有行政处罚;而《刑法》则规定,保险诈骗犯罪既遂且个人诈骗数额一万元以上、三万元以上的情况下才追究诈骗者的刑事责任。法律惩罚力度太弱造成在不少诈骗者眼中,保险欺诈成为可以原谅的"公众游戏"。保险公司往往付出很多人力、物力、财力来调查保险诈骗案件,而最终诈骗者得到的往往不过是一纸拒赔通知书而已。于是,诈骗者敢于一而再、再而三地以身犯险、不断欺骗保险公司,如未被识破则获利匪浅,如被识破也没有任何损失,如此逐渐造成保险诈骗的坏风气。

(三)保险公司自身经营管理不完善

恢复国内保险业务 30 多年来,商业保险重业务发展、轻质量管理的倾向一直未能改观。加之近年来保险市场竞争程度日益激烈,导致保险公司仍旧主要注重保费的增加和保险领域的扩张,经常对投保方的不合理要求加以迁就,轻视所保业务质量和风险防控,助长了保险欺诈的发生。由于保险专业人才的匮乏,大多数保险公司的承保、理赔制度不够科学严谨,承保时未能对保险标的进行有效的风险评估,发生赔案时,理赔把关不严,给保险欺诈者以可趁之机。保险从业人员素质偏低,保险公司对保险业务人员的管理不严格,少数从业人员甚至在理赔时收取被保险人的好处费,帮助被保险人提供假证明,与保户私下串通骗取赔款。这些保险公司的自身原因也助长了保险诈骗行为的发生。

四、保险欺诈的危害

保险欺诈的危害首先表现在损害保险公司盈利水平方面。据有关统计数据显示,国际上某些险种因保险欺诈而导致的赔款支出最高可达保费收入的 50%,保险公司为侦破保险案件所支出的费用和每年因保险欺诈得逞而支出的保险费合计的损失平均在保费收入的 10%—30%。保险欺诈的存在,不仅影响保险公司的盈利水平,更重要的是,将必然损害众多善意投保人和被保险人的合法权益,破坏保险的公正性和公平互助性,背离创办保险的宗旨,影响保险的社会功效。因为保险

"一人困难,众人分担"的特点,一旦保险诈骗成功则必然导致诚信客户为此要支付额外的保险费。如果有一天,保险欺诈具备相当大的规模,则不仅意味着保险公司和其保户之间赖以维系的最大诚信原则将彻底崩溃,而且保险费率将不断攀升,其最终结果是保险机制的彻底崩溃。

五、保险欺诈风险防范对策和建议

在美国、日本等保险发展较为成熟的国家,保险诈骗被认定为当前对保险盈利构成威胁的最大因素之一。为了有效地遏制保险诈骗行为,美国、日本的保险公司都积极采取各种防范保险诈骗的措施,同时由政府、保险人、消费者团体共同组建反骗赔联盟。我国保险业正处于大发展时期,对于保险诈骗的防范还在摸索与研究过程中,应借鉴国外经验加以完善。

(一)加强社会诚信建设,提高公众道德水平

保险欺诈破坏了保险最大诚信原则,危及保险机制的运行,甚至危及公众道德标准。通过媒体宣传、书籍、社区服务等形式向民众宣传保险知识,使民众了解保险的功用,特别是宣传最大诚信原则,引导大众树立最大诚信观念,加强社会道德和诚信建设,提高公众道德水平,使人人自觉自律,不实施、不参与保险欺诈活动。

(二)完善法律,运用法律武器

完善我国法律规定,利用法律严厉打击和震慑保险欺诈行为,为我国保险行业发展提供良好的法制环境。

1)进一步明确界定保险欺诈行为

目前我国法律对于保险欺诈行为的界定已明显滞后于现实。建议结合现存的保险欺诈形式,借鉴国外打击保险欺诈研究积累的经验,对保险欺诈行为作出明确的界定,这样有利于法律法规的准确适用,也有利于指导民众共同防范保险欺诈。建议将有预谋的带病投保、疾病身故冒充意外身故列入保险欺诈法律规范中。

2)加重骗赔者的民事赔偿责任

我国《保险法》第二十七条中,虽然有"投保人、被保险人或者受益人有前三款所列行为之一,致使保险人支付保险金或者支出费用的,应当退回或者赔偿"的规定,但是"支出费用"指的是什么,界定不清晰。法律规定的不明确导致该条规定在实践中适用的落空。保险公司因保险欺诈支出的费用主要是调查费用,目前理赔调查是理赔阶段防范保险欺诈的主要手段。正常的理赔案件调查费用属于正常营业支出,保险诈骗案件调查支出属于非正常营业支出,属于因保险欺诈而造成损失的一部分,依据公平原则和损失补偿原则理应由保险诈骗者承担赔偿责任。因此,建议进一步完善《保险法》第二十七条的规定,明确由保险诈骗者赔偿保险公司为此支出的调查费用,以弥补保险公司的损失,保护广大客户的利益。

3)进一步完善刑法规定,加强刑事打击力度

我国刑法对保险诈骗的打击力度较弱,建议修改刑法有关保险诈骗罪的规定,加重刑事责任,以威慑保险诈骗者。

(三)完善保险公司内部管理制度,提高防范风险的能力

1. 提高核保、核赔人员专业素质,严把核保、核赔关

保险核保、核赔是保险公司防范保险欺诈的重要环节。保险公司应当不断提高核保、核赔人员在风险识别、评估、筛选、审核方面的专业素质,建立有效的从入口核保到出口核赔的风险防范机制。建立健全对业务人员的管理制度,对参与保险欺诈的业务人员严格处罚。

2. 建立案件的追踪调查制度

一般很多公司对于虽然存在疑点,但经调查最终无法获得确凿证据的案件只好理赔,之后该案就结案了。岂不知,一旦保险欺诈者从保险公司诈取了保险金,他们经常就会放松警惕,露出马脚的可能性增大。因此建议保险公司对保险金给付后的保险欺诈案件建立案件追踪调查机制,派人在案件给付后继续进行追踪调查。

(四)加强反欺诈合作,建立保险欺诈信息共享平台

目前,我国反保险欺诈工作仍然处于单兵作战状态,这种各自为政的割据状态既给了保险欺诈者以可乘之机,又浪费了大量的保险公司资源。因此,保险公司之间应当加强反欺诈合作,联合调查欺诈案件。同时建立全国保险业欺诈信息共享平台,实现全国范围内保险欺诈案件及投保方黑名单信息共享。

小结

理赔是受理报案、现场勘查、责任判定、损失核定以及赔案缮制、赔款支付的过程,核心是审核保险责任和核定保险赔偿额度,具体体现为保险合同的履行。保险公司要保证赔得准确、快捷、合理,让客户满意,这完全取决于合理的理赔流程、理赔技术水平和理赔人员的素质。理赔过程中,客户会对保险公司履行合同的情况与服务水平的高低产生直接和深刻的印象。客户的满意度决定了他对保险公司品牌的认可程度,也关系到保险公司能否稳定住忠诚的客户群,并以此提升市场占有率。另外,理赔水平的高低也直接影响公司的赔付率和最终的盈利状况。总体来说,理赔在保险公司的风险控制能力、盈利能力的提高和企业信誉的建立等方面起

着至关重要的作用。

随着保险市场逐步对外开放,外资保险机构进入中国的步伐加快,国内保险市场经营主体不断增加,竞争越来越激烈,承保利润逐渐摊薄。保险公司必须建立起专业化的风险甄别和控制体系,加强对理赔这一关键经营环节的控制与管理,有计划地建立一支高素质的理赔队伍,增强自身的竞争能力和对市场的适应能力。为此,本章在对人身保险理赔基础知识、操作流程进行介绍的基础上,对证据审查、举证责任、保险欺诈及防范等进行了详细阐述,旨在提升理赔流程管理能力,突出相应的管控点。

第七章　人身保险精算与寿险公司费用分析

引言

保险公司经营的是风险，而风险的发生又具有不确定性。保险公司在实务操作中，必须对未来面对的风险及其发生概率做出预测，以便实现公司的经营目标。精算就是运用包括数学、统计学、金融学、保险学及人口学等学科的知识和原理，对未来的风险及其发生概率进行科学预测的一系列工作。

保险公司经营的是无形商品，不需要像一般的企业那样，从原材料的采购，到生产加工，再到存储销售，那么保险公司的费用都包含哪些内容呢？保险公司的费用又如何进行分析的呢？本章的介绍将对您有所帮助。

重要术语

生命表　概率论　大数法则　现金价值　保险业务支出　非保险业务支出　专属费用　共同费用

第一节　人身保险精算概述

一、人身保险精算的概念

保险公司在经营保险业务时，需要预先估计它们承担风险的大小，估计发生危险事故造成损失的分布，并在此基础上，计算投保人应交纳的保险费，以及保险公司在不同时期需要为未来赔偿损失建立的责任准备金等，这些计算就是保险精算。确切地讲，所谓保险精算，就是运用数学、统计学、金融学、保险学及人口学等学科的知识和原理，对保险业经营管理中的各个环节进行数量分析，为保险业提高管理水平、制定策略和作出决策提供科学依据和工具的一门学科。

人身保险精算是保险精算的主要内容,它是在对人身保险事故出险率及出险率的变动规律加以研究的基础上,考虑资金投资回报率及其变动,根据保险种类、保险金额、保险期限、保险金给付方式、保险费交纳方式及保险公司对经营费用的估计等,对投保人需交纳的保险费水平、保险公司在不同时期必须准备的责任准备金,以及人身保险其他方面等进行的科学精确的计算。

进行人身保险精算需要研究被保险人遭受危险事故的出险率及出险率的变动规律。出险率即保险事故发生的概率,人身保险不同险种关注的出险因素不同,人寿保险的出险率是死亡概率和存活概率,而死亡概率和存活概率又是互补的,因此通常只研究其中一个的变动规律即可,人身保险是以生命表方法来研究和表述被保险人的死亡规律的;在医疗保险中,出险率就是被保险人的发病概率;在伤残保险中,出险率就是被保险人的伤残概率。在确定了保险事故发生的概率的基础上,保险人方可确定应收的保费。

由于人身保险的标的是人的生命和身体,因此保险事故发生带来的损失很难用价值标准来衡量。它不同于以财产或其相关利益为保险标的的财产保险,物的损失价值是可以估算的。因此,人身保险事故发生时保险人的赔偿金额即保险金额一般只能根据投保人的经济收入、家庭状况、生活水平、保障需求和交费能力等,由保险人和投保人相互协商来确定。

人身保险一般是长期合同,因此应该考虑资金的时间价值及由此而产生的利率对保费的影响。这样,利息理论和前述的生命表理论就构成了人身保险精算的两大理论基础。

二、人身保险精算的起源

保险精算学起源于寿险中的保费计算,其发展与寿险有着深厚的渊源关系,而人身保险精算则是从寿险经营的困境中产生的一门新兴学科。

早期的寿险组织经营的寿险业务有很大的局限,概括起来有以下几个特点:首先,寿险业务所承保的对象单一,限制较多;其次,业务量小,尚未大规模经营寿险业务;最重要的是,寿险经营缺乏严密的科学基础,表现在考虑的因素较少,有关计算粗糙不精确。在这样的背景下,结果造成寿险业不景气,保险技术停滞不前。

人身保险精算学的产生并不是偶然的,它具有自身的理论渊源。1693年,英国天文学家、数学家埃德蒙·哈雷根据德国勃来斯洛市居民的死亡资料,编制了世界上第一个完整的生命表,用科学的方法精确地计算出各年龄段人口的死亡率。哈雷在其中对死亡率、生存率以及死亡率随年龄不同而异等概念的研究,不仅使产生于 12 世纪的年金价格计算更为精确,也为后来精算的产生奠定了科学的基础。

1724 年,法国数学家亚伯拉罕·棣莫弗通过对死亡率及其模型做过的大量研究,提出了一个死亡法则,即将一定年龄对应的生存人数看作这一年龄的函数。棣莫弗的这一死亡法则成功地计算和简化了当时棘手的年金问题。这些科学家的工作为人身保险精算学的建立作出了重大的贡献,奠定了其数理基础。

18 世纪中期,托马斯·辛普森根据哈雷的死亡表构造了依据死亡率变化而变化的保险费率表。后来,詹姆斯·多德森又根据年龄的差异确定了更为精确的保险费率表,进一步为精算奠定了基础。

1756 年,英国人詹姆斯·道森被以年龄偏大为由拒保,鉴于此事,他提出了保险费应与死亡率相挂钩,随投保人的年龄和预期寿命不同而有所差异等新的保险经营理念。这一理念就是现代人身保险精算学的雏形。

1762 年,英国成立了世界上第一家真正的寿险公司——伦敦公平保险公司。该公司采纳了道森的方案,以死亡表为依据,采用均衡保费的理论来计算保费,并且对不符合标准的投保人另行收费。寿险经营由此打开了新的局面,同时寿险业务开始步入科学的经营之路。该公司的成立,标志着现代寿险制度的建立。

三、人身保险精算的意义

精算起源于寿险业,随着现代寿险业规模的不断扩大、经营的不断发展,人身保险精算显得更加重要。由于现代寿险业经营的复杂性,决定了寿险中要运用精算技术的地方很多。

首先,由保险的定义可知,保险是针对风险而建立的一种经济保障机制,其经营的对象就是风险,具体到人身保险来讲,主要是被保险人活得太久与死得过早这两类风险。

从现代的概率论和数理统计可知,由于风险是一种损失的随机不确定性,对于群体来说,各种风险发生的概率、损失的大小及其波动性是可以大致计算出来的。风险的这些特征表明,在实际的保险经营中,不可避免地存在着一定的风险,同时这些风险又是可以通过科学的方法来预测和减少的。这就要求在人身保险的经营中必须考虑到这些风险的存在,运用定量的方法进行精确的风险分析。

其次,人身保险经营的特性也决定了其必须要进行大量的定量分析。人身保险的保单一般是长期合同,这就决定了其收入和支出在时间上是不配比的,且为了支付未来赔偿而筹集的保费与未来实际发生的赔偿金额也存在差别。为了降低经营的风险,就必须把这些差别控制在一定的范围内并尽量降低,这就需要科学精确地厘定保险费率,其考虑的主要因素为预估的死亡率、利息率、费用率,它们都是时间随机变量函数。此外,人身保险经营中收入与支出时间上的不配比也使得经营过程中存在大量的闲置资金,所以人身保险中闲置资金的投资就是一项重要的工作。但投资项目的选择、投资风险的分析、投资金额的确定、投资回报率的估计、投资绩效的评价等都是需要精确确定的,也都与精算有关。

除以上所分析的项目外,人身保险中需要精算的地方还很多,如随着时间的变化,生命表应作一定的修正,相应地,原来一定时期内相对稳定的费率也将变化;经济周期对人身保险的影响及由此引起的经营调整等。总之,人身保险的科学运营客观上离不开精算,人身保险精算使人身保险的经营科学化,确保了经营的稳定性和盈利水平。

四、人身保险精算的基础

现代保险学是建立在概率论和大数法则基础之上的。

(一)随机事件与概率

自然界和人类社会发生的现象是各种各样的。有一类现象,在一定条件下必然发生,可以事先准确地预言其结果,我们把这类现象称为确定性现象。在我们周围还存在着另一类现象,例如,在相同条件下抛同一枚硬币,其结果可能是正面朝上,也可能是反面朝上,并且在每次抛掷之前无法肯定抛掷的结果是什么。这类现象,在一定的条件下,可能出现这样的结果,也可能出现那样的结果,而在试验或观察之前不能预知确切的结果。但人们经过长期实践并深入研究之后,发现这类现象在大量重复试验或观察下,它们的结果都呈现出某种规律性。例如,多次重复抛掷一枚硬币,得到正面朝上的次数大致有一半。这种在大量重复试验或观察中所呈现出的固有的规律性,就是统计规律性。这种在个别试验中其结果呈现出不确定性,在大量重复试验中其结果又具有统计规律性的现象,我们称为随机现象。

在概率论中,是通过随机试验来研究随机现象的。所谓随机试验就是符合以下特征的事件:①可以在相同的条件下重复地进行;②每次试验的可能结果不止一个,并且能事先明确实验的所有可能结果;③进行一次试验之前不能确定哪一个结果会出现。对于随机试验,尽管在每次试验之前不能预知试验的结果,但试验的所有可能结果组成的集合是已知的。我们将随机试验的所有可能结果组成的集合称为随机试验的样本空间。样本空间的元素,即随机试验的每个结果,称为样本点。样本空间的子集称为随机试验的随机事件。

在保险的经营中,风险的普遍性、复杂性决定了如果保险人不加选择地对各种要求风险转嫁的客户都承保,就可能使自己陷入经营困境中。因此,保险人通常将风险划分为可保风险和不可保风险,其中可保风险才是保险人可以承保的风险。而作为可保风险,其发生必须是偶然的,即所承保的保险事故必须是随机事件。风险发生的偶然性是针对单个风险主体来讲的,风险的发生与损失程度是不可知的、偶然的。对于必然会发生的事件,保险人是不予承保的。从前述的知识可知,对于单个主体无法预知的风险的发生及损失的大小,保险人可通过大量的统计资料的分析,找出其发生的规律性,从而将偶然的、不可知的风险损失转化为可预知的费用支出,顺利实现保险经营的全过程。

如果 A 是一随机事件,那么它在一次试验中可能发生,也可能不发生。但仅仅知道这一点对我们的实际工作没有多大的帮助。实践中,人们不仅想知道某一事件的发生是否确定,而更为关心的是,如其可能发生,发生的可能性究竟有多大。例如,把一枚硬币抛掷一万次,仅仅知道正面朝上可能发生也可能不发生是远远不够的,更为重要的是,应知道这一万次中正面朝上的次数可能是多少。为此,需要引进概率的概念。

概率表示随机事件发生的可能性的大小,概率大表示某种随机事件出现的可能性就大,反之,概率小则表示某种随机事件出现的可能性就小。概率是不确定性事件的确定性程度,即衡量随机事件出现的可能性大小的尺度。假定以 $P(A)$ 表示随机事件 A 发生的概率,由于必然事件 E 是肯定会发生的,可以约定 $P(E)=1$;同时,由于不可能事件 Φ 肯定不会发生,可以约定 $P(\Phi)=0$;这样,对于一般的事件 A,应有 $0 \leq P(A) \leq 1$。

在实际应用中,要准确地确定随机事件发生的概率并不是一件容易的事情。于是,在实践中一种有效的确定随机事件概率的方法是概率的频率解释。在相同的条件下,重复进行 n 次某一随机试验,在这 n 次试验中,事件 A 发生的次数称为事件 A 发生的频数,以 k 表示。比值 k/n 称为事件 A 发生的频率。由于事件 A 发生的频率是它发生的次数与试验次数之比,其大小表示 A 发生的频繁程度。频率愈大,事件 A 发生的愈频繁,这意味着 A 在一次试验中发生的可能性愈大。且当试验次数 n 逐渐增大时,频率 k/n 逐渐稳定于某个常数 P。对于每一个随机事件都有这样一个客观存在的常数与之对应。这种"频率稳定性"即通常所说的统计规律性,并不断地为人们的实践所证实。这样,就可以用这个常数 P 直观地表示一次试验中事件 A 发生的概率。

在保险实务中,我们就常常用频率来解释计算风险事件的损失概率。例如某地区根据历年资料观察得知,该地区 40—50 岁年龄组的男性每 10 万人中 1 年内死于结核病的有60人,则该地区这个年龄组死于结核病的概率就可估计为0.6‰。也只有比较精确地确定了保险事故发生与所造成的损失大小的概率,才能确定经营成本并合理制定费率,实现正常的业务运行,并在此基础上获取满意的利润水平。

(二)大数法则及其在保险中的应用

我们在讨论概率的频率解释时,讲到过随机事件发生的频率具有稳定性,即随着实验次数的增加,随机事件发生的频率逐渐趋于某个常数,这种稳定性就是这里要讨论的大数法则的客观背景。

前面讲到危险事故的发生对于单个主体是随机的、不可测的,而对社会群体来说则是必然的、可估测的,这即是由大数法则决定的。大数法则是指随机事件在一次独立试验中发生的这种偶然性在大量的重复试验中将呈现为事件发生发展的某种必然的规律性。它说明了大量的随机现象由于偶然性相互抵消所呈现的必然数量规律,是保险经营的重要数理基础。

大数法则应用于保险时得出的最有意义的结论是:当保险标的的数量足够大时,通过以往统计数据计算出的估计损失概率与实际概率的误差将很小。保险经营利用大数法则把不确定的数量关系转化为确定的数量关系,即某一危险是否发生对某一个保险标的来说是不确定的,可能发生也可能不发生,但当保险标的数量很大时,我们可以很有把握地计算出其中遭受危险事故的保险标的会是多少。这样,根据大数法则,我们就把对单个保险标的来说不确定的数量关系转化为了对保险标的的集合来说确定的数量关系。

人身保险中,每个被保险人在一定时期是否发生危险事故是随机的、不确定的,并且各被保险人之间发生危险事故是相互独立。当面临同类危险的被保险人组成被保险集团时,相当于对随机事件进行多次重复观察。此时,被保险集团中发生危险事故的频率将随着被保险人数的增多而趋于稳定值,这个稳定值就是危险事故发生的概率。因而可以说单个被保险人遭受危险事故的不确定性将在被保险集团中消失,从而表现为,对于社会总体来说,危险事故的发生为确定的概率值,这一概率值也正是被保险人发生危险事故的可能性。因此可以说,虽然单个主体遭受危险事故是随机的、不可测的,但他遭受危险事故的可能性是可测的、确定的。

保险人把单个被保险人面临的不确定性的损失转移到自己身上,也就把不确定的损失转移为保险人对全体被保险人确定的损失补偿金额;也就是说,在一定风险下,保险人承担的损失补偿金额是确定的。另外,保险人为组织和经营保险业务需要有一定的营业费支出,这部分费用是由保险人在充分考虑保险经营的市场竞争及实际开支需要的情况下确定的。这样,保险人为承担风险的开支总额是可以预先计算的。根据保险人和被保险人权利和义务的对等关系,被保险人想转嫁风险而需交纳的保险费就可以确定了。通过保险这一方式,投保人实现了分散风险、分摊损失。保险就像是一个蓄水池,每个投保人交纳少量的保费,保险公司把这些资金集中起来以弥补少数被保险人所遭受的损失。

由上述内容可知,只有当参与这种蓄水机制的个体数越多时,保险人才可能较为精确地确定为承担风险所需的费用及相应的每个投保人需交纳的保费。只有在此基础上,保险人才能进行正常的经营,蓄水池的功能才能稳定地发挥。保险人是以危险事故的出险概率为基础来计算保险费的,由大数法则可知,只有当投保人数足够多时,出险概率才趋于稳定的概率值,否则实际发生保险事故的频率可能偏离实际的概率值,从而可能使保险人因对所承保的风险估计错误而蒙受损失。因此,在实际的保险实务中要争取尽可能多的保户参加保险,这样才能进行合理的费率厘定,实现稳健经营。

在实际的经营中,我们还必须注意大数法则在保险业务中应用的两个条件。根据大数法则,以往的经验数据越多,对危险事件的出险概率的估计就越准确,而这种估计的准确性是能否准确预测未来危险的前提条件。但是另一方面,即使我们能准确估计出危险事件发生的概率,如果未来可承保的危险单位数较少时,也很难准确估计未来会面对的风险。为使预期结果能很好地接近真实结果,必须将概率的估计值运用到大量危险单位中。因此,大数法则的应用具有双重性。

第一,准确估计危险事件发生的概率,保险公司必须掌握大量的经验数据。经验数据越多,对危险事件发生的概率的估计就越准确。

第二,一旦估计出了危险事故发生的概率,还必须将此概率估计值运用到大量的危险单位中才能对未来损失有比较准确的估计。

在用经验数据进行对未来风险预测时,保险公司往往假设过去事件发生的概率与未来事件发生的概率相同,并且对过去事件发生的概率的估计是准确的。但是过去事件发生的概率与未来事件发生的概率往往不一样,事实上,由于各种条件的变化,事件发生的概率是不断变化的;另外,也不能从过去经验数据得出完全准确的概率。所有这些都导致实际结果与预期之间必然存在偏差,保险公司的经营风险也就是这种偏差造成的,保险公司可以通过承保大量保险单位来提高风险预测的准确性。

五、人身保险精算在我国的发展

在中国保险监督管理委员会(以下简称中国保监会)成立之前,各家保险公司在开展精算工作时,因为缺少统一的规范,以及风险数据的不足,往往只能依据自己的经验,或者借鉴国外的经验和数据,精算的发展处于较低的水平。1998年11月18日,中国保监会的成立标志着我国保险业走上了规范管理的道路,保监会成立后在人身保险精算制度建设方面成就显著。

1999年中国保监会发布了《人寿保险精算规定》、《人寿保险预定附加费用率规定》、《利差返还型保险精算规定》、《意外伤害保险精算规定》、《健康保险精算规定》等重要文件,这些精算规定主要是针对当时人身保险传统产品的定价、保单最低现金价值、法定责任准备金等计算基础进行统一规范。

随着1996年银行存款利率连续7次下调,大多数保险公司投资收益率下降,与当时高企的寿险保单预定利率形成倒挂,结果产生全行业性的利差损失。为了化解固定利率保险产品因银行利率下调所带来的风险,从1999年下半年开始,经中国保监会批准,国内保险市场上逐渐开始销售投资连结保险产品、分红保险产品以及万能保险产品。随着新型人身保险产品在国内的迅速兴起,原有的精算规定主要针对传统产品,对新型产品可能不合适,中国保监会及时注意到这个问题并立刻着手研究制定新型产品的精算规定。先后在杭州和上海举行了分红保险产品精算会议,在1999年12月举行的第一届中国精算师年会上,与会人员就分红和投连产品的精算规定进行了积极的探讨。

2000年2月,中国保监会及时下发了《分红保险管理暂行办法》和《投资连结保险管理暂行办法》,对人身保险新型产品的定义、红利分配、投资核算、信息披露等事项做了详细规定。

2001年1月,中国保监会下发《保险公司最低偿付能力及监管指标管理规定(试行)》,明确了中国保险业监管的原则,即市场行为监管和偿付能力监管并重。随着保险公司自律能力增强和市场秩序好转,我国的保险监管最终要向以偿付能力监管为核心的监管方式过渡。

2002年1月1日,保监会开始实施《人身保险新型产品信息披露管理暂行办法》,并正式启动新型产品精算规定的起草工作,9月在第三届中国精算师年会上,保监会代表正式公布了新型产品精算规定初稿,此后在12月又发文专门征求各寿险公司意见,并召集部分业内人士就分红保险产品设计适用范围等业内广泛关注的议题召开了座谈会。

2003年3月,中国保监会对试行了两年的偿付能力管理规定进行了重大修订,制定发布了《保险公司偿付能力额度及监管指标管理规定》(保监会令[2003]第1号)。5月在前期充分调研、总结我国开办新型产品以来的经验教训、参考国外有关做法、广泛征求行业内尤其是海外精算咨询公司和各寿险公司精算师意见的基础上又颁布了针对人身保险新型产品的精算规定,初步建立了一套符合我国国情的寿险精算制度体系。

第二节 人身保险精算的应用

一、人身保险精算的应用范畴

人身保险精算是保险公司经营的最核心环节,它贯穿公司经营的每一部分,对公司的各个层面都有着决定性的影响,其主要应用范畴包括以下几方面。

第一个应用范畴是保险产品的设计。通过对人们保险需求的调查,设计新的保险条款,而保险条款的设计必须兼顾人们的不同需要,具有定价的合理性、管理的可行性以及市场的竞争性。

第二个应用范畴是保险费率的计算。根据以往的寿命统计、现行银行利率和费用率等资料,以确定保单的价格。

第三个应用范畴是准备金和保单现金价值的计算。

第四个应用范畴是调整保险费率及保额。根据社会的需要及时间因素,调整保险费率和保障程度,以增加吸引力和竞争力。

第五个应用范畴是审核公司的年度财务报告。

第六个应用范畴是投资方向的把握。对公司的各项投资进行评估,以确保投资的安全和收益。

第七个应用范畴是参与公司的发展计划。为公司未来的经济决策提供有效的数据支持和专业建议。

在以上人身保险精算的应用范畴中,最具有影响力的因素是保险产品的费率厘定。因此,下面将以寿险产品为例,说明人身保险精算在产品定价中的作用。

二、人寿保险定价的基本概念

人寿保险价格的确定,是基于统计资料,依据大数法则,推算将来可能的各项成本,如被保险人群死亡率或生存率,保险资金运用的回报率及附加费用等,这些工作均涉及数理、精算方面的知识,比较专业,一般由保险公司的精算人员完成,并经过监管部门的审批。

(一)保费

人寿保险保费的构成通常包括两部分:一是纯保费,用于保险事故发生时保险金的给付;二是附加保费,主要用于各项管理费用、佣金或手续费支出,其中也包括应付精算统计及计算等方面偏差的安全费和预定利润。

根据不同产品的需要,人寿保险的保费可以采用自然保费或者均衡保费两种形式。

自然保费是以各年岁的死亡率为缴付标准计算的保险费,通常用于一年期的定期保险合同。各年度的保费,因为各年岁的死亡率不同,保费必须随着变动。这种方法的好处是被保险人在年轻时,保费较低,不过随着年龄的增加,保费也可能会大大增加。

均衡保费通常用于长期型的保险,保险人将人的不同年龄的自然保险费结合利息因素,均匀地分配在各个年度,使投保人在交费期内按期交付的保险费整齐划一,处于相同的水平,这种保险费即为均衡保险费。均衡保险费避免了被保险人到了晚年因保险费的上升而无力续保的不足,因此适合长期性的人寿保险。

(二)利息

利息是指一定资金在一定时期内的收益,计算利息有三个因素:本金、存期和利息率水平。根据不同的计算方法,利息可以分为单利和复利。

单利是指仅在本金上计算利息,对于本金产生的利息不再计息。单利的计算公式是:本金×利息率×存款期限。

复利是指对本金及其产生的利息一并计息,也就是利上有利。复利计算的要点是把上期的利息加上本金作为下一期计息的本金。其计算公式是:本金×(1+利息率)^n(n代表计息期数)。

(三)人寿保险的精算现值

保险公司在定价时,要预估现在收到的保费,是否能够满足将来的理赔支出,所以需要将这两个数额进行比较。

考虑到在保险实务中,收取保费与理赔并不会发生在同一时间,因此需要将未来的理赔金额,根据一定的方法"折现"为现在的一个金额,从而比较两者是否相符。这个金额,就是精算现值。

人寿保险的精算现值,不同于通常的资金现值,其原因是前者不仅看资金的时间价值,而且还要根据被保险人的死亡时间进行计算。

(四)现金价值

在寿险当中,由于交费期一般比较长,如果采用自然费率的方法,随着被保险人的年龄增加,其死亡的可能性将越来越高,保险费率也必然逐渐上升直到接近100%。这样的费率,不仅投保人难以承受,而且保险也已经失去意义了。为此,保险公司在实际操作中往往采用均衡保费的办法,通过数学计算将投保人需要交纳的全部保费在整个交费期内均摊,使投保人每期交纳的保费都相同。

被保险人年轻时,死亡概率低,投保人交纳的保费比实际需要的多,多交的保费将由保险公司逐年积累。被保险人年老时,死亡概率高,投保人当期交纳的保费不足以支付当期赔款,不足的部分将正好由被保险人年轻时多交的保费予以弥补。这部分多交的保费连同其产生的利息,每年滚存累积起来,就是保单的现金价值,相当于投保人在保险公司的一种储蓄。

现金价值,可以简单地根据以下公式计算:保单的现金价值 = 投保人已交纳的保费 - 保险公司的管理费用开支在该保单上分摊的金额 - 保险公司因为该保单向推销人员支付的佣金 - 保险公司已经承担该保单保险责任所需要的纯保费 + 剩余保费所生利息

(五)人寿保险定价假设

1. 死亡率假设

死亡率假设其实是寿险公司在定价时,评估风险发生概率的假设,是寿险定价及评估的最重要的基础之一。

在实践中,死亡率通过生命表的方式列出。生命表是寿险精算的科学基础,它是寿险费率和责任准备金计算的依据,也是寿险成本核算的依据。生命表是根据以往一定时期内各个年龄的死亡统计资料编制的,是由每个年龄死亡率所组成的汇总表。

生命表可以分为国民生命表和经验生命表。国民生命表是根据全体国民或者特定地区人口的死亡统计数据编制的生命表,它主要来源于人口普查的统计资料。经验生命表是根据人寿保险、社会保险以往的死亡记录所编制的生命表。保险公司使用的是经验生命表,这主要是因为国民生命表是全体国民生命表,没有经过保险公司的风险选择。

不同公司之间的经验死亡率存在一定的差别,同一公司不同险种的死亡率经验也有所不同。因此,不同的业务类型需采用不同的生命表。生命表中最重要的项目就是每个年龄的死亡率。影响死亡率的因素很多,主要有被保险人年龄、性别、职业、习性、既往病史、种族等。一般情况下,在设计生命表时,至少要考虑年龄和性别;在有条件的情况下,还可以考虑是否吸烟、保额大小等因素。

2. 利率假设

寿险公司的利率假设可以看作保户未来的一种收益,也可看作单纯根据死亡率计算的保费的折减。寿险大多是长期险,寿险公司假设的利率能否实现,要看其未来投资收益,因此利率假设必须十分慎重。

利率假设对于保险公司的定价十分重要,特别是对于传统寿险,因为它们在保单有效期内是固定不变的。当社会处于高速发展阶段或处于衰退和动荡阶段,往往伴随着市场利率的大幅度调整和震荡,必将对寿险业产生极大的影响。因此寿险公司在进行利率假设时都是十分谨慎的,常常采用较为保守的态度,但过于保守的态度必然会损害被保险人的利益或丧失市场竞争能力。

3. 失效率假设

所谓失效率,指的是长期交费的保险,在未完成交费前,由于种种原因,投保人选择不继续交纳保费的比率。失效率假设也是保险公司在定价时重要的考虑因素之一,因为保险公司通常将费用、利润、投资回报等分配在较长的时间来实现,如果失效率过多,会导致成本上涨,利润下降。

一般而言,保单失效率与下列各因素有关:保单年度、被保险人投保时年龄、保险金额大小、保费支付方式的频率、被保险人性别、保单类型等,此外险种变化、销售人员的变化、外部环境的变化等都会对失效率产生影响。

因为各公司之间的失效率往往大相径庭,因此失效率假设应基于本公司的经验数据,在使用时根据现实情况进行适当的调整。如果公司经验数据有限,可以参考与本公司经营状况相类似的其他公司的经验数据,再根据被保险人年龄、性别、保额等因素进行调整。对某些新的险种,失效率假设就只能基于精算人员的判断估计了,在失效率太高时,甚至有必要对产品的价格重新计算。

4. 费用率假设

费用率假设是指在保险公司定价时,事先预计一张保单(或一个产品)的费用比例,也是保险精算时的重要假设之一。

费用率一般因公司的不同而各异,费用可以有不同分类,各公司对费用可合并简化或划分得更加细致。一般寿险公司的费用可分为:合同初始费用,包括保单签发费用、承保费用等；代理人手续费与其他报酬；保单维持费用；保单终止费用，包括退保费用、无现金价值失效费用、死亡给付费用、到期费用等。

5. 平均保额假设

通过平均保额可以计算保单费用、每张保单开支、单位保费费用、每次保单终止费用等。平均保额以千元保额为1单位，一般表示为几个单位保额，如5单位保额、10单位保额等。平均保额的计算可以划分为几个区间段。实务中一般每段的保额上限是下限的2—2.5倍，这样，这一区间段的平均保额可能用保额下限的1.5—1.75倍作为平均保额。若不划分区间或区间段很多，则平均保额的变化就很大，从而影响定价的准确性。此外，保单的特点及保单的最小单位也会影响平均保额的大小，通常可根据被保险人的年龄、性别及保单的特点等对平均保额进行调整。

三、人寿保险的定价方法

（一）营业保费法

在寿险业刚刚发展起来时，寿险定价是一个比较简单的过程，营业保费法是其最常用的一种方法。这种方法持续了很长时间，到了20世纪60年代，仍有一些保险公司采用这种方法。营业保费由纯保险费和附加保费构成，它是保险经营过程中实际收取的保险费。

（二）营业保费等价公式法

营业保费等价公式法是随着寿险业务的发展，特别是新产品不断涌现以及在市场竞争日益激烈的趋势下出现的一种改进方法。这一方法的基本公式是营业保费的精算现值等于未来保险给付、费用和利润的精算现值。

刚开始时，保险公司在未来保险给付项目中只考虑死亡率因素，即精算数学中的单重模型。后来，保险公司将失效因素也考虑到该等式中，并采用双重模型表。

我国保险监管机构目前要求的定价方法就是营业保费等价公式法。在这种方法下，人寿保险费计算应考虑以下三个要素：

（1）死亡（生存）因素。由于人寿保险的保险事故是被保险人的死亡或生存，故其保险费的计算应依据被保险人的死亡率及生存率。

（2）利率因素。由于人寿保险多是长期性合同，保险人收取保险费在先而给付保险金在后，而且相隔的时间较长，因此计算保险费时还应该考虑利率因素。

（3）附加费用因素。保险人经营人寿保险的营业费用应在纯保险费之外另行附加。

因此,人寿保险费是依据预定死亡率、预定利息率、预定费用率来计算的,此三项成为计算人寿保险费的三要素。

(三)积累公式法

积累公式法是将保费按一定的利率积累到未来的某点,这时保费正好等于未来给付金额、费用以及利润之和。计算机技术的发展使得积累公式法在实务中得到广泛应用,积累公式法可通过反复试验来实现。

首先选择一个试验保费进行计算,观察其结果。如果其结果与期望的结果相差很远,则更换新的保费重新进行计算,使得新的保费假设能够更接近期望的值。任何保险年度末,单位保额有效保单的这个积累值叫作资产份额,因此这种方法也称为资产份额定价法。

第三节 寿险公司的费用构成

一、寿险公司的费用概述

寿险公司的费用,是指在人寿保险公司经营活动中发生的、会导致所有者权益减少、与向所有者分配利润无关的经济利益的总流出。

费用的支出,直接影响公司的盈利水平,因为保险公司所有的费用支出,都由经营过程中实现的收入来补偿。费用水平的高低,将直接影响公司的盈利水平。因此,成本费用管理,对保险公司来说具有非常重要的意义。

二、寿险公司的费用分类

(一)根据费用是否与保险业务直接发生关系,分为保险业务支出和非保险业务支出

1. 保险业务支出

主要包括与保险业务有关的支出,如手续费支出、佣金支出、赔款支出、退保金、责任准备金、营业税金及附加、保险保障基金等。

手续费支出:一般指支付给代理机构(如银行、保险中介等)的费用,代理机构应取得相应的保险代理资质,保险公司支付手续费时,代理机构需相应开具保险中介专用发票。

佣金支出：一般指支付给个人代理人，即保险营销员的费用。保险营销员以个人身份代理销售保险业务，需考取相应资质，保险营销员收取的佣金属于劳务报酬。保险公司支付给保险营销员的佣金支出，需要代扣代缴营业税及个人所得税。

赔款支出：保险公司对保险事故造成的损失，根据合同约定向被保险人或受益人进行给付或者补偿的支出。

退保金：一般指长期人身险业务中，办理退保时，支付给投保人的支出。退保金是根据中国保监会的规定，按照一套严格的公式，通过精算的方法得出来的。

责任准备金：是指保险公司为了承担未到期责任和处理未决赔偿而从保险费收入中提存的一种资金准备，是保险公司按法律规定为在保险合同有效期内履行赔偿或给付保险金义务而将保险费予以提存的各种金额。

营业税金及附加：是指保险公司在经营过程中，根据国家法律规定，应该向国家缴纳的税金及附加，主要包括营业税、城市维护建设税和教育费附加。

保险保障基金：是指由保险公司缴纳，由中国保监会集中管理、统筹使用，在保险公司被撤销、被宣告破产以及在保险业面临重大危机，可能严重危及社会公共利益和金融稳定的情形下，用于向保单持有人或者保单受让公司等提供救济的法定基金。保险保障基金按照保险公司分户核算，保险公司缴纳保险保障基金，实行按年计算，按季度预缴。

2. 非保险业务支出

主要是指公司在经营及管理中发生的费用，如宣传费、设备运转费、安全防卫费、印刷费、差旅费、职工工资、租赁费、会议费、研发费用、培训费等。

（二）根据费用使用的对象，分为专属费用和共同费用

（1）专属费用是指专门为某一归属对象发生的，能够全部归属于该归属对象的费用。例如：以某一险种作为费用分摊的标准，或者以某一级机构（分公司、支公司、营销部等）作为费用分摊的标准。

（2）共同费用是指不是专门为某一归属对象发生的，不能全部归属于该归属对象的费用。例如，为保证公司运营所发生的后援部门（非直接业务部门）的费用，包括财务、精算、信息技术、法律、投资管理、稽核、办公室、人力资源、总经理室等部门的费用。

第四节 寿险公司的费用分析

一、寿险公司费用分析方法概述

根据不同的目的,可以对寿险公司的费用进行不同角度的分析,最常见的方法有两种:一种方法是按会计科目进行分析,此类分析的好处是能够分析出寿险公司的经营成果、损益情况及现金流等。另外一种是根据不同的费用对象,分析出寿险公司的"费用中心",从而提升保险公司的经营效率。

二、寿险公司费用分析方法之会计科目法

各家保险公司的费用,因经营范围、险种的不同,进行费用分析时,内容不完全相同。这里只就寿险公司最常见的费用科目进行会计学方面的分析。

(一) 手续费支出的核算

《保险公司财务制度》中规定,手续费支出比例不得超过实收保费的8%。由于收取保费的方式不同,手续费的支付方式也是不同的。保险公司"手续费支出"科目按险种设置明细进行核算。

在会计记账时,公司应设置"手续费支出"科目,该科目属损益类科目。手续费的账务处理包括发生手续费支出和期末结转手续费支出。

发生手续费支出时,借记"手续费支出"科目,贷记"银行存款"科目。

期末结转手续费支出时,将"手续费支出"科目余额转入"本年利润"科目,借记"本年利润"科目,贷记"手续费支出"科目,期末结转后无余额。

(二) 佣金支出的核算

《保险公司财务制度》中规定,佣金支出比例不得超过实收保费的5%。由于收取保费的方式不同,佣金的支付方式也是不同的。保险公司"佣金支出"科目按险种设置明细进行核算。

在会计记账时,公司应设置"佣金支出"科目,该科目属损益类科目。佣金支出的账务处理包括发生佣金支出和期末结转佣金支出。

发生佣金支出时,借记"佣金支出"科目,贷记"银行存款"科目。期末结转佣金支出时,将"佣金支出"科目余额转入"本年利润"科目,借记"本年利润"科目,贷

记"佣金支出"科目,期末结转后无余额。

(三)营业税金及附加的核算

保险公司的营业税金及附加主要包括:营业税、城市维护建设税和教育费附加。

(1)营业税

根据保险公司的营业额征收,其计算公式为:应纳营业税税额 = 营业额 × 营业税税率

保险公司的营业税税率一般为保费收入的5%。

(2)城市维护建设税

根据保险公司的应纳营业税税额征收,其计算公式为:应纳城市维护建设税税额 = 应纳营业税税额 × 适用税率

城市维护建设税税率有三档,根据公司所处的不同位置(城市市区、县或镇、其他)而定。

(3)教育费附加

根据保险公司的应纳营业税税额征收,其计算公式为:应纳教育费附加 = 应纳营业税税额 × 教育费附加计征率

在会计记账时,公司应设置"营业税金及附加"科目,该科目属损益类科目。借方登记发生的营业税金及附加数额,贷方登记结转本年利润的数额,期末结转后,本科目无余额。

(四)保险保障基金的核算

根据我国《保险法》第一百条的规定,保险公司应当按照金融监管部门的规定提存保险保障基金。

保险保障基金的提取,根据不同的险种,缴纳不同的比例:

(1)意外伤害保险和短期健康保险,按照自留保费的1%缴纳;

(2)有保证利率的长期人寿保险和长期健康保险,按照自留保费的0.15%缴纳;

(3)无保证利率的长期人寿保险,按照自留保费的0.05%缴纳;

(4)当保险保障基金达到总资产的1%时,暂停提取。

在会计记账时,公司应设置"保险保障基金"科目,该科目属负债类科目。借方登记经批准同意使用的保险保障基金数额,贷方登记按规定提取的保险保障基金以及利息收入,期末余额在贷方,表示保险公司保险保障基金的余额。

(五)业务及管理费用的核算

1)预防费

为防止其承保标的发生保险事故,对保险标的进行安全防御时发生的费用。支付标准:意外伤害保险和短期健康保险,按照自留保费的1%控制使用,寿险和长期健康险业务按不超过当年自留保费收入的0.8%控制使用。

2)业务宣传费

业务宣传费是指公司开展业务宣传所支付的费用,开业不满三年的,按不超过当年营业收入的9‰掌握使用;开业满三年以上的公司按不超过当年营业收入的6‰掌握使用。

3)业务招待费

业务招待费是指公司为业务经营而支付的业务交际费用。公司按不超过当年营业收入的3‰掌握使用。

4)职工工资

包括职工工资、奖金、津贴和补贴等。

5)住房公积金

经主管机关批准列支的公司职工住房补贴。

6)其他业务及管理费用

包括:工会经费、差旅费、审计费、咨询费、董事会费、车船使用费、上交管理费、同业公会会费、学会会费、银行结算费等。

在会计记账时,公司应设置"业务及管理费用"科目,该科目属损益类科目。支付费用时,借记"业务及管理费用"科目;冲减费用以及期末将费用发生额分别转入"本年利润"科目时,贷记"业务及管理费用"科目。"业务及管理费用"期末结转后,应无余额。

三、寿险公司费用分析方法之费用中心法

为了规范公司的费用分摊,提高会计信息质量和公司财务管理水平,为公司产品定价、经营决策、分支机构业绩考核和监管工作提供科学、准确的财务信息,寿险公司在费用分析时,常用到费用中心法。

(一)专属费用或共同费用划分的方法

如上文所述,根据核算的需要,可以将寿险公司的费用分为专属费用和共同费用。其中专属费用是指专门为某一归属对象发生的,能够全部归属于该归属对象的费用;共同费用是指不是专门为某一归属对象发生的,不能全部归属于该归属对

象的费用。

专属费用和共同费用的认定结果会因分摊目的和管理水平的不同而不同。一般而言,保险公司会从三个角度来划分专属费用和共同费用:

1. 按险种来划分专属费用和共同费用

按险种作为费用归属对象时,专门为某险种发生的费用应当认定为该险种的专属费用,例如:在核算万能寿险的损益时,万能寿险的手续费、赔款支出、保单印制费、广告宣传费等均应当认定为该险种的专属费用。不是专门为该险种发生的费用则应当认定为共同费用,如:非业务部门的员工工资、公司整体的广告宣传费用等。

2. 根据业务类别来划分专属费用和共同费用

根据保险公司不同的业务类别,将费用划分至承保业务、投资业务、受托管理业务和其他业务四大业务类别。此时,就是将业务类别确定为费用归属对象。业务类别作为费用归属对象时,专门为某类业务发生的费用应当认定为该类业务的专属费用,如:万能险承保人员的薪酬应当认定为承保业务的专属费用。不是专门为某类业务发生的,或者不能全部归属于该类业务的费用应当认定为共同费用,如:财务部门和人力资源部门人员的薪酬。

3. 根据分支机构来划分专属费用和共同费用

分支机构作为费用归属对象时,专门为某分支机构发生的费用应当认定为该分支机构的专属费用,如:某公司北京地区发生的万能险赔款支出、手续费、在北京地区投放的广告费用应当认定为该公司北京地区分部的专属费用。不是专门为某分支机构发生的,或者不能全部归属于该分支机构的费用应当认定为共同费用,如:公司在中央电视台投放的广告宣传费应当认定为共同费用。

(二)将共同费用进行分摊

1. 将共同费用分摊至险种或业务类别

保险公司在进行共同费用分摊时,应当将公司部门分为直接业务部门和后援管理部门两类。

直接业务部门是指直接从事保单销售、核保核赔、理赔服务、再保业务操作和管理的部门,如:销售、承保、理赔、再保、客户服务等部门。

后援管理部门是指为直接业务部门提供服务和进行公共管理的部门,如:财务、精算、信息技术、法律、投资管理、稽核、办公室、人力资源、总经理室等部门。

首先将后援管理部门的费用(包括人力成本、资产占用费以及业务招待费、会议费、差旅费等)分摊到直接业务部门。其次将直接业务部门归集和分摊到的费用、其他营业费用、投资收益分摊到险种或业务类别。

2. 将共同费用分摊至分支机构

首先,将总公司的人力成本、资产占用费和其他营业费用分摊到总公司各部门。

再将总公司各部门归集和分摊到的费用、其他营业费用、投资收益分摊到各分支机构。

小结

通过本章的学习,我们了解到保险公司的精算是以概率论和大数法则为数理基础,根据生命表及其他风险数据,科学地分析风险的状况和发生概率,从而帮助保险公司实现稳健经营。精算涵盖了从产品设计、定价,到准备金、现金价值的确定,再到保险公司的费用、利润分析等保险公司经营的各个层面。特别是在保险产品定价过程中,精算发挥着决定性的作用,三种常用的定价方法分别是营业保费法、营业保费等价公式法以及积累公式法。

中国保险业精算的发展,经历了从无序到有序,从适应到创新的良性发展,中国保险监督管理委员会的成立,标志着中国保险业精算制度的建立。随着一系列有针对性和前瞻性的政策、法规的出台,中国保险业精算水平得到了规范和提升,初步建立起适合中国国情的精算和监管体系,为中国保险业的稳健发展奠定了坚实的基础。

保险公司经营无形产品,所以其费用的构成也具有一定的特殊性。根据不同的分类方法,可以分为保险业务支出和非保险业务支出,以及专属费用和共同费用。通过对保险公司费用从不同角度的分析,可以全面了解公司经营的过程和成果,并且找出经营中存在的问题,从而提高生产效率。

第八章　寿险资金运用

引言

在商业保险时代,市场竞争和开放进一步增强,保险资金运用和保险承保业务是齐头并进的。资金运用是保险业的核心业务,没有资金运用就等于没有保险业。保险资金运用之所以举足轻重,是因为在当代各国的保险市场上,保险资金运用是资本市场的重要组成部分。保险资金运用是保险公司创造收益的最主要途径之一,不仅有利于加快保险资金的积累,而且有可能降低保险费率,为保险公司开发诸如投连、分红保单等业务创造条件,从而直接推动保险业务的发展。另外,保险资金大规模运用,意味着保险公司通过资本市场向国民经济其他行业渗透,它既使保险公司分享其他行业的利润,又使整个保险业务,尤其是一些大保险公司的地位得到空前的提高。

本章主要介绍了寿险资金运用的意义、可能性与来源、基本原则、基本渠道、运用模式等基本知识与原理,同时从国际比较的角度介绍了国际上寿险资金运用的经验,着重介绍并探讨了我国寿险资金运用及监管实务中的相关问题。通过本章的学习,了解和掌握资金运用基本知识,能够对整个寿险公司实务流程形成更全面的了解。

重要术语

资金来源　投资渠道　资产管理公司　资产负债匹配　金融创新

第一节　寿险资金运用的意义

寿险资金运用是指寿险公司在发挥经济补偿作用的过程中,为了取得预期的收益,将各类寿险资金积聚起来,通过金融市场运作,从而使资金增值以形成资产的经济活动。保险资金运用对寿险公司稳健、永续经营,对社会经济稳定运行,对保险业的长期、健康、稳定发展均具有重大意义。

一、保障寿险公司偿付能力

偿付能力充足是对保险公司的最基本要求。保险公司由于其在经济系统中的特殊地位,偿付能力一直都是监管的重要对象。只有保证保险公司的偿付能力,才能保障其客户的利益,发挥保险的社会功能。

为了保证保险公司有足够的偿付能力进行理赔以及支付年金类保险,一个很重要的要求就是保险公司在每张保单销售之后都计提相应比例的寿险责任准备金。而寿险责任准备金,通俗地说就是预计未来将为保单支付的现金储备,属于公司的负债部分。

寿险责任准备金的来源主要有两个:一个是保费收入,另一个是投资收益。显然,提高两个来源中的任意一个都可以充实寿险责任准备金从而带来保单偿付能力的提高。但是提高保险费率既增加了投保人的负担,也降低了公司产品的竞争力。因此提高寿险公司的投资收益率以及收益的稳健性就变得十分必要。

综观全球寿险业发达国家的经营现状,不难发现其承保业务普遍呈亏损状态,主要依赖资金运作来弥补主营业务的亏损并获取较高的综合盈利率。哪个国家的保险投资好,则该国的保险业就发达,保险业的偿付能力就高,保险经营的稳定性也高;反之,对该国保险业的发展就会有严重的影响。

拓展阅读 8-1

日本保险业的偿付能力危机

日本是世界上保险业最发达的国家之一,其人寿保险业务收入长期位居世界首位,财产保险业务收入仅次于美国位居世界第二。保险业为日本战后经济的高速增长立下了汗马功劳,成为支撑日本国民经济的主要支柱之一。

日本人曾自豪地声称日本的保险公司是最保险的,不会破产。然而,20 世纪 90 年代初,日本泡沫经济破灭,从而为 20 世纪最后 10 年的日本经济蒙上了一层阴影。更为不幸的是,这层阴影最终演化为一场深重的金融危机。仅 1997 年至 2000 年,已先后有 7 家中型寿险公司破产,即 1997 年 7 月日产生命保险公司破产,1998 年 4 月东邦生命保险公司破产,1999 年 4 月第一百生命保险公司破产。2000 年在半年内 4 家较有影响的寿险公司相继倒闭,引起了日本金融界的强烈振动:5 月,日本保险界的中坚力量第一海上火灾保险公司宣布破产,从而结束了日本财产保险公司"不倒的神话";8月,大正生命保险公司破产;10月9日,业界排名第十二的千代生命保险公司向法院申请破产;仅过了11天,寿险公司的破产纪录又被改写,10月20日,负债总额超过4.5万亿日元、业界排名第十一的日本协荣生命保险公司向法院申请破产,从而成为迄今规模最大的寿险公司破产案。

二、维护投保人利益

(一)提升对客户的保障

寿险公司的投资能力直接影响了公司的偿付能力,而投保人投保的首要目的是获得保障,公司偿付能力的提升意味着更加可靠的保障。这是资金运用好坏影响投保人利益的第一个方面。

(二)提升新型寿险产品的收益

当前市场上越来越多的寿险产品更加关注消费者理财方面的需求,推出了很多浮动收益的寿险产品。无论是分红险、万能险、投连险,保单的最终相关利益都与公司的投资相关。下面逐一进行分析:

首先,从分红险来看,保险法规定保险公司必须将保单盈余至少70%及以上作为红利发放,而保单盈余主要来自死差益、利差益和费差益。其中利差益即是指实际投资收益高于预定投资收益所产生的盈余,而这部分带来的收益同样是最多的。显然,高效的寿险资金运用可以带来更高更稳定的收益从而提高年度分红,保障投保人的利益。

其次,从万能险来看,万能险的万能账户每月都会公布其账户资金运用的收益率,更高的收益意味着能带来更高更长久的保障或者更高的现金价值。事实上,万能险的结算利率一直都是客户非常关注的数据,而这些数据的提升都离不开万能账户的资金运用状况。显然,一个资金运用更合理的公司能带来更高的收益率,从而保障客户的利益,吸引客户的需求。

最后,从投资连结保险来看,投连险由于未设置最低的保证利率,因此购买投连险的客户利益与公司的资金运用水平关系更加密切。因为险种的投资渠道可以让客户进行选择,同时客户自己承担投资风险,因此销售投连险时,最重要的话题就是阐明公司的投资实力,这也反映了公司资金运用对于客户利益的重要性。

三、增强寿险公司承保能力

由于寿险公司的偿付能力是监管的重要内容,因此,当一个公司的责任准备金不足时,监管机构会限制公司继续承保更多的风险,从而约束了公司的承保能力。

不只是监管机构的要求,从公司内部风险控制方面来说,公司本身也会控制自己承保的风险额度。一旦标的的风险额度超出自己的资本金所能承受的范围,公司就必须通过再保险将风险进行转移或者选择拒绝承保。

因此,无论从监管需求还是公司内部的风险控制而言,公司资本金的多寡都决定了公司的承保能力,而公司资本金的积累,最重要的动力就是公司的投资能力。因此,一个有着良好资金运用能力的寿险公司能快速实现资本金的积累,从而获得更大的承保能力。

同时,公司可以选择一些特异性的投资模式,将自己的承保风险转移到资本市场,从而增加自己的承保能力。国际上很多寿险公司注重保险公司资产组合与所承保风险之间的匹配,将承保风险转移到资本市场,实现更广泛的风险分散。

拓展阅读 8-2

资金运用增强承保能力

现在,美国的证券交易所有这样一类产品,当美国加州的死亡率上升的时候,这个产品的价格就会相应地升高,反之亦反;假如一个寿险公司恰好在加州开展业务,承保了许多死亡险的保单,为了对冲出自己承保的这些风险,他购买了相应数量的这类证券产品。当加州死亡率下降的时候,公司的赔付金额下降,公司从中盈利;同时此产品的价格下降,公司在投资中亏损。反之,当加州死亡率上升的时候,公司的赔付金额上升,公司亏损;同时此产品的价格上升,公司在投资中盈利。因此,无论加州的死亡率上升还是下降,公司受到的影响都不会太大。

目前通过投资将保险公司的承保风险转移到广阔的资本市场已经成为一个研究的热点,当更多的保险风险证券化产品出现之后,保险公司可以充当一个风险的汇集人,同时将风险选择合适的工具转移出去。这个趋势可以打破很多可保风险的要求,如将巨灾风险等转化为可保风险,为客户提供更全面的保障,同时也给公司提供了更多的选择。

四、推动本国资本市场发展,促进经济发展

寿险资金数额巨大,其进入资本市场,必将产生举足轻重的影响。寿险资金运用增加了资本市场的资金来源,相对于财险公司而言,寿险公司因为其经营业务的

长期性和稳定性的特点,更是为资本市场提供了长期稳定的资金来源。寿险资金入市可以刺激并满足资本市场主体的投资需求,改善资本市场结构,提高资本的流动性,刺激资本市场主体的成熟和经济效益的提高,促进保险市场与资本市场的协调发展。

同时,通过政府部门的监管,可引导寿险资金运用符合国民经济发展的需要,流向急需资金的行业,从而促进这些行业的发展。另外,由于寿险行业的资本及各项准备金所积累的金额相当庞大,寿险资金运用若蒙受巨额损失,不但会动摇行业经营的稳定性,国民经济发展也必然会受到剧烈的冲击。

第二节 寿险资金运用的可能性与来源

一、寿险资金运用的可能性

1. 资金的时间滞差

所谓时间滞差是指寿险公司收取保险费与给付保险金之间的间隔时间。寿险公司的运营过程就是收取保险费、支付赔款的过程,在此过程中,由于大部分寿险合同的期限较长,前期收取的大量保险费并不会立即给付出去,而是要等到一定期限之后或者被保险人发生了保险事故时才进行给付。所以在一定时间内,因保费收入的形成相对集中,而赔款支出断续发生,因此寿险公司的保费收支存在时间滞差。因为有收取保险费和支付赔款之间的时间滞差,因而必然有一部分闲置资金存在,这部分闲置资金的存在为寿险公司进行资金运用提供了可能性,大型寿险公司尤其如此。

2. 资金的数量滞差

所谓数量滞差是指寿险公司收取保险费与给付保险金之间有时存在数量上的差额。寿险公司的保险费率是依据生命表计算出来的,具有科学基础。保险费分为纯保费和附加保费,纯保费是用来给付的,附加保险费中包括了各种费用和寿险公司的利润,即寿险公司在制定费率时就已经将利润包括在里面了。因此寿险公司的保险费收入往往大于给付支出,会产生一定的收益,这就给寿险公司带来了资金的数量滞差,由于寿险资金的数量滞差,会有一部分差额资金沉淀下来可供运用。

二、寿险可运用资金的来源

我国《保险资金运用管理暂行办法》(中国保监会令 2010 年第 9 号)明确指出:"保险资金,是指保险集团(控股)公司、保险公司以本外币计价的资本金、公积金、未分配利润、各项准备金及其他资金。"

(一)权益资本

1. 资本金

资本金是指保险公司在工商行政管理部门登记的注册资金。通俗地讲,资本金就是保险公司的开业资金。各国政府一般都对保险公司的开业资金规定了一定的数额,以保证经营的基本稳定。我国对保险公司的资本金采取注册资本与实收资本一致的原则,规定设立保险公司注册资本最低限额为 2 亿元人民币;保险公司注册资本达到 5 亿元人民币,在偿付能力充足的情况下,设立分公司不需要增加注册资本。保险公司最低注册资本必须为实缴货币资本。保险监督管理部门根据保险公司业务范围、经营规模,可以调整其注册资本的最低限额,但不得低于法律规定的要求。由于资本金具有备用资金的性质,除按规定上缴部分保证金和用于破产清算外,绝大部分处于闲置状态,成为保险资金运用的重要来源。

2. 公积金

公积金分为资本公积金和法定公积金。资本公积金主要来源于资本溢价、资产重估增值以及捐赠所得等。资本溢价是指企业在筹集资金的过程中,投资人的投入资本超过其注册资本的数额,比如我国保险公司设立的最低注册资本为 2 亿元人民币,当投资人出资 3 亿元人民币时,超出的 1 亿元就为资本溢价。法定公积金是保险公司按公司法的规定从税后利润中提取的。资本公积金可以按法定程序转增资本;法定公积金可用于弥补亏损或转增资本金,但转增资本金时,以转增后留存公司的法定公积金不少于注册资本的 25% 为限。公积金在未使用前或分配前,一直处于闲置状态,因而是一种可运用资金。

3. 未分配利润

未分配利润是指保险公司每年用于积累的资金,属于股东权益的一部分。这部分资金通常随着保险公司经营规模扩大而逐步增长,除抵补某些年份的保险费不抵偿付以外,一般可以长期运用。

(二)责任准备金

各种责任准备金是指保险公司为将来要发生的保险责任而从所收取的保险费中提存的资金。寿险公司80%~90%的负债都是寿险责任准备金负债。这些责任准备金是寿险资金运用的重要来源。由于寿险业务具有长期性与储蓄性,所以寿险未到期责任准备金尽管属于保险公司的负债,却长期滞留在保险公司手中,因此是一种不断积累、长期稳定的可用资金。寿险责任准备金主要分为:

1. 责任准备金

责任准备金是保险公司为履行未到期的保险责任,从寿险保费中提取的专项资金。责任准备金是为确保人寿保险公司有足够的偿付能力来履行其赔偿与给付责任而设立的。从理论上讲,提存的寿险责任准备金应等于投保人交付的纯保费及所产生的利息扣除当年应分摊的死亡成本后的余额。

2. 未决赔款准备金

未决赔款准备金是指保险公司在会计期末为本期已发生保险事故应付未付赔款所提存的一种资金准备。我国保险公司会计制度将未决赔款准备金的核算内容分为两大类:一类是对已经发生保险事故并已提出保险赔款而按规定提存的赔款准备金;另一类是对已发生保险事故但尚未提出保险赔款而按规定提存的准备金。出于方便财务监督的目的,财务制度对赔款准备金的提存数额规定了量化标准,对已决未付赔案按最高不超过当期已经提出的保险赔款或者给付金额的100%提存,对已发生未报告的未决赔案按不高于当年实际赔款支出额的4%提存未决赔款准备金。

3. 总准备金

为了防范可能出现的经营风险,我国保险公司会计制度明确规定了总准备金的核算内容。保险公司在提足各项准备金的基础上,在向投资者分配利润之前,经保险公司的董事会或主管财政机关批准,按一定比例从税后利润中提取总准备金,它是保险公司为应对发生周期较长、后果难以预料的巨灾和巨额危险而提取的准备资金。

(三)其他资金

随着寿险公司实力的不断增强,保险资本金也会日益雄厚;而保费收入的持续增长又直接使寿险公司各种可运用的基金规模不断扩大,进而使得保险公司可运用的资金规模持续增长。

第三节 寿险资金运用的基本原则

寿险投资原则是寿险投资的依据。理论界一般认为寿险投资有三大原则:安全性、收益性、流动性。

扩展阅读 8-3

寿险业资金运用原则的沿革

早在1862年,英国经济学家贝利(A. A. Bailey)就提出了寿险业投资的五大原则,即:安全性,最高的实际收益率,一部分资金投资于能迅速变现的证券,另一部分资金可投资于不能迅速变现的证券,投资应有利于寿险事业的发展。

随着资本主义经济发展,金融工具的多样化,以及保险业竞争的加剧,保险投资面临的风险性、收益性也同时提高,投资方式的选择范围更加广阔。1948年,英国精算师佩格勒(J. B. Pegler)修正了贝利的观点,提出寿险投资的四大原则:获得最高预期收益;投资应尽量分散;投资结构多样化;投资应将经济效益和社会效益并重。

一、安全性原则

寿险公司可运用的资金,除资本金外,主要是各种保险准备金,它们是资产负债表上的负债项目,是寿险公司信用的承担者。因此,寿险投资应以安全为第一条件。

(一)坚持安全性原则的原因

1. 寿险的本质特性决定

坚持安全性原则,是由寿险资金注重安全的本质特征所决定的。银行、证券、保险是现代金融的三大支柱行业,三大行业的共性在于盈利目标和资金融通功能,但其区别在于经营模式和风险偏好。

寿险管理的是风险,客观上要求寿险资金运用安全至上,不能给投保人带来新的风险,否则就失去了保险的本质意义。因此,寿险公司不同于投资银行和商业银行,寿险资金不同于证券资金和银行资金。其特有的经营模式、产品特征和资金属性,决定了寿险资金运用必须更加注重稳健安全,更加注重风险管理,这样才能真正体现保险特性,发挥保险作用,才能维护好投保人的利益,促进经济社会稳定和发展。

2. 寿险资金运用潜在风险不断积累

由于投资工具缺乏、投资期限较短,寿险公司资产与负债的期限不匹配以及预期资金运用收益率与保单预定利率不匹配现象十分严重。各家寿险公司目前办理的协议存款大部分是5年期,到期日集中度过高,存在再投资风险。虽然目前允许寿险资金投资基础设施建设,但由于基础设施建设涉及各行各业,情况千差万别,其间蕴含着极大的风险。寿险资金投资于股权等领域也有很大的风险。低利率环境将在中长期制约投资收益率,而海外投资又面临货币错配和人民币升值的汇率风险。在投资渠道放开后,又面临经济减速的风险,长期性保险资金应对经济周期的难度增大。

3. 寿险资金运用监管难度加大

目前我国的寿险资金运用监管目标不明确,内涵还需扩充;监管模式尚不确定;监管法律法规体系不完善;会计制度等配套制度落后于监管的要求;监管信息化程度低,无法适应动态监管的要求;同时监管队伍的力量还比较薄弱。

(二)坚持安全性原则的要求

1. 减少风险,分散投资

安全性,意味着资金能如期收回,利润或利息能如数收回。为保证资金运用的安全,必须选择安全性较高的项目。为减少风险,要分散投资。

2. 加强保险资金运用制度建设

2008年金融危机以来,国际、国内经济金融运行出现了一些新情况、新问题和新趋势,中国保监会综合考虑外部环境变化和行业发展需要,适时出台了《保险资金运用管理暂行办法》、《保险资金投资不动产暂行办法》等法规,这是加强保险资金运用制度建设的重要举措。

保险是管理风险的金融产品,这是保险的本质特征,要发挥防范、减轻、消除社会公众面临的风险的作用。由此,我们就能理解《保险资金运用管理暂行办法》提出要以稳健安全为资金运用的出发点和立足点。同时新《保险法》第一零六条也明确规定,保险公司的资金运用必须稳健,遵循安全性原则。

二、收益性

寿险资金运用的目的,是为了提高自身的经济效益,使投资收入成为寿险公司收入的重要来源,增强赔付能力,降低费率和扩大业务。

合理提高寿险资金运用的收益性,是寿险资金运用的直接目的。从寿险公司角度看,寿险资金运用的收益率提高,可为寿险公司提供除承保利润外的另一个利润增长点,促进寿险公司的稳健发展,是其不断增强资本实力、公司声誉和市场地位的基础。从资金运用方角度看,一方面,寿险公司资金运用收益率提高后,就有降低保险费率的空间;另一方面,一些投连、分红保单可直接分享保险资金运用的收益。因此,寿险资金运用收益性的提高对保险合同的各方关系人均会带来利益。

但在投资中,收益与风险是同增的,收益率高,风险也大,这就要求寿险投资要把风险限制在一定程度内,实现收益最大化。寿险资金运用的安全性与收益性密不可分。对于某一项投资,我们所说的安全性是指所运用的资金的价值不受到侵蚀,在投资到期时能够完全收回。这实际上就要求投资的收益不能为负。对于寿险公司整体的投资行为,我们所说的安全性是指所运用的全部资金从总体上看价值没有受到侵蚀。只有大部分投资具有较为理想的回报,才能够保证在某些投资的收益为负时有能力弥补损失,从而实现总体的安全性目标。

三、流动性

寿险资金用于赔偿给付,受偶然规律支配。因此,要求寿险投资在不损失价值的前提下,能把资产立即变为现金,支付赔款或给付保险金。寿险投资要设计多种方式,寻求多种渠道,按适当比例投资,从量的方面加以限制。要按不同险种特点,选择方向,如人寿保险一般是长期合同,保险金额给付也较固定,流动性要求可以低一些。国外人寿保险资金投资的相当一部分是长期的不动产抵押贷款。短期意外险和健康险,一般是短期的,理赔迅速,赔付率变动大,应特别强调流动性原则。

寿险资金运用在期限结构上的特征和管理上的特征是相辅相成的。收益性的要求决定了持有的资产必然以长期性为主,流动性的要求决定了持有一定比例的短期资产也是十分必要的。以资产的长期性为主不仅满足了与负债的长期性匹配的要求,也为实现收益性目标奠定了基础;以资产的短期性为辅保证了对流动性的兼顾,使寿险公司所面临的流动性风险得到了比较好的控制。

第四节 寿险资金运用的渠道

从各国的情况来看,寿险资金运用的基本渠道集中在以下方面。

一、货币市场工具

1. 同业拆借

同业拆借是指具有法人资格的金融机构及经法人授权的金融分支机构之间进

行短期资金融通的行为,一些国家特指吸收公众存款的金融机构之间的短期资金融通,目的在于调剂头寸和临时性资金余缺。金融机构在日常经营中,由于存放款的变化、汇兑收支增减等原因,在一个营业日终了时,往往出现资金收支不平衡的情况,一些金融机构收大于支,另一些金融机构支大于收,资金不足者要向资金多余者融入资金以平衡收支,于是产生了金融机构之间进行短期资金相互拆借的需求。资金多余者向资金不足者贷出款项,称为资金拆出;资金不足者向资金多余者借入款项,称为资金拆入。一个金融机构的资金拆入大于资金拆出叫净拆入;反之,叫净拆出。这种金融机构之间进行资金拆借活动的市场叫同业拆借市场,简称拆借市场。

2. 回购协议

回购协议指的是借款方在出售证券的同时,向证券的购买商(贷款方)暂时售出一笔特定的金融资产而换取相应的即时可用资金,并承诺在一定期限后按预定价格购回这笔金融资产的安排。其中的回购价格为售价另加利息,这样就在事实上偿付融资本息。回购协议实质上是一种短期抵押融资方式,那笔被借款方先售出后又购回的金融资产即是融资抵押品或担保品。回购协议有两种:一种是正回购协议,是指在出售证券的同时,和证券的购买商签订协议,协议在一定期限后按照约定价格回购所出售的证券,从而及时获取资金的行为;另一种是逆回购协议(Reverse Repurchase Agreement),是指买入证券一方同意按照约定期限和价格再卖出证券的协议。

3. 大额可转让存单

大额可转让定期存单简称 NCDS,指银行发行的可以在金融市场上转让流通的固定面额、固定期限、可以转让的定期储蓄银行存款凭证,是商业银行为吸收资金而开出的一种收据。即具有转让性质的定期存款凭证,注明存款期限、利率,到期持有人可向银行提取本息。

4. 商业票据

商业票据是指由金融公司或某些信用较高的企业开出的无担保短期票据。商业票据的可靠程度依赖于发行企业的信用程度,可以背书转让,但一般不能向银行贴现。商业票据的期限在 9 个月以下,由于其风险较大,利率高于同期银行存款利率。商业票据是一种无担保的短期期票(Promissory Note),有确定的金额及到期日。商业票据是一种可转让的金融工具,通常是不记名的。商业票据的期限通常在 30 天以内,以避免与存款单市场竞争。

商业票据按出票人不同:分为银行汇票(Banker's Draft)和商业汇票(Trade

Bill);按承兑人的不同:分为商业承兑汇票(Commercial Acceptance Bill)和银行承兑汇票(Bank's Acceptance Bill);按付款时间不同:分为即期汇票(Sight Bill or Demand draft)和远期汇票(Time Bill or Usance Bill)。按有无附属单据:分为光票(Clean Bill)和跟单汇票(Documentary Bill)。

5. 银行承兑汇票

银行承兑汇票(BA)是商业汇票的一种。是由在承兑银行开立存款账户的存款人出票,向开户银行申请并经银行审查同意承兑的,保证在指定日期无条件支付确定的金额给收款人或持票人的票据。对出票人签发的商业汇票进行承兑是银行基于对出票人资信的认可而给予的信用支持。

二、有价证券

1. 债券

债券是政府、金融机构、工商企业等直接向社会借债筹措资金时,向投资者发行,承诺按一定利率支付利息并按约定条件偿还本金的债权债务凭证。债券购买者与发行者之间是一种债权债务关系,债券发行人即债务人,投资者(债券持有人)即债权人。债券是一种有价证券,可以上市流通。按发行主体不同,债券可以分为政府债券、金融债券、公司(企业)债券。

可转换债券是指在特定时期内可以按某一固定的比例转换成普通股的债券,它具有债务与权益双重属性,属于一种混合性筹资方式。由于可转换债券赋予债券持有人将来成为公司股东的权利,因此其利率通常低于不可转换债券。

2. 股票

股票是一种有价证券,是股份公司在筹集资本时向出资人公开或私下发行的、用以证明出资人的股本身份和权利,并根据持有人所持有的股份数享有权益和承担义务的凭证。股票代表着其持有人(股东)对股份公司的所有权,这种股权为一种综合权利,如参加股东大会、投票表决、参与公司的重大决策,收取股息或分享红利等。同一类别的每一份股票所代表的公司所有权是相等的。每个股东所拥有的公司所有权份额的大小,取决于其持有的股票数量占公司总股本的比重。股票一般可以通过买卖方式有偿转让,股东能通过股票转让收回其投资,但不能要求公司返还其出资。股东与公司之间的关系不是债权债务关系,股东是公司的所有者,以其出资额为限对公司负有限责任,承担风险,分享收益。

3. 基金

证券投资基金是指通过发行基金证券集中投资者的资金,交由专家从事股票、债券等金融工具的投资,是投资者按投资比例分享其收益并承担风险的一种投资方式。保险公司购买基金实际上是一种委托投资行为,即保险公司通过购买专门的投资管理公司的基金券完成投资行为,由投资基金管理公司专门负责资金的运营,保险公司凭所购基金券分享投资基金的投资收益,同时承担证券投资基金的投资风险。

4.衍生金融工具

衍生金融工具是指从传统金融工具中派生出来的新型金融工具。顾名思义,是与原生金融工具相对应的一个概念,它是在原生金融工具诸如即期交易的商品合约、债券、股票、外汇等基础上派生出来的。如股票期货合约、股指期货合约、期权合约、债券期货合约都是衍生金融工具。

衍生金融工具按相关资产的标准分为股票衍生工具、货币或汇率衍生工具和利率衍生工具;按衍生的次序分为一般衍生工具、混合工具和复杂的衍生工具;按合约类型的标准分为远期合约、期货合约、期权合约、互换合约;按交易场所分为场外工具和场内工具。

三、贷款

1.银行保证的贷款

保证贷款指贷款人按规定的保证方式以第三人承诺在借款人不能偿还贷款本息时,按规定承担连带责任而发放的贷款。保证人为借款提供的贷款担保为不可撤销的全额连带责任保证,包括贷款合同内规定的贷款本息和由贷款合同引起的相关费用。保证人还必须承担由贷款合同引发的所有连带民事责任。其中,银行保证的贷款指借款人在向贷款人申请贷款时,由银行为其信用提供保证的贷款。

2.抵押担保贷款

抵押担保贷款指借款者以一定的抵押物作为物品保证而取得的贷款。抵押物通常包括建筑物和其他土地附着物、建设用地使用权、生产设备、原材料、半成品、产品、正在建造的建筑物、船舶、航空器,以及交通运输工具等。贷款到期,借款者必须如数归还,否则银行有权处理其抵押物,作为一种补偿。谨慎选择的抵押贷款通常有较大的安全性和较高的收益率,特别适用于寿险资金的长期性运用,如各国保险公司对住宅楼宇长期抵押贷款就大多采用分期偿还、本金递减的方式。

3.质押担保贷款

质押担保贷款是指贷款人按规定的质押方式以借款人或第三人的动产或权利为质押物发放的贷款。可用于质押的质物包括:动产以及各种票据权利,如汇票、支票、本票、债券、存款单、仓单、提单、可以转让的基金份额、股权、可以转让的注册商标专用权、专利权、著作权等知识产权中的财产权,以及应收账款等,范围非常广泛。

4.保单贷款

保单贷款是指以寿险保单的现金价值作担保,从保险公司获得的贷款。这类贷款的一次可贷款金额取决于保单的有效年份、保单签发时被保险人的年龄、死亡赔偿金额。根据各个保险公司规定,保单贷款的金额一般限制为现金价值的一定比例。

四、不动产投资

寿险公司的不动产投资是指寿险资金用于购买土地、建筑物、与保险业务相关的养老、医疗、汽车服务等不动产及自用性不动产等投资,但不得投资开发或者销售商业住宅,也不能直接从事房地产开发建设(包括一级土地开发)等。寿险公司所持有的不动产可分为营业不动产与投资用不动产两类。不动产投资具有保证长期安全收益、避免通货膨胀、实现寿险投资的社会性等意义。

五、海外投资

海外投资是指跨国公司等国际投资主体,将其拥有的货币资本或产业资本,通过跨国界流动和营运,以实现价值增值的经济行为。以时间长短为依据,海外投资可分为长期投资和短期投资;以投资经营权有无依据,海外投资可分为海外直接投资和海外间接投资。海外直接投资的股权参与方式包括设立独资企业、合资企业;非股权参与方式包括合作经营、国际技术转让与技术投资、国际租赁等。

六、项目运作及公共投资

项目投资属于保险公司直接投资,是保险公司将资金直接投资到生产、经营中去,或建立独资、合资的企业,以获取投资收益。公共投资一般被界定为由中央和地方政府投资形成的固定资本,由于有政府不能在微观层次上直接介入企业活动领域的特定认识,这些政府投资往往被限定在特定的公共服务领域中,因此这些资本被称为公共投资,也被称为政府投资。公共投资是政府调节经济的主要工具之一,例如我国台湾地区"保险法"规定,保险公司资金可以运用于办理经主管机关核准的项目运用及公共投资。

扩展阅读 8-4

国外寿险资金主要投资渠道

美国和英国由于拥有发达的资本市场,因而其保险投资以债券和股票为主。其中,美国的债券市场尤其发达,是美国储蓄资金向投资转化的主渠道,因而美国保险公司的资金运用又以债券投资为主,在 2002 年其债券投资比例达到 61%,是美国国内债券市场最大的机构投资者;相对于美国而言,英国的债券市场发达程度不够,但英国拥有较大规模的股票市场,因而英国的保险公司资金运用以股票投资为主,在 2002 年其股票投资比例达 43%。日本由于以银行体系的间接融资为主体,因而保险公司在股票市场和债券市场的投资比例都不大,而保险公司直接发放的贷款和保险公司的海外投资规模则较大,两项合计达 47%。

第五节 寿险资金运用组织模式

决定寿险投资收益状况的一个重要因素便是投资的组织模式,寿险投资的绩效跟投资的组织模式有很大关系。合理的投资组织模式可以避免重大的投资失误,实现稳健投资、稳定收益的投资目标。目前,从全球经验来看,寿险公司在资金运用的组织模式上主要包括以下几种:内设投资部门投资模式,专业化控股公司模式,集中统一模式以及委托外部投资机构(资产管理公司)模式(见图 8-1)。

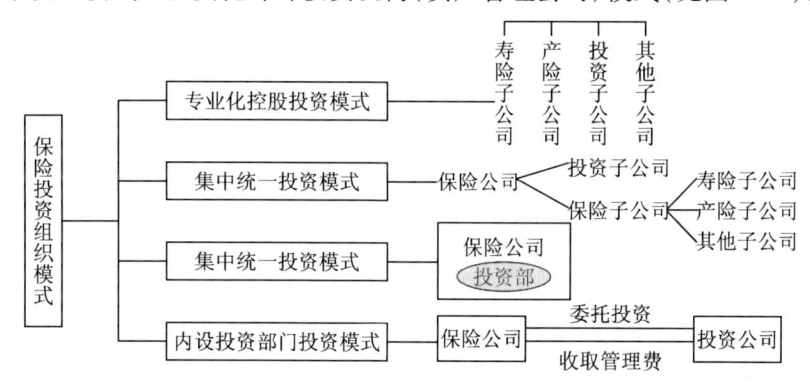

图 8-1 保险公司投资组织模式

一、内设投资部门模式

也称投资部运作模式,即由保险公司设立专门的投资部门或资金运用中心,直接进行保险资金的经营运作。它的优点是保险公司可以直接掌握并控制投资活动,投资效率相对较高。在人员配置方面,该模式要求保险公司不仅要具备专业的投资团队和投资人才,还要具备财务和法律方面的相关人才。在公司治理层面,要求保险公司建立完善的投资决策审批机制,可通过由公司经营层成立的投资决策委员会或类似职能机构来决策项目立项、可行性论证、材料审查等工作,并负责将相关议题上报公司董事会审批。对于保险公司投资人才和投资经验不足的问题,可通过聘请投资顾问的形式解决,投资顾问向保险公司推荐项目,提交可行性研究报告。

但是随着金融活动的专业化和复杂化,内设投资部门模式难以适应投资管理专业化和服务多样化的要求。保险业务和资产管理业务是两类大相径庭的业务,管理思路截然不同。将资产管理业务由保险公司内设部门来运作,有违保险资金运用专业化的要求。由于内设管理部在法律上不具有主体地位,其对外发生法律关系时均需以保险公司名义,经保险公司批准,不可避免地会影响决策效率和资金运用效率。国外保险公司基本上已经不采用内设投资管理部的资金运用模式。

但在我国目前的政策环境下,内设投资部门仍是各保险公司主要的模式。为了更好地对保险公司内设投资部门进行监督管理,防范风险,在《保险资金运用管理暂行办法》中做了如下规定:保险集团(控股)公司、保险公司应当设置专门的保险资产管理部门,并独立于财务、精算、风险控制等其他业务部门;保险资产管理部门应当负责日常投资和交易管理,并在投资研究、资产清算、风险控制、业绩评估、相关保障等环节设置岗位,建立防火墙体系,实现专业化、规范化、程序化运作。保险集团(控股)公司、保险公司应当建立健全相对集中、分级管理、权责统一的投资决策和授权制度,明确授权方式、权限、标准、程序、时效和责任,并对授权情况进行检查和逐级问责,建立和完善公平交易机制,有效控制相关人员操作风险和道德风险,防范交易系统的技术安全疏漏,确保交易行为的合规性、公平性和有效性。

二、专业化控股公司模式

这种寿险投资组织模式是指在一个保险集团或控股公司之下设产险子公司、

寿险子公司和投资子公司等,其中投资子公司专门接受产险子公司和寿险子公司的委托进行保险投资活动,也就是投资子公司代产险子公司和寿险子公司理财,而集团或控股公司则只负责日常资金安全与正常运作的计划、协调和风险控制(见图8-2)。

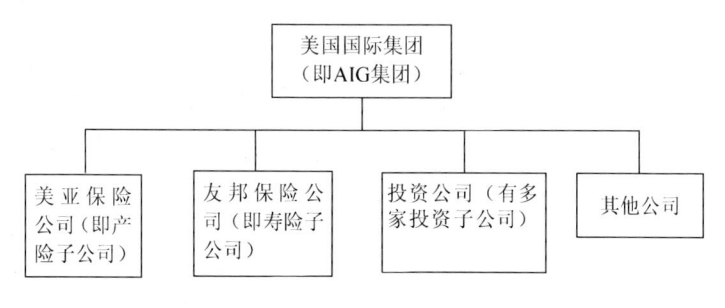

图8-2 美国国际集团的投资组织模式

从寿险公司的角度看,专业化控股公司有利于提高保险资金运用水平和风险控制能力。通过控股公司的有效管理,可以实现保险业务和投资业务的分离,明确保险公司与投资管理公司的责任和权利。同时,该种投资模式有利于防范风险,经营透明度高,不易产生关联交易,对市场变化反应快,资金进出速度快,但是对集团或控股公司总部的控制力度有较高要求。

目前,专业化控股公司模式已成为国际上大型保险集团保险资金运用模式的主流。国内的一些较大的保险公司,也已经开始设立资产管理公司,通过战略配置、投资交易、资金托管三分离的风险控制模式,使运用保险资金的专业化水平不断提升。

三、集中统一模式

这种保险投资组织模式是指在一个保险集团或控股公司下设产险子公司、寿险子公司和投资子公司,其中产险子公司和寿险子公司均将保险资金统一上划到集团或控股公司,再由集团或控股公司将保险资金下拨到专业投资子公司,专业投资子公司将产、寿险子公司的资金分别设立账户,独立进行投资。

这种投资模式与专业化控股模式有相似之处,有利于风险防范,可以充分利用集团总部的双重双层风险监管体系,有利于稳健经营。但是对技能、人才要求更高,还要求有完善的电脑资讯系统(见图8-3)。

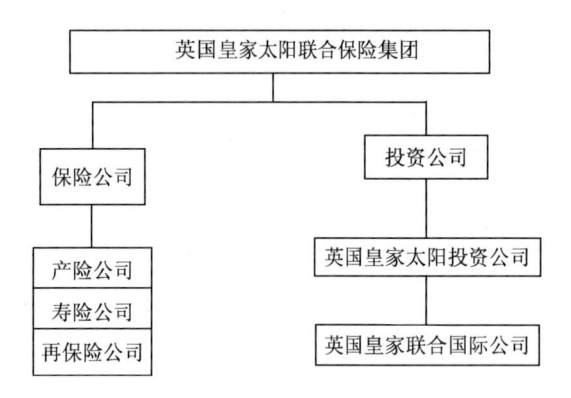

图 8-3 英国皇家太阳联合保险公司组织模式

四、委托外部投资机构模式

这种投资模式也称第三方投资管理公司运作模式，即保险公司将其保险资金委托给资产管理公司进行投资运作。提供委托管理的专业化投资机构主要是一些独立的基金公司和部分综合性资产管理公司。

与保险公司相比，资产管理公司拥有更专业的投资队伍，其拓展项目的能力更强，在创新投资方面的动力更强。保险资产管理公司可以按照市场化原则，对保险资金运用实行集约、统一和高效的管理。通过区别对待各类保险资金，有效降低利率变动和物价变动等系统性风险对保险公司经营的不利影响，提高公司的盈利能力。此模式可以充分发挥外部理财机构的专业管理技能，实现保险资金的保值增值。

此外，成立独立的资产管理公司还有利于吸收资本市场的优秀人才，专门的资产管理公司与资本市场贴近，投资人才队伍可以快速形成；通过控股基金公司或资产管理公司，保险公司能够扩大资产管理范围，为第三方管理资产，从而为公司争取更多的管理费收入。同时还可以通过其他金融机构及时掌握市场新的发展趋势，特别是产品创新方向，为控股公司适应金融综合经营趋势，向国际金融保险集团发展积累有益的经验。

从保险监管的角度看，专业化资产管理机构实现了保险资金集约、规范、高效的管理。规范化的组织管理模式使监管部门可以针对保险资金运用的特点来确立更加合理的财务核算体系，建立更加科学有效的风险监管体系，从而提高监管的科学化、专业化、规范化水平，更加有效地防范金融风险。

但是,采用委托投资,保险公司将承受外部机构操作失败的风险,从而使其他行业的、其他性质的风险波及保险公司。另外,资产管理公司在进行投资决策时不可能对保险公司的偿付能力负责。产险公司、再保险公司和小型寿险公司一般采取此种模式委托专业公司进行资金运作,提高投资收益,避免投资失误。

拓展阅读8－5

《保险资产管理公司管理暂行规定》介绍

2004年4月21日,中国保监会颁布了《保险资产管理公司管理暂行规定》,根据这一规定,保险监管工作将主要集中在提升对资产管理公司的规模、运作效率、风险管理能力、法人治理结构、人才储备和人才发展计划等重大事项上。

我国《保险资金运用管理暂行办法》中规定:保险集团(控股)公司、保险公司委托保险资产管理机构投资的,应当订立书面合同,约定双方的权利与义务,确保委托人、受托人、托管人三方职责各自独立。保险集团(控股)公司、保险公司应当履行制定资产战略配置指引、选择受托人、监督受托人执行情况、评估受托人投资绩效等职责。保险资产管理机构应当执行委托人资产配置指引,根据保险资金特性构建投资组合,公平对待不同资金。根据中国保监会相关规定,保险资产管理机构可以将保险资金运用范围的投资品种作为基础资产,开展保险资产管理产品业务。并应当根据合同约定,及时向有关当事人披露资金投向、投资管理、资金托管、风险管理和重大突发事件等信息,保证披露信息的真实、准确和完整。保险资产管理机构应当根据受托资产规模、资产类别、产品风险特征、投资业绩等因素,按照市场化原则,以合同方式与委托或者投资机构约定管理费收入计提标准和支付方式。截至2007年年底,保监会已批准成立9家资产管理公司和1家资产管理中心,形成了"9+1"的管理格局。目前,资产管理公司保管的保险资产已占到行业资产的85%。

第六节 国外寿险公司资金运用的经验

发达国家寿险资金运用的历史较早,经验比较丰富,而我国寿险资金运用刚刚起步,因此,了解发达国家寿险资金运用的状况,学习和借鉴国外发达国家寿险资金运用的经验,对我国寿险资金运用具有重要意义。

目前,国际寿险市场日益饱和,寿险业务竞争日趋激烈,寿险供给出现严重过剩现象。大多数寿险公司在经营过程中不但没有取得盈利,反而出现了巨额的经营亏损。从世界寿险业的经营来看,近几十年来,承保利润下降甚至亏损已经成为一种普遍现象,寿险公司不得不通过扩大资产投资的方式来提高盈利水平,弥补承保亏损。

由于各国的经济环境、法律环境以及社会环境的不同,各国的寿险投资呈现出不同的特点。在国外寿险公司的资金运用情况中,美国和日本对我国寿险业的借鉴意义最大。美国寿险业的发展依赖于投资收益,其承保业务对美国寿险业来讲逐渐退化为融资渠道;而日本较低的寿险投资收益和沉重的"利差损"负担对我国寿险业更是前车之鉴。另外,英国是寿险业发展历史最悠久的国家,是国际保险和再保险的中心之一,保险投资也十分活跃,对保险投资的监管最为宽松,极具代表性。因此,在这里重点介绍美国、日本和英国的寿险资金运用情况。

一、美国寿险资金运用

美国是全世界最重要的保险市场,保险资金是货币市场和资本市场的主要资金来源,寿险公司是资本市场的主要资金供应者。近二十年来,人寿保险公司的资产稳步增长,年均增长率维持在较高水平。对比显示:寿险公司在公司股权方面的资产比重逐年递增,市政债券也有明显增加;在货币基金、保单贷款方面的资产分布变化不大。

美国整个金融结构以直接金融为主,而在资本市场结构中又以债券为主,在债券投资中又以高质量债券为主。从投资实践来看,美国的保险资金投资模式取得了良好的效果。

1. 投资渠道和投资结构

美国寿险资金运用方式一般为债券、股票、抵押贷款和不动产投资、保单贷款,主要用于资本市场进行证券投资,但是以公司债和政府债券为主,而不是以股票为主。

2. 投资收益

美国保险公司投资兼顾了收益性、安全性和流动性原则,投资运用的效率较高,另外投资收益率也高。美国保险公司的资产总量自 1990 年以来增长迅速,平均投资收益率保持在较高水平,净投资收益则基本呈递增状态(见表 8 - 1)。

表 8 – 1   美国保险公司 1998—2002 年经营效益统计分析(单位:亿美元)

项目	1998 年	1999 年	2000 年	2001 年	2002 年
承保利润	–1064.88	–1040.98	–1074.33	–1175.88	–1107.62
投资收益	1294.99	1314.44	1372.61	1382.43	1398.67
总资产	28270	30045	31820	32810	33800
投资收益率	4.58%	4.37%	4.31%	4.21%	4.14%

资料来源:A. M. best Company,孟昭亿.保险资金运用国际比较[M].北京:中国金融出版社,2005:10.

表 8 – 2   美国保险投资收益率情况(单位:%)

年份	2001	2002	2003	2004	2005	2006	2007
收益率	7.13	6.64	6.17	5.93	5.88	5.85	6.01

资料来源:郭金龙,胡宏兵.我国保险资金运用现状、问题及策略研究[J].保险研究,2009(9).

从表 8 – 2 中可以看出,美国在 2001—2007 年保险投资的平均收益率为 6.24%,2001 年投资收益率最高为 7.13%,2006 年投资收益率最低为 5.85%,投资收益率年度之间差异不大。可见,美国的保险资金投资收益稳定性比较好。

3. 管理模式

美国寿险公司对资金的管理模式有三种形式:内部资产管理部门、专业的投资子公司、专门的资产管理公司。规模较小的保险公司通过在公司内部设置保险投资部进行投资管理或者将保险资金交给专门的资产管理公司进行投资和管理,规模较大的保险公司通常设立专业的投资子公司,独立进行资产运营和管理。在一家保险公司内部可能会存在多种资产管理模式,资产管理模式并存可以使保险公司的资金管理市场化,提高资金投资效率。

二、英国寿险资金运用

英国的寿险业十分发达,寿险公司是英国金融市场的重要机构投资者。与美国相比英国保险资金运用较为分散。英国是保险资金运用最为自由、宽松的国家,监管当局对保险资金运用几乎没有任何限制。虽然英国也是以直接金融为主,但是英国保险资金运用以股票投资为主,因为英国是传统的金融中心,股票市场发达。英国的投资连结险十分发达,投资连结险保费收入占到了英国总保费收入的 50% 以上。保险负债结构也决定了股票投资在保险资金运用中的重要地位。

1. 投资渠道和投资结构

英国保险公司所持有的资产囊括了世界上所有的金融品种,既包括金融资产又包括实物资产,既包括资本市场工具又包括货币市场工具,既包括证券类资产又包括非证券类资产,既包括公开发行的证券又包括一些私募证券,等等。总之,在法律没有限制的情况下,英国保险公司构筑了一个多样化的投资组合。英国长期保险公司投资方式多元化,但以股票为主,股票投资占比在最高年份可达50%,这在其他国家是很少见的。普通股的波动性比较大,风险比较高,对股票的高度投资也使得英国长期保险公司的投资收益波动剧烈(见表8-3)。

表8-3　1985—2002年英国长期保险公司资金运用情况(单位:%)

项目年度	政府证券	外国政府证券	普通股	其他公司证券	单位信托	贷款和担保	固定资产	现金及现金等价物
1985	23.19	1.37	41.62	3.78	6.06	3.31	15.06	3.32
1986	19.63	1.34	44.46	3.83	8.42	3.00	13.92	3.35
1987	19.78	1.19	41.01	4.34	8.58	3.21	15.56	4.43
1988	17.11	1.31	40.94	4.93	9.14	3.07	16.97	4.39
1989	13.07	1.30	45.18	5.36	10.09	2.66	15.73	4.35
1991	13.13	2.15	45.94	6.89	9.52	2.79	11.64	5.49
1992	15.49	2.67	46.18	7.43	8.48	2.54	9.19	5.50
1993	16.68	2.04	48.92	8.21	8.62	1.81	7.83	3.89
1994	15.97	1.69	50.33	7.65	7.29	1.68	8.87	4.11
1995	16.06	1.76	51.30	7.61	7.64	1.46	7.15	4.84
1996	16.31	1.35	50.64	7.40	7.74	1.19	6.51	5.68
1997	15.63	1.23	50.99	8.41	7.27	1.20	6.16	6.20
1998	16.06	2.20	47.51	9.70	8.17	1.38	5.78	5.80
1999	13.26	1.94	50.65	9.86	8.88	1.15	5.32	5.92
2000	12.23	1.89	47.75	12.57	9.30	1.01	5.23	6.59
2001	12.73	2.27	44.29	15.50	7.65	1.07	5.93	6.80
2002	14.94	2.25	35.38	20.25	7.43	1.25	6.05	6.61

资料来源:孟昭亿.保险资金运用国际比较[M].北京:中国金融出版社,2005:27.

英国将保险公司分为长期保险公司和一般保险公司,长期保险公司主要从事寿险和养老金等长期保险业务,而一般保险公司主要从事产险等非寿险业务,各保险公司的投资渠道有所不同。长期保险公司净投资额规模比较大,主要投资于公共部门证券和公司证券,其中公司证券占据了长期保险公司净投资额的一半以上。普通股是长期保险公司最主要的投资品种,政府证券的投资规模自20世纪80年代以来占总投资额的比重不断下降,保险公司对固定资产的投资比例也不高,2003年占总投资的5%~6%。现金和其他短期资产所占比重也较小,2003年大约占总投资的6.61%。

在英国,一般保险公司的数量远比长期保险公司多,但保险资金运用的规模要比长期保险公司小得多。一般保险公司投资的主要品种有政府证券,占总投资的比例一直在20%上下波动;普通股占总投资的比例大约9%;对固定资产投资比例较小,仅为1%左右;现金和其他短期资产所占比重较大,2003年以来一直保持在10%以上。

2.投资收益情况

自1986年以来,英国长期保险公司的投资收入规模发生了较大的变动,主要原因是其投资主要集中于公司证券,而公司证券尤其是普通股风险较高,从而带来了投资收益的较大波动。一般保险公司的投资收入一直以来保持相对稳定的增长,没出现过投资巨额亏损的情况。

英国长期保险公司特点有:①英国长期保险公司的投资具有较强的风险偏好,普通股是长期保险公司的最主要投资品种。2000年股票市场大幅度调整以来,普通股占总投资的比例有所下降,不过目前还是长期保险公司持有的第一大资产。②政府债券不仅不是英国长期保险公司最主要的投资品种,同时占总投资的比例还在下降。③其他公司证券比例稳定上升,到2002年超过政府证券,成为第二大投资品种。④固定资产的投资比例一直在下降。

三、日本寿险资金运用

1.投资渠道和投资结构

日本是世界上保险业最发达的国家,保险业是支撑日本经济的主要支柱,保险资金运用效率高。日本寿险公司投资资产的最大组成部分是有价证券,2002年占资产总额的61%,其中,国内股票只占9.6%,远远低于法律规定的30%的投资比例,日本寿险公司持有的国外证券比重达16.1%。贷款是日本寿险公司资产中第二大组成部分,2002年占资产总额的5%。

日本是以间接金融为主的国家,以银行为主导的金融体系决定了日本保险资金运用结构中贷款占比较大,日本在20世纪80年代以前的保险资金投资比例依次为:贷款、有价证券、不动产、存款;1986年日本的保险资金运用才从以贷款为主转向以证券投资为主,贷款退居第二位,但是贷款的比例在发达国家中应该算是高的。现在日本保险资金运用日益转向证券投资,这是因为日本的保险资金运用主要同该国的经济发展过程相联系。20世纪50~60年代,日本侧重重工业,重工业的经济效益好,日本保险业于是以贷款方式投资机械制造和化工工业;20世纪70年代末80年代初,转向以轻工中小企业为主,后来证券投资收益好,又转向证券投资(见图8-4)。

表8-4 日本寿险业资金运用情况(单位:%)

年度末	日本人寿保险公司各项投资占总资产的比重				
	存款	有价证券	贷款	不动产	其他
1975	1.2	21.7	67.9	7.9	1.4
1976	1.4	22.8	67.0	7.4	1.4
1977	1.4	25.9	64.2	7.1	1.5
1978	1.6	29.6	60.6	6.7	1.9
1979	1.5	30.9	59.2	6.5	1.9
1980	1.7	30.4	59.8	6.3	1.6
1981	1.9	32.2	58.2	6.1	1.6
1982	2.8	32.7	56.9	6.0	1.6
1983	4.3	34.5	53.5	6.1	1.6
1984	6.7	35.1	50.4	6.0	1.8
1985	11.7	35.2	45.3	5.9	1.9
1986	11.6	41.0	39.2	5.8	2.4
1988	12.5	46.0	23.2	4.5	14.8
1989	10.6	43.7	27.3	4.7	14.7
2000	12.7	52.7	26.1	4.3	4.2
2001	11.5	55.4	25.5	4.4	3.2
2002	11.2	55.8	24.7	4.2	4.1

资料来源:(日)阪田雅裕,王祝平译.日本的人身保险[M].北京:中国展望出版社,1989.日本寿险协会网站(http://www.seiho.or.jp/english/index.html)上的资料计算而成。

由表8-4可以看出,日本寿险投资方式以有价证券和贷款为主。在2002年,有价证券占总资产的55.8%(包括国外证券);日本国内股票只占到资产总额的9.6%。贷款和房地产占总资产的比重稳定,分别维持在25%和4.2%左右。由于日本国内利率水平偏低,保险公司将其持有的资产投资于各种各样的国外证券,其持有的国外证券的比重最高达到了创纪录的16.1%。

2. 投资收益

近年来,日本银行的超低利率政策和对国家未来经济前景的担忧,日本股市低迷,使得日本寿险公司的营运资产收益率较低,并持续降低。由于寿险公司和非寿险公司性质上的差异,在资金运用方面也有所不同,对于寿险公司,资产的长期收益性更为重要,而对于非寿险公司资产的短期变现性更重要(见表8-5)。

表8-5 日本寿险业资产管理(单位:10亿日元)

项目 年度	营运资产收入			资产管理成本			营运资产的收益率(%)
	总额	利息和红利	证券卖出利润	总额	证券卖出损失	证券贬值损失	
2000	5873	4347	1347	2579	730	446	2.15
2001	5736	4105	1326	4195	831	1561	1.31
2002	5644	3970	1283	4660	909	1877	1.15

注:营运资产收益率 =(营运资产收入 - 资产管理成本 + 评估收益)/平均每日营运资产余额×100%
资料来源:日本寿险协会网站。

1980年以前,日本寿险资金运用中一般贷款高达60%以上,而证券比重不到30%,但随着20世纪80年代泡沫经济的发展,日本股市、楼市大幅飘升,日本寿险业无视自己95%以上的寿险负债都是期限长、具有最低收益保证的一般负债的特性大举进入股市、楼市,在资金组合中,一般贷款比重由60%快速下降到了1986年的36%左右,而有价证券的比重快速上升到了41.5%左右,在各项投资中比重最高。同时大量投资房地产,大炒地皮,而一般贷款中不少资金也投向了楼市。但随着泡沫经济破灭,日本股市、楼市一路下跌,日本寿险业很快就陷入了困境。

第七节　我国寿险资金运用

一、我国寿险资金运用的演进

我国寿险投资的发展大致可以分为四个阶段。

第一个阶段:1982年到1988年为限制发展阶段。新中国成立以来很长一段时间内,我国只有产险业务,寿险业一直到1982年才恢复经营。在1984年以前保险资金按照国家规定只能存入银行,所得利息上缴国家财政,因此不存在资金运用的问题。1984年11月,国务院批准保险公司收取的保险费中扣除赔款、责任准备金、费用和税收之后,对剩余资金进行投资,此时才开始了真正意义上的资金运用。在没有太多经验的这个时期,政府监管部门不希望寿险公司的资金在运用上冒太大的风险,而是强调安全保底,因此对寿险公司资金运用的渠道限制非常严格,保险投资基本上被限制在固定资产投资和银行存款上,这种限制对于保险业和保险资金的运用非常不利。1986年中国人民保险公司国内资产汇总的资产总额为37.518亿元,投资额为3.464亿元,资产运用率为9.23%,投资收益率仅为0.83%,总资产收益率也仅为2.27%。

第二阶段:1988到1995年为无序发展阶段。1987年以后,保险公司获得了保险资金运用的权力,但又出现了过度投资的无序状态。伴随着1988年、1989年的经济过热,寿险资金全面介入房地产、有价证券、信托投资甚至借贷等众多领域。由于缺乏有效的内部风险管理机制和相应的专业人才,加上当时宽松的外部监管环境,保险公司资产质量出现了不同程度的恶化,形成了很多不良资产,影响了保险业的偿付能力。这种情况迅速蔓延,逐步演变成一种失控和混乱局面,给我国保险业的发展,特别是资金运用的发展构成了巨大的障碍。

第三阶段:1995年到2002年为规范发展阶段。针对寿险资金运用过程中出现的问题,从1995年开始,国家先后颁布了《保险法》、《银行法》、《保险公司管理规定》等有关法律法规,并成立了保险行业专门监督机构——中国保监会。至此,我国保险资金运用有了法律依据,其逐步由无序、混乱的状态向有序、规范的方向转变,但同时也限制了投资渠道,资金运用限于银行存款、买卖政府债券和国务院规定的其他资金运用模式;保险资金不得用于设立证券经营机构和向企业投资。

1999年以后,通过行政法规和部门规章的出台,陆续允许保险资金进入同业拆借市场、投资企业债券、投资证券投资基金和同商业银行办理大额协议存款。

第四阶段:2003至今为蓬勃发展阶段。2003年1月,中国保监会提出,要把保险资金运用与保险业务发展放到同等重要的地位上,继而推动成立保险资产管理公司。同年,允许保险资金投资中央银行票据。2004年,允许保险资金投资银行次级定期债务、银行次级债券和可转换公司债券。2005年2月,中国保监会发出《关于保险资金股票投资有关问题的通知》准许一定比例的保险资金可以直接投资股票市场,保险资金直接入市的坚冰终于被打破。2009年4月,中国保监会连续发布加强资产管理能力建设、规范保险机构股票投资业务、增加保险机构债券投资品种、保险资金投资基础设施债权投资计划等有关保险资金投资渠道调整的新方案,来规范和拓宽保险资金的运用渠道。保险资金在债券、基础设施、股票以及未上市公司股权等投资领域获得新的突破。经过一系列的政策规范与调整,保险资金的运用渠道逐渐拓宽,多元化资产配置的框架已经初步形成,为提高保险资金运用效率创造了条件。

综上所述,我国的保险资金运用经历了一个从无投资或忽视投资阶段到无序投资阶段,再到逐步规范阶段的过程。近年来,在规范投资行为的前提下,国家对保险投资实行进一步鼓励与放开的政策。

二、我国寿险资金运用的重点领域

根据我国《保险法》第一零六条规定:保险公司的资金运用限于银行存款、买卖债券、股票、证券投资基金份额等有价证券,投资不动产和国务院规定的其他资金运用形式。

1. 银行存款

银行存款指将保险资金存放在银行或其他金融机构。存款种类一般包括活期存款和定期存款,其中活期存款一般不视为保险投资的方式。银行存款安全性高、流动性强,在用以进行日常的赔付方面优于其他投资方式。但由于其投资收益率低于贷款,也低于债券,不可能带来保险资金运用真正意义上的投资利润和扩大保险资金积累,因此只能把它当作保险公司的一种日常备付金,不能作为保险资金运用的主要形式。

2. 有价证券

作为各国保险公司资金运用的主要形式,可分为政府债券、金融债券、公司债券及股票四种。其中政府债券、金融债券的发行者大多信用程度较高,债券利息也较优厚,收益率较好,今后应仍占据有价证券投资的主导地位。公司债券是指股份公司为筹集长期资金而发行的债券凭证,是一种利息固定的证券,公司债券应根据筹资主体的信用等级确定比例,但总量应控制在10%左右。总体来讲,前三种形式即债券的最大特点在于有较强的安全性,并有固定利率。但是在通货膨胀时期,债券难免蒙受货币贬值的损失。同时在流动性方面,如国家的债券流通市场较发达,投资者要现金时,可以把债券拿到二级市场变现,或者以债券为抵押向银行或其他金融机构申请贷款或办理贴现。但是倘若国家的债券市场不发达,债券的变现就会成为问题。股票投资由于股价的波动性而风险较高,安全性明显低于其他有价证券,各国对保险资金股票投资占总资产比重普遍做了最高限制。我国《保险资金运用管理暂行办法》规定,保险资金投资于股票和股票型基金的账面余额,合计不高于本公司上季末总资产的20%。

3. 放贷

作为保险公司资金运用的主要形式之一,按其形式又可分为抵押贷款、流动资金贷款、技术改造项目贷款、保单质押贷款等。其中保单质押贷款投资十分安全,保险公司无须要求借款人偿还贷款本息就可以保证此贷款有100%的安全性。个人住房抵押贷款就具体操作层面来讲,可以购买住房抵押贷款债券,如分层抵押债券,从而增加其流动性和资金流量的稳定性。住房抵押贷款的证券化和多样化,特别适用于长期寿险资金的运用。

4. 投资基金

投资基金这一投资方式较好地满足了寿险投资的特性,寿险资金介入投资基金市场已成为许多国家稳定资本市场、促进保险业发展的成功经验。寿险资金进入投资基金市场主要有两种方式,即购买投资基金受益凭证和成立基金管理公司,以寿险资金为主导,广泛吸收社会资金、个人资金,直接进入资本市场,以获取较高的收益。

5. 直接投资不动产

这是各国保险公司资金运用的主要项目,主要是指购置或建造价值较大,可供长期使用的厂房、仓库、商铺、住宅、写字楼等固定资产,在一定时间内靠收取租金和物业升值获利的投资方式。不动产被认为是理想的"通胀保值工具",它至少能跟得上通货膨胀的合理弹性趋势,但由于其风险较大,各国既重视不动产的投资,又对此相当审慎。我国《保险资金投资不动产暂行办法》中规定,保险公司投资不动产(不含自用性不动产)的账面余额,不高于公司上季度末总资产的10%,投资不动产相关金融产品的账面余额,不高于公司上季度末总资产的3%;投资不动产及不动产相关金融产品的账面余额,合计不高于公司上季度末总资产的10%。

6. 同业拆借

同业拆借是寿险公司在经营过程中形成的短期资金头寸获得相应收益的较佳方式,是一种平行的资金融通行为,拆放利率由融资双方根据资金供求关系及其他因素自由议定。同业拆借期限多为日拆,最长一般不超过4个月,因而具有较好的流动性,又因其经营对象为单一的具有较好信用的金融机构而使安全性得到较好的保证,因而适合保险短期投资资金的运用。为控制风险,应严禁向非金融机构和信用等级较差的金融机构拆出资金,同时严格控制拆借期限,以免被拆入方延期占用,形成流动性较差的资产。

7. 商业票据

商业票据的利率因出票人的信用级别不同而异,也受市场票据供求关系和其他短期金融产品的利率影响和制约。寿险公司一般只投资于信用级别高的商业票据。一旦寿险公司需要资金时,可以要求发行者赎回票据,且中期票据采用折价发行,一旦出现违约事件,投资所受的本金损失低于平价和溢价发行的损失,而且大部分项目都有银行信用支持或设置了抵押担保,因此投资本金损失的风险更小。在融资票据的买卖中,应着眼于票据的收益率和流动性。

三、我国寿险资金运用存在的挑战

近年来,我国寿险资金运用取得了巨大的成绩。资金运用风险得到有效防范,初步经受住了金融市场震荡和国际金融危机的考验。资金运用结构得到进一步优化,应对市场波动的能力和抗风险能力逐步增强。资金运用收益稳健增长,对改善偿付能力、化解历史利差损等发挥了积极作用。寿险资金的运用是一项复杂的系统工程,在取得成绩的同时也要看到,随着宏观经济政策的变化,寿险资金的运用面临着诸多挑战。

(一)转变盈利模式的挑战

在现代寿险业中,承保业务与寿险资金运用业务是寿险公司的两大核心业务,这两项核心业务产生的利润,也成为了寿险公司的主要利润来源。长期以来,寿险公司之间一直靠加强培训力度,增加保险代理人的方式拼市场,抢份额,提高保险费率,增加保费收入。但随着保险行业的充分竞争,特别是外资寿险公司越来越重视中国保险市场,承保利润越来越低,保险市场越来越饱和,单纯以增员推动保费收入增长、提高承保利润的方式已经不可持续。为此,转变盈利模式,提高投资收益率成为寿险公司面临的挑战。如何平衡和协调承保业务和寿险资金运用业务,在保持承保利润的同时,提高寿险资金运用的利润是寿险公司面临的重要课题。在投保市场的竞争压力和资本市场的利益驱动下,会有个别寿险公司为了能有更多的资金投资于资本市场获取收益而放松投保条件,大量的承保而其中不乏许多不符合条件者。这样一来,宽松的承保使得寿险公司可能面临高概率的保险赔付,一方面将加剧公司运营风险;另一方面大量的资金投资于资本市场,也将进一步加剧寿险公司的资金运用风险。

(二)拓宽资金运用渠道的挑战

近年来,我国在寿险资金运用的制度建设方面不断取得进展,寿险资金的运用渠道逐渐拓宽,多元化资产配置的框架已经初步形成。截至目前,寿险资金的主要运用渠道有:银行存款、债券(包括国债、金融债、企业债等)、证券投资基金、股票、基础设施建设、不动产、未上市公司股权以及境外投资等。但是,由于我国保险业发展时间不长,仍处于初级阶段,我国金融市场本身尚不完善,特别是资本市场体系不健全,投资品种较少,寿险资金运用渠道仍然较窄。例如,贷款类业务存在空白区域,我国仅仅是开展了一些保单贷款业务、住房抵押贷款等,对于汽车贷款等较为灵活的动产贷款业务还未涉足。对某些投资渠道的投资比例也限制过严。在保险业较发达的国家,寿险资金运用几乎涵盖所有的金融投资领域,不但可以在资本市场上直接投资买卖股票,投资政府债券、金融债券和企业债券,还可以以多种形式贷款、购置不动产和进行实业投资等,由于其金融市场成熟,因此投资的渠道很多,涉及的范围也非常广,所规定的投资比例也较为宽松。此外,在我国现有的投资渠道中,寿险资金运用结构也不尽合理。首先,银行存款仍占有偏大的比例,债券投资及其他投资渠道占比仍然不高,最近几年才达到50%左右;而保险业发达国家投资债券的比重大都超过50%,美国更是高达70%(寿险业一般账户72%左右,财产险约为66%)。其次,对股票投资的比例限制也过于严格,缺乏灵活性。

(三)提高投资收益的挑战

在1975—1992年中,美国、法国、英国、瑞士、日本和德国六国的寿险公司盈利绝大部分来自其寿险资金的运用。美国、法国、英国、瑞士四国保险业正常的承保业务都是亏损的,日本和德国正常的承保业务属于微利,六国的投资平均收益为10%左右,资金运用收益相当明显。反观国内的情况则不那么乐观。在寿险资金允许投资于证券投资基金以前,主要的资金运用渠道是银行存款和债券,如果说在降息以前保险利率和银行存款及国债利率还能大体持平的话,那么在降息以后这种劣势就凸显出来。尤其是银行存款利率远低于保单预定利率,这给寿险公司的经营造成了严重影响。由于银行存款比重过高,投资收益对存款利率有很大的依赖性。连续的利率下调使寿险投资收益率不断下降,寿险责任准备金不能按照预定的利率积累,高预定利率保单出现实际保费收取不足的情况,因此存款利率的变动要求寿险预定利率和给付水平随之调整。但由于传统寿险产品价格的刚性,某一时期售出的保单在有效期内预定利率保持不变,因而存款利率的下调必然导致利差损。利差损的长期存在,其直接后果导致寿险公司资产变现能力较差,现金支付能力不足,甚至会引发客户的大规模退保,将给社会带来不稳定,威胁到整个国家的金融体系安全。我国寿险业的迅速发展、寿险公司精算经验的缺乏以及对产品推广和保费投资控制的缺失更加剧了寿险公司的利差损问题。1999 年开始国家允许寿险资金购买投资基金,标志着寿险公司扩展投资渠道的开始,直至 2005 年直接投资股票市场,但从实际情况来看,效果并不十分理想。2004 年至 2010 年 8 月我国寿险资金运用的年均收益率仅为 5% 左右,形势不容乐观。

(四) 资产负债匹配的挑战

目前国内保险公司大多采取资产管理和负债管理相分离的管理架构,这样的组织结构无法有效地实行资产负债管理。实际运行情况是,资产运营部门负责资产管理;产品开发、精算以及营销等部门负责负债管理,两者缺乏有效的横向沟通。资产运营部门不能准确把握产品特征,例如对于投资管理部门来说,产品的保险期限特殊性等参数对于确定投资组合非常重要,但在实际的资金运用过程中,投资管理人员却不能获得这方面的信息。而产品开发、定价以及销售等部门同样也不了解各类投资工具的风险收益特征。因此,保险公司要推行资产负债的期限管理,就必须强化公司治理,从制度、机制等方面解决信息不对称问题。总的来看,寿险公司的资产与负债处于不匹配的状态,资产的数量、期限、收益和性质无法满足负债的要求。寿险公司的产品管理能力较强,而投资管理能力不足,资金运作方式不灵活,投资收益过低是导致资产负债不匹配的主要原因,而利率的波动性和资金运用收益的不稳定性更加大了寿险公司资产负债管理的难度。目前,我国寿险业快速发展,后续资金的供应相当充足,资产负债匹配问题还不明显。随着偿还债务规模的加大和业务增长速度的放慢,资产负债匹配问题将对寿险公司的经营情况产生更大的影响。

(五) 人才和管理的挑战

保险行业的竞争在很大程度上是人才的竞争。如果说在寿险公司靠保费收入、承保利润起家的阶段,培养了一批出色的代理人队伍的话,那么在靠承保和投资两条腿走路的阶段,缺乏专业投资人才将是寿险公司面临的一大挑战。尤其是当前,寿险公司的投资风险管理部门多以临时性、指导性工作为主,难以开展专门的投资管理与风险管理。投资部门与投资风险管理部门没有防火墙,很容易出现"黑箱作业"情况,导致损失发生;而在很长一段时间内,我国寿险公司投资渠道受到严格的限制,形成了重承保轻运用、重融资轻投资的局面,进而忽视引进或培养投资专业队伍,缺乏具有较高专业性、技术性的投资管理人才。而在现有的资金运用中,寿险公司仍采用传统的管理方法与管理手段,轻投资风险的事前防范、重投资风险的事后处理,财务处理方法较为被动,此外还缺乏专业投资风险管控人才,缺乏对短期、中期、长期投资风险的识别、量化、评估、缓释、报告的流程与手段。缺乏既熟悉保险市场,又熟悉资本市场、货币市场;既熟悉国内,又熟悉国际金融市场;既懂业务,又懂法律的复合型人才。

四、我国寿险资金运用未来发展方向

(一)推行资产负债管理的思想

资产负债匹配在资金投资方面主要包含:总量匹配,即资金来源总额匹配资金应用总额;期限匹配,即资金运用期限和收益要与负债来源期限和成本匹配;速度匹配,即保险资金运用周期要根据负债来源的流通速度来确定;最后还有资产性质匹配。

(二)拓展寿险资金的投资渠道

一是设立证券投资保险基金。由几家寿险公司以私募的形式共同发起设立开放式的证券投资保险基金,选择已经成立的、信誉良好的基金管理公司,或由证券公司、寿险公司等发起成立新的保险基金管理公司,来负责寿险资金的运作,各寿险公司按出资比例分享利润,共担风险。二是扩大贷款在寿险资金组合中的比重。由于寿险资金的长期性,贷款是比较适合保险公司的投资品种。保险贷款通常分为一般贷款和保单贷款两类。一般贷款和公司债券一样,属于固定收益的债务,能获得稳定的利息收入,同时可以与借款者建立稳定的、良好的客户关系,促进保险业务的发展。为确保贷款的偿还,保证寿险资金的安全,一般采用抵押贷款的方式,其利率高于银行存款,收益较高且风险较小。三是尝试金融期货等金融衍生品领域的投资。金融期货自20世纪70年代出现以来,已成为金融机构进行套期保值的重要工具。保险公司特别是人寿保险公司持有很大比重的中长期债券,这种长期性的金融资产,容易受到利率波动的影响,带来贬值的风险。2001年年底,美国86%的寿险公司使用衍生产品控制利率风险和股市风险。四是投资基础设施。我国正在进行大规模的基础设施建设,需要大量资金。基础设施投资特点是周期

长,但风险较小,回报较高。寿险资金投资于此,可谓一举两得。

(三)建立合理的投资组织模式

根据分业经营、分业管理的原则,寿险公司不能直接进入股票市场。为了妥善解决这一矛盾,西方国家一般均采用间接的方式:一是在同一集团下设独立的投资子公司,二是委托投资基金进行投资。这样做,不仅有利于集中专门人才,提高规模效益,更有利于防范证券市场的风险向保险业转换,保证金融运行的安全。

(四)加强寿险资金运用的监管

对保险投资领域进行严格限制。对流动性较差和风险较高的非上市公司股票和非抵押或非担保贷款,主要采取禁止的办法。另外,股票投资具有高风险、高收益的特点,但目前我国股市的高收益与上市公司收益不佳形成了明显反差,这里存在着很大的系统性风险,仍然要规定严格的投资比例。

(五)全面提升保险投资从业人员的素质

保险资金的各项投资决策都是由人来作出最终决定,因此投资部门人员的道德素质和专业知识等因素都会对投资结果产生巨大影响。特别是在目前经济全球化的背景下,一些大的保险公司积极开拓海外市场,保险资金跨国投资呈现出多元化、集团化的新格局,也要求我们尽快培养具有国际化背景的金融专业人才。要从长远的发展考虑,挖掘人才潜力,努力培养和建立一支作风好、业务精、守纪律的复合型的保险资金运用的人才队伍。保险公司可以从海外直接引进具有从业经验的人才,并对现有人才的知识进行更新。规范引进人才的流程,保险业可以参照证券业协会组织的证券从业人员资格考试来组织全国性的保险投资人员资格认证考试,规定从事各项具体保险投资业务的专业人员必须具有从业资格证书。另外,要注重优化用人环境,建立竞争机制、激励机制和约束机制并存的劳动用工体制,建立科学的评价体系,准确合理地评价员工的工作业绩,并根据评价结果落实奖惩措施。

第八节 寿险公司资金运用的监管

一、寿险资金运用监管的目标

寿险资金具有规模大、周期长等特点,其投资运用事关国家宏观经济,也能够影响到资本市场和货币市场的发展,因此,对寿险资金运用实行严格的监管十分必要。而监管目标是制定监管政策的基本依据和出发点,有什么样的监管目标就有什么样的监管政策。从世界各国尤其是保险业发达国家的经验来看,寿险资金运用监管的目标一般包括以下几个方面。

(一)保护投保人、被保险人、受益人的利益,确保寿险资金运用的安全性

寿险公司的资金主要来自责任准备金,期限可长达几十年之久,与保险公司对被保险人或受益人的保险赔付能力有十分密切的关系,寿险公司一旦资金运用不当,保险合同当事人及关系人的利益将直接受到影响。因此,对寿险资金运用的监管首先要确保其安全性,保障投保人、被保险人以及受益人的利益。

(二)合理提高寿险资金运用的收益性,促进寿险公司稳健发展

获得高额收益是寿险公司进行资金投资运用的直接目的,一方面,寿险资金运用的收益率提高,可为公司提供除承保利润外的另一个利润增长点;另一方面,寿险资金运用收益率的提高,为降低保险费率提供了空间,也为增大寿险公司的业务量作出了贡献。因此,合理的监管政策必须确保寿险资金运用收益性的提高,促进寿险公司的稳健发展。

(三)推动本国资本市场的发展,维护稳定的投资环境

寿险资金周期长,累积的资本及各项准备金数额巨大,其进入资本市场,必将对整个资本市场产生举足轻重的影响。通过政府部门的监管,可合理引导资金流向,控制寿险资金投资的不合理方式,减少资金运用的投机性,避免资本市场的巨大波动,从而促进资本市场结构更加合理,维护稳定的投资环境。

(四)合理引导资金流向,促进本国经济发展

现行《保险法》及相关法律法规规定了寿险资金的多样化投资渠道,政府部门在对寿险资金运用进行监管的同时,可引导寿险资金投资符合国民经济发展的需要,流向急需资金的行业以及一些具有发展潜力的新兴行业,在确保寿险资金投资收益性的同时促进这些行业的发展。

二、寿险资金运用监管的影响因素

1. 资本市场发展状况

寿险资金运用离不开资本市场,健全、完善的资本市场是寿险赖以健康发展不可缺少的重要外部条件。积极地参与到资本市场中,寿险公司才能够不断提高资金运用效率,为整个行业的生存和健康发展奠定坚实的基础。因此,一国的资本市场发展状况直接影响着一国寿险资金的运用,进而影响着寿险资金运用监管的规

定。在发达国家,资本市场历史悠久,寿险资金运用的渠道也较为广泛,包括了股票、债券甚至期货等一些高风险的投资品种,相应的监管手段也更加多样化和严格化,监管法律体系、组织机构也显得比较成熟和完善。

在我国,资本市场是在金融自由化逐步推进的历史背景中形成和发展起来的,虽然已初具规模,但是仍然存在诸多弊端,例如证券市场规模小,市场化程度低,发行和交易市场割裂等。股票市场也存在两大弊端:一是新股发行机制存在溢价过高和不公平;二是缺乏退市机制。这些都对寿险资金的有效运用产生了不利的影响,保险监管部门为了保障寿险资金的安全性,保证寿险公司的偿付能力,对寿险资金运用的渠道和比例进行了比较严格和谨慎的规定,监管体系还有待进一步完善。

2. 金融创新

随着金融业的不断发展,金融创新越来越趋向金融一体化、综合经营的模式,即银行、证券、保险等传统的金融服务部门相互渗透、相互融通并逐渐形成统一的大金融产业的趋势和过程。这些金融创新为现代寿险资金的运用提供了更为广阔的平台,有利于寿险资金运用实现更大的收益性,也对现代寿险资金运用的监管提出了新的挑战。

自 20 世纪 90 年代以来,许多国家特别是发达国家的金融监管部门纷纷放松金融管制,在金融法律制度上为金融服务融合清除障碍。英国在 1996 年 10 月颁布了《金融服务法》;日本在 1994 年就开始了金融改革,并于 1998 年年底正式实施经过修改的一系列金融法规,确立混业经营模式。长期实行分业经营体制的美国为改变本国金融机构在国际竞争中的不利地位,在 1999 年年底正式通过《金融服务现代化法案》,废除了《格拉斯·史蒂格尔法》中有关禁止混业经营的条款,允许银行、证券公司、保险公司以控股公司的方式相互渗透,为金融一体化打开了绿灯。因为寿险资金运用的创新正是金融一体化的一个重要内容,在这些金融监管的变革中都涉及了寿险资金运用的监管问题。

在我国,金融一体化进程也正进行,目前已形成中国平安保险集团、光大集团、中信集团等集保险、银行、投资等金融业务于一体的综合金融服务集团,这对我国金融监管制度提出了挑战,使得对寿险资金运用实行更加严格的监管成为不可逆转的趋势。

3. 寿险市场开放程度

一国寿险市场的开放程度决定着外国寿险公司在本国寿险市场的份额,寿险市场开放程度越高,本国保险公司与外国保险公司的竞争也就越激烈,对本国的寿险监管政策就提出了更高的要求和挑战。首先,本国的寿险监管政策包括寿险资金运用的监管政策必须与国际趋势接轨,否则由于监管政策的不一致,本国寿险公司在与外国寿险公司进行竞争时容易处于不利地位,将会对本国寿险业的发展产生不利影响。其次,一国寿险市场的开放程度越高,国际金融风险波及国内金融市场的风险就越大,监管部门对待寿险资金运用的监管就越谨慎越严格。例如,在由2008年美国次贷危机引起的全球金融危机之后,各国监管部门纷纷严格监管保险资金尤其是寿险资金的运用。

4. 全球经济一体化和区域经济一体化

全球经济一体化与区域经济一体化加强了世界经济体之间的联系,对一国寿险市场的对外开放产生了很大的影响,一方面,扩大了寿险资金的投资途径,使寿险资金运用的收益性有了更大的上升空间;另一方面,频繁的国际资金往来、国际性的投资加大了寿险资金运用的风险,也为寿险资金运用的监管带来了更大的挑战,促使一国寿险投资监管政策的变革。以欧盟为例,在欧盟逐渐形成的过程中,其成员国不断变革寿险资金运用的监管政策,既有本国寿险资金在其他成员国运用的特别规定,欧盟也颁布了所有成员国在寿险资金运用方面的统一原则。

具体到我国的情况,加入WTO为我国寿险资金进行海外投资提供了比较便利的条件,但是这种跨国投资途径的诞生也促使我国保险监管部门及时变革监管政策,保证我国寿险资金在海外投资的安全性。

三、寿险资金运用监管的法律法规

由于寿险资金运用影响重大,涉及资本市场乃至社会经济的发展,许多国家都将对它的监管上升到法律法规的地位。在美国、英国、日本等保险业发达的国家,一般将寿险区别于非寿险,制定专门的寿险资金投资监管法律制度。其他国家的保险业法或保险监管法中,一般也将对寿险资金运用监管的有关法律条文列入保险资金运用监管的章节中,通过立法部门制定相应的法律法规,规定寿险资金运用的范围、政府监管目标、监管方法等内容,使政府监管做到有法可依,保证寿险资金运用监管部门的权威性。除此之外,作为行政机构的保险监管机构也会根据本国保险市场的发展情况及时出台一些在寿险资金运用方面相应的行业规章或规范性文件。

四、寿险资金运用监管的组织机构

对寿险资金运用的监管应该从立法、司法、行政三个层面上进行,因此,从广义上讲,立法机构、司法机构以及行政机构都是寿险资金运用的监管机构。立法机构是寿险资金运用监管机制中的第一个层次,立法机构要通过颁布法律,建立寿险资金运用监管的法律基础和法律体系,明确执行法律的监管机构及其法定的职责范围。司法机构是寿险资金运用监管机制中的第二层次,法院在寿险资金运用监管活动中扮演着重要角色,主要负责解决争议,判定违犯监管法律的民事和刑事责任。行政机构是寿险资金运用监管机制中的第三个层次,也是真正意义上实行监管的组织机构,寿险资金运用监管的具体职责由行政机构来履行。根据立法机构授权,国家行政机构应组建专门的监管部门,设立在国家保险监督管理机构之下,专门从事寿险资金运用的监管,并保证其拥有一定的权限,如对寿险资金投资违规的公司处以一定罚款,甚至冻结其违规资金等,以保证其职能的履行。

五、寿险资金运用监管的方式

综观各国的寿险资金运用的监管方式,主要包括非现场监管和现场检查两种方式。

(一)非现场监管

非现场监管是指监管部门在采集、分析、处理寿险公司相关信息的基础上,监测、评估寿险公司风险状况,进行异动预警和分类监管的过程。各国在具体做法上大致相同,均要按照法律法规或者行业规定的要求向保险监管机构报送季度和年度各种投资状况报表,以供保险监管机构及时了解各个寿险公司的资金运用状况。加强非现场监管,完善风险预警和评价体系,建立持续跟踪制度,并根据非现场监管发现的问题,实施有针对性的现场监管,能够实现对偿付能力风险早发现、早防范、早化解的目的。

(二)现场检查

现场检查是监管机构工作人员进入寿险公司,检查公司财务状况是否健全,会计账簿是否完整,投资行为是否规范,内部管理是否完善。现场检查实际上包括了两方面的内容:一是财务状况的检查,以观察寿险公司面临哪些可能影响其偿付能力的投资风险;二是资金运用行为的检查,主要查看资金运用的具体渠道,运用过程中是否有问题等。但是,现场检查不应只局限于找出寿险公司存在的问题,监管机构还应深究问题背后隐藏的原因,并找到解决问题的办法。现场监管可以为监管机构提供日常监督所无法获得的信息,发现日常监督所无法发现的问题。现场检查必须有一定的法律基础,应当赋予监管机构广泛的权力,以便调查和搜集其所需的信息。现场检查既可以是全面检查,也可以是专项检查。

非现场监管和现场检查在各个国家的监管体系中缺一不可,非现场监管需要配合现场检查才能更有效地进行,现场检查又必须在对非现场监管收集的具体信息认真分析的基础上才能完成。

六、寿险资金运用监管的内容

具体来讲,各国对寿险资金运用主要从以下几个方面进行监管。

(一)寿险资金运用项目的限制

寿险资金运用必须符合安全性、收益性、流动性、多元化的原则,禁止盲目冒险投机行为。因此,世界各国或地区均由政府立法对投资范围进行严格规定,任何未被明确允许的投资都是被禁止的。一般而言,寿险资金运用限于:银行存款、债券、股票、基金、金融衍生工具、不动产、抵押贷款、担保贷款、保单贷款、海外投资等投资项目。

(二)寿险资金运用比例的限制

在一些采用严格监管制度的国家,除了对资金运用的项目进行限制外,对资金运用比例也进行了限制。例如,美国得克萨斯州保险法规定,人寿保险业投资购买公用事业债券的投资总额不得超过寿险公司认可资产的5%。寿险业投资于其他债券时,对每一公司债券的投资不得超过认可资产的1%,其总投资额不得超过认可资产的5%。对资金运用比例进行限制,其主要作用是分散风险,防止保险资金运用方向过于集中所带来的问题。

(三)投资管理人员资格条件的限制

有的国家保险监管法律还规定,担任寿险资金投资的管理人员应具备一定的专业水平和从业经验,防止相关管理人员由于缺乏专业知识而产生的投资不当或从事不正当的经营所造成的损失,从而影响寿险资金运用的安全性和收益性,最终损害被保险人的利益,影响寿险业的发展。

七、寿险资金运用监管的方法

从国际范围来看,寿险资金运用监管的方法可分为公告监管、规范监管、实体监管。

1. 公告监管

公告监管是指政府监管部门对寿险企业的资金运用不做直接监督,只规定各保险人必须依照监管规定的格式及内容定期将资金运用的结果呈报政府主管机关并予以公告,至于寿险资金的具体运用,都由保险人自我管理,政府不对其多加干预。公告监管的内容包括:公告财务报表、最低资本金与保证金、偿付能力边际标准。在公告监管下寿险公司经营的好坏由保险人及一般大众自行判断,这种监管方式由于信息不对称,作为被保险人和公众很难评判寿险公司经营的优劣。因此公告监管是保险资金运用监管中最宽松的方式,1994 年以前,英国采用这种监管方式,随着现代保险业的发展,公告监管由于不能切实有效地保障被保险人的利益而被许多国家放弃。

2. 规范监管

规范监管又称准则监管,是指国家对寿险资金运用制定一定的准则,要求所有寿险业者共同遵守。在规范监管下,政府对寿险资金的运用有明确的规范,但对其他如保险人的业务经营、财务管理、人事等方面不加干预。这种监管方式强调寿险资金运作形式上的合法性,比公告监管方式具有较大的可操作性,但由于未触及保险经营的实体,仅制定一些基本准则,故难以起到严格有效的监管作用。

3. 实体监管

实体监管是指国家订立有完善的寿险监管规则,保险监管机构根据法律赋予的权力,对寿险公司进行全方位、全过程的监督和管理。实体监管是国家在立法的基础上通过行政手段对寿险资金的运用进行强有力的管理,比公告监管和规范监管更为严格、具体和有效。世界上很多国家,如美国、日本等,均采取实体监管的方法。

小结

本章主要介绍寿险资金运用的基本知识和实务,以期读者能了解寿险公司资金运用业务概貌,全面理解寿险公司的整个业务经营流程。本章主要有八部分内容:寿险资金运用的意义、寿险资金运用的可能性与来源、基本原则、基本渠道、模式、国际经验、我国寿险资金运用的情况、寿险资金运用的监管。寿险资金运用在保障寿险公司偿付能力、维护投保人利益、增强寿险公司承保能力等方面有重要意义;寿险资金运用的可能性在于资金存在时间滞差与数量滞差;寿险资金来源于权益资本和寿险责任准备金;寿险资金运用要遵循安全性、收益性、流动性和多元化的原则;在此基础上全面分析了如何运用货币市场工具、有价证券、贷款、不动产投资、海外投资、项目运作及公共投资等渠道进行寿险资金运用;介绍了专业化控股公司、集中统一、内设投资部门、委托外部投资机构(资产管理公司)等寿险资金运用模式;并选取美国、英国、日本三个国家,全面介绍了国际寿险公司资金运用的经验;最后从我国寿险资金运用的演进、寿险资金运用的重点领域、寿险资金运用存在的挑战,以及寿险资金运用未来发展方向等角度深入介绍了我国寿险资金运用的情况;同时介绍了寿险资金运用监管的目标、法律法规、组织机构、监管的方式、监管的手段、监管的方法及影响因素。

附件：疾病核保

核保是人身保险业务的重要环节之一，其中对疾病的核保需要了解保险医学，对人体各系统常见疾病进行了比较详细的描述。这些疾病包括心血管系统疾病、呼吸系统疾病、消化系统疾病、血液系统疾病、内分泌系统疾病、泌尿系统疾病、神经系统疾病、运动系统疾病、精神疾病、妇产科疾病、儿科疾病、肿瘤、传染性疾病。附件中对每种疾病的常见症状、病因、预后，以及核保的思路和一般原则进行介绍。这里对各种健康的评点仅供参考，在实务中，评点可能会因所使用的核保手册的不同而有所不同，并且会受投保的险种、公司销售策略、市场竞争因素的影响。附件主要内容有：

  心血管疾病的核保

  呼吸系统疾病的核保

  消化系统疾病的核保

  血液系统疾病的核保

  内分泌系统疾病的核保

  泌尿系统疾病的核保

  神经系统疾病的核保

  精神疾病的核保

  运动系统疾病的核保

  妇产科疾病的核保

  儿科疾病的核保

  肿瘤的核保传

  传染性疾病的核保

（一）心血管疾病的核保

1. 高血压病

1）病情简介

高血压是最常见的心血管疾病，它以体循环动脉压增高为特征，易引起心、脑、肾等重要器官的损害。高血压可分为原发性高血压及继发性高血压两大类。高血压的病因不明,称为原发性高血压,占高血压总数的95%以上;在不足5%的患者中,高血压升高是某些疾病的一些临床表现,本身有明确而独立的病因,称为继发性高血压。

原发性高血压,又称高血压病,患者除了可引起与高血压本身有关的症状以外,长期高血压还可成为多种心血管疾病的重要危险因素,并影响重要脏器如心、脑、肾的功能,最终可导致这些器官的衰竭。继发性高血压见于肾脏疾病(肾性高血压)、内分泌紊乱(内分泌性高血压,如甲状腺功能亢进)、心脏疾病(心血管性高血压)、大动脉缩窄。主要受累器官如下:

心脏:引发冠状动脉疾病,左心室肥厚及心力衰竭。

眼睛:视网膜病变(视网膜出血、渗出、视神经乳头水肿)。

肾脏:肾动脉受损而致肾功能不全,最终导致肾衰竭。

大动脉、周围血管:大动脉炎、动脉硬化、动脉闭塞性疾病,导致脑血管意外(脑出血、栓塞)。

高血压的病因:本病病因未完全阐明,目前认为以下因素可能与发病有关:遗传因素、环境因素(高盐、高脂饮食、饮酒、吸烟和肥胖、职业和环境)、代谢异常等。危险因素包括:高脂血症、糖尿病、吸烟、超重等。

高血压的预后:缓进型高血压病发展缓慢,病程常可达二三十年及以上,如血压能经常保持正常或接近正常,则心、脑、肾等并发症不易发生,病人可长期保持一定的劳动力,但血压进行性增高,眼底病变较重,家族中有早年死于心血管病的病史,以及血浆肾素活性或血管紧张素Ⅱ高的病人,预后较差。如病情发展到有脑、心、肾等脏器的严重损害,发生脑血管意外、心力衰竭、肾功能衰竭的可能性增多,可使劳动力减退或完全丧失。

高血压病的死亡原因,在我国以脑血管意外为最多,其次为心力衰竭和尿毒症。

2)核保资料

评估高血压的风险需要正确而完整的病历资料:以往及现在的血压记录、病史资料。血压报告的资料应至少包含两年内的所有个别单次血压值,而非简单的血压平均值。投保两年前的血压记录一般不列入血压值的计算中,但病程和病情有特殊意义者,为了全面评估风险,应列入考虑。

填写高血压问卷:了解客户何时发现高血压病、当时血压值是多少、是否服药治疗、药物名称、是坚持服药还是间断服药、平时是否定期测量血压、平常血压多少、最高血压多少、有无发现高血压的并发症如脑中风、肾功能异常等、父母及兄弟姐妹有无患高血压者。

体检资料:投保体检的数据现实地反映投保者目前的身体状况,如高血压的程度,各脏器功能状态、有无严重并发症。主要体检项目有:物理体检(包括眼底检查)、尿常规、心电图、胸片、肾功能等。

3)核保分析

综合上述三方面核保资料,根据投保者的患病时间、患病原因、家族史、烟酒史、有无超重、有无合并糖尿病和高脂血症及有无并发症(蛋白尿、视网膜病变情况等)、高血压病的严重程度(轻、中、重),结合投保年龄进行评点。

4)核保要点

一般血压值超过180/110mmHg时,通常要延期。如果被保险人已接受治疗、血压值维持在稳定的较正常水平,且无任何药物副作用,才可依其状况决定承保条件,在下列情况下应加重评点甚至拒保:有长期药物治疗史;超重、抽烟、饮酒、蛋白尿、肾疾患、脑或视网膜病变、糖尿病、高脂血症、家族史、心电图异常等。

投保寿险及重大疾病险的核保:血压控制较好、心电图、肾功能及眼底检查结果正常者可加费承保;严重高血压、发病年龄较早如30岁前即患高血压、有并发症的拒保;恶性高血压一律拒保。

投保健康险的核保:与投保寿险及重大疾病险的核保处理基本相同。

投保意外险的核保:可依据评点加费承保,较严重者同时限制保险金额。

2. 冠心病

1)病情简介

冠心病是指冠状动脉粥样硬化,使血管腔阻塞导致心肌缺血缺氧而引起的心脏病。它是动脉粥样硬化导致血管病变的最常见类型,是严重危害身体健康的常见病。

冠心病可分为五种临床类型:①隐匿型冠心病:病人无症状,但在静息或负荷试验后有心肌缺血。②心绞痛:有发作性胸骨后疼痛,为一时性心肌供血不足引起。③心肌梗塞:即心肌急性缺血性坏死。④心力衰竭和心律失常:是长期心肌缺血导致心肌纤维化引起的。⑤猝死性冠心病。上述五种类型的冠心病可以合并出现。

冠心病多发生在40岁以后,男性多于女性,脑力劳动者较多。危险因素包括:年龄及性别、家族史、职业、吸烟、肥胖、饮酒、口服避孕药、高血压、糖尿病、高脂血症等。

冠心病的预后取决于冠状动脉受损的部位、心脏的功能、发生缺血性心脏病的可能性等。冠状动脉病(CAD)伴发下列疾病可能影响生存寿命:脑动脉粥样硬化、糖尿病、高血压、高脂血症、肥胖、阻塞性动脉疾病。

2）核保资料

进行体检、审查病历、检查资料（一般是物理检查、静息及运动心电图、胸片，必要时作心脏 B 超、放射性核素检查、冠状动脉造影、ECT 检查）、曾经进行的外科手术记录、心脏病问卷等。

3）核保分析

有无高血压、糖尿病、高脂血症病史以及有无超重及家族史；起病年龄及患病时间长短，冠心病的严重程度（发病症状、发病频率等），治疗方法及时间；血脂、心肌酶、心电图、超声心电图、冠脉造影检查结果；有无心律失常、心力衰竭及心源性休克等并发症。

4）核保要点

心肌梗塞及较严重、发作频繁的心绞痛拒保。

冠心病伴发下列风险因素时投保寿险要额外增加评点甚至拒保，重大疾病保险一般拒保：高血压、糖尿病、高脂血症、肥胖、吸烟及家族史、闭塞性动脉病、脑动脉硬化等。

有不严重的心绞痛及心电图有心肌缺血改变的，寿险可加费承保。

投保意外险可依据评点加费承保，较严重者同时限制保险金额。

3. 风湿性心脏病

1）病情简介

风湿性心脏病是风湿性炎症过程所致的瓣膜损害，主要累及 40 岁以下人群。二尖瓣最常受累，其次为主动脉瓣。

2）核保资料

审查被保险人既往门诊、急诊及住院病历记录、手术记录，近期的心电图、超声心动图、24 小时动态心电图检查结果、有无心律失常。

3）核保分析

了解被保险人的一般状况、心功能情况、心脏杂音的性质、有无心律失常等，通过血压数值、血常规、尿常规、心电图、胸片、超声心动图、肾功能等了解有无严重并发症。

4）核保要点

严重的风湿性心脏病或有并发症者拒保；累及心脏的风湿热现症应延期，完全康复半年到一年后可标准承保。

较轻的风湿性心脏病，只是曾经患风湿热，心脏柔和杂音，病情多年无进展，超声心动图无明显异常可以承保。

进行过心脏手术多年无并发心脏异常改变者可承保。

4. 心肌炎

1）病情简介

急性心肌炎的预后多数良好，多数可以完全治愈。在患病时处于过劳或睡眠不足等状态时，可能在短时间内病情急剧恶化，甚至死亡。死亡原因多为严重心律失常和心功能不全。未能完全恢复而转为慢性的病人，心脏增大、心电图异常、心功能低下，则预后不良。

2）核保资料

核保资料包括病历、体检资料（心电图、胸片）、最近的心电图检查、心脏病问卷。

3）核保分析

分析发病原因、发病过程、是否短期痊愈、有无复发、有无并发症、心功能情况、目前心电图检查结果有无心律失常及 ST 段改变、心脏有无增大。

4）核保要点

多数一过性病史已痊愈的投保者可标准承保。现患病者拒保，完全康复不足六个月甚至更短时间者需延期承保，完全康复时间较长的，根据情况可加费承保或标准承保。有并发症者视情况决定是否承保或加费承保。

5. 心肌病

1）病情简介

心肌病是指伴有心肌功能障碍的心肌疾病，它包括扩张型心肌病、肥厚型心肌病、限制型心肌病和致心律失常型右室心肌病。

扩张型心肌病：预后差，一般认为症状出现后的 5 年生存率在 40%；10 年生存率在 22% 左右，大部分年龄大于 55 岁的患者在症状出现后 5 年内死亡。除心脏移植外，本病尚无彻底治疗的方法。

肥厚型心肌病：预后不定。本病的预后可因人而异，可出现从无症状到心力衰竭、猝死等不同结果，一般成人病例 10 年存活率为 80%，小儿病例 10 年存活率为 50%。成人死亡原因最多见为猝死，而小儿则多为心力衰竭。

限制型心肌病：预后不良。

2）核保资料

审查医疗报告、心电图、超声心动图、胸片。

3）核保要点

心肌病的预后不良,核保通常的方式是拒保。

(二)呼吸系统疾病的核保

影响呼吸系统疾病的主要相关因素包括:大气污染和吸烟的危害、吸入病原增加、呼吸系统感染的病原学特点、社会人口老龄化。呼吸系统疾病的主要检查和其他检查包括:血液检查、抗原皮肤试验、痰液检查、胸液检查和胸膜活检;影像学检查:X线、CT,支气管镜,肺活组织检查,呼吸功能测定,血气分析。

1. 支气管哮喘

1)病情简介

全球约有1.6亿支气管哮喘患者,各国患病率1%~13%不等,我国患病率1%~4%,儿童发病率高于成人,成年男、女患病率大致相同。约40%的患者有家族史。并发症包括:哮喘持续状态(严重哮喘持续数小时或数天)、阻塞性肺气肿、呼吸功能不全。

该疾病的预后取决于病情严重程度、发作次数以及发作类型。合理治疗,可减轻发作或减少发作次数,部分病人可以治愈。儿童期哮喘发作者,青春期后往往消逝,据统计有25%~78%的儿童,经过治疗或到成年期可完全缓解。如诱发因素未能消除,哮喘反复发作而加重,可并发肺气肿,肺原性心脏病,心、肺功能不全则预后较差。

2)核保资料

病历资料:注意了解家族过敏史;有否确定诊断、哮喘的严重程度、发作频率、上次发作的日期、目前接受的治疗情况、是否需要口服类固醇激素;吸烟习惯及其他有关的疾病;填写"哮喘问卷"。

体检资料:胸片、心电图、血常规、肺功能测试。

3)核保要点

投保寿险及重大疾病险的核保:病情较轻且多年未发作者可标准承保;病情较重、发作较频繁、合并慢性支气管炎、体检结果不正常者根据客户的具体情况需加费承保;吸烟者和(或)长期皮质类固醇治疗者需要加重评点(50点左右);病情严重、有严重并发症如肺气肿、肺心病者拒保。

投保医疗险的核保:根据病情通常特约除外已患疾病及并发症后承保;病情严重或有哮喘持续状态、有严重并发症如肺气肿、肺心病者拒保。

2. 肺炎

1)病情简介

肺炎分为细菌性肺炎、病毒性肺炎、支原体肺炎、真菌性肺炎及其他病原体所致肺炎。其中以细菌性肺炎最为常见,约占肺炎的 80%。诱发因素包括吸烟、心脏衰竭、慢性阻塞性气道疾病及免疫低下的疾病及抑制免疫的治疗。

该病预后通常较好,但如有下列因素存在,预后则较差:年老者,原有心、肺、肝、肾及代谢疾病基础者,体温及血液白细胞计数不高者以及免疫缺陷者,病变广泛、多叶受累者,有感染性休克等严重并发症者。肺炎痊愈者预后良好。

2)核保资料

患急性肺炎距今不足 3 个月者,需提供病历资料。

体检:胸透、胸片。

3)核保分析

核保考虑发病年龄、病因、患病时间、治疗情况、治疗结果、是否反复发病、目前身体状况。如老年人,反复固定部位发病者,尤其应注意并排除恶性肿瘤的可能。

4)核保要点

单次急性肺炎已治愈、X 线检查正常者按标准承保;多次急性发病且已治愈超过 3 个月可标准或轻度评点承保;3 个月以内一般要延期承保;已治愈有并发症的按并发症性质评估。

急性肺炎后至今仍然未完全康复者,延期承保。对于年龄偏大、反复发病者需谨慎,若病因不确定考虑延期承保。

3. 慢性支气管炎

1)病情简介

慢性支气管炎(简称慢支)是指气管、支气管黏膜及其周围组织的慢性非特异性炎症。临床上以咳嗽、咳痰或伴有喘息及反复发作的慢性过程为特征(咳嗽、咳痰症状连续 2 年,每年的发作持续超过 3 个月,早期常无异常。病情若缓慢进展,常并发阻塞性肺气肿,甚至肺动脉高压、肺原性心脏病。发展到气道狭窄或有阻塞时,就有阻塞性通气功能障碍的肺功能表现,如第一秒用力呼气量占用力肺活量的比值减少(<70%),最大通气量减少(<预计值的 80%),流速—容量曲线减低更为明显。

主要并发症有支气管肺炎、化脓性支气管炎、肺脓肿、支气管扩张、肺气肿、支气管哮喘、肺纤维化、肺心病。

慢性支气管炎如无并发症,预后良好。如病因持续存在,迁延不愈,或反复发作,易并发阻塞性肺气肿,甚至并发肺心病而危及生命。

2)核保资料

审查病历资料、胸部 X 线检查、肺功能测试、血常规、呼吸系统问卷、吸烟习惯。

3）核保分析

如果客户告知曾患支气管炎,应详细询问并告知如下内容:医生诊断为急性还是慢性支气管炎,若为慢性支气管炎多长时间发作一次,每次持续多长时间可好转,发病时是否出现呼吸困难,用什么药物治疗,是否同时并发肺气肿、肺源性心脏病。如果客户曾经住院治疗,需提供住院病历资料(包括出院小结、首次病程记录等);门诊治疗需提供门诊治疗记录;胸部X线检查及呼吸功能检查是否异常;检查工作环境、吸烟习惯(每日吸烟量、吸烟年数)。患慢性支气管炎的客户一般需体检。

4）核保处理

投保寿险及重大疾病险的核保处理:慢性支气管炎无严重合并症的,根据病情严重程度、肺功能情况加费承保;对于阻塞性支气管炎、有吸烟嗜好者需加重评点;慢性支气管炎合并严重肺气肿、肺源性心脏病的通常拒保。

4. 阻塞性肺气肿

1）病情简介

阻塞性肺气肿(简称肺气肿)是由于吸烟、感染、大气污染等有害因素的刺激,引起终末细支气管远端(呼吸细支气管、肺泡管、肺泡囊和肺泡)的气道弹性减退、过度膨胀,充气和肺容积增大或同时伴有气道壁的破坏。肺气肿的这种改变使肺的弹性回缩力减低,呼气时由于胸膜腔压力增加而使其气道过度萎陷,造成不可逆的气道阻塞。由于大气污染、吸烟人数的增加,近十几年来有逐渐增加的趋势。

该疾病的预后与病情的程度有关。中位数生存年限变化相当大。尽管有些病人开始FEV1(一秒钟用力呼气量)值非常低,仍可存活12~15年。然而,一般在1.2L以上的患者,生存年限为10年;FEV1在1.0L时,生存期限约为5年;FEV1低于700ml者生存期约为2年。

2）核保资料

体检及病历:要特别注意有否确定的诊断、治疗、病程,曾否出现呼吸困难的现象及是否有吸烟的习惯,或填写"呼吸系统疾病"问卷、胸片及肺功能测试。

3）核保处理

一般要中重度评点,另外,哮喘或支气管扩张以及吸烟者,按该病增加适当的评点;静态有呼吸困难现象者、肺功能测试的结果严重异常者、出现肺源性心脏病的迹象者拒绝承保。

投保意外险增加额外评点100。

5. 肺原性心脏病

1）病情简介

肺原性心脏病（简称肺心病）主要是由于支气管、肺组织或肺动脉血管病变所致肺动脉高压引起的心脏病。可分为急性肺心病和慢性肺心病两类，以后者多见。慢性肺心病是由于肺、胸廓或肺动脉血管慢性病变所致的肺循环阻力增加、肺动脉高压，进而使右心肥厚、扩大、伴有或不伴有右心衰竭的心脏病。肺心病常反复急性加重，随肺功能的损害病情逐渐加重，多数预后不良，预期寿命缩短，病死率为10%～15%。

2）核保资料

审查病历、体检、胸肺 X 片、心电图、肺功能测试、超声心动图、呼吸系统疾病问卷。

3）核保要点

根据病因、病程、疾病的严重程度、是否反复住院、目前的身体状况、胸片、肺功能测试、超声心动图结果进行综合考虑，通常的核保方式是拒保。

6. 肺结核

1）病情简介

结核病是结核杆菌引起的慢性传染病，可侵及许多脏器，以肺部受累形成肺结核最为常见。排菌患者为其重要的传染源。除少数起病急骤外，临床上多呈慢性过程。表现为低热、消瘦、乏力等全身症状与咳嗽、咳血等呼吸系疾病。若能及时诊断，并给予合理治疗，大多可获临床痊愈。

2）核保资料

问卷：何时患病、肺结核的类型、在什么医院治疗、如何治疗、所用药物的具体名称、用药多长时间停药、是否医生建议停药、复查结果如何、有无复发、何时复发、如何治疗、是否同时患糖尿病。

病历资料：曾住院治疗的需提供出院小结、复查结果；若为手术治疗，还需提供手术记录；门诊治疗需提供门诊治疗记录。

体检：核保员根据客户的具体情况决定是否需体检。体检包括胸片、血常规、肝肾功能等。

3）核保要点

核保主要考虑肺结核的类型，并结合病灶是否已完全治愈、肺功能是否正常、是否有肺纤维化存在而综合考虑。

对于常规胸部 X 线检查时发现的陈旧结核病灶,无活动病变,可标准承保。对于继发性肺结核,其核保要较原发性肺结核慎重。患肺结核的客户在医生建议停止抗结核治疗一年后方可投保。

投保寿险及重大疾病险的核保:患病距投保时间较长,肺结核经正规治疗已痊愈,无复发情况,近期胸片检查无异常者可标准承保;肺功能正常但胸片显示有轻中度肺纤维化、投保年龄较小或同时患糖尿病等情况可中度加费承保;病变范围广泛,有中度以上肺纤维化,有空洞存在或肺功能受损者拒保。

投保医疗险的核保:根据病情通常可标准承保或特约除外已患疾病后承保;病变范围广泛、肺功能严重受损者拒保。

(三)消化系统疾病的核保

1. 消化性溃疡

1)病情简介

消化性溃疡的发生与胃酸和胃蛋白酶的消化作用密切相关,故名为消化性溃疡,因为发生的部位多在胃和十二指肠,故又称为"胃及十二指肠溃疡"。消化性溃疡除发生在胃及十二指肠外,少数可发生在食管下段、胃—空肠吻合口、美克尔(meckel)憩室等处。该病是一种常见病,10%~20%的人口在一生中曾发生过胃或十二指肠溃疡。在临床上,青壮年的发病率高,男性多于女性,十二指肠溃疡比胃溃疡多见。

2)核保分析

通过病历资料、疾病问卷了解发病的情况、发病时间、有无复发、溃疡位置、有无并发症、有无手术、最近的发病情况。核保员根据客户的具体情况决定是否体检。

3)核保要点

消化性溃疡手术后 3~6 个月、复发性溃疡 6 个月后方可投保,出现幽门梗阻症状的需手术治疗后方可考虑投保。

投保寿险及重大疾病险核保要点:消化性溃疡经胃镜等检查已愈合且无复发的,可根据患病年限标准承保或加费承保;溃疡有复发、有出血或穿孔等并发症、有手术病史、术后有复发的需加费、特约承保,溃疡有恶变的拒绝承保。

投保医疗险核保要点:通常特约除外已患疾病后承保,溃疡有恶变的拒绝承保。

2.病毒性肝炎

1)病情简介

病毒性肝炎是由肝炎病毒引起的,以肝脏炎性损害为主的一组传染病,具有传染性强、传播途径复杂、流行面广、发病率高等特点,临床上多以急性为主,部分乙型、丙型、丁型肝炎可演变为慢性,少数可发展为肝硬化,甚至肝癌。截至目前,已确定和可疑为病毒性肝炎的已达8种,常见的为5种,即甲型、乙型、丙型、丁型、戊型肝炎。

(1)甲型肝炎:由甲型肝炎病毒(HAV)引起,是一种消化道传播的肝炎,通常是通过粪便污染的食物或水经口传播的,该型肝炎预后良好,一般不引起肝脏慢性病变。

(2)乙型肝炎:由乙型肝炎病毒(HBV)引起,是传播最广泛、传播途径复杂的肝炎。除血液传播为其主要传播途径外,密切接触,饮食亦为其传播途径。与甲肝相比,它有以下特点:起病相对较慢,潜伏期长。急性症状发生率低于甲肝。部分患者可变成慢性,反复发作,成为慢性活动性肝炎或迁移性肝炎,乙肝病毒携带者仍可将病毒传染给他人。慢性患者少部分可演变成肝硬化和肝癌。

(3)丙型肝炎:是由丙型肝炎病毒(HCV)引起,一般通过血液传播,其特点是:患者多有输血、输血制品史。起病隐匿,病情相对较轻,肝功能异常主要表现为转氨酶(HLT)呈中度或轻度升高,很少患者出现黄疸。慢性化率高,治疗效果差。与肝硬化、肝癌关系密切。据统计,慢性丙型肝炎20%将变成肝硬化,肝硬化中又有20%将发展成肝癌。

(4)丁型肝炎:是由丁型肝炎病毒(HDV)引起的,其特点是:a.缺陷性。HDV是一种缺陷病毒,它必须在有乙型肝炎病毒感染存在的情况下,才可能感染人。因此,丁型肝炎严格来讲不是一种独立的疾病。b.感染性。一种是和乙肝病毒同时感染;另一种是在慢性乙肝病毒感染的基础上再感染,在乙肝患者中再感染了丁肝病毒,可使病毒加重,甚至发展成重症肝炎,此型肝炎在几种肝炎中最少见,但最危险,因为同时有两种疾病在起作用。

(5)戊型肝炎:是由戊型肝炎病毒引起的,戊型肝炎和甲型肝炎有许多相似之处,经消化道传播,一般不导致慢性肝炎,但不同于甲肝的地方是:平均病情重于甲肝,黄疸发生率高,病情恢复比甲肝慢,易发生胆汁淤阻,使黄疸不能顺利排出。孕妇特别是中晚期妊娠罹患戊型肝炎往往后果严重。

(6)肝炎肝硬化:早期肝硬化临床上常无特异性表现,很难确诊,须依靠病理诊断,B型超声波、CT及腹腔镜等有参考诊断意义。凡慢性肝炎患者具有肯定的门脉高压证据(如腹壁及食道静脉曲张、腹水)、影像学肝脏缩小、脾脏增大、门静脉增宽,且除外其他引起门静脉高压原因者均可诊为肝硬化。

(7)慢性 HBsAg 携带者:又称为乙肝病毒携带者,无任何临床症状和体征。肝功能正常,HBsAg 持续阳性 6 个月以上。

实验室检查及诊断:肝功能检查和病原学检查。

HAV:抗 HAVIgM 一般在病后 1 周黄疸出现时即可测出,2 周时达高峰,1~2 个月滴度开始下降,3~4 个月大部分消失。此为 HAV 诊断最常用的重要指标。

HBsAg:是感染后最早出现的血清学指标,可见于各种乙型肝炎病毒现症感染者,包括潜伏期患者、急慢性乙肝患者、部分肝硬化及肝癌患者和携带者。

HBsAb:此为 HBsAg 刺激机体产生的特异性抗体,是感染 HBV 后产生的唯一保护性抗体,见于乙肝恢复期、HBV 既往感染者和乙肝疫苗接种后。

HBcAg:血清中 HBcAg 阳性表示血液内含有乙型肝炎病毒,传染性强,病毒复制活跃。

HBcAb:为感染乙型肝炎病毒后最早出现的抗体,为非中和抗体。先是抗 HBcLgM 阳性(4 个月内),高滴度的抗-HBcLgM 为 HBV 急性或近期感染的标志。在一些慢性乙型肝炎、肝硬化、肝癌、慢性 HBV 携带者中抗-HBcIgM 也可阳性但滴度较低,表示体内病毒有复制,传染性强。抗-HBcIgG 可持续不退,是感染的标志,包括现症感染和既往感染。

HBeAg 和 HBeAb 感染乙型肝炎病毒后 HBeAg 在潜伏期末出现,略晚于 HBsAg。进入恢复期随着 HBsAg 的消失而消失,如病后 3~4 个月 HBeAg 仍未消失则有慢性化的倾向;HBeAg 阳性表示体内 HBV 复制活跃、传染性强,而 HBeAb 阳性者病毒复制终止或减弱,传染性低。

HBV-DNA 和 HBV-DNA-P 阳性为 HBV 现症感染的可靠指标,可灵敏地反映出病毒的复制及传染性的强弱。

有下列任何一项即可诊为现症感染:

血清 HBsAg 阳性;

血清 HBV-DNA 阳性或 HBV-DNA-P 阳性;

血清抗-HBcIgM 阳性;

肝内 HBcAg 和或 HBsAg,或 HBV-DNA 阳性。

HCV 抗体:抗-HCV 在感染 HCV 后 4~6 周或更长的时间出现。抗 HCV 阳性可诊断为 HCV 感染,抗 HCVIgM 似更能反映为现症患者。

HDV:HDV 是发生于 HBV 基础上,包括同时感染和重叠感染。

同时感染先出现 HBsAg 阳性,继而血清 HDV – RNA 阳性。急性期出现一过性血清 HDV – RNA 阳性,多于数日内消失,继之血清抗阳性。

重叠感染在慢性 HBV 感染的基础上出现血清 HDV – RNA 阳性和 HDAg 阳性,或抗 – HDIgM 或抗 – HDIgG 阳性。慢性 HDV 感染时血清持续高滴度抗 – HDIgG(主要血清学标志)、HDV – RNA 阳性,肝内 HDV – RNA 和(或)HDAg 阳性。

HEV:感染 HEV 后 2 周抗 – HEV 阳转,3~5 周后达高峰,然后逐渐下降。抗 – HEVIgM 更具诊断意义。

甲型、戊型肝炎如果不伴并发症,恢复好,则预后良好;甲型肝炎经治疗通常不会转成慢性疾病,且终身免疫。乙型、丁型肝炎有进展为肝硬化的可能。丙型肝炎与乙型肝炎相似,慢性化率高,治疗效果差。

2)核保资料要求

病史资料:体检,包括肝炎标记物、肝功能(必备 GGT 以及 GPT/ALT)、腹部 B 超及 AFP 等。

3)核保分析

核保考虑因素:所患肝炎类型、何时患病、是急性还是慢性肝炎、有无复发、如何治疗等。

乙型肝炎病毒携带者:如果乙型肝炎患者在 6 个月之后血清 HBsAg 仍然是阳性,而血清 HBsAb 不出现,则应被认为是慢性乙型肝炎病毒携带者。所有乙型肝炎病毒携带者都有可能发生急性——慢性的病变,或有肝硬化、肝细胞癌的风险。感染年龄是评价乙型肝炎病毒携带者风险的最重要指标。

地区考虑:在乙型肝炎流行地区,感染多发生在婴幼儿时期,成年后成为慢性乙型肝炎病毒携带者的可能性大,并且有发生远期并发症的可能。在非流行地区,感染多发生在较大年纪,预后较为乐观,病程的结果与肝酶的升高程度有密切的关系。

慢性乙型肝炎患者,其发生急性肝损害的频度和严重程度在一定程度上与以后发生肝脏硬化的严重程度相关。

丙型肝炎:男性患者、酗酒者、老年患者的疾病进展相对较快。

4)核保要点

目前有症状或血清学显示为活动性病变,需恢复正常 3~6 个月后方可投保。

投保寿险及重大疾病险核保要点:甲型及戊型肝炎痊愈后可标准承保;肝炎病毒携带者需加费承保;乙型肝炎病毒携带者若为大三阳(HbsAg +、HBeAg +、抗 – HBc +)、丙型肝炎患者、慢性肝炎、肝硬化,投保重大疾病险拒保。

投保医疗险核保要点:甲型及戊型肝炎3个月内要延期承保,痊愈后可标准承保;肝炎病毒携带者需特约承保;慢性肝炎、肝硬化拒保。

3. 胆囊炎和胆结石

1)病情简介

胆囊结石占胆石症的50%,它与原发于胆管系统的结石在发病机理与临床过程上均有显著差别。胆囊结石与胆管结石的发病情况与饮食习惯、地理环境、营养条件、胆道病理改变及全身情况密切相关。北方多以胆囊结石为主,沿海、西南、长江流域以胆管结石为多。发病率城市人口高于农村人口,脑力劳动者高于体力劳动者,血脂高者多于正常人。

急性胆囊炎:老年人有严重的合并症,如心肺等严重病患者,死亡率常可达5%~10%,并发胆囊局限性穿孔预后尚好,如胆囊穿孔,引起弥漫性腹膜炎时,死亡率高达25%,但较少见。

慢性胆囊炎:与有无并发症有关。一般来说,无并发症,胆囊切除术在90%左右的患者中可收到良好的远期效果。

2)核保资料

需提供的资料为:若为住院治疗,需提供出院小结;若为门诊治疗,需提供门诊检查、治疗记录。

了解重点:若客户患有胆石症,需详细询问及告知如下内容:胆结石的部位是在胆囊还是在胆管;是否并发胆囊炎、化脓性胆管炎及胰腺炎等;如何治疗;若为手术治疗,何时手术,术后情况如何。

体检:核保员根据客户具体情况决定是否体检,检查腹部B超、肝功能。

3)核保要点

若为手术治疗,需待手术后恢复正常6周至3个月方可投保。

投保寿险及重大疾病险核保要点:成功手术治疗后可标准承保;多颗结石或结石较大、有胆囊炎等并发症者可加费承保。

投保医疗险核保要点:成功手术治疗后可标准承保,未手术者需特约后承保。

4. 胰腺炎

1)病情简介

按病理组织等改变,胰腺炎可分为急性水肿型胰腺炎与急性出血坏死型胰腺炎两种,前者多见,占90%,预后良好;后者较少见,但病情急重,并发症多,病死率高,40%~70%。引起急性胰腺炎的病因在我国主要为胆道疾病,如胆囊炎、胆石症、胆道蛔虫症、胰腺疾病及十二指肠乳头近部病变、胰管结石或蛔虫、胰管狭窄、胰腺肿瘤、十二指肠憩室炎、肠系膜上动脉综合征。另外，酗酒和暴饮暴食也是急性胰腺炎的主要发病原因，其他病因较少见。

水肿型胰腺炎预后良好，似若病因不去除常可复发，坏死型轻症的病死率为20%～30%，重症者可达60%～70%，存活者亦多遗留不同程度的胰功能损害或发展为慢性胰腺炎。影响急性胰腺炎不良预后的因素有：年龄大、低血压、低钙血症及各种并发症。慢性胰腺炎积极治疗后可缓解症状，但不易根治，晚期则多死于并发症，如衰竭、糖尿病、胆道感染，少数可演变为胰腺癌。

2）核保资料

审查病历、一般物理检查、体检资料（肝胆胰腺B超、肝肾功能）。

3）核保分析

审查胰腺炎是否反复发作；引起胰腺炎的病因是否持续存在。有利因素包括肝酶、淀粉酶、脂肪酶正常；不利因素包括饮酒、内在病因（胆石）持续、糖尿病、胰外分泌功能不足。

4）核保要点

（1）急性胰腺炎。投保寿险：a. 康复不足6个月延期承保；b. 1年以上无复发，肝功能、B超正常者标准承保；c. 有反复发作病史者需加费承保，如果仍继续饮酒则拒保。

投保医疗险：可特约除外责任。最后发病时间已超过2年且完全戒酒可不予评点，其他加费承保。

（2）慢性胰腺炎。投保寿险通常拒保。a. 原因不明或手术不足1年延期承保；b. 完全戒酒不足3年延期承保；c. 已完全戒酒且无症状3～5年以上可加费承保。

重大疾病保险通常拒保，医疗险加费承保或拒保。

（四）血液系统疾病的核保

1. 贫血

在一定容积的循环血液内红细胞计数、血红蛋白量以及红细胞压积均低于正常标准者称为贫血。其中以血红蛋白最为重要，成年男性低于120g/L（12.0g/dl），成年女性低于110g/L（11.0g/dl）一般可认为贫血。

贫血是临床最常见的表现之一，然而它不是一种独立疾病，可能是一种基础的或有时是较复杂疾病的重要临床表现。慢性贫血通常是由慢性炎性疾病或者恶性疾病所致，现症通常拒保。

1）再生障碍性贫血

预后因骨髓衰竭的程度、患者的年龄、治疗方法和时机的不同而有很大差异。

经骨髓移植治疗后,部分病人可恢复正常。

核保要求提供病史资料、全血象检查。现症应拒保;完全康复且血液检查正常后 2 年内延期,2 年后可根据病因是否明确以及完全康复后的时间进行加费承保。

2) 缺铁性贫血

这是贫血中最多见的一种。在育龄妇女,尤其是孕妇和婴幼儿中发病率高。缺铁性贫血本身并不难治愈,但预后取决于原发病的治疗情况。

核保考虑的因素包括引起缺铁性贫血的原发病及贫血的程度、性别。如病因不明应延期承保。病因明确,除贫血的核保外,还要对病因核保。

3) 溶血性贫血

这是红细胞破坏加速而骨髓造血功能代偿不足时发生的一类贫血。

诊断首先确定是否为溶血性贫血,然后确定是哪一种溶血性贫血。有下列任一情况,可考虑溶血性贫血:①有红细胞过度破坏及幼红细胞代偿性增生。②幼红细胞极度增生,仍有持续贫血。③红细胞下降速度超过严重再障。④有血红蛋白尿或其他血管内溶血征象。病因诊断可根据病史、体检、血液检查及抗人球蛋白试验等得出结论。

核保考虑的因素:溶血性贫血的类别、目前血红蛋白和红细胞的数量,是现症还是病史,是否曾有溶血危象发生,有无脾切除,是否继续暴露于致病毒物等。

如果溶血是药物引起,已愈合,无须跟踪治疗者可以加费或标准承保;其他情况下通常拒保。

2. 白血病

根据白血病细胞成熟的程度和自然病程,可分为急性白血病和慢性白血病。

(1) 急性白血病

急性白血病的自然病程仅几个月,骨髓移植是治疗的一大进展,可治愈部分患者。

预后不利的高危因素有:①1 岁以下及 9 岁以上的患者。②男孩。③治疗前白细胞在 50000/ul ~ 100000/ul。④分型属 L2、L3、M4、M5、M6、M7。⑤染色体异常。⑥治疗前血小板小于 2000ul ~ 50000/ul。⑦治疗后骨髓中白血病细胞减少缓慢,缓解时间短。⑧肝脾肿大明显或有脑膜白血病。

(2) 慢性粒细胞白血病

患者以 30 ~ 40 岁居多,起病大多徐缓,依据脾肿大和典型骨髓与血象可以确诊。

治疗后的生存时间为 3 ~ 4 年,pH 染色体阴性病人预后很差。

3.慢性淋巴细胞白血病

在我国和东亚少见,欧美白人发病率高。起病平均年龄60岁。病程长短不一,平均3~4年。

患者淋巴结和肝脾肿大,依据症状及典型骨髓象和血象可确诊。

核保考虑的因素:是否接受正规治疗,有无肝脾和淋巴结肿大,目前血常规的化验结果。

寿险、重大疾病保险、意外险、医疗险一般拒保。

(五)内分泌系统疾病的核保

1.糖尿病

糖尿病是一组以高血糖为特征的内分泌代谢疾病。其特点为由于胰岛素的绝对或相对不足和靶细胞对胰岛素的敏感性降低,引起碳水化合物、蛋白质、脂肪、电解质和水的代谢紊乱。它是影响健康和生命的常见病,患病率呈现逐年增高的趋势。

1997年美国糖尿病协会将糖尿病分为4大类:①I型糖尿病。患者有胰岛B细胞破坏,多见于青少年,起病较急,病情较重,体形消瘦,多需依赖胰岛素治疗,预后差,易发生酮症酸中毒。②II型糖尿病。患者有胰岛素抵抗和胰岛素分泌缺陷,发病多在40岁以后,起病缓慢,病情较轻,甚至没有症状,体形肥胖,用药物多数可以控制血糖,病程较长。③其他特殊类型的糖尿病。如青年人中的成年发病型糖尿病。④妊娠期糖尿病。

糖尿病的实验室检查主要有血糖、尿糖测定,葡萄糖耐量试验,糖化血红蛋白及糖化血浆白蛋白测定,血脂测定,肾功能检查等。据1997年美国糖尿病协会提出的修改糖尿病诊断标准的建议:(1)空腹血浆葡萄糖<6.0mmol/L为正常,6.0mmol/L≤空腹血浆葡萄糖<7.0mmol/L为空腹血糖过高,空腹血浆葡萄糖≥7.0mmol/L为糖尿病(需另一天再次证实);(2)口服糖尿病耐量试验中2小时血浆葡萄糖<7.8mmol/L为正常,7.8mmol/L≤血浆葡萄糖≤11.1mmol/L为糖耐量减低,血浆葡萄糖≥11.1mmol/L考虑为糖尿病(需另一天再次证实)。

1)糖尿病的诊断标准

空腹血糖≥7.0mmol/L或口服糖尿病耐量试验中2小时血浆葡萄糖≥11.1mmol/L。症状不典型者,需另一天再次证实。

糖尿病的危险因素包括:糖耐量异常/临界DM、肥胖(体重超重≥20%;BMI≥27)或即使无超重但腹部肥胖(导致胰岛素抵抗)、家族史、年龄≥45岁、吸烟、高血压、脂质异常。

糖尿病的并发症是病人的主要死亡原因（尤其是心脑血管并发症），如能做到早期发现和严格控制糖尿病，预防和治疗各种感染，早期发现和治疗各种后期并发症，可改善糖尿病的预后。

2）核保资料

检查病历等医学资料。特别注意诊断、治疗方法、有无并发症以及化验报糖尿病问卷；现时的空腹血糖，最好有目前的糖化血红蛋白结果；静态及运动心电图等。

3）核保分析

糖尿病的分型和发病年龄，血糖控制的程度，有无肾脏、心脑血管及末梢神经受累。

糖尿病患者出现心血管疾病、脑血管意外、肾功能衰竭的风险明显增大，且与病程有关。病程越长，危险越大。

核保评点的有利因素：两个或两个以上的指标显示血糖控制良好、尿液检查无蛋白尿、最近的眼底检查显视视网膜无任何变化、最近的静态及运动心电图正常。

核保评点的不利因素：有高血压、高脂血症、肥胖、吸烟及饮酒、家族史等额外风险因素；接受糖尿病治疗不足一年；未接受长期规律的治疗；血糖水平控制不佳；家庭成员中有60岁前患有冠心病、脑血管病或末梢动脉疾病者；经常有血糖过低现象；曾出现过尿酮体阳性；微量蛋白尿等。

4）核保要点

糖耐量异常按糖尿病风险评估；糖尿病投保重大疾病保险应加重评点甚至拒保。

对于新发现的糖尿病一般需延期3~6个月，直到确定诊断并接受适当治疗。被保险人具备下列条件方考虑承保：根据其态度及背景，判断其可能尽早接受了长期规律的治疗；没有其他健康风险；非胰岛素依赖型。

对于治疗中的糖尿病，被保险人必须遵从医嘱，控制血糖，否则加重评点（额外+75），依投保年龄、患病后时间长短、血糖控制情况决定加费额度；有额外风险因素、控制不良者额外评点。妊娠期糖尿病先延期，待生产后，再依血糖值评估。

2. 甲亢

甲状腺机能亢进症（简称甲亢），是指甲状腺腺体本身产生甲状腺激素过多而引起的甲状腺毒症。

1）核保资料

包括病历资料、体检资料（甲状腺功能、近期血钙水平、尿液检查等）。

2）核保分析

核保考虑的因素：最初诊断甲亢的时间、症状和检查结果，治疗方式、时间，有无并发症，治疗后起效的时间，复查结果，停止治疗的时间，有无复发，复发次数，最近一次复发的时间，最近一次复查的结果，目前的症状。

3）核保要点

现症：未治疗或虽在治疗中但病情控制不佳、症状严重（休息时脉搏次数每分钟超过110次，有突眼、震颤或心房纤颤）应延期或拒保。经治疗，病情控制中、非恶性（无突眼及震颤）、心电图正常，可中度加点承保。经治疗，病情控制良好、无并发症达6个月以上，可轻度评点。

病史：完全痊愈，无并发症，可以轻度加费或标准承保；甲状腺机能恢复3年以上，标准承保。

3．高脂血症

当血浆中脂质浓度超过正常高限时称高脂血症。当血浆脂蛋白超过正常高限时称高脂蛋白血症。血浆中主要的血脂成分有胆固醇、甘油三酯、磷脂及游离脂肪酸。

血脂浓度受多种因素影响，胆固醇及甘油三酯随年龄而增长，至60岁达高峰后稍下降；女性稍高于男性；高脂肪餐后血脂常暂时升高，多进荤食者比长期素食者为高。此外，运动、劳动和减肥可使血脂下降。

本病的病因分为：①病因不明的家族遗传性；②糖尿病未经控制；③肾病综合征引起；④甲状腺功能减退者；⑤各型肝炎、脂肪肝等肝胆疾病；⑥肥胖症伴随脂肪肝者。

本病的并发症广泛，最常见的为糖尿病、肾病综合征、慢性胰腺炎、酒精中毒、脂肪肝、肝硬化、痛风等。血脂异常与动脉硬化密切相关：胆固醇、甘油三酯、低密度脂蛋白的升高以及高密度脂蛋白的降低与心脑血管疾病的发生呈正相关，是冠心病、脑血管意外的危险因素。本病的诊断主要依靠化验检查。

预后：取决于高脂血症的类型、血管的病变情况和附加风险因素（如吸烟、肥胖、糖尿病、高血压和生活方式、成功的治疗和在血管病变发生之前进行正规控制，预后可能较好。患有Ⅱ型糖尿病和家族性高胆固醇血症者可能会丧失工作能力。

1）核保资料

包括病历资料、体检资料（一般体检、胆固醇、甘油三酯、高密度脂蛋白、低密度脂蛋白、极低密度脂蛋白，必要时做心电图检查）。

2）核保分析

核保考虑的因素:血脂增高的程度,尤其是总胆固醇与胆固醇的比例;有无超重、吸烟;是否合并高血压、冠心病、脑血管病、糖尿病等。继发性高脂血症需考虑其原发疾病的风险(如糖尿病、甲状腺机能低下、痛风、肝肾疾病、胰腺炎、酗酒等)。总胆固醇/HDL 比值是衡量冠心病危险性的更好方法。当总胆固醇/HDL 比值大于 6 时,或比值大于 4 时,动脉硬化的风险增高。

3)核保要点

家族性高脂血症,以及高脂血症合并高血压、动脉硬化,体重指数超过 30 点以上,且抽烟每日一包以上,多半考虑拒保,其他情况下要加费承保。如果年龄在 40 岁以上,血压不高,胸部 X 光、心电图正常,可以适当减少保额。

4. 超重

当进食热量多于人体消耗量而以脂肪形式储存于体内,超过标准体重 20% 时称肥胖症。对于无明显病因可查者称为单纯性肥胖症。现代科学假定如果没有存在危险因素(比如说,高血压、升高的胆固醇水平),一个体重高于或低于正常体重的 20% 的人,其期望寿命不会受到影响。

引起超重的外因,以饮食过多和活动过少为主。而内因包括家族遗传性、神经精神因素和内分泌调节因素共同作用发病。肥胖因可并发高血压、糖尿病、高脂血症、痛风以及动脉硬化而死亡率增加。

根据身高和体重即可诊断本病,体重指数(BMI) = 体重(公斤)/身高(米)的平方,女性大于 27.3,男性大于 27.8 则可诊断为超重。体重指数并不指示脂肪分布,研究表明,腹部肥胖和疾病风险的增加有特别的关联。

核保考虑因素:体重指数、血压、尿检、肝肾功能、心脏功能、血脂、血糖、家族史(家庭成员中有 60 岁前患心血管疾病)。

一般的超重需要评点;有额外风险因素,例如血管病变、高血压、糖尿病等需要另外评估其风险,且一般要加重评点。如果严重超重或病态的肥胖则拒保。

(六) 泌尿系统疾病的核保

1. 急性肾小球肾炎

急性肾小球肾炎(简称急性肾炎),是以急性肾炎综合征为主要临床表现的一组疾病。起病急,特点为血尿、蛋白尿、高血压、水肿表现,可伴有一过性氮质血症。多见于链球菌感染后,也见于葡萄球菌、肺炎双球菌及病毒感染后。多见于儿童,男多于女。

绝大部分病人于发病 1~4 周经利尿、消肿、降压治疗后好转,4~8 周多数化验指标正常。但少量镜下血尿及微量尿蛋白有时可迁延半年至一年才消失。少于

1%的患者可因急性肾衰竭救治不当而死亡。多数病例远期预后良好,可完全治愈。老年患者,有持续性高血压,大量蛋白尿或肾功能损害者,肾组织增生病变重的预后较差。

1)核保资料

包括病历、血压、肾功能测试(肌酐、尿素氮、肌酐清除率)、尿常规及尿液分析。

2)核保分析

目前尿中是否有蛋白,目前血压及肾功能情况,有否复发。

3)核保要点

一般原则:现症或急性发病康复后不足3个月的所有病例应延期承保。急性肾小球肾炎发病超过二次按"慢性肾小球肾炎"评点。单次发作超过3个月,完全治愈,尿液检查及肾功能正常可标准承保。多次发作,尿液检查正常,末次发作至今超过3年的可标准承保。

2. 原发性肾病综合征

原发性肾病综合征由多种肾小球疾病引起,主要病理是因大量尿蛋白漏出、血浆蛋白浓度降低、水肿和高脂血症。肾病综合征预后的个体差异很大。大量蛋白尿、高血压、高血脂、存在反复感染、血栓栓塞并发症及某些病理类型如局灶性节段性肾小球硬化预后较差。

核保考虑的因素:病因、病程、尿液检查、肾功能、血脂及血压水平、肾脏病理检查结果。

一般原则:一般是延期甚至拒保。对于肾功能、尿液检查和血压正常的病例,在严格的承保条件下可考虑接受其投保申请,给予中度以上评点。

3. 慢性肾小球肾炎

慢性肾小球肾炎(简称慢性肾炎),指蛋白尿、血尿、高血压、水肿为基本临床表现,病情迁延,发展缓慢,可有不同程度的肾功能减退,最终将发展为慢性肾衰竭的一组肾小球病。多见于中青年男性。病因包括原发性肾病及系统疾病(例如:糖尿病、红斑狼疮、淀粉样变性、过敏性紫癜等)。

凡尿化验异常(蛋白尿、血尿、管型尿)、水肿及高血压病史达一年以上,无论有无肾功能损害均应考虑此病,在除外继发性肾小球肾炎及遗传性肾小球肾炎后,临床上可诊断为慢性肾炎。

本病最终将发展至慢性肾衰竭。进展速度个体差异较大,主要取决于其病理类型,也与是否重视保护肾脏及保护是否恰当有关。

1)核保资料

包括病史、病历资料、体检资料、肾功能测试(尿液常规及尿液显微镜分析、肌酐、尿素氮)。

2)核保要点

有下列情况的应拒保:肾功能损害、水肿、高血压、有渐进的趋势、长期接受皮质类固醇或免疫抑制剂治疗、病因不明。其他情况下中重度评点加费承保。

4. 肾盂肾炎

肾盂肾炎发病率相当高,临床上分为急性和慢性两种,多发于女性,是由各种致病菌直接侵袭所引起的肾盂感染性炎症。致病菌以大肠杆菌最多。上行感染是最常见的途径,其次还有血行和淋巴道感染等。可并发高血压。

急性肾盂肾炎如及时治疗,用药恰当,90%以上可痊愈;慢性肾盂肾炎则较难完全治愈。炎症长期不愈或急剧进展者,则有可能发展成尿毒症。

1)核保资料

包括病历资料、肾功能检查、尿液检查。

2)核保分析

目前的尿液检查、肾功能、血压是否正常,泌尿道梗阻等现象是否仍存在,患病时间长短、有否复发。

3)核保要点

现症延期;急性单次发作,已痊愈且无后遗症可标准承保;多次急性发作,已痊愈1年以上且无后遗症可标准承保。慢性肾盂肾炎,以病情、肾功能情况评估,如果肾功能正常,可中重度加费承保;如肾功能异常,则拒保。

5. 肾功能不全

肾功能不全包括急性和慢性,在此主要介绍慢性肾功能不全。慢性肾功能不全是一个临床综合征,发生在各种慢性肾脏疾病的基础上,缓慢地出现肾功能减退而至衰竭。在我国最常见的病因依次是:原发性慢性肾炎、梗阻性肾病、糖尿病肾病、狼疮肾炎、高血压肾病等。

当肾小球滤过率(GFR)低至正常的10%~20%,血肌酐升高达450~707umol/L时,称为肾衰竭期;当GFR<10ml/min,血肌酐≥707umol/L时,就到了肾衰竭晚期。不进行肾移植预后差,成功肾移植则预后较好。

核保资料包括:医学报告、住院治疗的详细报告。

核保考虑的因素:目前的肾功能、发病原因、有无使用肾移植或透析疗法等。

一般原则:拒保。

6. 泌尿系统结石

肾结石是常见的肾脏疾病。发病与过度摄取无机盐、水量摄入减少、尿 pH 值变化、感染等有关,有些是因全身代谢异常、甲状腺功能亢进所致。多见于 20～40 岁,上尿路结石男女患病年龄相近,而以男性患者较多见,下尿路结石多见于 20 岁以下青少年,尤以 1～10 岁儿童占最多数,男性显著多见。

结石以肾盂内最常见,肾结石可引起肾盂肾盏损伤、感染和阻塞。症状取决于肾结石的大小、形状、所在部位和有无感染、阻塞等并发症。结石移动可引起剧烈腰痛,多发生于剧烈移动后,结石移动擦伤肾盂和输尿管黏膜可引起血尿,结石梗阻尚可引起尿闭。5mm 以下的细小结石可无症状,能顺利排出,并不影响肾功能。固定在肾盂或下肾盏内不移动、无感染的结石,也可无症状或仅有轻度腰部不适。

核保资料包括:病历、体检以及最近的尿液检查。

核保考虑的因素:目前尿常规检查是否正常,导致肾结石形成的因素是否持续存在,结石是否已排出或消失。

现症:无症状的单侧结石且不合并肾功能损害可标准或轻度加费承保;有症状的单侧结石似无肾功能损害可轻度到中度评点;有肾功能损害者应拒保。双侧结石可中度评点甚至延期。

过去史:结石经治疗或自行排出,肾功能及尿液检查正常,标准承保。两年内多次发作的应予评点。病因仍存在的增加评点。

(七)神经系统疾病的核保

1. 脑血栓形成

脑血栓形成是缺血性脑中风的一种,是指脑动脉在管壁病变的基础上形成血栓,导致脑动脉供血范围内的脑血液循环障碍、脑缺血或梗死。最常见的病因为脑动脉粥样硬化,常伴有高血压。高血压、高脂血症或糖尿病可加速动脉硬化的发展。本病中老年人多见,据我国六城市调查,其年发病率为 81/10 万,患病率为 419/10 万。

预后:取决于永久性损害的严重程度、病因、同时存在的疾病、防治措施,等等。意识的损害、智力的衰退、失语症及严重的脑干症等症状均表示预后不良。病情好转得越快,整体的预后越乐观。后遗症持续超过 6 个月表示此症已转为永久性。脑梗塞的复发相当常见,且每次复发均会加重神经性的损伤。脑血栓形成,急性期病死率为 10%～15%。昏迷严重伴发脑水肿、出血性梗塞或严重的肺部感染者预后较差。存活者约 30% 部分或完全恢复工作,腔隙性梗塞的长期预后差。

核保资料包括:病历资料及体检结果(头部 CT 或磁共振检查)。

核保要点:通常拒保。

2. 短暂性脑缺血发作(TIA)

短暂性脑缺血发作(TIA)系指一时性脑血管缺血所引起的局限性脑功能障碍,症状发生迅速,消失亦快,通常持续数秒至数十分钟,并在24小时内完全缓解,不留任何神经功能缺损。其病因包括微栓子、颈动脉过长或外伤、颈椎病、颅内动脉炎、血黏度增加、血高凝状态等。

1)病历资料

了解发病详细情况,发病的时间,是否复发,有无后遗症,发病年龄,有无高血压、冠心病、糖尿病、高脂血症等,有无家族史。体检:血压、心电图、血糖、血脂、血黏度等。

2)核保要点

年龄较大、反复发作、每次发作持续时间较长并伴有高血脂、高血压、冠心病、糖尿病及家族史者,因复发和进展的可能性极大,通常采用拒保的方式。

对于仅有一次发作,时间较长(超过6个月)无复发,无高血压、冠心病、糖尿病及家族史者,可考虑加费承保。

3. 脑出血

脑出血是指脑实质内的动脉、毛细血管或静脉破裂引起的出血。高血压动脉硬化是脑溢血最常见的病因。

核保资料包括:病历资料、体检资料。

核保处理:通常拒保。

4. 多发性神经炎

预后:通常在发病1~2周内症状最重,多数在病情稳定后2~4周开始恢复。死亡较少见。一般儿童比成人恢复得较快且较安全;若病情进展速度快,需要辅助呼吸以及电生理检查运动传导速度明显下降者预后差。约1/3可留后遗症,如腱发射低、足下垂、手肌萎缩及无力、自主神经功能障碍等。

核保考虑的因素:病历资料,发病时间、病程、治疗情况、目前的身体状况、有无后遗症,体检资料。

核保处理:病情已完全恢复正常者,可不予评点,按标准体承保;若麻痹现象已持续6个月尚不稳定,且不能自我照料者,延期承保;若已有后遗症状且承保范围包括瘫痪、四肢机能丧失或永久性完全失能者,除评点外,应将相关保障除外或拒保。

(八) 精神疾病的核保

本部分主要介绍躁狂抑郁性精神病。

躁狂抑郁性精神病是以情感障碍为主导症状的重精神病,在疾病过程中可伴有思维和行为障碍,这些障碍与情感障碍相协调,该病可以反复发作,其间歇期精神状态可以完全正常,病程进展中始终不发生精神衰退,疾病发作形式可以只有躁狂发作或抑郁发作,也可以有躁狂抑郁交互发作。

预后:躁狂抑郁性精神病的预后一般较好,发作间期精神正常,少数患者可处于持久的躁狂状态,可延续数年至数十年,抑郁型患者有 10% 左右死于自杀。隐匿性抑郁症病程短者易缓解,病程 2 年以上者症状易迁延而且预后较差。

核保要点:除年金险外,目前均拒保。

(九) 运动系统疾病的核保

1. 类风湿关节炎

类风湿关节炎是一个以累及周围关节为主的多系统性炎症性的自身免疫病,其特征性的症状为对称性、周围性多个关节慢性炎性病变,临床表现为受累关节肿痛、功能下降,病变呈持续、反复发作过程。其病理为慢性滑膜炎,侵及下层的软骨和骨,造成关节破坏,60%~70% 动期血清中出现类风湿因子。女性发病较男性发病率高。

由于本病的病因不明,目前临床上尚缺乏根治本病的方案以及预防本病的措施。治疗措施包括休息等一般性治疗、抗风湿药物、外科手术治疗,其中以药物治疗最重要。

大多数患者呈现发作与缓解的交替过程,出现轻重不等的关节畸形和功能受损;少部分患者在短期发作后自行缓解,另有一些在 1~2 年内就进入关节和骨的明显破坏状态。

核保资料包括:病历资料、体检资料(一般物理检查、类风湿因子、血沉)。

核保考虑的因素:疾病类型、病程的长短、药物治疗的方法、治疗的时机、病变是否处于活动期等。

核保要点:斯提耳氏病(Still 病)、费耳提氏综合征(Felty 综合征)现症拒保;完全治愈可标准承保。其他类型,病情较轻,血沉 30mm/h 以下可轻度加费或标准承保;病情严重,有关节畸形、类风湿因子强阳性、血沉 60mm/h 以上重度评点或拒保。

2. 进行性肌萎缩

进行性脊髓性肌萎缩属于运动神经元疾病,细胞变性限于脊髓前角 α 运动神经元。特点是进行肌萎缩和肌软弱,通常自手的小肌肉开始,蔓延至整个上肢和下肢,反射消失,感觉障碍不出现。

目前仍无特效治疗方法。可用氨基酸制剂、核酸制剂、维生素、血管扩张剂,给予高蛋白低脂肪饮食,保证充分的休息。

核保要点:拒保。

(十)妇产科疾病的核保

1. 乳腺囊性增生病

本病常见于30~50岁的妇女,大约50%的绝经前妇女可能患有慢性乳腺炎。与卵巢功能失调有关。数据显示患有上皮细胞增生型乳房纤维囊性疾病的女性,特别是不典型增生的患上乳腺癌的机会较高,癌变率较高。

核保资料:病历资料、一般体检、乳房影像检查、病理报告(如有)等。

核保考虑的因素:病变是否只累及一侧乳房,肿块的增长情况,是否有明确的病理珍断,是否已手术切除治愈。

核保要点:刚发现的肿块,病变不明确者,以及进行性生长(包括大小、数量和症状)的应延期承保。非进行性生长,病情已稳定三年以上,已手术切除或病理证实良性者可标准承保。病情初期正接受检查者应延期。其他情况下可轻度评点,如果只影响一侧乳房或者是绝经后有渐进的现象,应加重评点、慎重承保。

2. 子宫肌瘤

子宫肌瘤为子宫良性肿瘤,因主要由平滑肌纤维组成,故也被称为子宫平滑肌瘤,是女性盆腔中最多见的肿瘤。多无症状而在普查中发现,或因其他疾病剖腹探查或尸检时发现。

核保考虑的因素:发病年龄,肌瘤大小及变化情况,是否合并贫血及其他并发症。

核保要点:无症状、肌瘤体积无变化者可以标准承保,引起月经过多、贫血者可适当评点,引起尿路梗阻者应延期。

(十一)儿科疾病的核保

1. 新生儿黄疸

新生儿黄疸又分为生理性黄疸和病理性黄疸两类。

生理性黄疸。大部分新生儿在生后第2~3天,出现黄疸,于第4~6天最重,足月儿在生后10~14天消退,早产儿可延迟至第3~4周才消退。在此期间,小儿一般情况良好,不伴有其他临床症状,称为生理性黄疸。生理性黄疸的产生原理是综合性的,与前述的新生儿胆红素代谢特点有关,其中胆红素产生过多和肝酶系统发育不完善最为重要。

病理性黄疸。下列情况常考虑为病理性黄疸：①出现过早黄疸，在出生后 24 小时内出现；②程度过重，血清胆红素超过同日龄正常儿平均值，或每日上升超过 5mg/dl；③持续时间过长，足月儿在第 2 周或早产儿于第 3～4 周肉眼检查仍有黄疸者或黄疸退而可复现，或进行性加重；④结合胆红素大于 1.5mg/dl。

病理性黄疸的主要病因：①新生儿期溶血性疾病；②新生儿败血症及其他感染；③新生儿肝炎；④先天性胆道闭锁，胆道闭锁可能发生在胆总管、肝管及肝内胆管。

核保考虑的因素：血清胆红素的水平及出生后出现黄疸的时间，是否为病理性黄疸，引起病理性黄疸的原因，是否有核黄疸。

2. 脑瘫

脑瘫是指出生前到出生后一个月以内各种原因所致的非进行性脑损伤。主要表现为中枢性运动障碍及姿势异常。症状在婴儿期内出现，有时可伴有智力低下、癫痫、行为异常或感知觉障碍。是小儿时期常见的一种伤残情况。

核保要点：通常拒保。

(十二) 肿瘤的核保

1. 癌症的病理分级和临床分期

根据肿瘤细胞分化程度可对肿瘤进行病理分级：Ⅰ级为分化好，恶性程度低；Ⅱ级为分化中等，恶性程度中度；Ⅲ级为分化差，恶性程度高。恶性肿瘤的病理分级提示肿瘤的恶性程度，可为临床治疗和预后提供参考。

患者可能处于恶性肿瘤的早期、中期或晚期，医学上依据肿瘤大小(T)、淋巴结(N)和远隔部位有无转移(M)对癌症患者进行临床分期。各种癌症的分期标准内容不尽相同，但通常都可以分为Ⅰ、Ⅱ、Ⅲ和Ⅳ期。肿瘤的分级：根据肿瘤的病理形态对肿瘤进行病理分级，可表明肿瘤的恶性程度，为临床治疗及预后提供依据。

国际抗癌联盟(UICC)根据原发肿瘤的大小及范围(T)、局部淋巴结(N)受累情况以及肿瘤转移情况(M)三项指标对肿瘤进行病理学分期。简述如下：

PT：原发肿瘤。

PT_{is}：浸润前癌(原位癌)。

PT_0：手术切除物的组织学检查未发现原发肿瘤。

PT_1、PT_2、PT_3、PT_4：原发肿瘤逐级增大。

PT_x：手术后及组织病理学检查均不能确定肿瘤的浸润范围。

PN：局部淋巴结。

PN_0：未见局部淋巴结转移。

PN_1、PN_2、PN_3：局部淋巴结转移逐渐增加。

PN_4：邻近局部淋巴结转移。

PN_x：肿瘤浸润范围不能确定。

PM：远距离转移。

PM_0：无远距离转移证据。

PM_1：有远距离转移。

PM_8：不能确定有无远距离转移。

病理分级反映肿瘤的恶性程度，临床分期反映患者患恶性肿瘤的早晚，对患者造成危害的程度。医师可根据病理分级和临床分期准确了解癌症患者的严重程度和恶性程度，有利于做出正确诊断，选择恰当的治疗方法，估计患者的预后。

2. 肿瘤的核保分析

需要有充分的资料，明确诊断和病情并找出对应的风险等级，主要包括：肿瘤组织的病理检查报告；手术治疗的资料；最近复查检查的资料；手术后的年限；肿瘤问卷；资料不完全应进一步提供资料。

肿瘤的部位和类型：不同部位肿瘤其判断危险程度的标准不同。良性肿瘤和恶性肿瘤在生物学特点上是明显不同的，因而对机体的影响也不同。良性肿瘤一般对机体影响小，易于治疗，疗效好；恶性肿瘤危害较大，治疗措施复杂，疗效还不够理想。颅内的良性肿瘤如果进行性增长，可造成颅内压迫等严重后果。

治愈的年限：年限越长其预后越好。

肿瘤的核保要点：所有恶性肿瘤并未进行外科手术完全切除，或放射治疗或化学性治疗者，延期承保。局部复发的情况超过两次，拒绝承保。确定对应等级的，根据风险等级决定承保条件，加费承保和（或）约定责任除外、限额、拒保或延期。

（十三）传染性疾病及其他疾病的核保

1. 艾滋病

核保考虑的因素：病历资料、体检结果、目前病人的身体状况。

核保处理：通常拒保。

2. 性病

性病包括淋病、梅毒、软下疳、衣原体病、性病性淋巴肉芽肿等性传播疾病。核保时要考虑其道德因素以及生活习惯的危险性。现症以及多次发作或未完全治愈的一般拒保，仅一次发作且完全治愈的可以标准承保。

3.毒禁品

某些药物和毒品并无严格意义上的区分,如吗啡、可卡因在用于治疗时为药品,用于非治疗使用时即为毒品。药物使用合理、恰当,对身体健康和疾病治疗有益无害,药物滥用、药物依赖和毒品使用对健康极为有害。有的侵害神经系统,导致昏迷、精神错乱;有的侵害心脏,导致心功能受损、心律失常;有的侵害免疫系统,使机体抵抗力下降;有的侵害造血系统,使造血机能障碍,最终大大地增加死亡率。一般常见的毒品和滥用药物有:

(1)麻醉剂:如吗啡、杜冷丁、可卡因、海洛因等。

(2)致幻觉作用:如大麻、摇头丸等。

(3)兴奋剂:如类固醇类激素、麻黄碱类、可卡因等。

(4)镇静剂:如巴比妥类药物、苯二氮卓类药物等。

(5)其他如镇痛剂等。

1)核保分析

核实被保险人有无药物毒品滥用情况,为哪一类的药物或毒品滥用,此类药物或毒品是否增加了被保险人的死亡率。

核保人员要发现被保险人有无药物毒品滥用是很困难的,只能通过告知、体检和生调人员的调查才能发现。其中生调人员的调查特别重要,因为客户一般不会主动将其吸毒或药物成瘾的状况告知保险公司,生调人员可通过正面观察、技术性询问和侧面了解,如被保险人有一些异常情况,诸如经济情况急剧变坏、失业、性情变坏、出现偷盗诈骗史、行为怪异、手肘处有注射留下的针眼等,就要怀疑吸毒的可能。对于被保险人身体某处有长期疼痛,如关节炎长期疼痛、腰痛,要询问其治疗中有无长期使用镇痛药物;对有失眠的患者,要了解有无长期应用镇静安眠药;对于生育期妇女,要了解其有无长期使用避孕药物;对于专业的运动员,要了解其有无服用兴奋剂的迹象或有无服用兴奋剂史,诸如此类。当然,核保时还要结合其投保的险种和保额、缴费的方式。如果是购买高额纯寿险和意外险、定期寿险、选择月缴或季缴方式,核保人员要提高警惕。

2)核保要点

核保处理一旦确认有吸毒史,即使被保险人目前已断瘾,国内的做法大都是不予承保。一方面,吸毒者的道德风险较大,财务状况也极不稳定,身体机能相对较差;另一方面,吸毒者的毒瘾很难戒断,极易复发。

对于有药物滥用史的被保险人,如果目前仍在应用,一般不予承保;曾经使用过,目前虽然已停用,但已经造成了对身体机能脏器的损害,一般也不予承保;对已戒断多年,且没有对身体健康状况造成较大损害的情况,可酌情评点后承保。

附:中国人寿保险业经验生命表(2000—2003年)

(基数表) 单位:万人

Age	男性、非年金(CL1) lx	qx	女性、非年金(CL2) lx	qx	男性、年金(CL3) lx	qx	女性、年金(CL4) lx	qx
0	1000	0.000722	1000	0.000661	1000	0.000627	1000	0.000575
1	999.27800	0.000603	999.33900	0.000536	999.37300	0.000525	999.42500	0.000466
2	998.67544	0.000499	998.80335	0.000424	998.84833	0.000434	998.95927	0.000369
3	998.17710	0.000416	998.37986	0.000333	998.41483	0.000362	998.59065	0.000290
4	997.76185	0.000358	998.04740	0.000267	998.05340	0.000311	998.30106	0.000232
5	997.40466	0.000323	997.78092	0.000224	997.74301	0.000281	998.06945	0.000195
6	997.08249	0.000309	997.55742	0.000201	997.46264	0.000269	997.87483	0.000175
7	996.77440	0.000308	997.35691	0.000189	997.19432	0.000268	997.70020	0.000164
8	996.46739	0.000311	997.16841	0.000181	996.92708	0.000270	997.53658	0.000158
9	996.15749	0.000312	996.98792	0.000175	996.65791	0.000271	997.37897	0.000152
10	995.84669	0.000312	996.81345	0.000169	996.38781	0.000272	997.22737	0.000147
11	995.53598	0.000312	996.64499	0.000165	996.11679	0.000271	997.08078	0.000143
12	995.22538	0.000313	996.48054	0.000165	995.84685	0.000272	996.93819	0.000143
13	994.91387	0.000320	996.31612	0.000169	995.57598	0.000278	996.79563	0.000147
14	994.59550	0.000336	996.14775	0.000179	995.29921	0.000292	996.64910	0.000156
15	994.26131	0.000364	995.96943	0.000192	995.00858	0.000316	996.49362	0.000167
16	993.89940	0.000404	995.77821	0.000208	994.69416	0.000351	996.32721	0.000181
17	993.49787	0.000455	995.57109	0.000226	994.34502	0.000396	996.14687	0.000196
18	993.04583	0.000513	995.34609	0.000245	993.95126	0.000446	995.95163	0.000213
19	992.53639	0.000572	995.10223	0.000264	993.50796	0.000497	995.73949	0.000230
20	991.96866	0.000621	994.83952	0.000283	993.01418	0.000540	995.51047	0.000246
21	991.35265	0.000661	994.55798	0.000300	992.47795	0.000575	995.26558	0.000261

续表

Age	男性、非年金(CL1) lx	qx	女性、非年金(CL2) lx	qx	男性、年金(CL3) lx	qx	女性、年金(CL4) lx	qx
22	990.69737	0.000692	994.25961	0.000315	991.90728	0.000601	995.00581	0.000274
23	990.01180	0.000716	993.94642	0.000328	991.31114	0.000623	994.73318	0.000285
24	989.30295	0.000738	993.62041	0.000338	990.69356	0.000643	994.44968	0.000293
25	988.57285	0.000759	993.28456	0.000347	990.05654	0.000660	994.15831	0.000301
26	987.82252	0.000779	992.93989	0.000355	989.40310	0.000676	993.85907	0.000308
27	987.05301	0.000795	992.58740	0.000362	988.73427	0.000693	993.55296	0.000316
28	986.26830	0.000815	992.22808	0.000372	988.04907	0.000712	993.239	0.000325
29	985.46449	0.000842	991.85898	0.000386	987.34558	0.000734	992.91619	0.000337
30	984.63473	0.000881	991.47612	0.000406	986.62087	0.000759	922.58158	0.000351
31	983.76727	0.000932	991.07358	0.000432	985.87203	0.000788	992.23318	0.000366
32	982.85040	0.000994	990.64543	0.000465	985.09516	0.000820	991.87003	0.000384
33	981.87344	0.001055	990.18478	0.000496	984.28738	0.000855	991.48915	0.000402
34	980.83757	0.001121	989.69365	0.000528	983.44582	0.000893	991.09057	0.000421
35	979.73805	0.001194	989.17109	0.000563	982.5676	0.000936	990.67332	0.000441
36	978.56824	0.001275	988.61419	0.000601	981.64792	0.000985	990.23643	0.000464
37	977.32057	0.001367	988.02003	0.000646	980.68099	0.001043	989.77696	0.000493
38	975.98457	0.001472	987.38177	0.000699	979.65814	0.001111	989.28900	0.000528
39	974.54792	0.001589	986.69159	0.000761	978.56974	0.001189	988.76666	0.000569
40	972.99936	0.001715	985.94072	0.000828	977.40622	0.001275	988.20405	0.000615
41	971.33067	0.001845	985.12436	0.000897	976.16003	0.001366	987.59631	0.000664
42	969.53856	0.001978	984.24071	0.000966	974.82659	0.001461	986.94054	0.000714
43	967.62082	0.002113	983.28993	0.001033	973.40237	0.001560	986.23587	0.000763
44	965.57623	0.002255	982.27419	0.001103	971.88387	0.001665	985.48337	0.000815
45	963.39886	0.002413	981.19074	0.001181	970.26568	0.001783	984.68020	0.000873

续表

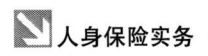

	男性、非年金(CL1)		女性、非年金(CL2)		男性、年金(CL3)		女性、年金(CL4)	
Age	lx	qx	lx	qx	lx	qx	lx	qx
46	961.07418	0.002595	980.03196	0.001274	968.53569	0.001918	983.82057	0.000942
47	958.58019	0.002805	978.78339	0.001389	966.67804	0.002055	982.89381	0.001014
48	955.89137	0.003042	977.42386	0.001527	964.69152	0.002238	981.89716	0.001123
49	952.98355	0.003299	975.93134	0.001690	962.53254	0.002446	980.79449	0.001251
50	949.83966	0.003570	974.28201	0.001873	960.17819	0.002666	979.56752	0.001393
51	946.44873	0.003847	972.45718	0.002074	957.61835	0.002880	978.20298	0.001548
52	942.80774	0.004132	970.44031	0.002295	954.86041	0.003085	976.68872	0.001714
53	938.91206	0.004434	968.21315	0.002546	951.91467	0.003300	975.01468	0.001893
54	934.74893	0.004778	965.74808	0.002836	948.77335	0.003545	973.16897	0.002093
55	930.28270	0.005203	963.00922	0.003178	945.40955	0.003838	971.13213	0.002318
56	925.44243	0.005744	959.94877	0.003577	941.78146	0.004207	968.88105	0.002607
57	920.12669	0.006427	956.51504	0.004036	937.81939	0.004676	966.35517	0.002979
58	914.21304	0.007260	952.65454	0.004556	933.43414	0.005275	963.47640	0.003410
59	907.57585	0.008229	948.31425	0.005133	928.51028	0.006039	960.19095	0.003816
60	900.10741	0.009313	943.44655	0.005768	922.90301	0.006989	956.52686	0.004272
61	891.72471	0.010490	938.00475	0.006465	916.45284	0.007867	952.44057	0.004781
62	882.37052	0.011747	931.94055	0.007235	909.24310	0.008725	947.88696	0.005351
63	872.00531	0.013091	925.19796	0.008094	901.30996	0.009677	942.81481	0.005988
64	860.58989	0.014542	917.70941	0.009059	892.58798	0.010731	937.16924	0.006701
65	848.07519	0.016134	909.39588	0.010148	883.00962	0.011900	930.88927	0.007499
66	834.39235	0.017905	900.16733	0.011376	872.5018	0.013229	923.90853	0.008408
67	819.45255	0.019886	889.92702	0.012760	860.95948	0.014705	916.14031	0.009438
68	803.15692	0.022103	878.57156	0.014316	848.29907	0.016344	907.49377	0.010592
69	785.40474	0.024571	865.99393	0.016066	834.43447	0.018164	897.88160	0.011886

续表

Age	男性、非年金(CL1) lx	qx	女性、非年金(CL2) lx	qx	男性、年金(CL3) lx	qx	女性、年金(CL4) lx	qx
70	766.10656	0.027309	852.08087	0.018033	819.2778	0.020184	887.20938	0.013337
71	745.18496	0.030340	836.71529	0.020241	802.7415	0.022425	875.37667	0.014964
72	722.57605	0.033684	819.77934	0.022715	784.74002	0.024911	862.27753	0.016787
73	698.23679	0.037371	801.15805	0.025479	765.19136	0.027668	847.80248	0.018829
74	672.14299	0.041430	780.74534	0.028561	744.02005	0.030647	831.83920	0.021117
75	644.29610	0.045902	758.44648	0.031989	721.21806	0.033939	814.27326	0.023702
76	614.72162	0.050829	734.18453	0.035796	696.74064	0.037577	794.97335	0.026491
77	583.47594	0.056262	707.90366	0.040026	670.55922	0.041594	773.91371	0.029602
78	550.64841	0.062257	679.56911	0.044726	642.66798	0.046028	751.00432	0.03307
79	516.3667	0.068871	649.1747	0.049954	613.08726	0.050920	726.16861	0.036935
80	480.80401	0.076187	616.74583	0.055774	581.86886	0.056312	699.34757	0.041241
81	444.17299	0.084224	582.34745	0.062253	549.10266	0.062253	670.50578	0.046033
82	406.76296	0.093071	546.09457	0.069494	514.91937	0.068791	639.64038	0.051365
83	368.90513	0.102800	508.14428	0.077511	479.49755	0.075983	606.78525	0.057291
84	330.98168	0.113489	468.75751	0.086415	443.06389	0.083883	572.02192	0.063872
85	293.4189	0.125221	428.24983	0.096294	405.89836	0.092554	535.48574	0.071174
86	256.67669	0.138080	387.01194	0.107243	368.33084	0.102059	497.37307	0.079267
87	221.23478	0.152157	345.50762	0.119364	330.73937	0.112464	457.94780	0.088225
88	187.57236	0.167543	304.26644	0.132763	293.54309	0.123836	417.54536	0.098129
89	156.14592	0.184333	263.87112	0.147553	257.19189	0.136246	376.57205	0.109061
90	127.36307	0.202621	224.93614	0.163850	222.15052	0.149763	335.50273	0.121107
91	101.55664	0.222500	188.08036	0.181775	188.88060	0.164456	294.87100	0.134355
92	78.960288	0.244059	153.89205	0.201447	157.81805	0.180392	255.25360	0.148896
93	59.689319	0.267383	122.89096	0.222987	129.34894	0.197631	217.24736	0.164816

续表

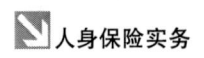

Age	男性、非年金(CL1) lx	qx	女性、非年金(CL2) lx	qx	男性、年金(CL3) lx	qx	女性、年金(CL4) lx	qx
94	43.729410	0.292544	95.487872	0.246507	103.78558	0.216228	181.44152	0.182201
95	30.936634	0.319604	71.949443	0.272115	81.344228	0.236229	148.38270	0.201129
96	21.049162	0.348606	52.37092	0.299903	62.128363	0.257666	118.53863	0.221667
97	13.711298	0.379572	36.664724	0.329942	46.119996	0.280553	92.262529	0.243870
98	8.5068730	0.412495	24.567492	0.362281	33.180893	0.304887	69.762466	0.267773
99	4.9978304	0.447334	15.667156	0.396933	23.064470	0.330638	51.081961	0.293385
100	2.7621309	0.484010	9.4483449	0.433869	15.438480	0.357746	36.095280	0.320685
101	1.4252319	0.522397	5.3490010	0.473008	9.9154253	0.386119	24.520065	0.349615
102	0.6806951	0.562317	2.8188807	0.514211	6.0868912	0.415626	15.947483	0.380069
103	0.2979287	0.603539	1.3693812	0.557269	3.5570210	0.446094	9.8863388	0.411894
104	0.1181271	0.645770	0.6062675	0.601896	1.9702553	0.477308	5.8142152	0.444879
105	0.0418406	1	0.2413575	1	1.0298367	1	3.227593	1

参考文献

1. David B. Atkinson, F. S. A. & James W. Dallas, F. S. A., *Life Insurance Products and Finance*, Published by the Society of Actuaries,2000:55.

2. 方力. 人身保险产品研究[M]. 北京:中国财经经济出版社,2010:26.

3. 石兴. 保险产品设计原理与实务[M]. 北京:中国金融出版社,2006:50.

4. [美]肯尼斯·布莱克,哈罗德·斯基博. 人寿与健康保险[M]. 北京:经济科学出版社,2003.

5. 张洪涛. 人身保险学[M]. 北京:中国人民大学出版社,2002.

6. 许谨良. 人身保险原理与实务[M]. 上海:上海财经大学出版社,1996.

7. 阎栗. 人寿保险核保概论[M]. 北京:中国金融出版社,1998.

8. 戴自英. 实用内科学[M]. 北京:人民卫生出版社,1996.

9. 沈其蕙. 实用保险医学[M]. 海口:三环出版社,1990.

10. 尚汉翼. 人口 疾病 保险[M]. 上海:复旦大学出版社,2003.

11. 陈滔. 健康保险[M]. 成都:西南财经大学出版社,2002.

12. 王斐,周伟. 最新人身保险核保手册[M]. 北京:中国检察出版社,2001.

13. 叶任高,陆再英. 内科学[M]. 北京:人民卫生出版社,2000.

14. 吴阶平,裘法祖. 黄家驷外科学[M]. 北京:人民卫生出版社,1994.